从『文物保护』走向『文化遗产保护』

单霁翔 著

守正创新·思辨文博

单霁翔文化遗产保护丛书

天津大学出版社
TIANJIN UNIVERSITY PRESS

图书在版编目(CIP)数据

从“文物保护”走向“文化遗产保护” / 单霁翔著
. — 天津 : 天津大学出版社, 2019.12
（守正创新　思辨文博）
ISBN 978-7-5618-6539-2

Ⅰ. ①从… Ⅱ. ①单… Ⅲ. ①文化遗产－保护－研究
－中国 Ⅳ. ①K203

中国版本图书馆CIP数据核字(2019)第215288号

Cong “Wenwu Baohu” Zouxiang “Wenhua Yichan Baohu”

策划编辑　金　磊　韩振平　苗　淼
责任编辑　宋雪峰
装帧设计　王建泽　谷英卉

出版发行　天津大学出版社
地　　址　天津市卫津路92号天津大学内(邮编：300072)
电　　话　发行部：022-27403647
网　　址　www.tjupress.com.cn
印　　刷　廊坊市海涛印刷有限公司
经　　销　全国各地新华书店
开　　本　185 mm×260 mm
印　　张　23.75
字　　数　340千
版　　次　2019年12月第1版
印　　次　2019年12月第1次
印　　数　1—2000
定　　价　89.00元

目录

上篇
文化遗产保护运动的兴起与进步

与悠久的人类文明史相比，具有真正意义的文化遗产保护的历史只是短暂的一瞬。但是纵观这一艰难和曲折的保护历程，人们可以从中发现鲜明的发展趋势，那就是随时代的发展，保护内涵越来越深厚，保护范围越来越广泛，保护内容越来越丰富，保护行动与社会生活的关联度越来越高。国际社会不断摸索、不断探求、不断前进，将文化遗产保护事业扩展到一个又一个新的领域、推向一个又一个高潮。文化遗产在文化领域中所具有的特殊性，也日益受到国际社会的高度重视。

第一章
国际文化遗产保护的发展与演变

国际社会经过数百年来的思想演变，对文物的认识逐渐深化，文化遗产保护呈现出不断发展的趋势。保护的目标从对古物的收藏，扩展到集保护、研究和教育于一体的综合目标；保护的对象从可供人们欣赏的艺术品，到各种文化遗址和历史建筑，再扩展到历史街区、历史城镇以及独具文化特色的历史性城市；保护的范围也

拉萨布达拉宫（2014 年 5 月 17 日）

从物质文化遗产扩展至非物质文化遗产以及二者相互联系生成的文化景观、文化空间。从“文物”走向“文化遗产”，在这一理论研究与实践探索的征途上，人们逐渐达成共识。

1. 早期文物保护的历史发展进程

世界各国都有其各自的文物保护和研究的传统。在古代，对文物的收集和保存，大都是从对艺术珍品的收藏开始的，人们收藏艺术珍品的动机和目的，无论是出于对物质财富的占有，还是出于对精神财富的享受，在客观上都使一些文物保存了下来。在欧洲，从古希腊、古罗马时代到中世纪，皇室、贵族和教会收藏各种古代珍品和宗教遗物之风甚盛，一些学者和教会也曾经尝试比较系统地对搜集到的古代文物进行带有研究和教育性质的展示，比如许多国家的中世纪大教堂都设有收藏和陈列各种珍品的专室。欧洲文艺复兴促进了人们对早期文化艺术研究的兴趣，人们开始注意收集古希腊、古罗马时代的雕刻和美术作品，之后，又扩大到埃及、两河流域等地的古迹、古物。在搜集、保管文化珍品的古物爱好者日益增多的同时，也有一些人采取非科学手段，对古遗址和古墓葬肆意拆毁和挖掘，掠走大量文化珍品。这虽然使一些重要的文物得以保存，但是却造成了对不可移动的古遗址、古墓葬、古建筑等前所未有的破坏。“在欧洲，对文物建筑和历史纪念物的保护，就其广泛的意义而言，至少可追溯到古罗马时代，到了文艺复兴时期，又有了进一步的发展，但是，保护和修复工作真正开始引起重视，应该说是始于 18 世纪末，至于这项工作的科学化，它的一些基本概念、理论和原则的形成，则是从 19 世纪中叶起，近一百多年来发展和演变的结果。”①

直到 19 世纪中叶，进化论逐步成为欧洲思想领域的主流。科学、技术和文化的进步，把人们的思想从上帝造人的神话桎梏中解放出来，人们开始重新认识宇宙，认识自然，也重新认识人类自身发生发展的历史。在这一背景下，以收藏为主要职能的博物馆在类型和职能上都有了新的发展，兼备收藏、科研、教育三种职能的具有现代形态的博物馆在欧美各国普遍出现；对文物建筑的研究和保护也作为专业科学开始发展起来。同时，现代考古学作为一门严谨的科学得以诞生。“这绝不是偶然的巧合，而是科学的进步导致人们观念形态变化的反映，是人们对文物价值认识的觉醒。”“考古研究对象、古建筑和博物馆藏品，都属于文物的范围。从过去把文物视为古董的观念，发展到把文物作为人类社会历史发展的见证，标志着人们对文物价值的认识发生了根本性的变化，也扩大了文物概念的范围。这种新概念的形成，才把文物的保护和研究真正建立在科学的基础上，从而使文物保护进入了一个崭新的发展阶段。”②

20 世纪上半叶，战争频仍，无数可移动和不可移动文物遭到毁灭和破坏。由于作战技术的发展和武器能量的加强，文物处于日益增加的危险之中，鉴于此种情况，

① 王瑞珠：《国外历史环境的保护和规划》，台北，淑馨出版社，1993。
② 谢辰生：《中国大百科全书（文物·博物馆）·文物》，北京，中国大百科全书出版社，1993。

联合国教科文组织（UNESCO）于1954年在海牙通过了《武装冲突情况下保护文化财产公约》，以减少战争对文物的毁灭威胁。另一方面，进入20世纪，现代考古学在理论上有了很大发展，田野考古发掘技术也有了显著提高，使人们认识到对地下埋藏的文物进行非科学发掘的破坏性和危害性。1956年联合国教科文组织在马德里通过了《关于适用于考古发掘的国际原则的建议》，从而加强了对地下文物的保护。到了20世纪，现代博物馆在世界范围内的蓬勃发展，对保护、研究文物以及发挥文物作用具有越来越重要的意义。博物馆在其藏品日益丰富的同时，科学研究的职能也在不断加强。现代博物馆是可移动文物保护和研究的重要场所。对于古遗址、古墓葬等不可移动文物，经科学发掘之后，也可建起各种形式的遗址博物馆进行保护和展示。为了进一步推动博物馆普及教育及文化传播，1960年联合国教科文组织在巴黎通过了《关于博物馆向公众开放最有效方法的建议》，以鼓励博物馆更加积极地融入社会文化生活。

现代文物建筑保护理论和方法的形成经历了较为复杂的过程，直到20世纪初人们逐渐达成共识。1904年，在马德里召开的国际建筑师第六届大会上通过了《关于建筑保护的建议》，该建议提出应最小干预建筑遗迹并赋予历史性建筑物新的使用功能。随后，在20世纪30年代和60年代分别产生了两个具有指导意义的国际文件，即1931年的《有关历史性纪念物修复宪章》（《雅典宪章》）和1964年的《关于古迹遗址保护与修复的国际宪章》（《威尼斯宪章》）。特别是后者强调利用一切科学和技术来保护和修复文物建筑，使它能传之永久。同时指出："历史古迹的概念不仅包括单个建筑物，而且包括能够从中找出一种独特的文明、一种有意义的发展或一个历史事件见证的城市或乡村环境。"

在国家立法保护文物建筑和文化遗址方面，欧美起步较早。即使建国历史较晚的美国，也早在1872年就设立了"国家公园"（National Park），其中也包括了印第安人的文化遗址等一些文物古迹。美国先后于1906年通过了《古文物法》，1935年通过了《历史遗址法》，1966年又制定了《国家历史保护法》，有关文物保护方面的法律、法规逐步完善。立法保护的范围广泛、内容丰富，既包括历史性遗产，例如具有一定历史价值的建筑物、自然景区、历史遗址和纪念性标记等，也包括手工艺术品，例如绘画、雕塑、摄影作品等，还包括档案和文献资料，例如电影胶片、地图册、图标、建筑设计图纸等，即“从羊皮纸上的《独立宣言》到考古挖掘的文物都在保护之列”。

建立文化遗产的调查和登录制度是世界各国保护文化遗产的重要经验。该制度的主要特点在于，对大量的各类文化遗产进行注册、登记，采取措施予以保护。在保护历史古迹的同时，重视近现代史迹的保护。对登录对象通过保护法规进行强制性约束，同时在保护方法上制定精密严谨的措施，以满足所有者对使用功能的新要求，便于历史建筑的合理再利用。同时，积极利用税收制度，鼓励企业和文化遗产

法国巴黎圣母院（2012年10月21日）

的拥有者投资文化遗产保护，国家对其减免或减征相关税款。各国政府注意推动全社会文化遗产保护运动的广泛展开，重视大众媒体的宣传作用，启发公众对文化遗产的兴趣和重视，以增强公众保护意识，达到有效保护的目的。以法国为例，法国于20世纪60年代开展了被称为“大到教堂，小到汤匙”的第二次文化遗产大普查。这次普查新发现了一大批文化遗产，建立了每处文化遗产详细、明确、标准化的资料和说明文档，进一步摸清了法国文化遗产资源的基本情况，许多具有重要价值的文化遗产因在普查中被及时发现而免遭破坏。同时，普查对于促进法国学者开展相关领域科学研究的学术上的贡献更是难以估量。最为重要的是，这次普查，不但进一步增强了法国国民的文化遗产保护意识，而且使他们的文化遗产价值观发生了深刻变化，保护文化遗产成为法国社会的普遍共识。

在城市化高速发展阶段，大量人口涌入城市，需要大规模地建设住宅，当时普遍的做法是拆掉老城区，拓宽马路，盖起新楼房。但是不久人们发现，这样做的结果使建筑面积得以改善的同时，历史环境却遭到破坏，城镇的历史联系被割断，文化特色在消失。人们逐渐意识到，除了保护文物建筑之外，还应保存一些成片的历史街区，保留城镇的历史记忆，保持传统文化的连续性。在历史街区内，每栋建筑单体的价值可能尚不足以使其作为文物加以保护，但是它们叠加在一起形成的整体面貌却能反映出城镇历史风貌的特点，从而使价值得到升华，因此有保护的必要。在这一背景下，欧洲众多国家重新审视本国的文化遗产保护政策和保护目标，导致许多国家在1960年至1970年之间都制定了新的文化遗产法规，例如荷兰于1961年、法国于1962年、日本于1966年、英国于1967年、意大利于1967年，相继出台或重新修订了相关法规。这些立法的共同之处在于：文化遗产周边环境的价值进一步得到确认；提出了历史保护区的概念及其保护思路；考虑到了文化遗产类型的多样性及其对更大范围空间的意义。

最早立法保护历史街区的是法国。早在1943年法国就规定在“历史建筑”周围

500米半径的范围内采取保护措施。1962年颁布的《马尔罗法》将保护的对象从历史建筑扩大到了历史地区，规定将有价值的历史街区划定为“历史保护区”，制定保护和继续使用的规划，纳入城市规划的范畴严格管理。保护区内的建筑物不得任意拆除，维修、改建要经过“国家建筑师”的指导，符合要求的修整可以得到国家的资助，并享受若干减免税的优惠。由于保护对象扩展为一片有生命的、正在使用的街区，所以它的保护政策和保护文物建筑的政策相比有了很大区别。英国在1967年颁布了《城市文明法》，也规定要保护“有特殊建筑艺术和历史特征”的地区。首先考虑的是地区的“群体价值”，包括建筑群体、户外空间、街道形式以至古树。保护区的规模不等，有古城中心区、广场，还有传统居住区、街道及村庄等。这个法令要求城市规划部门制定保护规划，规定不鼓励在保护区内进行各种形式的再开发。同时其他法规规定的日照、防火、建筑密度等技术指标，在保护区内要服从特殊的保护要求。在亚洲，日本于1966年颁布了《古都保存法》，确定要保护古都的“历史环境风貌”。

随着历史保护区的设立，保护对象也由传统意义上的文物建筑扩大到传统民居。例如意大利将保护建筑分为四级，对具有重大历史价值的文物建筑，保护要求十分严格，对保护级别较低的民居则采取外观不可更改，但内部结构可以更新，为合理使用提供条件的原则。英国把“登录建筑”分为三级，一级占2%，二级占4%，三级占94%，对一、二级建筑的保护要求严格，三级建筑可作内部改动。虽然严格保护的只占6%，比例不大，但其绝对数量仍有3万处之多。法国里昂的历史街区于1964年被定为国家级的“历史保护区”，区内16世纪到19世纪各时期的古老街巷中除保存有众多文物建筑外，还有大量20世纪初建造的工人住宅，政府在对这些住宅实施保护时，坚持原样整修，保存其外表，在内部加建厨房、卫生间，改善条件使居民可以继续居住。

2.《世界遗产公约》的共识与影响

在20世纪60年代至70年代初，联合国教科文组织从其参与的一系列文物保护事件，特别是从抢救埃及努比亚古迹的国际行动中认识到，文化遗产和自然遗产受到越来越大的威胁，除了年久失修等原因外，由于社会条件和经济条件的加速变化，遗产的存在环境日益恶化，遗产经常面临损毁和破坏的威胁，造成的损失往往难以挽回。同时，许多国家的保护工作很不完善，经济、科学和技术力量严重不足。这些文化遗产和自然遗产对于人类来说，具有突出的普遍价值，因此应该作为“人类共同遗产”加以保护。当这些遗产面临新的严重威胁时，整个国际社会有责任提供集体援助。这种援助尽管不能代替有关国家采取的行动，但是可以成为其有效补充。鉴于以上原因和基于以上认识，国际社会有必要通过制定一项公约，建立一个按现代方法组织的且永远有效的制度，共同保护这些遗产。

1972年，联合国教科文组织在巴黎举行第17届会议，通过了《保护世界文化和自然遗产公约》(即《世界遗产公约》)。公约要求各缔约国要承认确定、保护、保存、展出本国领土内的文化遗产和自然遗产，并将它传给后代，主要是本国的责任，要尽力而为，在适当时候利用国际援助与合作。在充分尊重国家主权，并在不损害各国法律规定的所有权的同时，还要求缔约国承认这类遗产是世界遗产的一部分，整个国际社会有责任进行合作，予以保护。为了实现公约的这个宗旨，要建立一个国际合作和援助体系，组成保护世界文化与自然遗产政府间委员会，制定《世界遗产名录》，接受国际援助申请，设立世界遗产基金。

以《世界遗产公约》为核心形成的世界遗产保护运动，是人类文明进步的重大成果，体现了当今人类在文明上的自觉。它向人类社会提出了关于遗产的简洁而永恒的理念，即它们不仅是当地人的，也是全民族乃至全人类的共同遗产；它们不仅是当代人的，也是子孙后代的宝贵财富。遗产是历史和祖先留下的，未来的人同样有权利面对这些遗产，同样需要与历史与祖先进行感情与理智的交流。因此，对于世界遗产，当代人只能不遗余力地保护，在守望与传承的同时适当地加以利用。自1975年《世界遗产公约》生效以来，迄今共有186个国家和地区加入其中，该公约是目前加入缔约国最多的国际公约之一，也是遗产保护领域最具普遍性的国际法律文书。截至2018年7月，全世界共有1092处遗产列入《世界遗产名录》，这些遗产分布在167个国家和地区。

《世界遗产公约》规定，属于下列各项内容之一者，经世界遗产委员会讨论通过，可作为文化遗产列入《世界遗产名录》。（1）文物古迹：从历史、艺术和科学的角度看，具有突出的普遍价值的建筑物、雕刻和绘画，具有考古意义的部件和结构、铭文、洞穴、居住区及各类文物的联合体。（2）建筑群：从历史、艺术和科学的角度看，在建筑形式、统一性及其环境景观结合方面，具有突出的普遍价值的单独或相互联系的建筑群体。（3）遗址：从历史、美学、人种学或人类学的角度看，具有突出的普遍价值的人类工程或自然与人类的结合工程以及考古发掘遗址的地区。在此基础上，世界遗产委员会在公约实施细则中明确规定，世界文化遗产必须具备以下六个标准中的一个或多个，并经过真实性检验合格，还要在保护管理方面达到要求。（1）代表一种独特的艺术成就，一种创造性的天才杰作。（2）在一定时期内或在世界某一个文化区域内，对建筑艺术、纪念物艺术、城镇规划或景观设计方面的发展产生过重大影响。（3）能为一种现存的或为一种已消逝的文明或文化传统提供一种独特的或至少是特殊的见证。（4）可作为一种类型建筑物或建筑群或景观的杰出范例，展示出人类历史上一个（或几个）重要阶段的作品。（5）可作为传统的人类居住地或使用地的杰出范例，代表一种或几种文化，尤其在不可逆转的变化之下容易损毁的地点。（6）与某些事件或现行传统或思想或信仰或文学艺术作品有着直接和实质的联系（一般情况下，此条款不能单独成立）。由此可见，世界文化遗产在以往的保护概念和保护范围的基础上，都有所扩展。

世界瞬息万变，文化遗产在使人们了解自己以及生活的意义等方面扮演着越来越重要的角色，国际社会对于文化遗产的保护也给予了越来越多的关注。一年一度讨论入选《世界遗产名录》的过程就是一个历史与现在以及不同文化、价值观念之间对话的过程。从最初的欧洲中心主义的欧洲标准，古典主义时代的文物古迹、基督教堂等占有绝对优势，到概念不断扩大，对第三世界遗产的逐渐关注，《世界遗产名录》的结构在数量不断增加的过程中不断丰富和完善，更加体现了人类文化与自然多样性的代表性和平衡性。1994 年，联合国教科文组织根据世界遗产事业发展状况，基于对遗产的真实性与完整性等的系统考虑，修订了公约中的入选标准，并通过《凯恩斯决议》(2000)、《凯恩斯—苏州决议》(2004)、《凯恩斯一苏州决议评估决议》(2007)等程序，确保入选名录的代表性与平衡性，扩大发展中国家的入选份额。

联合国教科文组织《世界遗产公约》在全世界的成功，不仅是依靠其公约的约束力，也不仅是依靠其组织的号召力，更不仅是依靠其援助资金的影响力，而是依靠其所确立的先进理念和核心价值以及围绕世界遗产价值、世界遗产意义建立的国际对话体系。在不断地对话与交流之中，传播和弘扬了世界遗产的价值，明确了正确与错误的界限，推动了保护与利用水平的提高。在对世界遗产的保护、研究、传承、分享与利用方面，人类社会仍然有很长的路要走。今天，越来越多的国家认识到，加入《世界遗产公约》和申报世界遗产的根本目的，就是为了在国际水准、在更高的层次上进行保护与利用，通过科学的管理来平衡不同的利益主体、不同的时代对永恒的文化遗产事业的需求，走文化遗产保护的可持续发展之路。

《世界遗产公约》得以成功的原因还在于遗产概念与理念的不断发展和完善。其中将保护文化和自然联系在一起本身就是一个创举，公约认为文化与自然是互补的，不同民族的文化特点都是在他们所生活的环境中历史地形成的。最成功的建筑、纪念物和遗址往往和它们所处的环境密不可分，共同体现了人类生活与创造的多样性。世界遗产不是一个凝固的概念，从世界范围来看，自 1972 年联合国教科文组织制定

意大利庞贝遗址（2005 年 1 月 22 日）

和实施《世界遗产公约》以来，它的内容一直在扩展和深化。截至 2018 年 7 月，列入《世界遗产名录》的有文化遗产 845 处、自然遗产 209 处、文化与自然双重遗产 38 处。公约之后更有一系列与人类认识、可持续发展相关的新的概念出台，为公约及其理念的普及提供了持久的活力。

目前，《世界遗产公约》不断显示出强大的生命力和推动作用，并逐步开启了一场从各国际组织和各国政府，到各遗产地和普通民众广泛参与、影响深远的文化遗产保护运动。近年来，世界各国都对本民族的文化遗产保护予以高度重视，无论是在人力和物力投入方面，还是在资金的注入方面，都较过去有了很大的提高，文化遗产保护已经上升到国家战略的高度。欧盟“科学发展第六框架计划（2002—2006 年）”确定将文化遗产保护和相关研究作为增强经济潜力和凝聚力的战略重点；意大利启动了“文化遗产保护特别项目”；法国实施了“文化遗产国家级研究计划”；美国制订了“挽救美国财富计划”；印度也于2003年提出，利用现代科学技术的全部潜力来保护、保全、评价、更新、尊重和利用印度的悠久文明。这些计划的实施，充分利用了科学技术手段，有效地推动了各国的文化遗产保护的进程。

3. 近年文化遗产概念的发展与演变

在《世界遗产公约》制定和实施后的30多年里，国际社会共诞生了数十份有关文化遗产保护的公约、建议、宪章、宣言、决议和原则，众多国际政府间以及非政府组织通过这些国际文件来推广保护文化遗产的先进理念①。同时，这些国际文件也见证了世界文化遗产保护的发展历程。这一历程使人们认识到，保护文化遗产意味着不仅要保护物质实体环境，而且要保护它的人文环境，并使之与整个社会生活更加密切相关。

3.1 历史地区、历史城镇的保护

继《世界遗产公约》之后，在关于文化遗产保护方面的国际公约、宪章中，最具深远意义的是联合国教科文组织于1976年在内罗毕通过的《关于历史地区的保护及其当代作用的建议》和随后国际古迹遗址理事会（ICOMOS）于1987年在华盛顿通过的《保护历史城镇与城区宪章》。前者明确提出了“历史地区”的概念，而后者进一步将相关概念延伸到了历史城镇与城区，并总结了各国的做法与经验，归纳了保护历史地段共同性的问题，列举了历史地段应该保护的内容：（1）地段和街道的格局和空间形式；（2）建筑物和绿化、旷地的空间关系；（3）历史性建筑的内外面貌，包括体量、形式、建筑风格、材料、色彩、建筑装饰等；（4）地段与周围环境的关系，包括与自然和人工环境的关系；（5）该地段历史上的功能和作用。从这些内容看，历史地段保护更关心的是整体环境，强调保护和延续这里人们的生活。因

① 2007年10月，国家文物局编辑出版了《国际文化遗产保护文件选编》，共收录了20世纪以来文化遗产保护领域部分重要的国际文件47部，其中《世界遗产公约》制定和实施后的相关国际文件38部，包括近年来在我国诞生的相关国际文件7部。

此，关于保护的原则和方法，强调要鼓励居民积极参与；要精心建设和改善地段内的基础设施，改善居民住房条件，适应现代化生活的需要；要控制汽车交通，在城市中拓宽汽车干道时，不得穿越历史地段；要有计划地建设停车场，并注意不得破坏历史建筑及其周边环境；在历史地段安排新建筑的功能要符合传统的特色，不否定建造新的建筑，但其在布局、体量、尺度、色彩等方面要与传统特色相协调。

目前，历史地区的保护趋势仍在扩大。在日本，1975 年修订的《文化财保护法》中增加了保护“传统建筑物群”的内容，传统建筑物群与周围环境一体形成历史风貌的传统商业街、传统住宅区、手工业作坊区、近代西洋建筑群和历史村寨等，确定为“传统建筑物群保存地区”加以保护，先由地方城市规划部门通过城市规划确定保护范围，然后制定地方的保存条例；国家择其价值较高者确定为“重要的传统建筑物群保存地区”。在美国，自 20 世纪 80 年代，设立了新的历史地段保护模式，即“国家遗产区”，保护那些有历史意义但仍有人居住的地区。在法国，1985 年设立了“历史艺术城市和地区”，该称号由地方政府提出，中央政府认可，调动了地方政府保护的积极性。在英国，这样的保护区有约 9000 个，“如伦敦的威斯敏斯特区就有 51 个保护区，占了该区面积的 76%。爱丁堡有 18 个保护区，占了老城面积的 90%”[①]。

3.2　民间文化遗产的保护

随着经济和社会的不断发展，国际社会逐步认识到文化遗产并非仅仅局限于名胜古迹、宗教设施和纪念性建筑，乡土建筑的研究和保护在国际文化遗产保护领域日趋活跃。国际古迹遗址理事会专门成立了乡土建筑委员会（CIAV），其成员遍布 40 多个国家和地区，在乡土建筑的研究和保护领域的影响日益重要。1999 年 10 月，在墨西哥召开的国际古迹遗址理事会第 12 届大会上通过了《关于乡土建筑遗产的宪章》（下文简称《宪章》），该《宪章》认为乡土建筑是依然保持着活力和现实生活功

① 王景慧：《城市历史文化遗产保护的政策与规划》，载《城市规划》，2004（10），70 页。

贵州肇兴侗寨（2006 年 2 月 27 日）

能的社会历史演变的例证，指出在全球化趋势下乡土建筑对表达地方文化多样性的意义和价值，同时强调，乡土建筑的保护能否获得成效，关键在于社区对于这项保护的理解、支持和参与。《宪章》提出了乡土建筑保护的基本原则和行动指南，成为乡土建筑保护的国际性纲领文件。在全球范围内保持文化多样性的呼声不断高涨的情况下，研究和保护乡土建筑这一具有文化多样性的重要物质表现形式，已经成为国际文化遗产保护发展的潮流。

急速的现代化进程对传统文化的消解作用，促使人们对承载民族历史和文明的本土文化遗产的关注不断增强。日本奈良的一个社会福利团体首先提出了“世间遗产”的概念，保护对象包括平民百姓生活中的日常空间和普通环境，几乎可以涵盖生活空间的所有类型，包括具有地方特色的民居、商铺、街巷、手工作坊和仓库等。

这里“延续着历史，充满了人情，其存亡兴衰受到居民的关注，成为妇孺皆知的重要城市遗产，但是这些遗产由于负担着实用的生活功能，处于日夜被使用、时时有改变的状态，而且没有重要的文物在内，因而没有被列入现行的遗产保护体系”[①]。但是，这些文化遗产的损失会使得居民丧失地域感和场所感。因此，日本于 1996 年在文物保护的法律中增加了“登录建筑”的概念，将按原《文化财保护法》不够保护标准的乡土建筑列入其中，只要地方政府提出，经文部省批准也作为文化遗产加以保护。

早在 1973 年，在世界最早的铁桥所在地——铁桥峡谷博物馆召开了第一届国际工业纪念物大会（FICCIM），引起了世界各国对于工业遗产的关注。1978 年在瑞典召开的第三届国际工业纪念物大会上国际工业遗产保护委员会（TICCIH）宣告成立，会员来自世界各地，包括历史学家、考古学家、博物馆学者、教师、学生、保护工作领域专业人员和有志于工业遗产保护的人士等。该组织随即开展的大量工业遗产保存、调查、文献管理及研究工作，促进了工业遗产保护理念的逐渐普及。但是，国际社会对工业遗产保护形成广泛共识则是在世纪之交。然而，仅仅数年，工业遗产保护运动即迅速波及所有经历过工业化的国家。1999 年，国际古迹遗址理事会（ICOMOS）在墨西哥召开大会，会议期间收到一些呼吁保护包括工业遗产在内的“现代遗产”的提案。2000 年在联合国教科文组织世界遗产中心的濒危遗产报告中也表达了对 19、20 世纪各类遗产命运的忧虑，其中包括一些正处于被废弃或被拆除境地的工业遗产。

世纪之交，国际古迹遗址理事会与国际工业遗产保护委员会在伦敦签署了合作伙伴协议，决意携手保护工业遗产。从 2001 年开始，它们同联合国教科文组织合作举办了一系列以工业遗产保护为主题的科学研讨会，促使工业遗产能够在《世界遗产名录》中占有一席之地[②]。2003 年 7 月，在俄罗斯下塔吉尔召开的国际工业遗产保护委员会大会上通过了保护工业遗产的国际准则，即《下塔吉尔宪章》。该宪章宣

① 张天新、山村高淑：《从“世界遗产”走向“世间遗产”》，载《理想空间》，2006（15），13 页。
② 注：据统计，截至 2005 年年底全世界列入联合国教科文组织世界遗产名录的工业遗产地共有 22 个国家的 34 处，它们包括广义的工业遗产，占现有 812 处世界遗产总数的比例为 4.2%。

称:“为了当今及此后的使用和利益，本着《威尼斯宪章》的精神，我们应当对工业遗产进行研究，传授其历史知识，探寻其重要意义并明示世人，对意义最为重大、最富有特征的实例予以认定、保存和维护。”国际古迹遗址理事会也于 2005 年 10 月在中国西安举行的第 15 届大会上作出决定，将 2006 年 4 月 18 日“国际古迹遗址日”的主题定为“保护工业遗产”，希望利用这一机会，使工业遗产保护成为全世界共同关注的课题。国际专业人士和有关专家就工业遗产保护问题展开了广泛合作，并号召各国家委员会根据各自国家的情况选择具体的相关主题，进一步推动重视和保护工业遗产。

3.3 线性文化遗产的保护

线性文化遗产是由“绿色通道”“文化线路”等概念衍生并拓展而来的。1987 年美国户外空间总统委员会首次使用了“绿色通道”的概念，并于同年发起了美国绿色通道计划，将绿色通道根据功能划分为生态绿道、休闲绿道和遗产廊道等三种类型，其较早的实例有国会指定的伊利诺斯和密歇根运河国家遗产廊道。由于遗产廊道促进了区域生态环境的改善，促进了传统建筑的适应性再利用，促进了当地旅游业和娱乐业的发展，引发许多州都制订了遗产廊道计划。“文化路线”“遗产运河”也是随着世界遗产理念的进步提出的文化遗产类型。1994 年，在马德里召开的文化线路世界遗产专家会议上第一次清晰地提出了“文化路线”的概念。1998 年，国际古迹遗址理事会成立文化线路科学委员会（CIIC），系统、深入地探讨了文化线路的内涵、价值、意义及其保护策略。这些概念都强调空间、时间和文化因素，强调线性遗产与各个节点共同构成的文化功能和价值以及至今对人类社会、经济可持续发展产生的影响。

2002 年 12 月，文化线路科学委员会通过了关于文化线路的《马德里共识》，首次明确了文化线路的文化遗产价值地位，为线性文化遗产保护理念的发展奠定了基础。2005 年 10 月，国际古迹遗址理事会第 15 届大会暨科学研讨会，将文化线路列

浙江世界遗产保护 · 杭州论坛（2008 年 6 月 10 日）

为四大专题之一，并形成了有关《文化线路宪章》（草案）的决议，由此带动了对于线性文化遗产这一新型文化遗产的关注。在“文化线路”等概念基础上拓展形成的线性文化遗产的理念和保护研究，逐渐成为国际文化遗产保护领域关注的热点。线性文化遗产所展示的是具有起点和终点、拥有一定长度和宽度的线状或带状的文化遗产区域，涵盖的范围较大，其形式和内容丰富多彩，其中河流、峡谷、运河、道路以及铁路等都是重要表现形式，大多代表了早期人类的运动路线，并体现着地区文化的发展历程。“遗产线路是从跨越多个国家和地区的交流和多重文化对话的角度具有文化重要性的物质要素构成，展现了从空间和时间方面在这一线路上进行的复杂的文化交流与传播活动”[①]。

在线性文化遗产的评价上特别强调了其在国家和地区间的交流和对话的作用。近年来，大体量、跨地域、跨国界的线性文化遗产研究逐渐成熟，并为国内外越来

① 吕舟：《第六批国保单位公布后的思考》，载《中国文物报》，2006-08-18（5）。

越多专业人士所关注。在2004年12月的第29届世界遗产委员会第七次特别会议上，以拉美6国提出“印加之路”系列申报项目为契机，推出了“跨国系列项目”（Transnational Nominations）这一新的概念。印加之路是印加帝国在1438年到1532年间沿着安第斯山脉修建的山路，是当时统治者传达政令、印加人生产生活和进行贸易的交通动脉，其中大部分故道存在于秘鲁境内。在秘鲁的牵头下，古道沿线的阿根廷、玻利维亚、智利、厄瓜多尔和哥伦比亚等6个国家共同进行遗产项目申报，争取使之列入《世界遗产名录》。丝绸之路更以其反映人类长期以来贸易、文化交流、共同发展足迹的独特价值而受到特别重视。这种文化相通，分布在当今不同国家、各地点互不相连的系列项目，区别于虽跨国界，但分布区域直接相连的“跨国界系列项目”（Transboundary Nominations），成为世界文化遗产类别从理论到实践的又一新的发展。

3.4 文化景观遗产的保护

“文化景观”是指自然与人类创造力的共同结晶，反映区域的独特的文化内涵，特别是出于社会、文化、宗教上的要求，并受环境影响与环境共同构成的独特景观。“文化景观”也是从较大的范围和规模去发现和认识在某种特定环境中，人的创造和生存状态。法国于1983年提出“建筑、城市、风景遗产保护区”的新概念，把城市中具有历史特色的地区和具有历史意义的自然景观也作为保护对象。文化景观遗产概念的确立则源于世界遗产的保护。1992年在圣菲召开的第16届世界遗产委员会会议上首次提出了文化景观遗产的概念，即在《世界遗产公约》公布20年后，出现的一个新的世界文化遗产类型，并纳入《世界遗产名录》。作为“自然与人类的共同作品”，文化景观遗产的确立使人类和自然相互依存、相互影响的关系在文化遗产中得到具体的体现。

在2005年版《实施世界遗产公约的操作指南》的附录中，把文化景观分为“由人类有意设计和建筑的景观”“有机进化的景观”和“关联性文化景观”三种类型。其主要意义是“人类长期的生产、生活与大自然所达成的一种和谐与平衡，与以往的单纯层面的遗产相比，它更强调人与环境共荣共存、可持续发展的理念”[①]。实际上，“有机进化的景观”主要是自然景观。联合国教科文组织对另外两种类型的文化景观遗产的规定为：“由人类有意设计和建筑的景观”，即包括出于美学原因建造的园林和公园景观，它们经常（但并不总是）与宗教或其他纪念性建筑物或建筑群有联系。“关联性文化景观”，即这类景观“以与自然因素、强烈的宗教、艺术或文化相联系为特征，而不是以文化物证为特征”。对列入《世界遗产名录》的文化景观遗产实例进行分析，诸如中国庐山、菲律宾伊甫高地区山间连绵水稻梯田、英国的布莱那维工业景观等文化景观遗产大都是以文化遗迹或建筑景观的形式存在的。

根据《实施世界遗产公约的操作指南》，文化景观是指那些反映了人类创造与自然天成相互结合而形成的文化财富。“文化景观反映了在持续发展的社会、经济、文化力量的影响下，在自然环境形成的制约条件和机会的影响下，人类社会和居住地点经过历史的岁月而获得的价值”。“文化景观反映了人类和自然环境共同作用所展示出的多样性”[②]。文化景观通常反映在特定环境条件和制约下的特殊性的土地利用技术以及形成的特殊的精神与自然的关联。保护文化景观可以促进现代可持续的土地利用技术，可以保护和提高在景观方面自然环境的价值。持续存在的传统的土地利用方式保证了世界许多地区的生物多样性和文化多样性，因此对文化景观遗产的保护也是对保持生物多样性的贡献。

3.5 文化遗产环境的保护

2005年召开的世界遗产委员会第29届会议上通过了《维也纳备忘录》。这份关于“世界遗产与当代建筑——历史城市景观管理”的文件被视为提倡采取综合方法维护城市景观的重要声明，综合考虑了当代建筑、城市可持续发展和景观完整性之

① 刘红婴、王建民：《世界遗产概论》，103～104页，北京，中国旅游出版社，2003。
② 吕舟：《第六批国保单位公布后的思考》，载《中国文物报》，2006-08-18（5）。

间的关系。2005 年 10 月，国际古迹遗址理事会第 15 届大会暨科学研讨会在西安召开，主题为“背景环境中的古迹遗址——不断变化的城乡景观中的文化遗产保护”。会议通过了“保护历史建筑、古遗址和历史地区环境”的《西安宣言》。《西安宣言》是具有里程碑意义的国际性文化遗产保护文件。其重要性在于国际社会第一次在行业共识性文件中提出如下观点，即文化遗产是历史信息的载体，离开了环境，就将成为孤零零的标本。单体的文物固然重要，有着文化生态意义的环境同样重要，整体性的历史环境提供给人的精神记忆更加强烈。因此，保护文化遗产还应注重其背景环境的妥善保护。在这里“环境”被认为是体现文化遗产真实性的一部分，并需要通过建立缓冲地带加以保护。有必要充分应对由于生活方式、农业、发展、旅游或大规模天灾人祸所造成的城镇景观和遗产线路的骤变或渐变。有必要充分认识保护和延续历史建筑、古遗址和历史地区在其环境中的存在意义，以减少这些变化进程对丰富的文化遗产的真实性、意义、价值、完整性和多样性所构成的威胁。

《西安宣言》将文化遗产的范围扩大到了“环境”，包含了物质与非物质遗产、文化与自然遗产的更广泛的内涵。宣言认为文化遗产环境的含义有三点：第一，环境的自身物质实体和人们对这个环境的视觉印象；第二，文化遗产与周边自然环境的相互作用；第三，遗产环境的文化背景及与该遗产相关的社会活动、习俗、传统知识等非物质文化遗产形式。“在这里，保护文化遗产环境的概念有了很大的变化，由原来的保护周围的物质环境，扩大到保护周边的自然环境，再扩大到保护其文化背景以及与之相关的非物质文化遗产”[①]。宣言指出不同规模的历史建筑、古遗址或历史地区，包括建筑个体、规划空间、历史城镇、陆地景观、海洋景观、文化线路和考古遗址，其重要性和独特性来自人们所理解的其社会、精神、历史、艺术、审美、自然、科学或其他文化价值，也来自其与物质的、视觉的、精神的以及其他文化的背景和环境之间的重要联系。宣言强调理解、记录和阐释环境对于界定和评价任何建筑、遗址或地区的遗产价值十分重要，对环境的充分理解需要多学科知识和

① 王景慧：《城市规划与文化遗产保护》，载《城市规划》，2006（11），57 页。

利用各种不同的信息资源。

3.6 非物质文化遗产的保护

日本是最早开始保护非物质文化遗产的国家，早在1950年颁布的《文化财保护法》中就提出了“无形文化财”的概念。被命名为“无形文化财”的包括传统音乐、戏剧和工艺技术等。1955年日本首次公布经认定的“重要无形文化财”，其中“人间国宝”格外引人注目。“人间国宝”即身怀绝技者。他们每年可以从政府得到数量可观的补助金，用于培养和传承“特殊技艺”。他们在传承特殊技艺时，要记录、保存并公开。这一“活态文化遗产”的保护对于非物质文化遗产的传承发挥了重要的作用。日本《文化财保护法》还设立了“民俗文化财”，保护与国民的衣、食、住、生计、信仰、传统节日等民俗相关的风俗习惯、民间艺能等“无形民俗文化财”。同时，“文化财的保存技术”的保护，使木雕、泥塑、书画以及纺织品等传统保护修复技术得以传承。

在经济全球化进程中，通过各具特色的传统文化和地域文化的保护，增强文化认同感，促进文化多样性和创造性，是各个国家和民族真实而迫切的要求。随着保护文化遗产的实践及理论探讨的日益深入，人们发现，人类的文化财富无限丰富。除了那些物态化的文化遗存，大量存在的是活态的文化，像民间文化、民俗文化、民族文化等，它们代代口耳相传，生生不息，在人类的社会生活中产生了巨大的影响。同时，与那些物态化的文化遗产相比，它们是活态的、非物质的、口头传承的，往往更能体现出人的存在价值，也更容易消逝。1976年，美国国会通过了《民间文化保护法》。所谓民间文化是指美国民间不同地区、不同族裔及不同家庭、职业和宗教团体的传统文化，例如生活习俗、语言、文学、艺术、建筑、音乐、戏剧、舞蹈、手工艺制作技术等，一般是通过口头表述、模仿或表演得到传承。

“非物质文化遗产”的概念最早出现于20世纪80年代，成为与“物质遗产”相对而称的术语。1982 年 8 月 6 日，在墨西哥召开的“世界文化政策大会”发表的《宣言》中，物质文化遗产和非物质文化遗产被同列为人类“文化遗产”。同时，非物质文化遗产的保护问题，得到联合国教科文组织的重视，联合国教科文组织在有关文件中对文化遗产作出了物质文化遗产与非物质文化遗产的区分。联合国教科文组织于 1989 年 11 月在巴黎通过了《关于保护传统和民间文化的建议》。1997 年 11 月，联合国教科文组织第 29 届会议通过了《宣布人类口头和非物质遗产代表作申报书编写指南》，建立了“人类口头和非物质遗产”机构认证体系。2001 年，联合国教科文组织通过了《世界文化多样性宣言》，其中强调了加强非物质文化遗产保护对于维护人类文化多样性的重要意义。2003 年 10 月，联合国教科文组织第 32 届大会通过了《保护非物质文化遗产公约》，这是迄今为止联合国有关非物质文化遗产保护最重要的文件。在不到 20 年的时间里，保护行动由“传统和民间文化”到“口头和非物质代表作”，再到“非物质文化遗产”，经过这一简单的历程，使这类文化遗产的概念变得清晰、完整。

联合国教科文组织也充分注意到文化遗产的整体环境的保护，在《保护非物质文化遗产公约》关于非物质文化遗产的定义中，出现了一个重要的概念，即“文化空间”。无论是“一个集中举行流行和传统文化活动的场所，或一段通常定期举行特定活动的时间”，都分别可以看作一种内涵丰富、形式独特的“文化空间”。“文化空间”是指传统的或民间的文化表达方式有规律性进行的地方或一系列地方。文化空间兼具空间性、时间性、文化性，为三合一的文化形式。设立文化空间的目的表明，仅仅对文化遗产进行原状保护或是生态保护是不够的，还要大力保护这种特殊文化的存在空间，维持社区文化的存在环境，通过扶持、指导，使当地的礼仪、习俗等民俗传统文化继续保持在人们的生活方式中，在现实生活中自然传承和发扬[①]。由此可以看出，某些重要的传统文化表现形式存在和展示的“文化空间”，应作为文化遗产中的一个重要类别加以保护。

---

① 注：在联合国教科文组织 2001 年公布的第一批人类口头和非物质遗产代表作名录的全部 19 种代表作中，就有 5 种属于“文化空间”类型。它们分别是：多米尼加的圣灵兄弟会文化空间；几内亚的索索·巴拉文化空间；摩洛哥的吉马广场文化空间；俄罗斯的塞梅斯基文化空间和口头文化；乌兹别克斯坦的博逊地区的文化空间。

3.7 20 世纪遗产的保护

1999 年，国际古迹遗址理事会在墨西哥召开第 12 届大会期间，收到一些主要针对东欧和以色列地区“现代遗产”保护的提案。此后的两年间，国际古迹遗址理事会同联合国教科文组织合作，举办了一系列科学研讨会，以便使“20 世纪遗产”能够在《世界遗产名录》上占有一席之地。同时，该理事会还同国际现代建筑文献组织（DOCOMOMO）等相关国际组织积极开展该领域内的合作。2001 年 9 月，在蒙特利尔召开了有多国参加的工作会议，一项国际行动计划和科学合作纲领出台，在随后召开的联合国教科文组织顾问委员会和执行委员会会议上获得了通过并予以采用。国际古迹遗址理事会于 2002 年出版了《20 世纪的遗产：认识、保护与现实挑战》专题报告。2002 年“4·18 国际古迹遗址日”，强调 20 世纪遗产的重要性，借以引发相关的学术讨论，为共同保护人类近现代遗产提供真实可行的理论、技术依据。

2011 年 9 月 13 日，“建筑遗产保护研究所”揭牌仪式在北京建筑工程学院举行

进入 21 世纪，人们越来越认识到近代遗产、现代遗产和当代遗产都是人类共同遗产中不可忽视的组成部分，它们直观反映了人类社会变迁中这一最剧烈、最迅速的历史发展进程。但是 20 世纪遗产相对于更古老或更传统的遗产而言，较少得到人们的认同和保护。人们往往认为 20 世纪刚刚离我们而去，其文化遗存尚未受到威胁，还没有必要列入到文化遗产范畴中去。因此，20 世纪遗产仅占所有受法律保护的文化遗产中的很少一部分。在多数国家和地区，这一保护行动尚未开始。如果没有公众的支持，20 世纪遗产可能会面临比早期文化遗产更严峻、更危险的保护局面。同时，20 世纪文化遗产往往是仍在使用过程中的“动态遗产”，使用者为满足当前需要而对其经常加以变动，这样往往会影响其整体建筑风格和质量。此外，面对数量庞大的这类建筑物或建筑群，如何加以选择，建立和运行保护和修复体系也是一个新的课题。

20 世纪遗产保护还存在着不能回避的技术难题，其中最典型的当属混凝土材料。虽然混凝土在 20 世纪成为最广泛使用的建筑材料之一，但直到 20 世纪 70 年代，规范其使用的技术标准才完全制定出来，并开始实际指导人们对混凝土的使用。而在此之前施工的一些建筑物或构筑物，往往因为不符合相关标准，造成典型的腐蚀问题，导致混凝土材料过早退化。对混凝土建筑来说，一旦出现混凝土的腐蚀，整个建筑结构的稳定性就会出现问题，从而威胁到文化遗产本体的存在。就目前的认识来看，钢筋混凝土结构的设计安全使用的期限一般在 50 ~ 100 年，目前还未开发出能够有效延长其寿命的技术手段，这也是各国 20 世纪遗产保护工作所面临的重大挑战。同时，精致的设计和某些新技术的应用也使得它们更为脆弱，易于受损。因此，现代建筑相对老化的速度较快，材料性能寿命较短。现代建筑材料中的污染物的影响也是一个严重问题，突出反映在铝质覆面等现代建筑材料及应用方面。

近 10 年来，20 世纪遗产被列入世界文化遗产的数量不断增多，促进了研究与保护的开展。在西班牙的巴塞罗那，20 世纪初由高迪创作的奇异的建筑作品中，融汇了东方伊斯兰风格、新哥特主义以及现代主义、自然主义等诸多元素，并且形成了独特的建筑个性，早在1984年就被列入了《世界遗产名录》。巴西首都巴西利亚是一座年轻的现代化城市，它是在1956—1960年间用三年多时间在一片荒野上建造起来的新城市，城内不见古迹遗址，但其充满现代理念的城市格局，使这座新兴城市于1987年被确定为世界文化遗产，成为《世界遗产名录》中最年轻的一个。以色列的特拉维夫是一座创建于1909年的新兴城市，城中的4000多座建筑大多建于1931—1956年间，由于大多数建筑为白色，又称为“白城”（White City）。2003年这座城市以“空地上建起的现代化特拉维夫”名称，被列入《世界遗产名录》，也因此成为世界文化遗产评定中“现代运动”的标志。2007年6月在新西兰召开的世界遗产委员会第31届会议上，悉尼歌剧院、墨西哥大学城两项20世纪建筑，成功列入了《世界遗产名录》，使人们认识到，“今天的杰作，就是明天的遗产，而保护工作应从其落成之日就要开始”。

从联合国教科文组织1954年的《武装冲突情况下保护文化财产公约》到1972年的《保护世界文化和自然遗产公约》，再到2003年的《保护非物质文化遗产公约》，国际社会从保护各国的文化财产，发展到保护“人类共同遗产”；从保护物质文化遗产，发展到保护非物质文化遗产。从国际相关保护机构1964年的《国际古迹保护与修复宪章》到1987年的《保护历史城镇与城区宪章》，再到1999年的《保护乡土建筑遗产的宪章》，国际领域从保护文物单体，发展到保护历史街区、历史城市；从保护名胜古迹、纪念性建筑，发展到保护传统建筑、乡土建筑。这一系列国际性保护文件，对人类文化遗产保护事业产生了积极而深远的影响。特别是近年来，国际社会关于文化遗产的理论探索继续深化，保护实践继续扩大，“工业遗产”“文化线路”“文化景观”和“文化空间”等越来越多的新概念，从研究对象拓展为保护领域的新成员，使文化遗产保护的概念发展为对自然环境、人工环境、文化特色加以保护的综合性概念，这就要求人们采取更加积极的方针、更加科学的方式、更加有效的方法来保护文化遗产。

第二章 我国文化遗产保护的发展与实践

进入 21 世纪，面对瞬息万变的经济社会发展形势，体验思想文化领域各种思潮的相互激荡，人们不断总结文化遗产保护工作实践的成果，引发文化遗产保护概念的不断扩大，保护理念的不断深化。今天，文化遗产保护已不再是单纯的物质文化遗产的保护，而是更多地立足于对自然生态环境、历史变迁轨迹、人的内心世界的尊重。因此，重新认识人类社会复合系统中的现有资源，不断丰富文化遗产的内涵和外延，是新的时代文化遗产保护的重要任务，也是我国几代文化遗产保护工作者的夙愿。

1. 早期文物保护理念的形成

我国素有保护古代遗物的悠久传统，正像商周时期的青铜器上常见铭文“子子孙孙永葆用”所表达的理念，人们在祈愿江山社稷世代相传的同时，对前朝的珍贵器物，也有了妥善保存、永续利用的愿望。商周时期，皇室、贵族宗庙内“多名器重宝”，保存着为数不少的青铜器、玉器以及其他前朝的遗物。汉代皇室收藏亦十分丰富，“创置秘阁，以聚图书”，其中既有典籍，也有绘画。但是，长期以来统治阶层只是将这些器物看作赋予其政权合法性的某种依据，或仅为满足个人私好。唐代文化鼎盛，从此时的诗句“每著新衣看药灶，多收古器在书楼”（张籍《赠王秘书》）、“唯爱图书兼古器，在官犹自未离贫”（朱庆余《寄刘少府》）中可以看出，当时文人雅士热衷于收藏和鉴赏前朝器物。宋代文化再兴，被视为中国考古学前身的金石学，即形成于北宋时期，主要是以青铜器和石刻为主要对象，进行比较系统的分类、著录并加以考证和研究。北宋曾巩的《金石录》最早使用“金石”一词，之后，吕大临的《考古图》及《释文》是现存最早而较有系统的古代器物图录；赵明诚的《金石录》著录金石拓本已多达两千种。至南宋，无论是钱币、玺印、铜镜、还是画像石、砖瓦等物均有著录。于是，金石学开始在我国成为专门之学，为研究五代以前，尤其是研究商周秦汉史，提供了宝贵的资料。

“文物”一词在我国出现较早，最早见于战国初期成书的《左传》。《左传·桓公二年》中有“夫德，俭而有度，登降有数，文物以纪之，声明以发之”的记载；在《后汉书·南匈奴传》中亦有“制衣裳，备文物”的记载，但是从文献记载中可以了解到，“文物”在当时主要是指礼乐典章制度，与现代的“文物”基本是不同的概念。但是到了唐代，杜牧诗：“六朝文物草连空，天淡云闲今古同”中所称“文物”即指前代的遗物，其含义已接近于现代所认识文物的概念。从宋代开始，往往将前朝器物统称之为“古器物”或“古物”。在民间，明代和清代初期比较普遍使用“古董”或“骨董”，到清代乾隆年间又有了“古玩”一词。

“文物”准确概念的产生是近代科学兴起与发展的结果。诞生于近代西方的考古学，尝试用科学发掘和断代的办法获取古代遗存，并将那些古代遗存变成科学地复原人类历史和文化的工具，这些古代遗存也就有了“文物”这一具有全新内涵和意义的词汇。在我国，20 世纪初通过对古代遗存发掘和研究，重建古代历史的现代考古学出现，才带来了现代意义上的“文物”的概念，古代遗存的文化内涵和价值通过考古研究得以不断揭示。这一概念的转变，改变了人们对待古代遗存的思维习惯和行为方式，对待古代遗存价值的认识也更多地从“物质”转到了“文化”。但是，以上无论是古代文献中所称“古物”，还是民间所称“古董”或“古玩”以及现代意义上的“文物”，尽管名称不同，含义基本相同，即主要是指可移动的古代器物。

与金石学研究已有上千年的悠久历史相比，我国古代虽有宋《营造法式》和清工部《工程做法则例》等研究成果，但古代建筑则往往被视为工匠之作，长期以来未能纳入保护之列。当然，我国的传统建筑多为砖木结构，不易长期保存，但是造成它们所剩无几的原因，却多与人祸有关。回顾漫长的古代历史，除了个别王朝在改朝换代之时对前朝的宫殿加以利用之外，大多数的朝代或是将前朝的宫殿付之一炬，或是有意加以拆毁。在历史上许多古代著名的寺观、坛庙建筑，也被人们以重建殿宇、再塑金身的名义，改造得面目全非，甚至推倒重来，使一些古代建筑、塑像、壁画等珍贵文物的历史、艺术价值破坏殆尽。1860年英法联军侵入北京，火烧圆明园，更是犯下了滔天罪行。这就造成我国早期的古代建筑数量很少。例如我国现存最早的古代建筑仅是为数不多的汉代石阙；最早的完整的木构建筑仅有唐朝的南禅寺和佛光寺大殿；明朝时期的成片传统民居也已经难以寻觅。我国古代建筑保护的这一状况，与我国悠久的古代文明史极不相称，与其他一些文明古国中保留至今的文物建筑和历史街区相比，存在较大差距。

我国在政府层面开始重视文物古迹的保护至今已有百年以上的历史。光绪三十二年（1906年），清廷设民政部，拟定《保存古物推广办法》，通令各省执行。“早在清光绪三十四年（1908年）颁布的《城镇乡地方自治章程》中，就将‘保存古迹’与‘救贫事业、贫民工艺、救生会、救火会’一道作为‘城镇乡之善举’，列为城镇乡的‘自治事宜’。这也许才是我国最早涉及保存古迹的法律文件”[①]。宣统元年（1909年），清廷又组织官员、学者调查国内碑碣、造像、绘画、陵墓、庙宇等文物古迹。“全国各地现存之古代桥梁、寺庙，几乎绝大部分均在清代进行过修葺”[②]。博物馆事业在我国发展较晚，1905年民族实业家张謇创建的南通博物苑是我国第一座博物馆。直到1912年民国政府才筹建了国立历史博物馆，1914年在故宫外朝成立

① 张松：《中国文化遗产保护关键词解》，载《中国文物报》，2005-12-16（8）。
② 谢辰生：《中国大百科全书（文物博物馆）·文物》，北京，中国大百科全书出版社，1993。

古物陈列所，同年，民国政府颁布古物保护法令《大总统禁止古物出口令》。1919年，朱启钤先生在南京图书馆发现宋《营造法式》抄本后，1925年由商务印书馆大量印制，引起国内外学术界对我国古代建筑的重视和研究热情。

我国现代意义的文物保护工作始于20世纪20—30年代。随着文物保护观念的建立与社会的进步，衍生出对文物进行科学保护与展示传播等公益性的工作。1922年在北京大学成立了以马衡先生为主任的考古学研究室，是我国最早的文物保护相关研究机构。1925年又有故宫博物院的建立。1928年为了制止外国在华机构和人员的随意考察，更好地保护文物和科学标本，维护国家的合法权益，在学术界的推动下，国民政府设立了“中央古物保管委员会”，这也是由国家设立的第一个专门保护管理文物的机构。同年，国民政府内务部颁发《名胜古迹古物保存条例》，其中“名胜古迹”项目包含湖山、建筑、遗迹等三类，“古物”则包括碑碣、金石、陶器、植物、文玩、武器、服饰、雕刻、礼器、杂物等十类。1930年6月，国民政府颁布的《古物保存法》，是我国历史上由国家公布的第一个文物保护法规。其中明确规定“本法所称古物是指与考古学历史学古生物学及其他与文化有关之一切古物而言”，可见此时“古物”的概念和所包含的内容较之过去大为拓展。1931年7月，又颁布了《古物保存法细则》，开始将古代建筑纳入文物保护的范畴。

1935年，民国政府颁布《暂定古物的范围及种类大纲》，内容涉及古生物、史前遗物、建筑物、绘画、雕塑、铭刻、图书、货币、舆服、兵器、器具、杂物等十二类，其中建筑物又包括城郭、关塞、宫殿、衙署、书院、宅第、园林、寺塔、祠庙、陵墓、桥梁、堤闸及一切遗址。同年，北平市政府编辑出版了《旧都文物略》。近日查阅该书，得知所记录内容颇为宽泛，既包括了“城垣略”“宫殿略”“坛庙略”“园囿略”“坊巷略”“陵墓略”“名胜略”“河渠关隘略”等不可移动文物，也包括了“金石略”等可移动文物，甚至包括了“技艺略”和“杂事略”等涉及今日非物质文化遗产的内容，其中不但记录了建筑、造花、篆刻、塑像、绘画以及各项

中国营造学社成立 80 周年学术研讨会（2009 年 11 月 7 日）

杂艺，而且包括礼俗习尚、生活状况、杂剧评话、市井琐闻等丰富内容。而“坊巷略”中的记载涉及今日历史文化街区保护的相关内容。由此可见，此时对“文物”已经有了初步的整体认识。1935 年还成立了专门负责研究、修整古代建筑的“旧都文物整理委员会”。

自 20 世纪初，一些开明人士、进步学者认为我国古代建筑为传统文化之精华，应该进行系统调查，整理出版研究成果，使之发扬光大。1929 年由朱启钤先生等人发起成立了中国营造学社，其宗旨是系统地运用现代科学方法，对我国古代建筑进行“法式”和文献方面的实地调查测绘和研究考证。中国营造学社内设法式组和文献组，分别由梁思成先生和刘敦桢先生担任组长。从 1932 年至 1937 年全面抗战爆发前，短短 5 年时间内，先后对我国 137 个县市、1823 座各类古代建筑进行了调查，详细测绘古代建筑206组，绘制测绘图稿1898张。经过长期努力，揭示出古代建筑的历史、艺术、科学价值，编辑出版《中国营造学社汇刊》共7卷22期，并出版《清式营造则例》等专门书刊，广泛进行宣传，唤起了社会各界对古代建筑的重视。

“营造学社连续工作了20年，有两大历史贡献：一是开创了中国古建筑保护研究这门学科，调查测绘了大量实物资料；二是把中国古代建筑列入中国文化遗产加以保护”[①]。即使在烽火连天的抗日战争中，中国营造学社的先驱们仍推进了中国传统建筑的研究工作。更为重要的贡献是，他们在从事历史研究的同时，提出了对古代建筑的保护要保持其历史风貌，对古代建筑的维修要保存其历史原状等观点，形成了较为系统的理论体系，奠定了我国文物建筑保护的基本原则。中华人民共和国成立前夕，清华大学梁思成先生主持编录了《全国重要建筑文物简目》，其中共登录古代建筑450余处，1949年6月正式出版，被分发到各省市相关单位，对解放战争中的文物保护以及中华人民共和国成立后的文物普查发挥了重要作用。其中提出将“北京城全部”作为一个项目列入保护范围，应视为我国历史性城市保护思想的开端。

2. 多层次文物保护体系的建立

中华人民共和国成立后，文物保护才开始作为国家文化事业的重要组成部分，由政府统筹进行管理。由政务院以及后来的国务院所颁布的一系列有关文物保护的法规，均沿用了“文物”一词，直到1982年《中华人民共和国文物保护法》(简称《文物保护法》)公布实施，才将“文物”一词及其包括的内容用法律形式固定了下来。“文物是人类在历史发展过程中遗留下来的遗物、遗迹”。“文物是指具体的物质遗存，它的基本特征是：第一，必须是由人类创造的，或者是与人类活动有关的；第二，必须是已经成为历史的过去，不可能再重新创造的”。“当代中国根据文物的特征，结合中国保存文物的具体情况，把‘文物’一词作为人类社会历史发展进程中遗留下来的，由人类创造或者与人类活动有关的一切有价值的物质遗存的总称”。

① 罗哲文：《“中国营造学社”及其对古建筑保护与研究的功绩》，见《中国营造学研究》，1页，郑州，河南大学出版社，2005。

“其范围实际上包括了可移动的和不可移动的一切历史文化遗存，在年代上已不仅限于古代，而是包括了近、现代，直到当代”①。

2002年新修订的《文物保护法》，无论是可移动文物，还是不可移动文物，对于文物的概念不断深化，文物保护的范围不断扩大，经过不断调整充实，形成了目前国家立法保护文物的基本范围，即包括具有历史、艺术、科学价值的古文化遗址、古墓葬、古建筑、石窟寺和石刻、壁画；与重大历史事件、革命运动或者著名人物有关的以及具有重要纪念意义、教育意义或者史料价值的近代现代重要史迹、实物、代表性建筑；历史上各时代珍贵的艺术品、工艺美术品；历史上各时代重要的文献资料以及具有历史、艺术、科学价值的手稿和图书资料等；反映历史上各时代、各民族社会制度、社会生产、社会生活的代表性实物。同时，具有科学价值的古脊椎动物化石和古人类化石同文物一样受国家保护。这一鲜明的文物概念的产生无疑是保护认识上的一次飞跃，也为文物保护事业明确了工作目标和努力方向。

我国不可移动文物保护管理所实行的文物保护单位制度始于20世纪50年代。1953年10月，为保证在“第一个五年计划”的基本建设工程中做好文物保护工作，中央人民政府政务院及时颁布了《关于在基本建设工程中保护历史及革命文物的指示》。1956年，国务院发布了《关于在农业生产建设中保护文物的通知》，在总结中华人民共和国成立7年以来文物保护工作的经验及参考世界各国经验的基础上，提出广泛宣传文物保护政策法令，普及文物知识，开展群众性的文物保护工作，并要求“必须在全国范围内对历史和革命文物遗迹进行普查调查工作”，首先对已知的重要的古文化遗址、古墓葬、革命遗址、纪念建筑物、古建筑、碑碣等，由省、自治区、直辖市人民委员会公布为保护单位，作出保护标志。该文件首次提出“保护单位”的概念。这是在全国范围内进行的第一次文物普查，是文物保护工作中十分重要的一项基础措施。根据第一次文物普查的成果，编印了各省、自治区、直辖市文物保护单位名单，共计7000多处。

① 谢辰生：《中国大百科全书（文物博物馆）·文物》，北京，中国大百科全书出版社，1993。

河南洛阳隋唐洛阳城宫城遗址（2009 年 11 月 8 日）

1961 年，国务院颁布了《文物保护管理暂行条例》（简称《条例》），规定各级文化行政管理部门必须进行经常性的文物调查工作，并选择重要文物，根据其价值大小，报人民政府核定公布为文物保护单位。《条例》正式提出“文物保护单位”的名称及内容界定，明确规定根据文物保护单位的价值分为三个不同的保护级别，即全国重点文物保护单位、省级文物保护单位和县（市）级文物保护单位。《条例》的颁布，标志着我国不可移动文物保护单位制度的初步形成。同时，国务院公布了第一批全国重点文物保护单位 180 处。1974 年 8 月，国务院颁布《关于加强文物保护工作的通知》，使“文化大革命”期间一批珍贵文物免遭损失。此后，公布文物保护单位成为文物保护的一项重要的基础工作。“文物保护单位是需要一批一批地不断陆续公布的，这是因为一方面文物普查是一个不断反复进行的工作，在文物普查、复查和配合基本建设考古发掘过程中还会不断有新的发现，其中可能很多都是有重大价值的，应该积极加以保护”[①]。

1981年，我国又开展了第二次全国文物普查，参加普查人员9.4万余人，普查的规模和成果远远超过第一次普查。这是我国由政府组织的规模最大，投入人力、财力最多，成效十分显著的文物调查活动，也是全国范围内文物家底的大调查、大清理，实现了对文物资源的抢救性发现和超常规积聚，对我国文物保护事业的发展起到了巨大的推动作用。在第二次文物普查的基础上，我国共调查登记不可移动文物40余万处，并先后公布了2351处全国重点文物保护单位，8000余处省级文物保护单位，60000余处市县级文物保护单位。

随着文物保护制度不断完善，大量的不可移动文物依照法定程序公布为文物保护单位，作为保护的重点，纳入有计划的、科学的和法制的管理之中。同时，对文物保护单位的保护管理工作作出了一系列规定，其中包括分级核定公布文物保护单位；划定保护范围，竖立标志说明，建立记录档案，设立保管机构；划出建设控制地带等。目前，文物保护单位分为古文化遗址、古墓葬、古建筑、石窟寺及石刻、近现代重要史迹及代表性建筑、其他等六大类。其中，古建筑始终被列为文物保护单位中的重要内容，并不断得到加强，特别是在历次国务院公布的全国重点文物保护单位中，古建筑所占比例最大，文物保护资金投入量也最多。但是由于全国各地古建筑数量众多，保护状况仍然堪忧。例如以山西南部为中心，东到河北蔚县，西到陕西韩城一带，至今保存有相当数量的宋、金、元和明代早期木结构建筑群，但是未能引起足够的重视，直到1996年后才被陆续公布为全国重点文物保护单位。

1982年11月，《文物保护法》公布实施，这是我国文化领域第一部由国家最高立法机构颁布的法律。该法规定“保存文物特别丰富、具有重大历史价值和革命意义的城市”由国务院核定公布为历史文化名城，建立起了历史文化名城保护制度。国务院分别于1982年、1986年和1994年核定公布了第一批至第三批国家历史文化名城名单，目前数量仍有所增加。历史文化名城制度确立之后，各历史文化名城普

① 谢辰生：《关于认识文物价值的一点看法》，载《中国文物报》，2006-08-04（3）。

遍制定了历史文化名城保护规划，一些历史文化名城制定了专项保护法规。历史文化名城制度的确立，在城市的规划建设和文物保护方面引发了新的思考，即以弘扬城市文化为基点处理保护与建设的矛盾；从传统文化、地域文化的角度，研究城市的生长过程和发展方向。但是与此同时，历史文化名城保护立法和管理长期滞后。多年来，尽管多方努力，国家层面的历史文化名城保护法规迟迟未能出台，其间伴随着大多数历史文化名城的保护状况日益恶化，特别是20世纪90年代以来，大规模的所谓“旧城改造”“危旧房改造”，对历史文化名城造成了严重破坏，对历史文化名城的整体保护已经处于普遍失控的状态。

1997年3月，国务院发出《关于加强和改善文物工作的通知》，强调要努力建立适应社会主义经济体制要求、遵循文物工作自身规律、国家保护为主并动员全社会参与的文物保护体制；要求各部门、各地方做到“五纳入”，即“各地方、各有关部门应把文物保护纳入当地经济和社会发展计划、纳入城乡建设规划、纳入财政预算、纳入体制改革、纳入各级领导责任制”。这对在社会主义市场经济条件下加强文物保护具有重要指导意义。2002年10月，新修订的《文物保护法》公布实施，确立了“保护为主，抢救第一，合理利用，加强管理”的工作方针，为新时期文物事业的发展奠定了坚实的法律基础。该法规定：“保存文物特别丰富并且具有重大历史价值或者革命纪念意义的城镇、街道、村庄”，由省级人民政府核定公布为历史文化街区、村镇，并报国务院备案。在国家层面上建立起了历史文化街区、历史文化村镇保护制度。至此，我国在文物保护领域形成了单体文物、历史地段、历史性城市的多层次保护体系。

中华人民共和国成立后的文物保护工作，取得了无可比拟的巨大成就。中华人民共和国成立之初，面对经济发展和城乡建设高潮，郑振铎、王冶秋先生等文物保护的先驱者们，为保护抢救文化遗产，据理力争，做了大量工作。同时在组建机构、制定法规、科学研究、培训人才、宣传教育等方面，取得了开拓性的工作业绩和理论成果，作出了多方面的重要贡献。逐步在全国范围内，形成了日臻完善的文物保护法律法规体系；形成了与文物保护相关的调查、发掘、记录、保护、展示、传播等工作领域；形成了日趋庞大的文物、博物馆机构和系统；形成了从事文物保护的工作者队伍和专家学者群体。今日细读《郑振铎文博文集》和《王冶秋文博文集》，字里行间无不反映出他们在极其困难的条件下努力拼搏、积极进取的工作精神，特别是在文物系统树立了坚持原则、坚守职责，不畏艰苦、不断创新的优良传统。

此后，我国文物保护事业从未停滞。发展的道路尽管曲折、崎岖、险峻，但是后来人总是在奋勇攀登。特别是改革开放以后，文物保护的情况发生很大变化，城乡建设规模不断加大，文物保护要求不断加强，保护与建设之间矛盾冲突不断加剧，破坏文物的行为日有所闻，保护工作的艰巨性和复杂性与日俱增。但是，经过近30年的不懈努力，法规建设不完善、保护规划不到位、文物家底不明晰、人员结构不合理的状况逐渐有所缓解。

进入21世纪，随着经济的发展、科学的昌明、社会的进步，人们对于文化的理解和感受发生了深刻的变化，文物保护事业也随之处于重要的战略转型期。一方面，人们认真回顾20世纪既艰辛曲折，又不断开拓进取的难忘历程，对新的世纪文物保护事业满怀憧憬和希望。另一方面，社会各界对文物的认知理念日臻成熟，文物保护逐渐成为一种充满智慧的理性行为，更加鼓励多样化地理解文物的概念、评价文物的价值、完善文物保护的理念。“我国城市遗产保护已经有了长足的进展，但是从更高标准要求来看，则还显得缺乏完整的体系和丰富的层次，使得城市文化遗产这部交响乐显得单薄并缺乏力度”[①]。

3. 新时期文化遗产保护理念的扩展与实践

面临新的形势，准确把握文化遗产保护的发展趋势，深刻理解正确的保护理念，是关系文化遗产保护发展全局的重大课题。2005年12月，《国务院关于加强文化遗

① 张天新、山村高淑：《从“世界遗产”走向“世间遗产”》，载《理想空间》，2006（15），13页。

产保护的通知》发布，这是新的历史时期文化遗产事业的一件大事，既体现了我国政府对保护文化遗产的重视，又对全面提升文化遗产保护水平具有重要的意义和深远的影响。“国家对文化遗产的保护采取的这些重大举措，是标志着新世纪我国文化遗产保护事业进入一个新的历史发展阶段的里程碑”①。面对快速发展的形势，有必要对国务院通知发布以来，文化遗产保护工作进行梳理和反思，以利于新的实践。

3.1 “长城保护工程”总体方案的制定

长城是人类历史上修筑时间最长、工程最大，对社会影响最深刻、最广泛，留存文化信息最丰富的古代建筑工程。长城保护状况的好坏，反映出我国文化遗产保护、研究和管理水平的高低。但是，目前长城保护在上述三个方面均存在严重问题。在保护方面，长期以来对长城的人为破坏主要来自取材性破坏、建设性破坏和旅游开发性破坏。目前，后两种破坏因素所造成的后果更为严重。建设性破坏表现为在城市建设以及工业、农业、交通等建设项目施工过程中对长城本体及其环境造成的破坏。特别是地方性道路以及电力、通信、天然气管道等设施建设对长城的破坏尤为严重。旅游开发性破坏表现为长城沿线在未经审批、缺乏管理的情况下，对长城资源进行无序开发，在长城保护范围内修建旅游服务设施，人工化、商业化、城市化的现象十分严重，破坏了长城及其环境的原真性和完整性。在研究方面，长期以来甚至对长城的一些基本概念仍然存在较大分歧，例如由于对长城性质的不同定义，引发对保护范围和长度界定的明显差异，造成立法和管理方面的困难。在长城长度计算方面，由于历史上多个朝代在同一地段上修筑长城，相互叠压、相互利用的现象十分常见，因此计算方法需要形成统一标准。家底不清已经成为长城保护管理工作深入开展的瓶颈。在管理方面，长城的有些区段为全国重点文物保护单位，有些为省级文物保护单位，有些为县（市）级文物保护单位，还有更多的区段尚未列入任何级别的文物保护单位，因此在很大程度上造成保护管理状况的混乱。

① 谢辰生:《关于认识文物价值的一点看法》，载《中国文物报》，2006-08-04（3）。

近年来，将长城作为一项完整的文化遗产保护项目，纳入统一保护管理体制，成为文化遗产保护工作的重要目标。在这一指导思想下，国家文物部门组织编制了《“长城保护工程（2005—2014年）”总体工作方案》，方案对长城资源调查、长城保护立法、长城保护规划编制和长城保护抢险修缮等方面作出了系统的安排。对于长城这一巨型、线性文化遗产的保护编制总体工作方案，无疑是跨地域、跨部门、跨学科的重大研究成果，具有开拓性实践意义。这一方案得到了国务院批准，长城保护进入了新的阶段。2006年12月，国务院公布的《长城保护条例》正式实施，这是国务院首次针对特定的文化遗产保护项目颁布的专项法规。该条例针对目前我国长城的现状以及存在的主要问题，制定了操作性很强的保护管理措施，明确了长城所在地人民政府的责任，提出发动社会力量参与长城保护的措施，并对长城的利用行为加以规范。

此后，“长城保护工程”总体工作方案进入全面实施阶段。一是全面开展长城资源调查工作，即通过努力摸清长城的长度、保存范围以及沿线的基本状况，确保2008年年底前完成明代长城、2010年年底前完成所有长城资源调查和基本数据的发布，为全面做好长城保护工作奠定扎实的基础。二是制定长城保护专项法规，即在《长城保护条例》的法规框架下，逐步建立起完善的长城保护法规体系，特别是积极推动长城沿线各省、各城市结合当地长城保护工作实际，及时制定地方性法规和专项法规，划定长城保护范围和建设控制地带。三是编制《长城保护总体规划纲要》，即从保护长城本体及其环境的真实性、完整性出发，在对长城进行全面研究评估的基础上，就规划的原则、性质、目标，保护区划、保护措施、相关环境治理和生态保护以及展示开放、管理等方面，作出具有实际指导意义的原则性规定。四是加强重点地段的长城抢险维修，即本着文物保护方针和严格按照“不改变文物原状”的原则进行修缮，在保持原有布局、原有形制、原有材料、原有工艺的前提下，优先安排抢修价值重大、濒危的长城段落。以上这些步骤在一定程度上扭转了长城分散保护、研究和管理的状况，实现了对长城有效保护和有序管理。五是加强长城保护科学研究，对长城保护理论和保护技术、长城管理体制和管理方式等相关问题进行深入研究。

3.2 “大遗址”保护国家项目库的建设

“大遗址”是我国文物工作者根据文化遗产的特征以及保护和管理工作的实际需要提出的重要概念，专指文化遗产中规模大、价值高的文化遗址。我国的大遗址具有年代悠久、分布广泛、数量众多、类型复杂等特点，集中代表了我国传统文化的丰富内涵和发展的历史轨迹，具有不可替代的整体价值和地位，是我国几千年文明史的重要载体，也是我国文化遗产资源的精髓部分。

大遗址保护一直是我国文化遗产保护工作中的重点和难点，在一些历史性城市问题中更为突出。面对城市规模持续扩大、大型基础设施建设、当地居民生产生活变化，盗掘文物案件频发以及环境污染、地质灾害、风雨剥蚀、生物侵害等方面的冲击和影响，许多大遗址在各种人为和自然因素的蚕食、破坏下，逐步残缺甚或灭失。特别是大遗址的保护与城市开发建设、区域经济发展的矛盾日趋严重，多数大遗址已遭到了不同程度的侵占和破坏，形势紧迫。一些原位于城乡接合部的大遗址已基本被现代城市占压，而且建设规模持续膨胀；而一些位于农村地区的大遗址，已处于村庄的包围之中，新的房屋建设正在不断向核心区蚕食。同时，大遗址的保护长期未能造福当地民众，大遗址内部环境持续恶化。由于受保护的限制，又缺乏相应的政策补偿，居民的生产生活未能与大遗址保护协调发展，经济收入和生活水平与大遗址区外居民之间的差距越来越大，因而对大遗址保护普遍缺乏认同和理解，甚至发生破坏遗迹的行为。

针对上述情况，近年来加大了大遗址保护研究力度，通过高句丽遗址、殷墟遗址、大明宫遗址等保护项目的实施并取得积极成效，初步积累起大遗址保护的成功经验。其中高句丽王城、王陵和贵族墓葬以及安阳殷墟先后被列入《世界遗产名录》，为大规模抢救保护大遗址提供了成功范例。目前全面启动大遗址保护已经具备了一些有利条件。因此，从 2005 年起，国家开始设立大遗址保护专项资金，加大了投入力度，特别是设立大遗址保护国家项目库，首批 100 处大遗址列入其中。国家项目库和大遗址保护专项资金，优先考虑那些价值重大、遗址本体保护需求急迫、有较好考古勘查研究工作基础、已编制规划或规划纲要、宣传展示可行性强、地方政府重视并有一定经费配套的项目。

通过编制具有较强针对性的大遗址保护专项规划，并纳入城乡建设和经济社会发展规划，可以从全局的角度协调大遗址保护目标与城乡发展目标，制定详细的保护措施，统筹加以安排，最终实现大遗址本体和环境的整体保护。同时，在规划的指导下，尽可能对不合理占压遗址的建筑实施一次性拆迁，对大遗址内的居民、单位实施一次性搬迁，并在保护区外妥善安置，遏制大遗址保护范围内的城市化进程。大遗址能否得到有效的保护，最重要的是能否得到民众，特别是大遗址所在区域民众的认同。因此，在保护规划实施中研究制定优惠政策，妥善处理当地民众脱贫致富、发展生产、改善生活等问题。在有条件的城市，大遗址的保护则与城市公园绿地规划建设相结合，形成大型遗址公园，成为城市重要文化设施和生态环境良好的绿“肺”。通过实施规划，实现大遗址保护工作从消极被动向积极主动转变，在保护方式上由突击式、抢救性、应急式向建立健全制度、形成长效机制转变。现在，在西安、洛阳大遗址保护上已取得突破性进展，把最负盛名、最令人难忘、最具有震撼力的历史遗迹保护起来，展示出来。

3.3 保护新型文化遗产工业遗产的呼吁

任何一种类型的文化遗产从被理解到积极保护，都经历过渐进的和不断推动的过程，工业遗产也是如此。长期以来人们重视保护农业社会时期留下的文化遗产，而对于工业遗产的保护未能引起重视，特别是由于我国工业化进程起步较晚，时间

浙江大遗址保护良渚论坛（2009年6月11日）

不长，因此这一时代的历史见证更容易被人们所忽视，以致近年来沈阳、哈尔滨、重庆以及上海、北京等城市的一些重要工业遗产在城市改造和房地产开发中迅速消失。但是，目前人们逐渐改变了对工业遗产的态度，开始认识到应将工业遗产视作普遍意义上的文化遗产中不可分割的一部分。工业文明创造的财富和对世界以及人类生活的影响，都远远超过之前几千年的总和。工业遗产则直观地反映了人类社会发展的这一重要过程，具有历史的、社会的、科技的、经济的和审美的价值，是社会发展不可或缺的物证。保护工业遗产也是保持人类文化的传承，维护文化的多样性和创造性，促进社会不断向前发展的重要举措。因此，在城市建设中不能用单纯的习惯性方法将工业遗产推倒重来，而是应通过仔细甄别、保护、整修、重组等模式，将工业遗产保存于新的环境当中，并按照当代的功能需求进行保护性再利用，创造和设计出既属于现在和未来、同时也记录和体现过去工业成就的空间形态，使工业遗产融入社会生活，再次奉献给人们难得的个性空间。

2006 年 4 月 18 日“国际古迹遗址日”，百余位文化遗产保护领域的专业人士和来自全国各工业城市的代表，会聚我国近代民族工业发祥地之一的无锡，召开首届中国工业遗产保护论坛，会议形成的行业共识性文件《无锡建议》向社会各界发出号召，工业遗产是整个人类文化遗产的重要组成部分，在城市化加速进程中应加以妥善保护。在保护好历史文化遗产的同时，保护好不同发展阶段有价值的工业遗产，给后人留下近现代工业化的风貌，留下相对完整的城市发展轨迹，这是当代义不容辞的责任。随后国家文物局向全国发出加强工业遗产保护的通知，启动了国家层面保护工业遗产的行动。包括在已经启动的第三次全国文物普查中，将工业遗产作为重要的普查对象，对工业遗产的认定、保护和合理利用制定相应的标准；开展工业遗产保护相关法规、规章的制定工作，使经认定具有重要意义的工业遗产通过法律手段得到强有力的保护；对于列入文物保护单位的具有重要意义的工业遗产，最大限度地维护其功能和景观的真实性和完整性，原状保护必须始终得到优先考虑；通过持续性和适应性的合理利用来证明工业遗产的价值，进而使人们自觉地投入保护行列，并引导社会力量进入工业遗产保护领域；注重工业遗产保护的宣传与教育，使专业性工业博物馆和处于妥善保护和开放状态下的工业遗产地成为宣传工业遗产价值和保护事业的重要场所。

工业遗产保护对于我国而言是文化遗产保护领域的新课题，是具有理性认知、科学探索、广泛合作、公众参与的保护事业，是充满前瞻性、挑战性、创新精神和活力的保护行动。虽然我国总体上还处于工业化的中期，但是沿海城市和中心城市以及一些传统工业城市的经济社会结构正在发生着根本性的变化。这些城市中的工业发展，必将由制造业为主体开始向服务业转型，管理方式从政府为主体向市场和公众管理转型，增长方式从数量扩张向质量内涵提升转型，发展内容从注重经济向注重文化和服务社会方面转型等，在这一转型过程中，必将伴随产业类型、空间结构、社会形态、意识行为等方面的变化。在这一迅速转型和激烈变化的形势下，如何使更多的优秀工业遗产得到妥善保护，如何形成我国工业遗产保护的整体思路和方法，是需要不断思考和实践的重要课题。

3.4 新农村建设中对乡土建筑的抢救

我国广大农村地区文化遗产数量众多。各级文物保护单位中，有半数以上分布在村、镇。特别是具有鲜明地方特色的大量乡土建筑，反映了我国源远流长的历史和丰富多彩的民族、民间、民俗文化。当前，正在全国范围内迅速展开的新农村建设，将为我国农村地区带来前所未有的巨变。这场深刻的历史变革，也对乡土建筑保护提出了紧迫的要求。特别是一些地方错误地把新农村建设理解为新村建设运动，存在简单的城市化倾向，求新求洋，没有考虑民族文化的传承问题，造成乡村、民族、地域特色的丧失，大批乡土建筑的安全正在面临着极大的威胁，“万村一面”的情况已在不少地方成为现实，如不及时加以引导，分散在广大农村地区的各具特色的乡土建筑，将随时面临着被拆、迁、整、改、并等种种危险，其遭受破坏、走向消亡的速度正在逐渐加快。如何正确处理新农村建设与乡土建筑保护的关系，使乡土建筑的文化内涵、建筑特色、历史风貌得以有效保全，是事关我国文化遗产保护和新农村建设全局的重大问题。同时，乡土建筑保护在我国兴起较晚，有关的法规制度建设相对滞后，已有的文化遗产保护法规不能适应乡土建筑保护的需要。

2007 年 4 月，国家文物局在无锡召开“中国文化遗产保护无锡论坛——乡土建筑保护”会议，来自全国文化遗产保护领域和相关专业的全体代表提出“关于保护乡土建筑的倡议”，呼吁各级政府积极行动起来，动员并依靠全社会的力量，加强乡土建筑的保护，使新农村建设与乡土建筑保护和谐共进，使我们民族的智慧与品格永远传承。近年来，国家陆续投资对全国重点文物保护单位中的乡土建筑进行了维修保护，各级地方政府也利用财政资金和吸引社会资金用于维修乡土建筑。针对各

江苏昆山市千灯古镇（2007 年 4 月 27 日）

地大量历史文化村镇被破坏的状况，建设部、国家文物局共同设立了“历史文化名镇”和“历史文化名村”制度，到 2014 年，先后公布了六批共 528 处国家历史文化名村、名镇。各级地方政府也陆续将一大批具有重要历史、文化、科学价值的乡土建筑和古村镇公布为相应级别的文物保护单位和历史文化名村、名镇，为乡土建筑的有效保护提供了重要的法律保障。同时，在世界遗产委员会日益注重世界遗产类别平衡性的背景下，乡土建筑这一新兴类别成为我国申报世界文化遗产项目的重点，“开平碉楼及村落”和“福建土楼”已分别于 2007 年、2008 年成功列入《世界遗产名录》。

2008 年 4 月，国务院公布了《历史文化名城名镇名村保护条例》，确立了历史文化村镇保护的法律地位，赋予国家建设部门和文物部门履行保护管理的重要职责。保护好农村地区珍贵的文化遗产，特别是乡土建筑这一独特而丰富的文化遗产，是新形势下赋予各级政府和有关部门的不可推卸的历史责任。各级文物保护部门正在采取有力措施，提前介入新农村建设的村庄整治工作，将乡土建筑保护纳入新农村建设的总体规划之中，使新农村建设规划的制定和实施与当地文化遗产保护规划相协调。同时，加强法规制度和技术标准、规范建设，加快制定乡土建筑保护的专项法规、规章，并对乡土建筑的认定标准和程序、保护原则和措施、监督管理等方面作出具体规定，将乡土建筑保护工作逐步纳入法制化、科学化、规范化的轨道。对古村落进行科学的规划整治，按照不损害文物本体、格局和历史风貌的原则，改善水、电、通信等基础设施，使原有居民能够在世世代代居住、生活的古村落里享受到现代生活的便利，同时延续固有的文化传统和生活方式。

3.5 博物馆主动融入社会的实践

随着民众生活水平的大幅度提高，闲暇时间的增多，作为文化遗产重要传承机构的博物馆在丰富社会文化生活中扮演着越来越突出的角色，已经成为一个地区、一座城市发展水平的形象代表，公众文化生活和旅游休闲的重要选择。目前，我国的博物馆事业进入快速发展阶段，博物馆总数已迅速发展到5136家，其发展速度在世界博物馆发展史上绝无仅有。特别是新建、改建和扩建的上百座大型博物馆，使博物馆的硬件水平和科技含量显著提升，博物馆的藏品保护、研究、管理、展示和服务水平明显提高，并带动了中小博物馆的建设，加之遗址博物馆、行业博物馆、生态博物馆的悄然兴起，形成了当前博物馆建设的热潮，为博物馆事业的可持续发展注入了新的活力。虽然，博物馆的建设热潮令人激动，但是，在博物馆建设过程中，博物馆人主导地位的缺失，盲目追求建筑外观和设施先进的倾向，博物馆建成后运营维护的尴尬，也使博物馆建设留下了诸多令人惋惜的缺憾。

当前我国博物馆建设和发展正处在一个关键时期，在大规模建设热潮中，正确把握机遇，才能促进博物馆从单纯的数量增长转变为质量的全面提高。丰富博物馆品类和突出博物馆特色，不仅是当前时代发展的客观要求，也是博物馆事业生机与活力的重要组成部分。因此，不仅要追求博物馆数量的增长，更重要的是在丰富品类、突出特色上创新举措，调整博物馆建设的结构布局，优先鼓励和引导科技类、专题类、民族类博物馆的建设与发展，特别是填补空白的各类博物馆建设。中国科技博物馆、中国妇女儿童博物馆、中国民族博物馆等的建成有利于形成以国家级博物馆为龙头、省级博物馆和重点行业博物馆为骨干，国有博物馆为主体、民办博物馆为补充，各行业和各种所有制博物馆各具特色、丰富多彩的建设发展新格局。

博物馆作为一个国家、一个民族或一个地区、一座城市的标志性文化设施，其建设既要突出专业性，又要体现民众性。博物馆承担着向社会公众提供优质精神产品的责任。在博物馆提供给社会的诸多精神产品中，陈列展览是最主要、最核心、最基本的精神产品。它涉及文物的收藏、研究、展示和传播，是博物馆各项工作的中心环节。随着各种传媒手段的进步，作为文化产品的陈列展览所面临的竞争压力越来越大，迫切需要充分利用现代科技成果，提升陈列展览质量和水平，使文化遗产保护的成果在更大范围和更深层次上惠及人民群众，从而奠定博物馆生存发展的坚实基础，树立和提高博物馆的社会公众形象和地位。

服务民众是博物馆的天职，只有主动融入社会，拉近与公众的距离，增强亲和力，真正成为社会公众精神文化生活不可或缺的组成部分，才能获得生存和发展的广阔空间。在我国，2003 年 5 月，杭州市属国有博物馆开始实施对公众免费开放，取得了良好的社会效益，观众人次明显上升，同时对整个城市的社会经济发展也作出了积极贡献。自 2004 年 3 月，文化部、国家文物局发布“关于公共文化设施向未成年人等社会群体免费开放的通知”以来，全国博物馆逐步建立起向未成年人等社会群体免费开放制度，文物系统博物馆已免费接待未成年人观众逾亿人次。2008 年

1月，中宣部、财政部、文化部、国家文物局发布了《关于全国博物馆、纪念馆免费开放的通知》，国家财政对免费开放给予经费保障，全国各地博物馆、纪念馆陆续实现对全社会免费开放。

博物馆不是一个冰冷的知识库，而应成为温馨的知识宫。要由以物为主转化为以人为本，关键是树立人性化服务理念和举办丰富多彩的活动，吸引更多的公众走进博物馆。这方面拥有很大的空间，也有许多工作要做。事实上，博物馆应被视为最重要的教育机构之一，参观博物馆也应成为绝大多数民众一生中最重要的文化体验。在当今文化呈现多样性的时代，文化遗产地和博物馆要增强为青少年提供优质服务的意识和社会责任感，尊重青少年的心理感受、审美情趣和认知特点，善于与青少年对话、交流和互动。探索建立博物馆参与未成年人国民教育体系，纳入中小学生教育体系方面的长效机制，为营造“学习型社会”提供更好的服务，使博物馆真正成为青少年们的学习课堂，发挥教育基地作用。通过创意和推出各具特色、个性鲜明、为青少年喜闻乐见的社会普及活动，并借助新闻媒介和互联网络，向社会及所在社区开展广泛宣传，激发青少年的参与意识。

3.6 非物质文化遗产保护的推进

我国历史悠久、民族众多，所拥有的非物质文化遗产绚丽多彩。这些非物质文化遗产来源于中华文明，根植于民族民间，保护好它们对于民族精神的延续，传统文化的弘扬，具有重要作用。当前我国非物质文化遗产的生存、保护和发展遇到很多新的情况和问题，面临着严峻形势。一方面，由于文化生态的改变，正在使非物质文化遗产逐渐失去赖以生存和发展的环境基础，许多非物质文化遗产生存困难或已处于消亡状态。特别是一些依靠口传心授方式加以传承的文化遗产正在不断消失，许多传统技艺濒临消亡，大量有历史、文化价值的珍贵实物与资料遭到毁弃或流失境外。另一方面，一些地方保护意识淡薄，致使一些非物质文化遗产显现的某种文明价值，因不合理的利用而中断。甚至一些地方借继承创新之名随意篡改民俗艺术，损害了非物质文化遗产的原真性。同时，法律法规建设的步伐不能与保护的紧迫性相适应，非物质文化遗产保护标准和目标管理以及收集、整理、调查、记录、建档、展示、利用、培训等工作相对薄弱，与保护相关的一系列基础性问题不能得到系统性解决。

2005年3月，国务院办公厅发布了《关于加强我国非物质文化遗产保护工作的意见》，要求建立国家级和省、市、县级非物质文化遗产代表作名录体系，逐步建立起比较完备的、有我国特色的非物质文化遗产保护制度。2005年12月，国务院在《关于加强文化遗产保护工作的通知》中，确立了非物质文化遗产保护工作的指导方针，即“保护为主、抢救第一、合理利用、传承发展”。通知中明确非物质文化遗产，是指各种以非物质形态存在的与群众生活密切相关、世代相承的传统文化表现形式，包括口头传统、传统表演艺术、民俗活动和礼仪与节庆、有关自然界和宇宙的民间传统知识和实践、传统手工艺技能等以及与上述传统文化表现形式相关的文化空间。通知要求积极推进非物质文化遗产保护的各项工作，开展非物质文化遗产普查；制定非物质文化遗产保护规划；抢救珍贵非物质文化遗产；建立非物质文化遗产名录体系；加强少数民族文化遗产和文化生态区的保护。2006年5月，国务院正式公布了《第一批国家级非物质文化遗产名录》，其中包括民间文学、民间音乐、民间舞蹈、传统戏剧、曲艺、杂技与竞技、民间美术、传统手工技艺、传统医药、民俗等。

在社会发展和进步过程中，人类创造了丰富的文化遗产，这些文化遗产包括物质文化遗产和非物质文化遗产，它们共同构成了一个民族、一个国家现存的文化记忆，保护文化遗产与保护非物质文化遗产具有同等重要的意义。从文化遗产存在形态来看，非物质文化遗产包含着较多随时代变迁和人群迁徙而易于湮没的文化记忆，因此具有保护的紧迫性。特别是在21世纪经济全球化和我国加速城市化的背景下，保护和传承非物质文化遗产，已成为文化遗产保护中新的重要课题。面对这一紧迫任务，我国非物质文化遗产的保护应后起直追，通过摸清家底、建立制度、科学研究、形成机制，克服重申报、重开发，轻保护、轻管理，随意滥用、机械复制、过度开发非物质文化遗产的现象发生，使保护工作积极推进。近年来，我国加大了非物质文化遗产保护意识的宣传，取得了良好效果。特别是以中国艺术研究院为代表的研究机构和专家学者，既重视基本理论问题研究，又富于创新实践精神，在较短的时间内进行了大量卓有成效的开拓性工作，取得有目共睹的业绩，为文化遗产事业的发展作出了积极的尝试和有益的探索。

3.7　我国世界文化遗产保护体系的完善

自 20 世纪 70 年代以来，世界遗产保护及其相关问题成为国际社会十分关注的领域，鉴于这一体系的先进性、普世性和规范性，很快得到国际社会普遍认同，并获得日益扩大的影响。这一保护体系中的世界文化遗产则是具有突出的普遍价值，并受到严格保护的文化遗产对象。我国对文化遗产这一概念的实际运用，是在 20 世纪 80 年代，特别是 1985 年我国政府加入《保护世界文化和自然遗产公约》以后，通过世界文化遗产的申报等项工作，使文化遗产的概念逐渐引起社会广泛关注和被普遍接受，并得到迅速普及，成为与我国既有文物保护体系既相互联系，又有明显区别的又一保护体系。世界文化遗产不强调保护管理层次，也没有规模上的严格划分，可以大到整个城市、某个街区，小到单体建筑。但是更强调保护类型的划分，例如划分为文化遗产、文化与自然双重遗产以及非物质文化遗产等多种类型。近年来世界文化遗产所关注对象的类型，有向综合化、动态化、巨型化与线性化、近代与现代化、生活功能化和非物质化等方向扩展的趋势。

在我国，1987 年长城等 6 项遗产被列入《世界遗产名录》，实现世界遗产零的突破以后，经过 30 多年的努力，目前已经拥有 55 处世界遗产，其中 37 处世界文化

河北板厂峪长城（2008 年 7 月 12 日）

遗产、4 处文化与自然双重遗产。事实上，随着我国列入《世界遗产名录》的文化遗产数量的增多，我国的文化遗产保护目标和任务分别来自两个方面，一方面是来自以文物保护单位、历史文化街区和村镇、历史文化名城为代表的我国多层次文物保护体系，另一方面是来自以文化遗产、文化与自然双重遗产、非物质文化遗产为代表的世界遗产保护体系，两个体系具有不同的管理依据和管理方式。这一状况的改善，需要通过国家层面合理的制度设计和目标管理，使不同的保护体系在共同的保护理念、共同的价值取向和共同的评价标准下得到整合。同时，世界文化遗产保护事业，为我国文化遗产保护与国际先进理念加强交流提供了机遇和条件，也使我国文化遗产保护机构与联合国教科文组织（UNESCO）、国际古迹遗址理事会（ICOMOS）、国际文化财产保护与修复研究中心（ICCROM）等国际组织保持了经常性的联系和建立了广泛的合作关系。

2006年12月颁布实施了《世界文化遗产保护管理办法》，随即《中国世界文化遗产监测巡视管理办法》《中国世界文化遗产专家咨询管理办法》等相继制定实施。这些规章制度的制定经过了反复的酝酿，成为我国多层次文物保护体系与世界文化遗产保护体系相互融合、相互借鉴、相互支撑的有益尝试，这无疑是一次开拓性的尝试，成功与否还需要经过实践的检验。其中监测巡视管理制度用以保证世界文化遗产的健康发展，专家咨询制度则对世界文化遗产保护管理中的重大问题进行研究论证，为决策提供专业咨询。同时，2006年12月，依照世界遗产委员会评审世界遗产的工作程序和规程，综合考虑真实性、完整性和平衡性，完成了《中国世界文化遗产预备名单》重设工作。在重新设定的世界文化遗产预备名单中，将"杭州西湖·龙井茶园""哈尼梯田"等作为"文化景观"的代表；将"大运河""丝绸之路中国段"等作为"文化线路"的代表；将"山陕古民居""皖南古民居""江南水乡古镇""藏、羌碉楼与村寨"和"黔东南苗族村寨"等作为乡土建筑的代表，体现了世界文化遗产类型的平衡性和多样性。

3.8 公布全国重点文物保护单位新的实践

2013年，国务院公布了第七批全国重点文物保护单位名单。这次公布的文物保护单位数量为1944处，几乎达到了前六批全国重点文物保护单位数量的总和。曾担任第六批全国重点文物保护单位名单审查专家的吕舟认为，"这个名单对中国的文化遗产保护的意义绝不仅仅体现在数字上。这些数字的背后有更多的问题值得我们认真思考"[①]。主要体现在所展示的文化遗产内涵较为丰富，所包括的文化遗产范围较为广泛，所涉及的文化遗产内容更加深化，反映出当代文化遗产事业所应具有的整体性、拓展性和前瞻性。"我们对文物的认识也在不断深化，过去考虑更多的是古遗址、古墓葬、古建筑、石刻等等，但是随着我们认识的深化，文物保护单位应该不仅仅只包括这些，从时代上来说，过去的认识仿佛什么都是越古越好，对近现代就

① 吕舟:《第六批国保单位公布后的思考》，载《中国文物报》，2006-08-18（5）。

注意不够，在近现代又是重点选择革命文物，而忽视了其他方面。事实上，近现代是一个很重要的历史阶段”①。

第六批全国重点文物保护单位虽然仍沿用了第五批的分类法，但是，入选单位包括了一些以往较少进入全国重点文物保护单位之列的，反映我国民族文化、地域文化和近现代文化生活、经济活动等方面的文化遗产。例如大生纱厂、汉冶萍煤铁厂矿旧址、青岛啤酒厂早期建筑、石龙坝水电站等工业遗产；玉山古茶场、聚馆古贡枣园、清农事实验场旧址、嵖岈山卫星人民公社旧址等农业遗产；大栅栏商业建筑、高邮当铺、哈尔滨莫斯科商场旧址、国际饭店等商业遗产；柳氏民居、理坑村民居、杨氏民宅、日斯满巴碉房等乡土建筑；马胖鼓楼、大召、康松桑卡林、聂塘卓玛拉康等少数民族遗产。同时，还包括中国营造学社旧址、中国西部科学院旧址、抗战胜利纪念堂、集美学村和厦门大学早期建筑等近代遗产；民族团结誓词碑、荆江分洪闸、郑州“二七”罢工纪念塔和纪念堂、唐山大地震遗址等现代遗产。但是，其中也有遗憾，例如在对现代建筑的保护方面，评审时未能给予应有的重视，以致一些重要的现代建筑遗产，甚至中华人民共和国成立初期的“国庆十大工程”也未能列入全国重点文物保护单位之列，因而面临被拆除的危险，为今后实施保护增加了难度。

另一方面，在第六批全国重点文物保护单位中，对近年来要求加强保护呼声较高的历史文化街区、历史文化村镇以及“线性文化遗产”“文化景观遗产”等遗产类型也进一步作了有益的尝试。例如将三坊七巷和朱紫坊建筑群、西门街古建筑群、鼓浪屿近代建筑群、烟台山近代建筑群等历史文化街区；郭壁村古建筑群、南屏村古建筑群、上甘棠村古建筑群、阿坝羌寨碉群等历史文化村镇；井陉古驿道、独松关和古驿道、连城要塞遗址和友谊关、阿坝红军长征遗迹等文化线路遗产；坎儿井地下水利工程、“二十四道拐”抗战公路、仕水碇部、红旗渠等文化景观遗产，也列入了保护名单之列。而京杭大运河作为一个特殊的类型被列入名单，格外引人注目。

① 谢辰生：《关于认识文物价值的一点看法》，载《中国文物报》，2006-08-04（3）。

这一跨越今日4省2直辖市区域，连接20座左右城市，全长1794公里的文化遗产廊道，整体列入保护项目，对文物保护单位制度无疑是一场革命性挑战。“把这样一个空间尺度的保护对象作为一个保护单位加以保护，这在我国文物保护工作中是史无前例的。这件事本身反映了中国文物保护事业的发展，反映了我国文物保护领域无论在保护的观念、保护的技术手段、资金条件和管理体制上都已进入了一个新的阶段”[①]。

3.9 全社会保护文化遗产新体制的推进

今天，以国家保护为主，动员全社会共同参与的文化遗产保护新体制正在逐步形成，广大民众和海内外有关人士以多种形式参与文化遗产保护，使保护文化遗产的社会环境不断改善。动员民众参与文化遗产保护在我国具有传统。1956年国务院颁布的《关于在农业生产建设中保护文物的通知》中的第一条就是要求文物保护工作不能仅仅依靠政府，而是要“加强领导和宣传，使保护文物成为广泛的群众性工作”。并且提出了要建立群众性文物保护小组的要求。可喜的是，整整50年之后，国务院作出决定，自2006年起，每年6月的第二个星期六，为我国的“文化遗产日”。文化遗产日是在我国文化遗产保护处于极其困难的背景下设立的，显示出一种非同寻常的必要性和极强的现实意义。由国家确定“文化遗产日”显示了当代中国对自己文明的认识高度，表现了一个民族文明的自觉，同时表明具有现代文明意义的、并被国际社会广泛认同的文化遗产观正在我国形成。

广大民众有参与文化遗产保护的良好愿望，文化遗产保护更需要民间力量的支持。许多珍贵文物的第一发现者和第一时间保护者就是普通民众。如果民众缺乏文化遗产保护意识，没有采取基本的保护措施，它们可能会被无声无息地破坏甚至毁灭。2003年1月19日，陕西省宝鸡市杨家村王宁贤等5位农民在取土时意外发现一处西周青铜器窖藏，妥善保护并及时报告当地文物部门。后经专家考证，这批青铜

① 吕舟:《第六批国保单位公布后的思考》，载《中国文物报》，2006-08-18（5）。

器件件有铭文，创造了全国同类发现的多项第一，被评为2003年度“全国十大考古新发现”。另一个民众自发保护文物的感人事迹，发生在年人均收入不足700元的极其贫困的贵州省黎平县地坪乡，2004年7月20日，一场百年未遇的洪水咆哮着冲毁全国重点文物保护单位地坪风雨桥时，当地上百名群众自发地跃入洪水，拼死打捞风雨桥构件，经过三天三夜的奋争，从贵州打捞到广西，抢救回73%以上的风雨桥构件，使风雨桥得以重建，上演了一幕我国文化遗产保护史上的壮举。地坪风雨桥连接着上寨村和下寨村，这里共生活着1500余位侗族民众。风雨桥既是他们休闲、节庆的场所，也是侗族青年行歌坐月、谈情说爱的地方。当地人以此为自豪，把它当作村寨的精神财富，祖祖辈辈都将守护它当成自己的义务。一位侗族学者说：花桥是我们侗族人生命中的桥，保护花桥是我们传承民族文化的方式之一。孩子们是唱“地坪花桥传万代”的侗族大歌长大的。地坪人在这种氛围中成长、生活，爱护花桥、保护花桥的意识已经溶入了他们的血液，他们为花桥做任何事都如同呼吸般自然，文物保护的民众意识在这里得到了最强烈的表达。

广大民众是有觉悟、讲感情的。近几年，连续发生在宝鸡市的一幕幕动人心弦的事实就充分证明了这一点。前述5位农民保护国宝的动人事迹曾经“感动中国”。从那以后，相同的事迹在这一地区连续出现，2003年至2006年的短短4年中，又有11批农民群体在生产劳动中发现以青铜器为主的珍贵文物后，自觉报告文物部门或上交国家。一次次令人们兴奋不已的不仅是那些出土面世的稀世珍宝，更是那些朴实无华的农民群体，是他们的高尚行为铸就了震撼人心的“农民护宝精神”。在震撼和感动之余，人们不禁要问，是什么让这些村民在盗墓猖獗、非法走私文物盛行的今天，能够抵御金钱的诱惑，将珍贵文物上交国家，为我们保留了这一方净土？原因很简单：这里是周礼的故乡，长期生活在历史文化氛围中的民众，形成了淳朴的民风，培养造就了爱国护宝的精神。今天，这些可敬可赞的农民护宝行动，反映的正是当民众感受到家乡悠久灿烂的文化传统，了解到国家保护文化遗产的法律之后，

北京大学“世界遗产培训与研究中心”挂牌仪式（2008年7月23日）

所形成的自觉的保护意识和无私奉献的高尚情操。

保护文化遗产不仅是各级政府和专家学者的责任，而且是每一个公民应该担负起来的责任，更是亿万民众的共同责任。文化遗产保护作为一项利在当代，功在千秋的社会公益事业，需要动员广大民众的积极参与。民众既是文化遗产的创造者，也是文化遗产的主人。如果广大民众不珍视、不爱惜、不保护、不传承文化遗产，文化遗产最终将难以避免消亡的厄运。近年来，国家文物部门和各级政府对不断涌现的保护文化遗产的典型事迹给予了积极的表彰和奖励。朴实的农民群体一次次走上光荣的领奖台，获得国家颁予的崇高荣誉。他们的事迹在主要新闻媒体和“文化遗产日”特别直播节目中被热情颂扬，受到社会的广泛关注，唤起全社会文化遗产保护意识的进一步提高。这些努力将为保护文化遗产提供更广泛的公众支持和更强大的社会保障，使文化遗产真正为社会公众所共享，更有力地推动文化遗产所在地经济社会的和谐发展。

回顾我国文化遗产保护的探索与实践，分析其中兴衰成败的经验与教训，使文化遗产保护事业的发展路径更加清晰地展现出来。近百年来，文化遗产保护的先驱者们，凭借着对民族、对民众、对文化、对社会的深厚感情和自身广博的文化根基，引领着保护事业的发展方向。今天，人们欣慰地看到，文化遗产保护意识正在全社会迅速觉醒，社会各界对此不断达成新的共识，文化遗产保护事业的发展呈现出美好前景。可以预言，在21世纪，我国文化遗产的内涵和外延必将继续发生深刻的变化。“未来由现在开始缔造，现在从历史中走来，未来变化的方向离不开对历史进程的探寻。世界历史进程代表着人类文明发展的一种趋势和高度，把握了它，有助于人类的发展获得当代的意义”[①]。这是时代的召唤和神圣的使命，对此我们应该勇于担当。

① 吴良镛:《国际建协〈北京宣言〉——建筑学的未来》，187页，北京，清华大学出版社，2002。

第三章
新时期文化遗产保护的发展趋势

2005 年 12 月《国务院关于加强文化遗产保护的通知》的发布，加快了我国从“文物保护”走向“文化遗产保护”的发展进程，使文化遗产保护呈现出新的发展趋势。文化遗产事业的内涵逐渐深化，要注重其在全球化背景下，保持文化多样性和民族独立性方面的重要作用，注重其世代传承性和公众参与性；文化遗产事业的领域不断扩大，并由此引发了其要素、类型、空间、时间、性质、形态等各方面的深刻变革。在这一新形势下，深刻理解文化遗产保护理念，准确把握其发展趋势，通过开展文物普查，将更多的文化遗产及时纳入保护范畴，是关系我国文化遗产事业发展全局的重大课题。

1. 文化遗产保护内涵的深化

今天，文化遗产与当今社会的关联程度更加密切，被视为社会可持续发展的宝贵战略资源，文化遗产保护已成为保持民族特色、推动中华民族伟大复兴的战略选择。人们认识到，保持文化多样性，保护文化遗产的独立性、完整性、连续性，首先是保护自己，同时也是对世界文化的贡献。因此，在文化遗产保护的内涵方面，更加突出世代传承性和公众参与性，与文化遗产有关的知识和信息的传播更加引人注目，对文化遗产保护的社会参与也更加广泛。

1.1 文化遗产保护的世代传承性

人类文明在世代的文化创造和积累中不断发展和进步，在各个历史时期，人类社会都曾有过新的发明和创造，这些发明和创造不仅帮助人们适应不断变化的环境，而且将人类社会带入更高层次的文明，使人们过上更加健康、舒适的生活。新的发明和创造出现以后，原有的文明，过去的各种发明和创造的成果，有些作为可以继续利用的因素被传承下来，也有的则被遗存在地下或者遗留在地上，成为考古学、历史学研究的对象。人类文明就是在这种新旧交替、不断变换的过程中传承和发展的。当人们适应了新的生活与工作方式，那些幸存下来的物质的与非物质的内容，便成为人类的文化遗产。

文化遗产是人类历史发展的见证，它可以再现昨天、前朝甚至远古的历史风貌，是特定历史时期的活化石，代表着一些独特的创造成就和独特的人文价值。当一种社会结构消失以后，文化遗产就显得格外重要。例如每当论及世界文明，除中华文明之外，人们还必然会回忆历史悠久的古代埃及、印度和两河流域文明以及奠定现代西方社会发展基础的古代希腊和罗马文明。今天这些古代文明都早已消失，但是人们仍然可以通过文化遗产对其灿烂文化进行认识，甚至再认识。很多古代的民族消失后，他们的社会结构和生活方式已经难以再现，但是这些民族的文化却能够通过文化遗产留给人们一些历史和现实的记忆。对于人类自身的文化发展和创造来说，没有记忆就没有创造，人类的一切创造都是建立在对过去文化智慧的继承和总结之上。

文化遗产往往和一些人类文化现象或重大的历史事件有着密切的关系。这些文化现象或历史事件若已消失或者被人们所遗忘，通过文化遗产可以让人们回忆起它们以及与之相关的事物。例如成都曾先后作为古蜀国的都邑、三国蜀汉国都、五代十国前蜀与后蜀都城，历史文化遗存十分丰富，历史城区曾经完整保存“三城相重”的古城格局。但是，在大规模城市建设和“旧城改造”中成都的历史文化街区、传统建筑等地面文化遗存遭到严重的破坏，大部分已经消失。近年来，成都文物工作注重城市基本建设中的文化遗产保护，针对1400多个建设工地进行了文物勘探，发掘各类文化遗址160余处，古墓葬600多座，出土文物和文物标本10万余件，其中对金沙遗址、成都平原史前城址群、古蜀船棺遗址等的发掘，具有重要的、无可替代的文化和科学价值，填补了成都城市史研究的多项空白，在一定程度上再现和展示了成都作为一座拥有3200年建城史的古老城市文明。

自从人类创造文明以来，曾经在地球上留下过蔚为壮观、堪称丰厚又不可计数的文化遗存，但是由于来自战争力、自然力、人力等诸因素的干扰与破坏，文化遗产面临着不断消失的威胁，加上文化遗产自身不可再生的特质，其资源的日益稀缺成为必然规律。世界上的任何事物，其最终消失是绝对的，而其存在则是相对的。也正因为如此，人类曾经创造过的文明能继续以物质的和非物质的形态存在于世的数量，实在难以令人乐观，更应该格外加以珍惜。对今天的政府和公众来讲，其重要责任之一就是如何想方设法，最大限度地防止文化遗产被破坏与消失。

综上所述，文化遗产保护的世代传承性特别强调，文化遗产的创造、发展和传承是一个历史过程。每一代人都既有分享文化遗产的权利，又要承担保护文化遗产并传于后世的历史责任。每一代人都应当为社会的发展与进步作出应有的贡献。这种贡献既有自身的文化创造，也包括将文化遗产传于子孙，泽被后世。未来世代同样有权利欣赏、利用和传承这些文化遗产，与历史和祖先进行情感和理智的交流，吸取智慧和力量。因此，作为当代人，我们并不能因为现时的优势而有权独享，甚至随意处置祖先留下的文化遗产。我们不仅要为提高自己的生存质量而不遗余力地保护文化遗产，在传承和守望的同时适当地加以利用，而且要为子孙后代妥善保管这些珍贵的文化财富，传之久远，“子子孙孙永葆用”。

1.2　文化遗产事业的公众参与性

文化遗产是一个国家、民族、区域、城市、社会共同生活人群的“集体记忆”。其中物质文化遗产是现存的或已废弃的文化现场及其遗存，不仅具有深刻的文化内涵，而且由于一些不可移动文物处于原址，具有更强的有机性和相关性，是人们了解传统文化的理想载体；非物质文化遗产与人们的记忆以及文化传统相联系，使文化及民族精神代代相传，无论是生活方式、居住形式，还是饮食文化、节庆习俗等都具有很强的文化传承作用。如果说物质文化遗产与一些历史、社会事件紧密相连的话，非物质文化遗产则和民众的生活记忆密切相关，它们共同组成文化遗产的整体，并在民众的物质和精神生活中深深地扎根。

我国的文化遗产蕴含着中华民族特有的精神价值、思维方式、想象力，体现着中华民族的生命力和创造力，是各民族智慧的结晶，是全社会共同的文化财富，也是全人类文明的瑰宝。从根本意义上说，我国各族民众既是这些珍贵文化遗产的创造者，也是文化遗产的传承者。民众是文化遗产的第一主人。广大民众的积极参与是文化遗产保护事业赖以存在和发展的决定性力量。因此，文化遗产保护既要坚持以政府为主导，明确各级政府和有关部门的重要职责，又要广泛动员全体民众．使其真正成为全社会关心、支持和参与的公共事业。

随着我国社会经济事业的迅速发展，民众自觉参与文化遗产保护等社会公共事务的意识逐渐增强，参与的范围和深度日益扩大。文化遗产植根于特定的人文和自然环境，与当地居民有着天然的历史、文化和情感联系，这种联系已经成为文化遗产不可分割的组成部分。但是，由于时光流逝和文化遗产原有人文、自然环境的变化，民众与文化遗产之间的关系日渐疏远，文化情感日趋淡漠。许多现代人越来越难以或者疏于理解文化遗产的价值所在。而文化遗产保护工作者专注于通过保护工程和技术手段遏制文化遗产本体以及周边环境的恶化，却往往漠视了民众分享和参与文化遗产保护的权利，忽略了重建民众与文化遗产之间的情感联系。

我们必须尊重和维护民众与文化遗产之间的关联和情感，保障民众的知情权、参与权和受益权。任何忽视和割断文化遗产与民众的历史渊源和联系的行为，都必将损害文化遗产的自身价值，甚至危及其存在的基础。无论是在历史文化街区和历史文化村镇的保护事业中，在考古发掘和文物保护修缮等工程中，在博物馆建设和陈列展示等工作中，都应该积极取得广大民众，特别是当地居民的理解和参与。一年一度的“文化遗产日”，不仅仅是文化遗产保护工作者的节日，而且是全民的共同节日，它的设立有利于使文化遗产保护事业成为亿万民众的共同事业，为保护文化遗产提供更广泛、更强大的公众支持和更丰富的物质保障，使文化遗产真正为社会公众所共享，更有力地推动文化遗产所在地经济社会的和谐发展。

综上所述，文化遗产保护的公众参与性特别强调，文化遗产保护并不仅仅是各级政府和保护工作者的专利，文化遗产保护领域的相关工作也不应仅仅局限于管理部门和专业人员的范围，而是广大民众的共同事业，每个人都有保护文化遗产的权利和义务。文化遗产在本质上和全体民众的文化权益有关，在科学民主的时代，尤其是进入知识经济时代，文化遗产的保护理念和目标需要向社会和公众说明，对文化遗产及其蕴含的信息、价值的发掘、研究、保护和传播更需要社会各界和广大公众的广泛参与。文化遗产中蕴含着丰富的哲学、历史、文学、宗教、艺术，天文、地理、经济、民俗等学科内容，对其加以诠释，并非几个人或一些人可以胜任，需要吸纳众多学科的专家学者、社会贤达和当地民众参与讨论，献计献策，才能收到更好的效果。

2. 文化遗产保护外延的拓展

文化遗产保护内涵的深化促使人们从更广阔的视野、更深入的角度去分析和梳理文化遗产之间的内在联系，探索和建立新的文化遗产类型和相应的保护方式、手段、体系。近几年，文化遗产保护领域对传统保护对象的概念认识呈现出新的发展

陕西秦始皇陵遗址公园开园仪式（2010 年 9 月 29 日）

变化。在保护的外延方面，文化遗产保护的领域不断扩大，比较突出地表现出六个趋势。

2.1 在保护要素方面的扩展

在文化遗产的保护要素方面，从重视单一文化要素的保护，向同时重视由文化要素与自然要素相互作用而形成的综合要素保护的方向发展。例如兼具文化和自然复合特征的“双重遗产”（Mixed Heritage）、由文化要素与自然要素相互作用而形成的“文化景观”（Cultural Landscape），均成为国际社会加大保护的对象。

1972 年《世界遗产公约》倡导对世界文化遗产和世界自然遗产进行国家保护和国际保护。此时，按照这一公约，世界遗产仅分为世界文化遗产和世界自然遗产两大类。1987 年联合国教科文组织自然遗产协会考察我国申报项目——泰山时，发现泰山不同于一般世界遗产项目的独特价值，即它不仅符合世界自然遗产的标准，也同时符合世界文化遗产的标准。国际自然保护协会副主席卢卡斯（Lucas）先生认为：“世界遗产具有不同的特色，要么是自然的，要么就是文化的，很少有双重价值的遗产在同一个保护区内，而泰山便是具有双重价值的遗产。这意味着中国贡献了一件独一无二的特殊遗产，它将使国际自然保护协会的委员们大开眼界，要重新评价自然与文化教育的关系，从而开拓了一个过去从未做过，也从未想过的新领域。”[①]可以说，泰山的申报丰富了世界遗产的内容，从此也改写了世界遗产的分类，即在以往世界文化遗产和世界自然遗产这两大类别之外，增加了“世界文化与自然双重遗产”这一新的品类。

文化遗产的产生和发展与其所在的自然环境密不可分。我国自古即有“天人合一”的思想，崇尚人与自然的和谐共处。在古代建筑和城镇村落的规划设计中风水堪舆之学极为盛行，许多名山大川更是人文胜景荟萃之处，形成了我国文化遗产与自然遗产相互交融的重要特性。因此，继泰山作为世界文化与自然双重遗产列入《世界遗产名录》之后不久，我国的黄山（1990年）、峨眉山和乐山大佛（1996年）、武夷山（1999年）等三项遗产又相继作为双重遗产列入《世界遗产名录》，使我国成为拥有世界文化与自然双重遗产最多的国家。

文化景观遗产保护是20世纪90年代提出的一个新的问题。这一问题的提出反映了人类对文化遗产认识的发展和深化。文化景观遗产是人类与自然共同作用形成的文化遗产，包括各种人类与自然环境的互动。因此，文化景观遗产的保护相对于其他传统类型的文化遗产，如古遗址、古墓葬、古建筑和历史文化街区而言，更具有综合性。“不同于针对纪念物、建筑群、遗址而采用的传统的类似于博物馆保存、展示的方式，文化景观的保护更强调保护对象生命功能的延续性，即保护、保持文化景观的生命力和原有功能。由于对文化景观的保护涉及对自然环境和人工创造物的共同保护，这对保护工作提出了更高的要求”[②]。

---

① 刘红婴、王建民：《世界遗产概论》，106页，北京，中国旅游出版社，2003。
② 吕舟：《第六批国保单位公布后的思考》，载《中国文物报》，2006-08-18（5）。

文化景观遗产的选择应基于它们自身的突出普遍价值，基于明确划定的地理与文化区域的代表性，以及此类区域所具有的表达文化要素的能力。保护文化景观遗产有助于保护文化多样性和生物多样性，提高文化遗产和自然遗产的综合价值。对于文化景观遗产的保护超出了我们原有成熟的保护方式和技术手段，是一项新的挑战。文化景观遗产跳出了一个或一组人工创造物的独特价值，而从较大的范围、较充分的规模去发现和认识大自然的造化以及在某种特定自然环境中人的创造和生存状态，从而记录和保留下人类进步历程中具有不同特色的片段及其与大自然的结合与奋战。“例如，对红旗渠和坎儿井的保护，不仅仅需要保持其原有的形态、保持它们与特定的自然环境之间的关系、保持它们的功能、保持它们的传统工艺，而且需要保持特定的自然和生态环境，包括它们的水源，这种自然和生态环境是它们存在的依据”①。

大型古代遗址群中往往深藏着我国历史上最辉煌、最灿烂、最壮阔的历史记忆，也保存有最能够代表和反映中华文明成就的历史遗存。保护好、研究好、展示好这些遗址、遗迹和遗物，对于今日文化城市建设和丰富民众精神文化需求具有十分重要的意义。同时，对于一个拥有这一文化资源优势的历史性城市来说，具备一定规模的大型古代遗址如能得到有效保护与展示，有利于使城市摆脱“千城一面”的城市规划形态，丰富城市文化内涵，真正成为“形神兼备”、古今辉映的文化名城。同时大型古代遗址保护和整治的成果，将惠及城市环境建设，惠及民众生活，证明文化遗产不代表落后，不代表贫穷，不代表脏乱。大型古代遗址能够成为城市最美丽的文化景观，成为改善人们生活环境贡献最大的地方，成为推动社会进步、经济发展、生活提高的动力和资源。

2.2 在保护类型方面的扩展

在文化遗产的保护类型方面，从重视现已失去原初和历史过程中使用功能的古

① 吕舟：《第六批国保单位公布后的思考》，载《中国文物报》，2006-08-18（5）。

迹、遗址等“静态遗产”（Static Heritage）的保护，向同时重视仍保持着原初或历史过程中的使用功能的历史文化街区、历史文化村镇、工业遗产和农业遗产等“动态遗产”（Dynamic Heritage）和“活态遗产”（Living Heritage）保护的方向发展。

文化遗产并不意味着死气沉沉或者静止不变，它们完全可能是动态的、发展变化的、充满活力的和具有生活气息的。许多文化遗产仍然在人们的生产生活中发挥着重要的作用，甚至不断地吸纳更多的新鲜元素，充满着生机与活力。“近年来一些正在被使用的古城（丽江、平遥）和现代城市（如巴西的首都巴西利亚）被列入世界遗产，恰恰表明世界遗产的范围和内涵正在向活的遗产、向生活空间不断扩大和渗透的趋势”[①]。通过调查可以发现，遍布全国的历史文化街区、历史文化村镇中大部分的传统建筑都在被使用，如果将其从生活中割裂出来，并不能达到很好的效果。对它们的保护应该是积极的、动态的和持续的。保护并不是要冻结这些文化遗产的现状，而是要让它们融入现代生活之中，继续发挥作用，这也是继承和延续传统文化、地域文化，实现文化遗产保护可持续发展的必然选择。

“静态遗产”是历史上一定时期的遗存，是历史的化石而不可能再生。我们不可能再回到诞生这些文化遗产的历史环境中再塑造它，这是“静态遗产”的一个特征。但是“动态遗产”和“活态遗产”恰恰相反，它们是活在人们现实生活中的文化遗产类型，必须延续它们的生命历程和生活习俗。生命历程不延续这些文化遗产就将自动衰亡，生活习俗不传承这些文化遗产就将快速消失，只有生命和生活存在，“动态遗产”和“活态遗产”才能持续存在。例如第六批全国重点文物保护单位中“京杭大运河”和“聚馆古贡枣园”的列入，格外引人注目。

大运河是世界上开凿时间最早的人工河，也是我国历史上最重要的南北交通大动脉，虽然它历尽沧桑变化，但顽强地生存下来，江南河段目前仍在利用，日夜奔忙，为民众造福。大运河有血、有肉、有灵魂。大运河本体是它巨大的身躯，流淌的运河水是它的血脉，运河两岸的文物古迹、历史文化村镇是它的骨肉，而博大精

① 张天新、山村高淑：《从“世界遗产”走向“世间遗产”》，载《理想空间》，2006（15），13页。

江苏震泽镇段大运河（2004 年 6 月 26 日）

深、绚丽多彩的运河文化则是它的不灭灵魂。流淌了 2000 多年的大运河，见证了沿河历史性城市的成长与变迁，奠定了城市格局，拓展了城市空间，促进了对外交流，繁荣了城乡经济，丰富了城市文化。今天，大运河穿越我国南北两个最富活力的经济带和经济圈，至今仍在航运、排洪、灌溉、输水等方面发挥着重要的作用，保持着旺盛的活力。

大运河沿岸的城市和村镇，因傍依水系而充满了变化和生机。凭托大运河这条黄金水道，经济得以流通，商品得以交换，文化得以传播，因此说大运河是“活着的、流动着的文化遗产”。正因为大运河是一幅活的历史画卷、一条流动的文化走廊，因此，大运河的保护与众多列入文物保护单位的古遗址、古墓葬、古建筑的保护有着不同的方式和方法。如何保护和合理利用好大运河的历史故道，如何保护和切实管理好现在使用的大运河本体，如何解决河道淤积、水源短缺、水质污染、湿地修复等问题，如何加强对大运河沿岸的文物、景观、生态实施综合保护，如何使那些充满魅力的古城、古镇、古村与大运河交相辉映，都是需要从整体上重视和研究的问题。

而对于聚馆古贡枣园来说，更是从未列入过文物保护单位的新的类别。其核心保护内容是那些数百年高龄的古贡枣树以及这些古贡枣树所形成的景观环境。聚馆古贡枣园是为明清两代帝王提供贡枣的枣园，从明代弘治皇帝钦定聚馆冬枣为“贡品”，年年进贡，直至清末。至今在大约1000亩的枣园内，生长着具有600多年历史的冬枣树198株，每株树均冠以名称，还有100年以上的古冬枣树1067株。因此，聚馆古贡枣园见证了古代枣农栽培、嫁接冬枣树的全部过程，是古代农业科技发展成果的重要实物例证，具有较高的历史、文化、鉴赏、林业科技和经济价值。因此，对于这些古贡枣树形成的总体景观环境以及古贡枣树的生长甚至果实的质量、口感等都应当是保护的对象。这种保护已经远远超出了“静态遗产”保护的范畴，体现了保护观念和方法的综合性，也对保护的技术手段提出了新的要求。

2.3 在空间尺度方面的扩展

在文化遗产的保护空间尺度方面，从重视文化遗产“点”“面”的保护，向同时重视因历史和自然相关性而构成的“大型文化遗产”和“线性文化遗产”等文化遗产群体的保护方向发展。文化遗产保护的视野扩大到空间范围更加广阔的“遗产地”（Heritage Site）、“文化线路”（Cultural Route）和“系列遗产”（Serial Heritage）等，甚至文化遗产的空间尺度还在向跨地区、跨国家方向发展。

今天，人们对文化遗产事业的企望越来越高，从最初动员国际社会保护那些日渐消失的具有全球突出的普遍价值的文化遗产，到通过文化遗产事业去发掘和增进人类互相的交流与融合，保护共同的文明，实现全人类的和平、合作与发展。应运而生的“文化线路”类文化遗产受到普遍的推崇和鼓励。

文化线路是集文化遗产保护以及生态与环境、休闲与教育等功能为一体的线性文化遗产元素，包括河流沿线、峡谷沿线、道路沿线以及铁路沿线等。它们代表了早期和此前人类的运动路线，并将人类活动的中心和节点联系起来，体现着文化的发展历程，是不同时期民族发展历史在大地上的烙印。在我国文化遗产宝库中，具有文化线路特征的潜在文化遗产项目十分丰富，从早期山区先民用于交通和商贸的古栈道和河边的纤道，到辐射中华大地的驰道，再到横贯南北的运河系统和近代的铁路系统，众多具有数千年或数百年历史的文化遗迹，被文化线路串联起来。除举世闻名的丝绸之路和大运河外，还有玉石之路、茶马古道、秦直道、剑门蜀道、太行古道、京张铁路等等，它们记录了沿线文化的相互交流、融合和碰撞，集相关区域文化之大成，也构成了对我国社会、经济、文化系统全面的见证。

今天，众多线性文化遗产的保护，已经成为城市化加速进程背景下，建立前瞻性的文化遗产保护体系，建设高效生态基础设施的迫切需要。然而，如今“文化线路”这一文化遗产种类的突出价值，尚未得到普遍认可，保护方面的需求也没有得到应有的回应，其弊端已经凸现于一些重要文化线路的保护状况之中。随着区域人口的增长、开放空间的丧失、城市的持续扩张以及交通方式的改变，特别是现代高速交通路网的纵横穿行，这些线性文化遗产被无情地切割、毁弃。即便许多节点被列为国家和地方的文物保护单位，甚至世界文化遗产，但是它们早已成为一些与文化线路原有环境和脉络相脱离的“散落的明珠”，失去了应有的文化内涵。只有通过文化线路才能将这些散落的明珠重新串联起来，将文化与自然要素重新整合，构成区域尺度上价值无限的文化“宝石项链”，成为未来人们开展生态教育、文化休闲以及科学考察的最佳场所。

丝绸之路是一项历经2000多年、覆盖大半个地球、体现人类历史活动和东西方

甘肃丝绸之路申报世界文化遗产工作协调会议（2007 年 12 月 27 日）

文化交流的载体，它揭示了东西方不同民族、不同文明之间交流互动、共存共荣的历史过程。保护这个历史过程遗留下来的珍贵文化遗产，将使我国与相关国家增进了解，扩大交流协作。丝绸之路分为“沙漠丝绸之路”“草原丝绸之路”和“海上丝绸之路”，沿途涉及西亚、非洲、欧洲、东亚、东南亚等数十个国家和地区，是人类不可多得的巨型文化线路遗产，必须实施国际保护。近年来，丝绸之路文化线路的保护成为社会各界瞩目的焦点。在联合国教科文组织世界遗产中心的支持下，我国和丝绸之路沿线国家密切合作，启动了丝绸之路跨国联合申报世界遗产计划，并达成了我国与中亚国家率先联合申报的行动纲领。丝绸之路文化线路的保护应当被看作一个新的保护体系的有益试验，它的保护将会为我国线性文化遗产保护积累宝贵的经验。

作为系列遗产保护的一个重要项目，近年来加强了涉台文化遗产的研究和保护。

涉台文化遗产是指能够直接反映台湾与祖国大陆地理、经济、民族、文化等关系，印证台湾自古以来是我国领土不可分割的一部分的文化遗产。它不同于通常按照年代、地域、类型、形制等的文化遗产分类，而是以文化遗产与台湾地域文化之间固有内在联系的认定为标尺，建立的一种新的文化遗产类型。内容包括：与台湾史前文化有相同元素或承袭关系、反映台湾与祖国大陆地理关系或地理变迁的史前遗址；反映祖国大陆传播到台湾或台湾传播到祖国大陆的宗教信仰、民间习俗及各种行业史迹等；反映台胞迁徙进程或祖籍史迹，如祖祠、祖坟、故居等；反映台湾重大历史事件或重要人物的史迹；与近现代台湾名人、历史事件相关的史迹；台胞在祖国大陆捐建的各种公益设施或是创办的有影响的实业旧址。其中，福建与台湾一水之隔，有着深厚的历史渊源和密切的文化联系，是涉台文化遗产资源最为丰富的地区，初步认定全省涉台文化遗产 1076 处，内容涵盖了不同时期、不同地域、不同性质的文化遗存，在保护方式和手段上有着自身的特点。如何加强这一类型文化遗产的保护和研究，是文化遗产保护面临的新课题，对我国文化遗产保护事业的发展将产生重要影响。

2.4 在时间尺度方面的扩展

在文化遗产保护的时间尺度方面，从重视“古代文物”“近代史迹”的保护，向同时重视“20 世纪遗产”“当代遗产”的保护方向发展。当前，我国经济社会的快速发展使社会生活的各个方面都在发生急剧变化，原有的生产生活方式及其实物遗存消失速度大大加快，如不及时加以发掘和保护，我们很可能将在极短的时间内，彻底忘却刚刚过去的昨天这段历史。

每一个历史时期都有自己独特的文化背景，形成独特的文化风格。仅就近现代而言，清朝末期、民国时代、中华人民共和国成立之初、“文革”时期、改革开放以来以及 21 世纪初都展现出不同的特征，都不可互相替代。从古到今，文化发展演变形成完整的文化链条，不应在近代和当代发生断裂。虽然20世纪遗产与我们相距时间不长，与古代文化遗产的悠久历史无法相比，但是由于这一时期文化多元、技术多样、形式多变而具有特殊的时代价值，成为文化记忆的重要组成部分。因此，不应让它们简单地随着城市化的发展和时间的流逝而消失，必须予以认真鉴别，充分关注。只有留住这一部分文化遗产，城市才具有丰富年轮，才会充满记忆。今天，虽然人们对保护20世纪遗产的兴趣日益增强，但是对其价值判别和保护计划仍然过于笼统，缺乏对20世纪遗产的总体评价和识别判断的综合性标准体系。

城市优秀近现代建筑一般是指从19世纪中期至今建设的、能够反映城市发展历史、具有较高文化价值、体现一定时期城市建设水平的建筑物和构筑物以及重要的名人故居。但是，随着多年来的城市化发展，一些修建于晚清、民国时期的学校、厂矿、名人故居等，由于未被列入文物保护单位而处于保护失控状态，或因年久失修而损毁，或在城市建设中遭到拆除。即使建于20世纪50年代末，被誉为“国庆十大工程”的经典建筑华侨大厦，也因诸多原因早已被拆除，其遗址为新的宾馆建筑所取代，留下了永久的遗憾。尽管21世纪的到来促进了对20世纪成就与教训的重新评价，但是这一段历史遗留下来的文化遗产，依然仅占所有受法律保护内容中很少的部分。特别是长期以来，人们往往没有把当代遗产列入受到威胁的文化遗产范畴。

近年来，针对现代建筑的隆隆爆破声，人们开始醒悟。于是，不少城市开始修订法规，颁布新的保护标准。例如上海市于2003年将列入保护建筑的时间标准，由原规定的1949年以前，扩展至建成使用30年以上的建筑，全市共确定了398处优秀近代保护建筑；南京市于2006年立法保护具有历史、文化、科学、艺术价值，存在50年以上的建筑物、构筑物；成都市也于同年作出规定，将近现代建筑保护的时间截止到1976年，30年以上的优秀建筑被纳入了保护范围，100多处承载着成都历史和文化的近现代建筑首次被纳入保护范围。各地的这些措施无疑使大量珍贵的近现代文化遗产得以保护，而2005年3月北京市在审议《北京历史文化名城保护条例》草案时，去掉了“历史建筑”中的“历史”二字，表明在文化遗产保护理念上发生了重要变化，即强调今后对文化遗产的保护，将主要考虑其本身的价值，而不仅仅凭它的年代。

实际上，保护现代建筑在我国已有传统。例如1961年，国务院在公布第一批全国重点文物保护单位时，就将刚刚竣工3年的人民英雄纪念碑列入其中，表明对当代遗产的重要性已经有了初步认识。但是总体来看，长期以来对年代久远的古代文化遗产最为重视，近现代文化遗产的保护则主要集中在少数重要史迹和代表性建筑上，对反映近现代社会生产生活的文化遗产则关注较少，对20世纪遗产、当代遗产的保护意识就更加薄弱。进入新世纪以来，一批具有代表性的20世纪遗产、当代遗产被列为各级文物保护单位，得到了有效保护。例如东交民巷使馆建筑群、清华大学早期建筑、大庆第一口油井、第一个核武器研制基地旧址等，在中国近现代史上具有代表性的文化遗产先后被公布为全国重点文物保护单位。

深圳诞生于改革开放大潮，城市虽然年轻，但是颇具前瞻性的深圳人已经意识到，从现在起就应该关注和善待自己的历史和文化，为城市保存一份值得珍重的记忆。2005年，在庆祝深圳经济特区建立25周年之际，举办了“深圳改革开放十大历史性建筑评选（2005）”活动。在数十万市民的热情参与下，10座在特区改革开放和城市发展进程中具有重要地位与影响的建筑脱颖而出。这一活动的成功举办，对于探索“改革开放历史性建筑”保护与利用的新思路，增强市民的家园意识，都起到了积极的作用。2008年在北京举办了第29届奥运会，“北京奥运会将为北京、中国和世界体育留下一份独特的遗产”，这是我国申办2008年奥运会举办权时所作出的庄重承诺，对此人们报以热切期盼。

2.5　在保护性质方面的扩展

在文化遗产的保护性质方面，从重视重要史迹及代表性建筑，例如皇家宫殿、帝王陵寝、庙堂建筑、纪念性史迹等的保护，向同时重视反映普通民众生活方式的“民间文化遗产”，例如“传统民居”“乡土建筑”“工业遗产”“老字号遗产”以及“与人类有关的所有领域”的文化遗产保护的方向发展。

《威尼斯宪章》提出要保护“能够见证某种文明、某种有意义的发展或某种历史事件的城市或乡村环境”，其中不仅包括“伟大的艺术品”，也包括“由于时光流逝而获得文化意义的在过去比较不重要的作品”，这种文化遗产保护理念，至今仍然具有非常重要的现实意义。民间文化遗产过去常常被认为是普通的、一般的、大众的而不被重视。但是它们却是养育了一代又一代民众的生活文化，反映了他们最真实的生活状况，记录了他们平凡的喜怒哀乐，具有了广泛的认同感、亲和力和凝聚力。它们具有鲜明的民族性、地域性特征，是人类文化多样性的重要表现形式。北京大学张天新博士和日本京都嵯峨艺术大学山村高淑博士联合撰文指出，“城市遗产保护，不仅要关注世界遗产，还要关注世间遗产”①。他们认为，如果说被列入遗产保护体系的是“骨”，这些被剥离在遗产范围之外的真实生活世界就是“肉”，二者相连才能构成一个完整的城市遗产有机体。城市遗产不应脱离普通市民的“真实生活世界”而存在，这个真实生活世界本身不仅构成世界遗产的背景环境，而且其本身也应该被视为是一种遗产，其普遍存在于世间，可以称之为“世间遗产”②。

过去，只有杰出的、在历史上或艺术上占有重要地位的纪念性建筑才能得到妥善保护，大多数的管理、资金与技术都投入到对它们的保护上面，而大量未能列入文物保护单位的传统民居、乡土建筑、工业遗产和老字号遗产却难以得到保护。但是，今天保护对象应由庞大、壮观的文化遗存延伸到小型、平凡的文化遗存。民间文化遗产与平民百姓的日常生活息息相关，对于城市的居民以及城市的未来发展都具有潜在的价值。这些充满生活气息的民间文化遗产如果不能受到应有的重视，不

---

① 注：“世间遗产”是由日本奈良的一个福利团体首先提出，意指平民百姓生活中的日常空间和普通风景，几乎可以涵盖生活空间的所有类型。包括具有地方特色的民居商铺、胡同巷道、工矿企业及手工作坊等。

② 张天新、山村高淑：《从“世界遗产”走向“世间遗产”》，载《理想空间》，2006（15），12页。

能在法律上确定其获得保护的权利，不能采取切实有效的保护措施，不能建立资金筹措渠道和维护机制，它们将难以避免地被拆除或被遗忘。例如开平碉楼是我国近代建筑历史中的一个分支，它是记载着开平乃至五邑地区历史发展的实物载体，保护好开平碉楼，对于地区整体历史脉络的延续意义重大。开平碉楼始建于明末清初，随着开平华侨历史的发展，在20世纪30年代，开平碉楼已建成3000多座，但是由于时代的变迁，在2001年普查时，碉楼仅存了1833座，约占40%数量的碉楼已经消失。

从文化内涵来说，任何民族的文化都是由两个部分所组成。一方面是精英文化，另一方面是民间文化。前者往往是民族历史创造的文化经典，而后者则是养育民众

广东开平碉楼（2004年8月8日）

的生活文化，直接表达着民众的认同感、亲和力和凝聚力。因此，民间文化遗产从真实生活的角度形成对原有文化遗产的补充，把人类社会的诸多要素作为文化基因保留下来，以达到教育后人的目的。民间文化遗产为文化遗产的保护提供了空间上的过渡、时间上的缓冲以及资源上的储备，有助于构筑起文化遗产完整的类型体系和保护框架。对于民间文化遗产，决不能因其不具有典型性和代表性就任其自生自灭，更没有理由因“旧城改造”或“新村建设”而加速其消亡。民间文化遗产的保护，在本质上是对真实生活世界的尊重，是把文化遗产保护看作一个渐进的过程，而不是一蹴而就的结果。目前，许多城市陆续将具有一般文化意义但是见证了社会经济发展的传统民居、乡土建筑列为保护对象，这是社会进步和人类文化遗产认识水平不断提高的体现。例如2003年7月北京市开始对四合院挂牌保护，挂牌保护的“现状条件较好，格局基本完整，建筑风格尚存，形成一定规模，具有保留价值”的四合院达658处，使北京旧城区内保存较好的一些四合院得到保护。

与传统建筑、乡土建筑所面临的情况相同，长期以来，对于反映各时代社会生产、市民生活的老字号遗产的保护，同样未能给予应有的重视。商业老字号作为城市的有机组成部分，展现着城市一份与众不同的独特风貌，蕴含着传统文化的气息，是城市商业文化中极具特色和代表性的内容。但是，近年来商品市场竞争日趋激烈，经济全球化的浪潮正以前所未有之势冲击着传统商业，大规模城市改造打破了原有的地域结构。随着城市改造，特别是修建穿越历史城区的交通干道，使一些商业老字号的传统建筑被拆改，一块块百年老店的牌匾被摘下。同时，随着生产手段的改变及传统工艺的失传，一些商业老字号逐渐失去了特色，有些甚至名不符实，改变了原有性质，经营起与自身特色毫不相关的商品，甚至更换门庭让位于新主人。实际上，每一家老字号都有数十年甚至数百年的发展史，它们栉沐了历史的风风雨雨，代代相传。它们的产品经受过市场一次又一次的检验，屹立不衰。这些老字号所创造的文化，有着古远的历史渊源和深厚的文化内蕴，凝结了历代经营者的智慧和汗水。老字号的形成和发展具有自身的规律和特色，只有正确认识并掌握这些规律和特色，才能找到老字号保护与发展的正确途径。

2.6 在保护形态方面的扩展

在文化遗产的保护形态方面，从重视“物质要素”的文化遗产保护，向同时重视由“物质要素”与“非物质要素”结合而形成的文化遗产保护的方向发展。将文化遗产的内容由物质的、有形的、静态的，伸延到非物质的、无形的、动态的，显示了当今人类对于文化遗产认识的进步。

物质与非物质文化遗产的区分只是其文化的载体不同，二者所反映的文化元素仍然是统一和不可分割的。因此，物质和非物质文化遗产必然是相互融合，互为表里。“物质文化遗产记忆的是传统中的文化，而非物质文化遗产保持的是文化中的传统。‘传统’也许可以帮助物质文化遗产与非物质文化遗产获得某种统一性，但逝去的与活着的又如何统一在广义遗产概念中呢？”[①]巍峨的故宫、壮美的天坛，每一个细微处都体现着对上天的敬畏和皇权的至高无上，水乡的昆曲、草原的长调，每一次演奏和吟唱都离不开自古相传的曲谱、二胡和马头琴。

文化遗产往往在精神的层面上具有重要的价值，例如对红旗渠的保护在关注物质层面文化遗产保护的同时，也应充分关注其精神层面文化遗产的保护。这是因为它对我国当代社会的影响远远不止于创造了一个物质环境，解决了一个地区农业和生活用水的问题，它所反映的人们的英雄气概，反映的社会的进取精神，构成了当时我国社会面貌的真实写照。因此，对红旗渠的保护应当包括当时所有相关文件报刊报道、学习参观记录、影像录音资料等内容，这样才能构成一个折射我国社会特定发展时期、特定人群的完整影像。

物质文化遗产与非物质文化遗产同属于文化现象，这是它们之间同质的方面，但是文化遗产存在的形式却具有较大的差异性。今天，人们对非物质文化遗产的关

① 苏东海：《建立广义文化遗产理论的困境》，载《中国文物报》，2006-09-08（5）。

注与兴趣与日俱增。非物质文化遗产在不同程度地依附于物质文化遗产的同时，也给物质文化遗产以更生动的展示，延续着不同族群人们特有的传统文明，体现着生存与进步的价值与活力。认识、抢救与保护非物质文化遗产，并使之与物质文化遗产事业统筹一致，这在当前尚处于起步阶段。无论是基本概念的界定，还是保护准则的研制以及传承人制度的设立等等，都在积极探索、求证和尝试，还不能标示这一新兴事业已经成熟，但是其魅力无限的发展前景则已展现。

我们在着力保护文化遗产物质载体的同时，必须重视发掘和保存其蕴含的精神价值、思想观念和生活方式等非物质文化遗产，必须更积极地探索物质与非物质文化遗产保护相结合的科学方式和有效途径。例如加强对“文化空间”的保护与研究以及深入开展“生态博物馆”（Ecological Museum）的保护实践。贵州省地处我国西南，境内现有苗、侗、布依等19个少数民族。他们大多生活在比较偏僻的山区，对外联系极为不便，因而生活、习俗等受外界影响较小，民族文化保存较好。同时当地气候温暖，山清水秀，大片的原始森林和奇特的喀斯特地貌构成一幅人间仙境。独特的民族文化加之得天独厚的自然环境，使其具备发展生态博物馆的良好基础。目前，由国内外专家学者和当地政府的积极推动，民众理解和积极参与下，建立起以六枝梭戛苗族村寨、花溪镇山布依族村寨、黎平堂安侗族村寨等为中心的生态博物馆群，并进行了颇具理论建树的创新实践。

综上所述，文化遗产是一个内涵十分深刻并且不断发展丰富的概念。随着我国文化遗产保护理念的发展和实践的深入，乡土建筑遗产、商业老字号遗产、工业遗产、农业遗产、文化景观、文化线路、文化空间、20世纪遗产等等，都已成为文化遗产的重要组成部分。而这些类别限于我们过去的认识水平，没有得到应有的重视。同时存在对大型文化遗产、线性文化遗产的整体保护，对文化遗产背景环境的保护，缺乏应有的关注等认识方面的问题，导致大量文化遗产在相当长时期内没有纳入保护的视野，造成一定程度的损失。

3. 文化遗产保护认识的转变

进入新的世纪，人类对文化遗产价值的认识日益深化，文化遗产保护的领域日益扩大，这无疑是一种进步。古物—文物—文化遗产，这一概念的发展逻辑，不仅是人类历史发展进程的体现，而且与人类认识由注重物质，向注重文化、注重精神领域的进步密切相关，这些无疑对文化遗产概念的认知产生着重大影响。从“文物保护”走向“文化遗产保护”，不是相互取代，而是一脉相承，是继承发展。一方面，要始终坚守我国文物工作方针和文物保护制度不动摇，另一方面，要敢于驾驭不断发展的形势，扩大文化遗产保护成果。

3.1　文化遗产的概念更为宽广

与文物的概念相比，文化遗产的概念更为宽广。可以作为文化遗产保护的对象比文物保护的对象更加普遍，不仅是人类过去遗留的物质性遗存被视为文化遗产的组成部分，而且一切与人类的发展过程有关的工艺、技术、礼仪、风俗习惯等非物质形态的传统文化也被视为文化遗产的组成部分。人们对文化遗产的内容及其所包含的信息、价值等的认识在不断提高，从而使这一概念所承载的文化意义也更加深刻。“在可以充分清理历史遗产的某些间歇后面总是紧随着重新揭示的浪潮，那个间歇似乎正在缩短：它曾经是一百年，现在它大约是三四十年”[①]。

文化遗产作为一种特殊的资源，它的价值认知和评估首先在于发现，发现是一切文化遗产认知的前提和基础。正是基于这一点，文化遗产的发现理念正在日臻成熟，已逐渐地成为人类一种充满智慧的理性实践。今天，任何国家、地区、城市在其社会经济和文明程度发展到一定水平的时候，往往会提出最大限度地寻找本地域现存文化遗产的调查要求，构想发现为数甚多、弥足珍贵的文化遗存，找寻人类昨天曾经创造的辉煌。“这些令人感奋不已的寻找文明之举，充分体现国际社会对保护文化遗产的高瞻远瞩和非凡气度，深受许多国家政府和民间组织的积极响应”[②]。

---

① [美]凯文·林奇：《城市形态》，林庆怡、陈朝晖、邓华译，北京，华夏出版社，2001，183页。
② 董贻安：《重绘中华文化遗产“地图”构建文化遗产大资源观》，载《中国文物报》，2005-11-25（5）。

我国文化遗产保护理念的发展，促使我们再次通过开展全国文物普查，积极拓展文化遗产保护的领域和空间，将更多的文化遗产纳入保护范围，并进一步深化对已知文化遗产价值的再认识，使对文化遗产的认识水平和保护管理能力取得显著提高。今天，我们没有必要担心列入文化遗产保护的内容和数量太多，和人类共同的文化需要相比，和我们子孙后代的文化需求相比，在这个每时每刻都在变化着的世界上，可供我们保护的文化遗产已经不是太多，而是太少。因此，我们有理由紧急行动起来，争分夺秒地为当代，更为后代把那些难得的、反映人类社会进程的文化遗产抢救下来，把更多的文化遗产列入保护之列。

我国虽是文明古国，但是保存下来的文化遗产的数量并不值得我们自豪。“早在20世纪90年代中期，有人就严肃地提出了‘文物大国的忧患’，多次发出了‘我国文物匮乏’‘博物馆贫血’‘文物事业持续发展困难’的警告与呼救”。“中国，作为

河南洛阳龙门石窟考古发掘工作（2008年7月2日）

世界四大文明古国之一，确有其历史悠久、文物丰富的优势，并以此为世界各国所共尊。但是，盛名之下，其实难副”①。土地面积相当中国1/74的英格兰登录保护建筑50万处，保护区8000多处。而我国各级文物保护单位仅7万处左右，保护区仅数百处。从国家层面保护的文化遗产状况来看，我国列入保护单位的数量也明显偏少，与我们文明古国的历史地位不相适应，甚至与同为发展中国家的一些国家和地区相比也存在较大差距。例如埃及由中央政府管理的文物古迹有20000余处，印度由国家管理的文物古迹有5000处左右，越南的国家级文物保护单位也有2823处，而我国列入全国重点文物保护单位的仅为4295处。

这一严峻的现实，并未能引起人们足够的关注。一些地方在自我陶醉于“文化遗产大省”，自我炫耀为“文化遗产强市”的同时，得到保护的文化遗产数量却日见减少，历史文化街区被拆除、古代文化遗址被占压、地下珍贵文物被盗掘、文化遗产环境被破坏等等，文化遗产所遭受的人为与自然的破坏日趋严重。更有一些城市决策者至今仍然没有把文化遗产作为当地的文化资源、宝贵财富和发展动力，而是将文化遗产视为影响城市建设和经济发展的包袱，错误地坚持不申报或少申报文物保护单位。例如笔者在江西景德镇市调研时，该市主要领导就公开反对将具有珍贵历史和科学价值的御窑厂窑址申报为全国重点文物保护单位，理由就是担心影响城市开发。

3.2 文化遗产的概念更为综合

经济越发展，社会文明程度越高，文化遗产保护就越得到重视。从保护供人们欣赏的铜器、玉器等艺术品，到保护宫殿、寺庙等古代建筑艺术，再发展到保护反映普通人生活的住宅、作坊等一般传统建筑，从保护单体的文物建筑，到保护文物建筑周围的历史环境和成片的历史文化街区，再发展到保护完整的历史性城市，保护领域愈加丰富、保护内容愈加复杂，体现出文化遗产保护的发展轨迹和认识过程。

① 谢辰生、彭卿云:《文物大国的危机》，载《中国文物学会通讯2001、2002年合订本》，2001，15页。

对此谢辰生先生指出："文物工作不能拘泥于仅仅是考古、仅仅是古建筑等等，还要从宏观上，全面地来看待它、认识它。文物是特定的东西，它本身是物质的，所起的作用却是精神的。它有自己特定的内涵、表现形式、管理方法等，需要进行综合研究"[①]。在我国，上述变化标志着文化遗产保护领域的发展趋势，也符合国际上文化遗产保护的时代潮流。文化遗产概念的递进不仅表明人类的文化包容性在不断扩大，同时其态度和方法也更加科学。"正如所有环境都是自然的一部分，所有事物都是历史的——它们都早已存在，都与某些人和事相关联，因此都具有某种历史意义"。"只要是经得起时间考验的就值得保护"[②]。

在文化遗产保护实践中，上述发展趋势往往是交织在一起的，从而继续推动着文化遗产向综合化方向发展。例如红旗渠不仅具备"文化景观遗产"类型的基本特征，而且同时还是"动态遗产""线性文化遗产""农业遗产"和"20 世纪遗产"，并且具有精神层面和教育方面的重要意义，因此，"它具有突出的普遍价值，具有作为世界遗产的潜在的可能性"[③]。正是由于文化遗产的综合性，对于其文化价值构成的主要内容进行分析、研究、评估就显得尤为重要。"任何一件或一处文物所蕴含的历史信息都不会是单一的，而是多方面的。因而每件或每处具体文物都往往具有多重价值，需要采用多学科的研究手段对文物进行综合研究，只有这样才能从深度和广度上，揭示其蕴含的全部历史信息，从而对文物的综合价值作出全面的评价。选择文物保护单位的具体标准，也不应该是一成不变的，而是应当随着人们认识的变化而变化"[④]。

当前，文化遗产环境保护的认识水平亟待提高。文化遗产的保护如果只停留在一个个具体的物质形态上，那么，在改造后的历史城区中，文化遗产的整体性就将被割断，文化遗产必将沦为一处处文化"孤岛"。这些散布于城市之中，被崭新的混凝土建筑森林所包围着的点点"孤岛"，在一些人眼里会再次沦为"古董"或"古玩"，既渺小，又不协调，失去了文化遗产往日的尊严，失去应有尊严的文化遗产将

① 谢辰生：《关于认识文物价值的一点看法》，载《中国文物报》，2006-08-04，(3)。
② [美]凯文．林奇：《城市形态》，林庆怡、陈朝晖、邓华译，183 页，北京，华夏出版社，2001。
③ 吕舟：《第六批国保单位公布后的思考》，载《中国文物报》，2006-08-18（5）。
④ 谢辰生：《关于认识文物价值的一点看法》，载《中国文物报》，2006-08-04（3）。

难以焕发活力，难以发挥出应有的价值和作用。谢辰生先生指出："以往从事文物保护工作的关注点总放在一座庙、塔等文物单位保护上，但文化遗产并不仅仅是这些，需要保护的更多的是历史文化环境风貌，这些往往是历史文化遗产完整性和真实性的集中体现"①。对此，我们不能囿于传统的思维定式，不能就事论事，以物论物，特别是对文化遗产价值的认知要避免狭隘性、片面性、主观性和封闭性，应客观、全面、真实地反映文化遗产的固有特质，从而对文化遗产资源丰富的内涵和外延进行科学辨识。

3.3 文化遗产的概念更为深刻

任何文化遗产都具有历史、艺术、科学价值。就此而言，文化遗产的保护首先是对其价值的保护。文化遗产涉及的事件与人物，可能关系历史上的成功与失败，美好与丑恶，这些会有正面与负面之分。然而，文化遗产作为知识信息的载体，保护应首先突出真实性和完整性。"文化遗产价值与生态环境价值在本质上是类似的。在天然生态环境中，既有平原，又有高山，既有森林、草原，又有沙漠，等等。人们不能简单地断言，平原价值高而山地价值小，森林、草原有正面价值而沙漠则有负面价值。究其自然价值而言，它们是平等的，均是正面的，均需要保护。遗产价值亦应作如是观"②。在文化遗产领域既有古遗址、古墓葬、古建筑、石窟寺及石刻，也有近现代建筑等，既有农业遗产、工业遗产，也有商业遗产等，人们不能简单地断言，古代建筑价值高而近代建筑价值小，农业遗产价值高而工业遗产价值小等等，也不能简单断言，古遗址有正面价值而古墓葬则有负面价值，就其文化价值而言，它们是平等的，均需要加强保护。

事实上，我国文化遗产资源的内涵十分深刻，外延十分宽泛，应该而且必须赋予创新认知。文化遗产的价值研究，随着人们认识的进展，还会有新的提炼、概括和提升。因此，采取各种可能的技术手段对文化遗产特征进行记录是一项最基本的保护措

---

① 田远新：《谢辰生谈保护北京历史文化遗产和古都风貌》，载《中国文物报》，2003-11-07（5）。
② 徐嵩龄：《第三国策：论中国文化与自然遗产保护》，15 页，北京，科学出版社，2005。

施。只有确定文化遗产的核心价值内容以及构成这种价值的相关要素，才能对文化遗产进行有效的保护。拓宽文化遗产保护思路，加大文化遗产保护力度，不应有“盲区”或“死角”，既要重视古代文化遗存，也不能忽视近现代文化遗存，既要重视物质遗存，也不能忽视非物质遗存，不能割裂历史，更不能人为地制造“断层”，特别是要加强对以往文化遗产保护中未能引起重视或根本未加保护的部分的重视。

文化遗产保护体系，是针对与保护对象有关的内部、外部考察范围所确定的定性、定量、定形态的科学研究体系，也是一个发展着的动态体系，伴随着人类社会价值观念的演变，文化遗产观念也不断发生变化，对文化多样性和生物多样性的尊重必然更加突出，文化遗产的外延种类和评价体系也必然不断丰富。因此，我们要建立起新的文化遗产资源观，既要以对我国文化遗产资源的深刻认识为基点，又要站在中华文明应对人类文化遗产事业作出卓越贡献的高度，使对文化遗产的认知水平不断提高，认知领域不断扩大，建立起多元一体的文化遗产资源认知体系，构建起负责任的文化遗产资源大国的应有形象。

“文化多样性”的重要意义在国际社会已被提升到人类多元文明生死存亡的高度。在文化遗产领域，这一理念被普遍接受，从而也拓宽了人们的文化视野，增进了不同国度、不同族群人们之间的相互了解、尊重与平等交流。“假如我们把保护历史当作一个感受的问题——作为一种丰富我们的时间概念的方法——那么该运动的某些令人困惑的矛盾之处就会烟消云散。我们保护旧事物，既不是为了它们自身的缘故，也不是像堂吉诃德那样企图阻止变化，而是为了更好地传达某种历史感”[①]。我国是一个幅员辽阔的文明古国和现代发展中国家，既有悠远多姿的古老文明和丰富多彩的文化遗产资源，又有逐渐强盛的综合国力和与日俱增的国际影响。我们应当致力于以新的观念对待新时期文化遗产学科的发展，时刻关注国际社会一切与文化遗产相关的新视点，不断针对我国的文化遗产保护实际加以研究分析，推进并开拓文化遗产保护工作，应对新挑战，提出新观念，谋求新发展。

① [美] 凯文·林奇：《城市形态》，林庆怡、陈朝晖、邓华译，184页，北京，华夏出版社，2001。

第四章 加强文化遗产保护的能力建设

2002年12月，全国文物工作会议在北京召开，提出了跨入21世纪之初的工作方针与基本思路。随后召开的全国文物局长会议，将文物法制建设、摸清文物家底、文物人才培养、文物安全保障，确定为全国文物系统重点抓好的四项基础工作，努力为文化遗产事业的健康、持续、稳定发展奠定牢固的基础。2005年12月，《国务院关于加强文化遗产保护的通知》发布，通过对当前文化遗产保护形势的整体把握，明确提出了新时期的总体目标，为文化遗产保护事业的发展描绘了鼓舞人心的蓝图，同时，也对文化遗产保护的能力建设[①]提出了更高的要求。

1. 加强文化遗产保护法制建设

在我国，文化遗产保护领域有一部国家最高立法机构制定的《文物保护法》，这是目前我国整个文化领域的唯一一部法律，因此得天独厚。为解决改革开放新时期我国文化遗产事业面临的新问题、新矛盾，全国人大常委会于2002年10月，通过了新修订的《文物保护法》。修订后的《文物保护法》坚持了中国特色文物事业的方向，遵循了文物工作自身规律，基本适应了改革开放和市场经济体制的要求，也初步满足了广大民众对文化生活日益增长的需求。目前，在新修订的《文物保护法》

① 注：能力建设，是2002年在布达佩斯召开的第26届世界遗产委员会会议通过的布达佩斯世界遗产宣言中正式提出的概念，即将“推进各缔约国有效的能力建设（Capacity-building）”作为战略目标之一。为此，世界遗产委员会在世界遗产公约操作指南中将加强能力建设与研究作为鼓励对世界遗产公约的支持的首要目标。世界遗产委员会还规定世界遗产的有效保护管理体制应当包括能力建设。

邓小平长城保护题词二十周年纪念会

的框架下，完善文化遗产保护法规体系成为当务之急。

1.1 完善文化遗产保护法制体系

新修订的《文物保护法》，第一次以法律的形式确定了文物工作方针，进一步明确了各级文物行政部门的权力和责任；文物保护单位制度更加完善；历史文化名城、街区和村镇被确立了与文物保护单位同等重要的法律地位；文物保护单位以外的不可移动文物也有了明确的保护工作内容。《文物保护法》修订实施以来，我国文物立法工作得到加强，以《文物保护法》为核心，由法律、行政法规、部门规章、地方性法规、规划和标准构成的中国特色文化遗产法律体系框架正在基本形成。同时，立法的计划性、科学性和公开性受到重视，立法工作的公众参与程度和立法质量有所提高。例如通过《文物保护法实施条例》，使文物工作的对象和方针得到了进一步科学阐述，文物工作的手段得以强化，政府各有关部门的保护职责更加明确，文物保护单位的制度和概念有了新的发展，对破坏文物的违法和犯罪行为也有了更为具体的预防和惩戒措施。通过《长城保护条例》，长城的范围和法律地位得到了确定，专家咨询制度和总体规划制度作为文化遗产保护的基本制度开始写入法律，义务保护员的作用和地位得到明确，旅游容量指标也开始成为法定的文化遗产保护措施。这一立法实践，也为今后大运河、丝绸之路等巨型、线性文化遗产的专项立法工作积累了经验。通过《历史文化名城名镇名村保护条例》，历史文化名城、名镇、名村的保护管理纳入法制轨道，使传统格局、历史风貌、空间尺度和与之相互依存的自然景观和环境得以整体保护，对于违法破坏行为给予打击。

2002 年以来，国家文化文物部门根据上位法的要求和文物管理工作的实际需要，制定了 40 余件行政规章、规章性文件和管理规定[①]。其中行政规章 6 件，包括《文物行政处罚程序暂行规定》《文物保护工程管理办法》《博物馆管理办法》《古人类化石和古脊椎动物化石保护管理办法》《世界文化遗产保护管理办法》《文物进出境审核管理办法》。还有其他规章性文件和管理规定 30 余件，包括《文物保护工程勘察设计资质管理办法》《文物保护工程施工资质管理办法》《文物保护科学和技术创新奖励办法》《全国重点文物保护单位保护规划编制审批办法》《国家文物局重点科研基地管理办法》《文物拍卖管理暂行规定》。这些规章的制定和实施，使文化遗产保护的各项工作逐步纳入法制化的轨道。同时，地方性法规已经成为我国文物法律体系框架的重要组成部分。各省、自治区、直辖市的人大常委会和政府结合当地实际，制定了大量文物保护地方性法规、地方规章、自治条例和单行条例[②]，对当地文化遗产事业的发展起到了重要的促进作用。

要不断加快立法进程。依法行政的前提是完善立法，法律和法规具有规范性、

① 注 2007 年 10 月，国家文物局编辑出版了《中华人民共和国文化遗产保护法律文件选编》，共收录了 2002 年 10 月文物保护法修订实施以来，国家层面的行政法规、部门规章和规范性文件 40 部。

② 注：2008 年 5 月，国家文物局编辑出版了《文化遗产保护地方法律文件选编》，共收录了文物保护法修订实施以来，由各省、自治区、直辖市以及较大城市的立法部门颁布的有关地方性法规、规章 74 部。

权威性、稳定性和科学性等特点，是法制建设的基础。文化遗产法制建设，是文化遗产保护能力建设的重要组成部分，也是文化遗产保护最有力和最有效的基础保障。只有健全法制，依法办事，才能更加广泛、深入地动员社会各界参与文化遗产保护，并保证国家文化遗产保护政策的连续性和稳定性。今天，文化遗产事业正在迅速发展，面临的机遇和挑战也在不断变化，文化遗产保护的法律保障体系需要不断适应新的形势并加以补充和完善。因此，要及时总结文化遗产事业发展的经验，深化对我国文化遗产保护状况的调查研究，进一步完善立法程序和立法方法，在现状基础上，制定更为完整的文化遗产保护法律法规体系，包括专项法规与政策的研制，为保护管理提供保障。在完善法律法规体系的过程中，应理顺不同文化遗产类型的管理职权，使文化遗产在类型划分、评估体系、保护对策、管理分工等方面，建立起清晰明确、协调统一的制度，使文化遗产资源得到有效的保护和管理，并与社会发展获得相互协调。

要不断提高立法质量。从形式上看，我国有着自己的文化遗产保护法律法规体系，但是现有的法律法规体系并不完善，特别是专项法规、技术规范、管理制度缺失较多。应不断开展修改和完善现行法律法规的研究工作，不断补充和解释法律法规，应加快地方性法规编制工作，从而更加有力地支撑和丰富文化遗产保护法律法规体系。根据需要积极制定符合实际的专项法规。目前缺乏针对不同类型的文化遗产，例如“历史文化街区”“大遗址”“乡土建筑”“工业遗产”“非物质文化遗产”等保护方面的专项法规；缺乏考虑文化遗产的各种产权性质问题，例如公有、混合产权、私有等方面的内容，而不同性质的产权对文化遗产保护管理方式及制度有着明显影响。同时，对于文化遗产认证、文化遗产管理以及文化遗产保护工程，缺乏形诸条文的指标；缺少针对具体的文化遗产项目或区域制定的专项法规。而在文化遗产保护方面先进的国家，凡是已经国家指定保护的文化遗产或文化遗产区域，几乎都有一部专门的法规。

目前已有的文化遗产保护法律法规体系，还留有许多不足和缺陷，需要认真借鉴国际文化遗产保护的先进经验，结合我国文化遗产保护实际，大力加强立法工作，实现文化遗产法律框架体系的丰富和完善。例如抓紧制定《博物馆条例》，明确博物馆的法律地位，清晰博物馆的权利和义务，为博物馆在社会生活中发挥重要作用提供法律保障，制定《世界文化遗产管理条例》，在《世界文化遗产保护管理办法》的基础上，通过制定行政法规，使国际文化遗产保护先进经验更有效地适应我国国情，也使我国的世界文化遗产保护管理经验更好地服务于国际人类文化遗产保护事业；制定《文物保护单位管理条例》，丰富文物保护单位制度的内涵，发展文物保护单位的管理理念，强化管理措施，完善文物保护单位的核定公布制度，规范和促进文物保护单位的有序利用；修订《中华人民共和国水下文物保护管理条例》，结合我国水下文物工作的实际需要，将《文物保护法》的有关规定以及《联合国教科文组织保护水下文化遗产公约》规定的保护要求和方法，具体落实到水下文物保护工作中来。

1.2 加快文化遗产保护规划编制

今天，文化遗产保护必须立足于我国的文化遗产特点，符合国家的经济社会发展目标，满足广大民众对文化遗产事业的需求，努力探索和构建具有中国特色的文化遗产保护理论体系，开拓和实践具有中国特色的文化遗产保护道路，为人类文化遗产保护作出应有的贡献。实现这一目标，意义重大、任务艰巨、影响深远。为此，我国亟须编制国策层面的文化遗产保护发展规划，全面指导文化遗产事业发展。我国数量巨大而且保护现状相当严峻的文化遗产领域，对于保护的要求既广泛又紧迫，不断呈现需求多样化趋势。从现代理念出发，所有的文化遗产都应当积极保护，而从现实情况出发，面对有限的资源配置，必须按照轻重缓急进行保护规划，使这些文化遗产资源最大限度地得到保护，并发挥效用。因此，编制文化遗产保护发展规划具有重要意义。这一规划应立足于我国文化遗产资源的特点和状况；立足于当代经济、政治、文化、社会对文化遗产事业的发展需求；立足于文化遗产事业的发展前景，提出过去或未曾思考、或思考不深、或需重新思考的具有基础性、战略性和前瞻性的规划目标。在文化遗产基础理论方面，完善符合我国文化遗产资源特点的文化遗产分类系统，建立适应我国文化遗产发展趋势的保护理论体系。在文化遗产保护投入方面，全面而科学地测算我国文化遗产保护投入需求，为国家文化遗产预算提供依据，使保护投入需求和经费预算的确定建立在成本—效益分析和成本—效果分析的基础上。

通过法定程序制定并公布保护规划，目前已经成为我国文化遗产法律体系框架的重要组成部分。近年来，一大批全国重点文物保护单位和世界文化遗产的保护规划陆续编制公布。实践证明，保护规划已经成为保障文化遗产得到有效保护、合理利用、规范管理的基础，是文化遗产保护工作至关重要的环节。对于文化遗产的保护而言，保护规划具有规范性和权威性，既是保护管理的科学依据，也是具有特定职能的法规性文件，还是直接指导文化遗产地保护和利用工作的操作规程，具有法律效力。编制保护规划的目的是使文物本体及其相关环境得到有效保护，并在保护的前提下，发挥社会作用，促进文化遗产所在地区社会、经济、文化和环境的协调发展。保护规划的实施，有利于保护文化遗产本体的真实性、维护文化遗产环境的完整性；有利于指导文化遗产管理机构正确行使管理职能；有利于统筹安排和控制保护范围、建设控制地带内的文化遗产保护工程及各类建设活动；有利于核定和控制文化遗产地参观人数总量，限制超量接待对文化遗产的不利影响。因此，应根据各文化遗产地、文物保护单位的特点，积极推动保护规划的编制工作。

近年来，为了加强保护规划编制和审批的管理，制定了《全国重点文物保护单位保护规划编制审批办法》《全国重点文物保护单位保护规划编制要求》，前者对规划编制的指导方针、基本原则、与国民经济社会发展规划等其他各类规划的衔接、组织编制单位、规划主要内容、编制深度要求等做出明确规定。后者对保护规划技术文件的内容和深度进行了统一，并明确规定了对各组成部分的要求。实际上制定保护规划本身，既是科学研究的过程，也是对保护对象认识深化的过程。只有对文化遗产所具有的价值、价值构成的要素、影响其安全的主要因素、保护所要面对的核心问题和相关问题、保护所应采取的技术路线和手段等方面的问题，通过规划的方式形成共识，明确科学的保护工程系统，才有可能更为有效地对文化遗产实施保护。在国家层面，当前十分紧迫的任务，是完成全国重点文物保护单位和世界文化遗产的保护规划编制工作。特别是抓紧制定长城、大运河和丝绸之路等文化遗产的保护总体规划，这些巨型、线性文化遗产地域跨度大、年代跨度长，无论在保护理念上，还是在保护方法上，都具有较强的特殊性，通过保护规划所确立的制度和所具有的法律约束力，使这些文化遗产沿线的省、市、县各级政府和有关部门凝聚力量，在保护工作中更好地分工和合作。

陕西秦始皇帝陵遗址公园开园仪式（2010 年 9 月 29 日）

文化遗产保护规划应该放眼世界，时刻了解国际社会文化遗产事业的发展状况，了解文化遗产在全球经济、政治和文化中的独特作用，了解各国文化遗产保护的学术思想、先进理念、保护技术、管理制度等方面的创新实践。在保护实践中，为文化遗产寻找保护性再利用的方式越来越受到重视，人们在制定保护规划的基础上，通过保护性再利用，使文化遗产的重要性得以最大限度的保存和再现，并不断为社会提供服务。“为了找寻恰当的用途，人们必须首先通过制定包括管理政策在内的保护规划确定场所的重要意义。保护规划将有助于界定场所的文化意义，并将它与未来的有关问题相联系”[①]。正如《巴拉宪章》所指出，在制定保护规划过程中应解决如下问题：预期的用途将会产生何种影响？将会出现的变化是否会影响该场所的文化价值？变化是否达到最小或可逆？应对某些文化遗产地或文物建筑恰当的再利用途径进行深入思考。当计划中的利用功能与文化遗产地或文物建筑的保护价值明显不相适应时，这种利用方案不能实现和不应实现。因此，保护规划应该在更宽广的范围内，为文化遗产的保护性再利用引领方向，以使更多的文化遗产地和文物建筑融入人们的社区生活，既使它们得到有效保护，又使它们发挥出综合效益，为社会提供可持续的服务。

1.3　构建文化遗产保护标准规范

完整的文化遗产保护法律法规体系，不仅包括法律、法规、规章、规划，而且应当包括相关标准、规范等。但是，长期以来我国的文化遗产法律法规体系建设，重法律轻标准，对分属不同类型的文化遗产保护、利用和管理行为强调定性而缺乏定量，缺乏系统的、可行的以及具体的标准和规范，缺乏绩效考核。与其他行业相比，文化遗产保护领域的标准和规范的建设相对滞后和缓慢，在这种状况下，不仅无法有效保障文化遗产的安全，甚至常常会造成有意无意的“保护性破坏”后果，极大地阻碍了文化遗产事业的健康发展。随着经济建设的迅猛发展，城市化进程的

---

① [奥] 艾利森·麦格斯:《改造性再利用》，彭琼莉译，王丰年校，载《世界建筑》，1999 (5)，44 页。

不断加快，我国文化遗产保护工作压力明显增大。在面临巨大挑战的同时，也带来了文化遗产事业发展的难得机遇。文化遗产保护科技投入不断加大，优秀科研成果不断涌现，科技创新能力的持续提升，为行业标准化进程的加快创造了良好的发展环境，也提供了雄厚的技术储备。今天，加强文化遗产保护标准化建设和行业标准化战略研究，已成为我国文化遗产保护事业发展的必然要求。

标准化是国民经济和社会发展的重要基础和保障，标准化战略是新时期国家科技工作的三大战略之一，新修订的《文物保护法》及其实施条例已将标准化工作纳入其中。我们必须针对我国文化遗产保护的自身特点，尽快建立起具有中国特色的文化遗产保护标准化体系，从而提高我国文化遗产保护水平，推动我国从文化遗产大国向文化遗产保护强国的战略转变。文化遗产保护作为社会发展的重要组成部分，通过行业的标准化建设，全力推进文化遗产保护工作的科学化、规范化，从而促进整个事业的健康发展，这是一项非常重要而艰巨的系统工程。文化遗产是人类共同的财富和不可再生的资源，是人类文明发展过程中的智慧结晶和历史见证。对于文化遗产的长久保护越来越受到国际社会的重视和关注。人们也越来越清晰地认识到科学技术是文化遗产资源永续保存的有力保障，而且具有跨领域、多学科交叉的鲜明特点。科学技术的发展是推动标准化建设的重要基础，而标准化则是对科学研究和技术成果的高度提炼，是科研成果得以迅速推广和应用的重要手段。

标准化体系是一个领域标准化工作能够全面、系统、健康发展的先决条件，标准化体系的建立又取决于发展理论的基础研究和规划研究的水平。因此，要积极开展文化遗产保护技术标准化体系建设的基础理论和发展规划研究，力求尽快建立科学合理、先进适用，适应我国文化遗产事业发展的标准化体系，最终实现文化遗产的保护、研究、利用、管理等全方位的质量与安全技术控制。为我国的文化遗产领域标准化建设设计科学的、切合实际的规划蓝图，从而在有序的、可控的环境下，快速建立并逐步完善我国文化遗产保护标准化体系。当前，应积极探索政府推动、科研单位参与的标准化工作机制，构建文化遗产保护领域的基础标准、技术标准、管理标准和作业标准等不同层次的架构，将标准研究项目分批纳入国家服务标准发展规划，按计划及时推出一批行业标准和国家标准，改变我国在文化遗产标准化领域所处的弱势地位。通过启动行业标准体系建设，实施“行业标准建设”计划，以推动技术应用和规范管理为目标，重点将一批先进科技成果转化为行业标准和规范；通过制定一批有利于文化遗产认定、文化遗产保护、文化遗产管理等项工作的评价指标体系和行业标准和规范，有效解决认定无规、质量无据、管理无序等诸多现实性问题；通过建立行业质量认证和准入制度，开展与重要技术标准相关的基础检测手段、方法和计量标准研究，推动地方、行业标准试点工作。

近年来，国家进一步明确了文物行政部门行业标准的归口管理范围，涵盖了不可移动文物、可移动文物、文物调查和考古发掘、博物馆以及文物保护、博物馆信息化及信息建设等五个方面。经过积极筹备，组建成立了全国文物保护标准化技术委员会，使文化遗产保护领域标准化建设工作迈入了快速发展期。一方面，加强沟通和协作，组织、协调和指导与之相关的标准化研究、制定、实施和监督工作，使标准化的各项工作成为常态性工作加以落实。另一方面，出台相应的政策和措施，全力推动文化遗产保护标准化工作的深入开展，确保行业标准化建设的顺利实施。针对文化遗产保护技术标准研究中存在的突出问题，结合文化遗产保护行业科研能力的实际情况，组织开展了我国古代壁画保护、石质文物保护、古代丝织品保护、馆藏金属文物保护等多项标准的研究制定工作。在文化遗产管理层面，加快了行业技术标准的制定和公布实施，特别是直接与文化遗产本体保护有关的标准化制定工作。组织制定并发布了《文物系统博物馆风险等级和安全防护级别的规定》《近现代一级文物藏品定级标准》《全国重点文物保护单位记录档案工作规范》《全国重点文物保护单位保护规划编制要求》《文物保护行业标准管理办法》《文物出境审核标准》等 20 余项国家和行业标准，在文物价值认定、文物档案管理、保护规划编制、文物安全防范等方面发挥了重要作用。

应加强文化遗产行业标准的创新性。环保、安全、健康已成为当今人类社会发展的重要主题。在标准化领域，这些主题也已成为国际社会高度关注的重要内容，给行业标准化建设提出了更高的要求。文化遗产领域的标准化建设也必须转变观念、与时俱进，加强保护技术、材料应用等方面的基础性研究，不仅要关注文化遗产本体的安全，也要重视与文化遗产相关的周边环境质量、文化安全以及人体健康等诸多问题，学习借鉴相关领域标准化制定的先进经验，提高行业标准的先进性和创新能力。随着科学技术的日新月异，新材料新技术的不断涌现以及我国文化遗产保护工作量的持续增长，必将促使新的技术和产品在文化遗产保护中广泛应用，这也是未来必然的发展趋势。因此，要加强这些技术和产品对文化遗产、相关环境和人体健康影响的科学评估，加强与之相关的标准及准入制度研究，建立相应的检测标准和准入体系，建设相应的权威性准入检测机构，以保证相关技术和产品应用的安全性，规范与文化遗产保护有关的技术和产品市场，同时也将大大促进全社会优势资源和优质力量积极投入到文化遗产保护中来。

在国际文化遗产保护领域，应选择能够发挥我国自身优势、体现自身特色的发展方向，以确立相应国际的地位，从而维护国家的文化安全和文化利益，力求实现“国家标准的国际化”，使我国的文化遗产保护标准成为国际社会具有一定影响力的标准，使我国在国际文化遗产保护领域成为一支重要力量。多年来，通过争取一系列相关领域的重要国际会议在我国举办，结合我国文化遗产保护实际，积极取得各界的理解与共识，诞生出一系列具有影响力的文化遗产领域的国际性文件。其中包括 2005 年 10 月在西安召开的国际古迹遗址理事会第 15 届大会上诞生的“保护历史建筑、古遗址和历史地区环境”的《西安宣言》；2006 年 5 月，在绍兴召开的“第二届文化遗产保护与可持续发展国际会议”上通过的《绍兴宣言》；2007 年 5 月，在北京召开的“东亚地区文物建筑保护理念与实践国际研讨会”上通过的“关于东亚地区文物建筑保护与修复”的《北京文件》；2007 年 6 月，在北京举办的“城市文化国际研讨会”上形成的《城市文化北京宣言》等。这些是在我国产生的第一批关于文化遗产保护的国际性的文件。这些文件不但采取宣言、文件等庄严的形式，而且融入大量具有我国文化遗产保护特点和实践经验的内容，不但与现今国际相关先进理念接轨，而且具有强烈的“中国特色”。它们必将在国际文化遗产领域产生重要影响。但是在国内对于这些国际文件的推广和应用明显不够，需要进一步对其现实意义予以挖掘和深化。

2. 摸清文化遗产资源家底

当前，我国文化遗产保护事业的发展正处于关键时期。国务院适时作出开展第三次全国文物普查的决定，为夯实文化遗产保护工作基础，实现文化遗产保护的可

浙江世界遗产保护杭州论坛（2008 年 6 月 11 日）

持续发展提供了宝贵的机遇。通过此次全国文物普查，应努力实现三个目标，即将全国文物普查作为促进文物系统能力建设的一次大练兵，作为增强各级政府文化遗产保护意识的一次大培训，作为动员全社会民众参与文化遗产保护的一次大宣传。

2.1 文物普查应立足抢救性保护

文物普查是文化遗产保护的前提和基础。特别是在大规模城市建设展开之时，文物普查更具特殊意义。1953 年 8 月 20 日，北京市副市长吴晗先生曾经主持召开有梁思成、郑振铎、林徽因、罗哲文等专家参加的“关于首都古文物建筑保护问题座谈会”。会上，吴晗先生指出：“本市几年来建筑任务逐年增加，各方面的工作突飞猛进。因此城内外都在修建。在建设中建筑部门和文物部门发生了矛盾。文物组成立时曾提出调查本市古文物建筑，因工作拖沓，尚未着手。如主动进行调查研究，上述的矛盾是可以解决的。”郑振铎局长也表示，“对北京古文物建筑应作一次彻底的调查，应该而必须保存的坚决保存而且积极养护”[①]。国务院于 1956 年发布《关于在农业生产建设中保护文物的通知》，在文件中第一次提出开展全国文物普查。第一次全国文物普查的成果奠定了中华人民共和国成立初期文物保护工作的基础。由此可见，文物普查应当紧紧扣住经济社会发展的关键时期，立足于抢救性保护。实践证明，开展文物普查有利于全面掌握我国境内地上、地下、水下的不可移动文物的数量、分布、特征、保存现状、环境状况等基本情况；有利于准确判断文化遗产保护形势，为科学制定文化遗产保护政策和发展规划提供依据。

20 世纪 80 年代，我国开展了第二次全国文物普查，取得了前所未有的丰富成果，普查登记建档的文物项目，比第一次全国文物普查的数量增加了几十倍。但是，由于当时各方面条件所限，漏查甚至未开展文物普查的情况亦相当普遍，其中有 320 个县没有能够开展普查。此后 20 多年间，未再开展全国性的文物普查，间隔时间过长。而这一时期，正处于我国城市化快速发展和大规模城乡建设高潮，不少文化遗

① 注：罗哲文先生提供资料《关于首都古文物建筑保护问题座谈会记录摘要》，1953-08-20。

产由于未能及时进行调查、登录而遭到拆毁和破坏，甚至灭失。因此，前次全国文物普查成果已经难以准确反映文化遗产资源的实际状况。目前，我国受法律保护的不可移动文物数量偏少，由此造成大量文化遗产因缺乏法律的保护，在所谓“旧城改造”和走样的“新农村建设”中快速地消失，令人痛惜不已。对此，彭卿云先生认为：“中华人民共和国成立以来的三次全国文物大普查，都是在三次大破坏之后的普查。从整体上说，这次破坏比前两次破坏持续时间更长，规模更大，破坏范围更广，破坏程度更深，保护和建设之间的矛盾大大超过前两次。”因此“在大破坏后进行文物普查是我们文物保护事业发展必须采取的一个重要措施”[①]。特别是在文化遗存相对丰富的少数民族聚居地区，由于人们生活、生产方式的改变，生活环境和条件的变迁，地域文化特色消失加快，文化遗产流失情况严重。因此，通过深入开展全国文物普查，使更多面临险境的文化遗产能够得到及时发现和保护，刻不容缓。

在我国，文物普查由各级政府负责组织实施，普查结果由地方政府逐级上报汇总形成。这种做法具有充分发挥各级政府保护管理文化遗产积极性的优势，但是也要避免局限性，处理不当则难以达到理想目标。陈志华教授曾指出：“由地方层层上报文物建筑，还会产生另一种不利现象，这就是瞒报。瞒报的原因大致有两种，一种是因为地方政府怕某些古建筑定为文物后，会妨碍房地产的‘开发’，影响长官在经济上的‘政绩’，他们把文物建筑叫作‘包袱’；还有一种是因为地方长官担心管理文物建筑责任重大，万一出事，会误了仕途，不如不申报文物为好。”[②]这种“文物普查项目列入越多包袱越重，应该越少越好”“文物保护单位定得越多责任越大，不要作茧自缚”的错误观点，都是以主观意志决定文化遗产资源数量的做法，是极其不负责任的态度。为此，在文物普查中将“虚报、瞒报、拒报”等做法定性为严重的违法行为。

文化遗产作为稀缺的文化资源，是各地经济社会实现全面、协调和可持续发展的宝贵财富和不竭动力。站在积极的或者战略的角度看，经过普查使列入保护的文

① 李艳、胡兆燕：《文物是“活”的，要让它说话》，载《中国财经报》，2007-06-07（3）。
② 陈志华：《文物建筑名录编制怪现状》，载《中华遗产》2005（1），12页。

物数量增加，将有利于城市的长远发展，而只有站在消极的或短期行为的角度看，才会把文化遗产视为“包袱”或负担。因此，今天要将文物普查作为抢救文化遗产的重要行动。在普查中判断取舍予以登记的文物，应当严格按照文物的价值和普查的标准规范进行认定。凡是符合认定标准，具有历史、艺术、科学价值的文化遗存均应予以登记，其数量应是客观存在的事实。同时，要将文物普查和申报文物保护单位区分开来，而不能只登记可以申报文物保护单位的重要文物。要坚持“宜宽不宜紧”的原则，立足于早抢救，立足于多保护，以免遗珠之憾。

我国文物保护单位制度经过半个世纪的实践，成功和有效地保护了大批重要的文化遗产。因此，根据当前保护和抢救文化遗产的需要，在文物普查过程中，应及时对所发现的珍贵文化遗产予以科学评价，并在此基础上，尽快将其公布为相应级别的文物保护单位，依法予以有效保护。只有赋予相应的法律地位，文化遗产的价值才能获得真正意义上的确认，否则，即使经过文物普查，也仍然难免出现再消失的厄运，对此已经有过深刻教训。普查是文化遗产得到保护的前提，法律才是文化遗产得到保护的保障。

2.2 文物普查应立足拓宽保护视野

文物普查是国情国力调查的重要组成部分，是确保国家文化遗产安全的重要措施，是文化遗产事业发展的必然要求。正是由于人们在寻找文明中善于借助发现和认知，不断地向着认识客体的深度和广度，向着认识主体能力的高度，向着认识工具的多样性和精确性进步，人类才能对自身文明的发展进行更深入地再认识，并在此基础上创造出新的更加辉煌的文明成果。因此，文物普查同样是富于创造性的保护行动，是文化遗产发现、认识、保护和发展过程的基石。我们有责任通过建立国家文化遗产普查名录，全面、系统地反映祖国的悠久历史与灿烂文化。随着对文化遗产保护的发展趋势逐渐形成共识，许多文化遗产的价值和类型得以认识或重新认知，其蕴含的重要价值得以揭示，及时将这些文化遗产保护领域的新成员纳入普查范围，予以认定登记，有利于实现文化遗产的全面、有效保护。

长期以来，一些地方过于注重文化遗产的利用价值，而对于其更为重要、更为根本的历史价值、文化价值、科学价值、情感价值等有所忽视，同时对文化遗产生态环境的保护也未给予应有重视，导致大量文化遗产及其环境在相当长时期内没有纳入保护视野，损失巨大。陈志华教授认为：当前不利于全国文物建筑认定和编目的现象主要有下列几种：一种是还没有完全克服只凭年代定价值的偏见。另一种是单纯凭建筑艺术和技术水平以及品相或者使用质量定文物。雄伟、精巧、美观或斗拱硕大是主要标准，而不首先着眼于古建筑或古城区蕴含的历史文化信息。第三种是只认庙堂的和士大夫文化的，不认乡土的和市井的；只考虑保护个别的，不认识建立文物建筑大系统的意义①。

文物普查要以调查、登录新发现的不可移动文物为重点，扩大文化遗产保护的范畴。谢辰生先生指出："对于文物保护单位选择的标准，有个怎样认识文物价值的问题，文物是一个包括内容十分广泛的概念。它的价值不仅仅是考古的价值，也不仅仅是古建筑的价值，文物的价值还有更广泛的意义。""所以对于文物概念的认识，思路上要放宽，不要狭窄。"②董贻安先生认为："作为优秀的文化遗产，在始终处理发现与再发现的辩证运动中，是完全可以获取拓展的客观存量的。因此，必须在发现的基础上进行再发现，并对研究客体作出新的评价，使之上升到一个具有全新价值标准和范畴中。实际上，再发现观念的提出与确立，是社会和人类对文化遗产实际需求、评判的历史必然。"③当前特别要加强对工业遗产、乡土建筑、老字号、近现代遗产、文化景观、文化线路等以往工作基础相对薄弱的文化遗产类型的普查工作。

要借鉴国际先进的保护理念和普查制度，根据文化遗产保护理论研究的深入和保护观念的进步，拓宽保护思路和保护方法，构建更为科学、符合我国文化遗产保

① 陈志华：《文物建筑名录编制怪现状》，载《中华遗产》，2005（1），12 页。
② 谢辰生：《关于认识文物价值的一点看法》，载《中国文物报》，2006-08-04（3）。
③ 董贻安：《论文化遗产的发现与再发现》，载《东方博物》，2003（增刊），89 页。

护实际的文物普查和确认制度。要充分利用已有的文物调查项目成果，了解不可移动文物本体及环境的基本情况，尤其是对不可移动文物的量化指标、保存环境现状及其变化情况等均需进行调查、登录。导入已为国际社会证明行之有效的文化遗产保护登录制度，既着眼于新的文化遗产的发现，又着眼于对已知文化遗产的价值的再认识。要充分考虑普查工作实际可能出现的各种复杂情况，合理设置培训课程和内容，掌握统一的技术标准和工作规范，从而避免出现普查人员受地域局限，难以准确判断某些文化遗存在全国文化遗产大系统中的地位和价值，遗漏一些应予以登记的普查对象，确保第一手普查资料的准确性、科学性和权威性。

国内外文化遗产普查的经验表明，应当用已经扩展了的观念指导文物普查，同时在文物普查中不断丰富既有的认识，提出新的观念，及时地调整、拓展和完善普查工作，更多地关注那些以往未能引起足够重视或根本未加保护的文化遗产种类，

中国文化遗产保护——乡土建筑保护无锡论坛（2007 年 4 月 10 日）

使更广泛的文化遗产得到保护。“当前的客观情况要求必须积极推进并开拓文物保护工作，包括扩大保护工作的内容（从古建筑园林到城市，从人工建筑到自然景观），研究符合实际的可供操作的保护措施（例如适当地再利用等）；争取更多的专业工作者合作；吸收社会各阶层热心人士参与，唤起全社会的认识与关注，乃至争取决策者的秉公支持，力挽当前混乱局面。在所有这些工作中，出于专业职责和对历史与后人负责的考虑，文物学术界有识之士在发掘史实，参考国际成功经验与理论，密切与规划工作者结合，投身实际，提出切实措施等方面，更是当仁不让，义不容辞”[①]。

2.3 文物普查应立足事业长远发展

当前文化遗产保护的机构建设、队伍建设等基础工作仍然薄弱，观念滞后、体制障碍等问题仍然束缚着事业的发展，而此次全国文物普查是提高文化遗产保护能力建设的难得机遇。文物普查的顺利开展，有利于实现文化遗产保护观念新的进步；有利于带动不可移动文物保护“四有”[②]工作，提高管理的整体水平，有利于培养锻炼专业人员，提高队伍的整体素质；有利于提升全民保护意识，促进全社会保护文化遗产新体制的建立。

全国文物普查涉及范围广、质量要求高、工作任务艰巨，全面动员、精心组织、扎实推进，无疑是当前十分重要的任务。要研究总结多年来已开展的全国重点文物保护单位记录档案建档备案工作，全国馆藏一级文物建档备案工作，全国馆藏文物腐蚀损失调查工作，全国重点文物保护单位现状调研工作，以及文物调查及数据库管理系统建设项目的经验，根据不断进步的文化遗产保护技术，研发新的普查方法，制定更为科学的、适应我国文化遗产特点和实际的评估和申报办法，改进和完善登录系统。特别要研究新型文化遗产的保护登录问题，例如乡土建筑和历史文化村镇、传统民居和历史文化街区的保护登录制度，征求和吸收各方面意见，经过试点工作

① 吴良镛：《论中国建筑文化研究与创造的历史任务》，载《城市规划》，2003（1），16页。
② 注“四有”是指文物保护单位有保护范围、有标志说明、有科学记录档案、有专人管理。

检验，形成科学的标准和规范，并充分利用文物普查的数据成果资料，建立起更为全面的我国不可移动文物的电子地图。

文物普查要广泛利用现代科学技术成果，充分运用信息网络、遥感、地理信息系统和全球卫星定位系统等现代科学技术手段，提高文物普查的时效性和相关标本、数据采集的真实性、完整性。这是本次全国文物普查区别于前两次全国文物普查的重要特点和优势所在，直接关系到普查成果的质量以至于整个普查工作的成败。要通过此次普查，培养锻炼一批掌握现代科学技术手段的业务骨干，使各级文物部门的文化遗产保护理念和运用现代科学技术的能力有一个飞跃式的发展，提升文化遗产保护事业的整体水平，为实现文化遗产保护的科学化、信息化、规范化管理奠定坚实的基础。

第三次文物普查是我国当前最重要的文化遗产保护工程，规模浩大，仅仅凭借文物部门的力量是远远不能胜任的，必须广泛动员社会力量，依靠民众的经验和智慧，把由3~5人组成的一个个普查组，变成成千上万的普查大军，才能把文物线索一条条汇集起来，使普查工作的成果最大化。文物普查是将文化遗产保护理念送进千家万户的文化工程，是文化遗产保护公众参与性的集中体现。要积极动员和引导社会公众参与文物普查，鼓励和吸收热心文化遗产保护的志愿者加入普查工作。通过设立文物普查的网站、媒体信箱和专栏，公开征集文物线索，为社会公众了解和参与文物普查提供快速便捷和互动良好的交流平台。通过此次普查，使越来越多的民众更加热爱文化遗产，带动并逐渐形成全社会共同关心、参与文化遗产保护的良好氛围。

3. 注重文化遗产保护人才培养

改革开放以来，我国文化遗产事业与其他各项公共事业一样，受惠于经济社会的高速发展，面临着空前的发展机遇，同时，城市化快速进程又使文化遗产事业发展充满挑战。“人才战略是第一战略”，人才资源是最富活力的“第一资源”，能否建设一支体系完备、结构合理、素质优良的工作队伍，是文化遗产事业兴衰成败的关键所在。实现文化遗产事业的可持续发展，就必须努力建立一支爱岗敬业、充满活力，在国际相关领域具有独特地位、特殊贡献的文化遗产保护专业人才队伍。

3.1 确立保护人才培养战略地位

加强人才队伍建设是文化遗产事业健康发展的基础，而培养造就大批具有较高素质、具有蓬勃创新精神的各类人才，直接关系到文化遗产事业的未来。进入新的世纪以来，人才竞争异常激烈，如不给予高度重视和积极应对，文化遗产保护领域的差距将愈加明显，甚至面临人才资源相对匮乏的状况。目前，一方面，在全国文物、博物馆机构从业人员中，高级专业技术人员仅占5.7%，中级专业技术人员仅占12.5%，显现出文化遗产保护人才无论在总量和结构方面，还是在综合素质方面，都远远不能适应文化遗产事业发展的需要。另一方面，文物系统高学历人员和专业对口人员所占比例偏低，其中全日制本科学历以上人员占职工总数24.71%，而从事文化遗产保护专业技术工作的人员中，受过专业高等教育的人员比例只有20%左右。同时，中青年学科带头人和高层次复合型领导人才严重不足，有利于人才会聚的用人机制有待完善。所有这些都表明，目前文化遗产保护人才队伍状况远远不能满足事业发展要求，如不能从发展的、战略的角度加以解决，人才培养滞后将成为制约文化遗产事业发展的瓶颈。因此，加强人才培养和教育培训工作，提高队伍整体素质，为文化遗产事业的科学发展提供智力支持和人才保证，是一项非常重要和异常紧迫的基础工作。

面对文化遗产保护人才短缺的严峻形势，各级文物行政部门从文化遗产事业发展的战略高度，把加强文物、博物馆人才培训工作列为文化遗产保护的四项重点基础工作之一，着眼于人才总量的增长和人才素质的提高，加强人才资源开发和能力建设，加大对重点人才特别是学科带头人和高层次领导人才的培养力度。2003 年至 2007 年，国家文物行政部门与北京大学、清华大学、复旦大学、南开大学，四川大学、西北大学和中国文物研究所等密切合作，连续五年举办了全国省级文物局局长、博物馆馆长、考古研究所所长、古建所所长专业管理干部培训班，共有 406 名学员获得了高级文物、博物馆专业管理干部岗位资格证书，培养了一批能够参与文化遗产保护相关政策制定，能够组织文化遗产各项保护工作，能够主持文化遗产重大保护项目，能够承担文化遗产重点科研课题以及能够协调文化遗产重大保护行动的高层次复合型管理人才。在此基础上，国家文物行政部门推动文物、博物馆管理干部教育培训向基层深入，推进地市文物、博物馆管理干部专业培训和文物保护单位管理机构负责人的专业培训。其中，先后举办了三期世界文化遗产保护管理机构负责人培训班和一期世界文化遗产预备名单保护管理负责人培训班，培训专业管理干部

云南世界文化遗产保护管理机构负责人培训班（2006 年 7 月 16 日）

310人。

与此同时，陆续开展了文物保护与修复、考古发掘、文物保护规划、文物出境鉴定、文物安全保卫、博物馆藏品保管、科技成果推广等多层次、多门类的专业培训，培训专业技术人员近1 300名，一批专业技术人员业务水平得到迅速提高，正在成为各个单位和部门的业务骨干。其中文物保护与修复的培训包含了多个方面，例如土遗址和石质文物的保护、纺织品和陶瓷文物的鉴定和保护、漆木器和青铜器文物的保护和修复、壁画的保护和保存以及文物环境监测技术的培训等，培养了一批专业技术骨干，在文化遗产保护的各个领域发挥着重要作用。多渠道联合办学的教育培训模式逐步成熟，各地文物部门加强与高等院校和科研单位的合作，走联合办学道路。在高等院校建立考古培训基地和文物建筑保护维修培训基地的探索取得初步成效。同时，中外合作培训专业人才工作持续开展。与联合国教科文组织、国际古迹遗址理事会等国际组织和意大利、法国、美国、日本、澳大利亚等国家文化遗产机构合作，进行了富有成效的人才培训合作项目，数百名专业人员从中直接受益，并使国际文化遗产保护先进管理经验和保护理念引入我国。其中，中国、意大利合作对我国120余名文物修复保护人员进行了专业培训；中国、日本和韩国合作开展丝绸之路沿线文物保护修复人员培养计划；中国、法国合作开展“博物馆藏品的预防性保护”和“工业遗产的调查与保护利用”等具有前沿性的培训项目。此外，还承办了亚洲、非洲和阿拉伯地区国家文物保护技术与管理培训班，几年来，培训各国文化遗产官员和保护技术人员130余人，初步展现了我国作为负责任的文化遗产大国的形象。

知识经济时代，社会发展对于自然资源的依赖程度大大降低，人力资本和无形资产已经成为推动社会发展的第一要素，尤其是具有高素质并善于运用高科技手段从事专业工作的人才，将成为各项事业发展的关键。当前，随着大规模经济建设，浮现出数量庞大的抢救性考古任务，不断获得重大考古发现，因此，考古与历史专业人才需求巨大；随着我国世界文化遗产，历史文化名城、名镇、名村，各级文物保护单位的数量快速增长，保护规划与管理专业人才需求巨大；随着文物建筑保护修缮工作正在以前所未有的规模全面展开，文物建筑修缮理论亟须完善，勘察设计与施工专业人才需求巨大；随着博物馆建设形成高潮，并已经从数量发展型转变为更加贴近公众的质量发展型，藏品保管条件、科技保护水平和展示服务质量亟待提升，博物馆专业人才需求巨大；随着文化遗产保护领域和范围不断深化和扩展，大遗址、乡土建筑、工业遗产、文化线路、文化景观、20世纪遗产等文化遗产保护新成员不断涌现，文物科技保护专业人才需求巨大；随着广大民众文物收藏热情高涨，文物监管旧货市场、文物拍卖市场不断增加，文物鉴定与修复专业人才需求巨大。因此，要将人才培养视为文化遗产保护的战略任务和提升综合竞争力的核心因素，坚持与时俱进、开拓创新，不断探索人才培养的新体制和新机制，多渠道、多形式统筹利用各种资源，充分调动各方面的积极性，使人才培养工作充满生机和活力。

人才队伍建设是文化遗产事业发展的关键环节。需要认真研究改革中遇到的新情况新问题，推进人才培养制度和方法不断深化，改变当前人才匮乏的状况。需要通过实施科技创新人才战略，培养能够适应文化遗产事业发展需要、结构合理、内外互补的专业人才队伍，一是要适当提高行业准入门槛，积极引进优秀专业技术人才、中青年学科带头人、年轻创新型人才，改善队伍结构，提高科学技术创新能力。二是要创造有利于人才发展的环境，建立人才竞争机制、激励机制，大力推行并完善持证上岗制度、聘用制度和岗位管理制度，推行以提高业务素质和能力为目标的专业技术人才继续教育制度。三是要促进人才合理流动，降低人员分流门槛，妥善安置富余人员，建立适应市场配置人力资源的机制，用制度消除人才流动的体制性障碍。四是改革文物、博物馆事业单位分配制度，研究制定绩效工资分配政策，根据“效率优先、兼顾公平”的原则，将工资收入与岗位职责、工作业绩、实际贡献相挂钩，形成重实绩、重贡献，向优秀人才和关键岗位倾斜的分配激励机制，营造吸引人才、留住人才、培养人才、人尽其才的和谐氛围。

3.2 完善保护专业教育培训体系

目前，我国的文物保护机构和人员总量，难以应对日益繁重的文化遗产保护任务，现有的文物保护专业人才的培养模式和水平，也不能满足文化遗产事业长远发展对专业人才的需求。虽然长期以来，不断采取国家或地方各级文物行政部门组织的人员培训、高等院校的教学培养、文物保护科研机构的实践学习以及师承制等多种方式开展专业人才培养，但是，由于对专业人才培养工作缺乏系统规划，教育培训的基础地位未能真正体现，在机构设置、条件配备和资金投入等方面重视不够，导致人才队伍整体状况尚未实现根本改观，尚未在全国文物系统形成适应事业发展需要的人才培养、选拔、任用、激励机制，各地文物行政部门和相关单位也尚未建立起有效的人才培养、教育与交流体系。因此，要树立大教育、大培训的观念，建立科学的文化遗产保护专业教育和培训体系，发挥优势互补作用，构建以行业主管部门为主体，高等院校、科研机构、博物馆相结合的文化遗产保护领域人才培训网络，多渠道开展各类文化遗产教育培训工作，通过岗位培训、学历教育、师承制传授等多种途径，建立完善的人才培养模式，尽快形成文化遗产保护人才队伍的基本力量。

重视高素质文化遗产保护人才培养。文物、博物馆事业单位与高等院校、科研院所同属知识密集型单位，要求从业人员具有较高学历和较高专业技术能力。培养具备文化遗产法制观念，具有文化遗产保护正确理念，掌握文化遗产保护现代技术的专业人才，是实现文化遗产事业长远发展的战略任务，而杰出学科带头人和高专业素质的人才群体，是文化遗产保护科技创新的关键性因素。因此，应通过各种方式和渠道，积极培养和引进文化遗产保护领域的高端人才，培养和造就具有较高理论素养和创新精神、掌握现代科技理论和管理知识并经过实践考验的高素质领导人才群体；培养和造就具有较高科学素养和管理能力的学科带头人队伍；培养和造就具有较强科研与技术素质的专业人才队伍。在国家重大文化遗产保护项目和工程中，要把人才培养计划放在突出位置，在基础研究、前沿技术研究、战略高科技研究和社会公益研究领域，强调项目、基地与人才建设的结合。将凝聚一支高水平的战略性基础研究队伍，发现和培养具有创新能力的优秀青年人才作为计划实施的首要任务之一。积极探索多种人才引进方式，加强科技人才的培养和储备，逐步形成多层次的文化遗产保护人才社会供给网络。同时，要采取引进、外聘的方式，集聚一批热心文化遗产保护的专家和优秀科技工作者，选择性地外聘一批具有真才实学的国外科技专家，参与文化遗产保护和人才培养工作。

支持高等院校设立文化遗产保护专业。文化遗产保护人才培养的成果不在于培训中心的建设水平如何，而在于人才培养的实际效果。因此，已不再沿用自办培训中心模式，转为依托高等院校、科研院所的教学平台开展教育培训工作，有效地发挥了高等院校教师、设施等教学资源的优势，学习环境更加优化，教育培训质量也有所提高。目前我国已有 58 所高等院校开设了考古专业、博物馆专业、文物保护专业、文物建筑专业、建筑史专业的本科教育和研究生教育，向文物系统输送了大批优秀人才。但是，作为文化遗产大国，我国开设文化遗产保护相关专业的高等院校数量偏少。自 1952 年，北京大学创立考古专业，并于 1983 年成立考古系之后，吉林大学、西北大学、武汉大学、四川大学、山东大学、山西大学等也陆续成立了考古专业，中山大学、厦门大学则成立了人类学专业。继南开大学率先成立博物馆专业以来，复旦大学、北京大学、吉林大学也相继设立了这一专业。1990 年，文物保护专业率先在西北大学文博学院成立，至今已为国家培养了大批文物保护专门人才，成为活跃在文化遗产保护领域的一支新生力量。1998 年，北京大学也开始招收文物保护方向的本科生，使文物保护专业得到加强。但是，其他高等院校设置文物保护专业的较少。目前文化遗产保护学科发展不平衡。虽然考古学已经成为国家二级学科，但是博物馆专业和文物保护专业则尚处于学科发展的初级阶段。特别是文物保护专业往往设置于考古专业或历史专业等文科专业之中，缺少理科和工科学科上的专业支持，而实际上文物保护专业更加侧重实践。

了解世界其他国家文化遗产保护人员培养状况，对于建立和发展我国特色的文化遗产保护培养模式具有借鉴作用。近年来，一些发达国家愈加重视文化遗产保护人才培养，在很多高等院校中开设了文化遗产保护专业，成为继建筑学、城市规划和景观设计之后的又一热门专业。例如根据美国高等教育指南分析，美国目前有历史保护专业的院校 14 所，文化遗产保护专业的院校 25 所。在研究生培养的层次上，有文化遗产保护专业硕士生的有 29 所大学、博士生的有 5 所大学。每年培养文化遗产保护专业的本科生和研究生达 500600 人①。一些发达国家的高等院校和科研机构，都承担着文化遗产保护科学研究和文化遗产保护人才培养的双重任务，针对本国文化遗产特征开展相关教育培训，例如法国、意大利、丹麦开设了绘画修复保护课程与培训，芬兰开设了水下文化遗产保护课程与培训；比利时则重视文物建筑保护方向的课程与培训等。与之相比，我国文化遗产保护的高等教育尚处于起步阶段，课程设置与学科建设亟待完善。为此，我国高等院校的相关专业应根据文化遗产保护的时代任务和实际人才需求，重视文化遗产保护专业的课程设计，重视基础理论和专业理念的教育、重视研究能力与实践技能的培养，以培养学生对于正确保护理念的掌握、科学研究方法的认识和理论结合实践的能力，并结合文化遗产保护的发展趋势，将自然科学的基本理论融入相关专业课程，重视自然科学在文化遗产保护中的应用。

3.3 结合保护实际加快人才培养

文化遗产保护专业设立的目的，是培养具有现代文化遗产保护理念和技能的专

① 注：其中不包括 46 所有考古专业、752 所有艺术史专业、189 所有建筑史专业的高等院校培养的学生中从事文化遗产保护工作的大批人才。

门人才，他们应当具备相关的自然科学、社会科学的知识，能够将多学科相结合的科学技术应用到文化遗产保护实践之中。文化遗产保护科学不仅是一门跨学科的科学，还是一门多学科相结合的科学，需要从业者必须不断地加强相关知识的学习和研究。由于文化遗产保护对象的范围不断扩展，所涉及的自然科学和人文科学的领域日益广泛，因此，承担文化遗产保护教育培训的师资应该来自相关各个不同专业的专家学者，不仅涉及历史、考古、人文地理、城市规划、建筑设计等专业，而且涉及化学、物理、生物、地质、机械等学科，很多文化遗产保护的课程也必然是由多学科的研究人员通力合作才能完成。在实际工作中，由于文化遗产的构成材料种类繁多，因此要进行科学保护，必须应用不同的成熟技术。无论是不可移动文物还是可移动文物的保护和修复，都需要具有广博知识和精湛技艺的复合型专业人员。

重视各类文化遗产教育培训工作。文物行政部门要建立文化遗产教育培训的保证系统，在合作办学、人才培养、人员培训的制度、条件等方面给予有力的配套支持。为了提高文化遗产教育培训的水平，建设一支高素质的教育培训师资队伍是当务之急。要大力发展在职教育和职业培训，实施文化遗产保护继续教育工程，积极推动全国性培训体系和培训网络的建立，形成决策管理、保护研究和专业人员培训等各级资质培训体系以及教育与实践相结合的培养机制，努力培养复合型专业人才。在职培训的优点是人员的职业已经固定，学习的目的明确，往往具有一定实际经验，经过培训理论水平和操作技能可以迅速提高。但是由于参

大遗址保护与建筑创作学术研讨会（2009 年 3 月 17 日）

加培训人员的情况多有不同，所学专业差别较大，也会给教学带来一定的难度。各级文物行政部门要积极探索新型教育模式，逐步建立文化遗产教育培训专家库，鼓励文化遗产领域的著名专家学者积极参与教育培训活动，培养更多的文化遗产学科的教育专家。当前，文化遗产保护科学理论发展很快，通过文物部门、高等院校、科研机构相结合开展文化遗产教育培训，也可以促进文化遗产保护学术交流，科学技术信息资源共享，实现相关各方互补提高，达到促进共同发展的目的。文化遗产教育培训工作不但要具有规范性、系统性，而且应具有开放性、国际性，通过合理利用国外教育资源，积极吸引和聘用海外教育培训人才，与国内外重要的文化遗产保护研究机构合作，拓宽人才培养途径，实现人力资源的共享。

重视各类文化遗产保护职业教育。职业教育可以给予受教育者从事某种职业所需的知识和技能。实施职业教育的机构往往有职业大学、中等专业学校、技工学校等，教育内容根据实际需要而定。职业教育的优点是紧跟实际需要，机制灵活，培养速度快，学员动手能力强，操作熟练。缺点是学生理论基础需要巩固，自主学习能力需要加强，自我完善和发展潜力需要提高。我国在文化遗产保护方面的职业教育还很薄弱，与一些国家职业教育的模式和水平相比还有一定差距。目前只有少数设立文物鉴定与修复专业的学校，开设的文物保护与修复专业课程有限，学生的动手能力培养基本以传统修复为主。目前正值我国职业教育结构的调整时期，即由过去以工科类职业教育为主，逐渐发展为多门类、多学科并举发展的局面。应该利用这一结构调整契机，培养和发展一批注重文化遗产科技保护和修复人员培养的职业学校和专业，形成目前急需的文化遗产保护技能型人才的培养、定级和使用机制，为文化遗产科技保护工作不断输送合格的实践性人才。

中国文化文物统计年鉴显示，截至 2017 年我国文物收藏机构拥有各类文物藏品 4850.66 万件，但是掌握成熟文物修复技术的专业人员仅数千人。我国文物博物馆行业有 16 万多名从业人员，但至今只有少数专业性的技术培训中心，而以基础教育、素质教育为主的高等院校学历教育，也难以满足对动手能力和实践经验要求较高的文化遗产保护和修复专业人才的需求。由于掌握修复技术的专业人才资源严重匮乏，专业人才队伍青黄不接，导致大量亟待维护、修复的珍贵文物只能“无奈地等待”。我国传统修复技术的发展，与师承制有着密切的关系。师承制是以拜师收徒的方式进行人才培养，是一种传统的传授与学习方法，在包括文物修复在内的传统技艺传承中应用较多。今天，在文化遗产保护的某些领域，由专家带徒弟仍然不失为一种培养专业技术人才的有效途径和适用方法。例如许多身怀绝技的老专家、老技师文物修复手艺精湛，掌握很多特殊技法和工艺，但是他们往往年事已高，难以从事课堂讲学和著书立说。因此，通过带徒弟，言传身教，将一生的学术经验和传统技艺加以传承，使文化遗产得以保护。然而，师承制这一培养人才方式，目前在我国文化遗产保护人才培养中数量不大，究其原因，随着时代的发展，人员流动性增大，学员兴趣不稳定，往往师徒之间难以形成互动，而后继乏人更使传统技能面临失传的危险，虽然近年采取了一些补救措施，但仍然不容乐观。因此，如何在现代经济社会发展的条件下继承和发展师承制，需要深入探索和建立更加具有针对性的鼓励方式和制度保证。

重视文化遗产青少年教育。青少年是未来社会的主人，是未来文化遗产的保护者。因此，开展文化遗产青少年教育具有前瞻性和引导性的突出价值。2004 年 6 月，在我国苏州召开的第 28 届世界遗产大会通过了《世界遗产青少年教育苏州宣言》。作为实现世界遗产青少年教育集体行动纲领，《苏州宣言》提出“让全世界所有青少年均接受世界遗产教育，确立保护世界遗产的意识，自觉担负起保护世界遗产的责任”的目标。宣言同时呼吁各国应大力支持世界遗产青少年教育，制定本国的行动纲领，提出具体的目标和措施，作为本国世界遗产青少年教育的行动指南。我国应针对鼓励和教育青少年关心文化遗产的需求作出积极反应。但是，实际上目前文化遗产领域青少年教育状况令人担忧，尽管全国政协委员和专家学者一再呼吁，文化遗产青少年教育在学校教学活动中仍未得到应有重视。针对当前文化遗产青少年教育的薄弱状况，在国家层面应构建起推动文化遗产青少年教育的工作格局，鼓励和支持更多的学校开设文化遗产相关课程，将文化遗产教育内容系统地落实在小学、中学、大学阶段的课程教育计划之中，普及文化遗产知识。同时，应在社会上充分利用广播、电视、书刊、网络等媒体广泛开展青少年文化遗产教育。

4. 构建文化遗产安全保障机制

文化遗产安全是文化遗产保护的基本出发点，文化遗产事业的健康发展必须建立在保证文化遗产安全的基础之上。随着城市化进程的快速发展，违法建设、自然灾害、文物犯罪、环境污染等四大因素，使祖国文化遗产频频遭受破坏和损毁，一些不可移动文物和馆藏文物存在着巨大的安全隐患。为此，应积极推进文化遗产安全工作，探索建立文化遗产安全保障的长效机制。在文化遗产保护法制建设中，当前尤其要抓住建立文化遗产安全保障机制、加强文化遗产行政执法督查、提高文化遗产法制执行水平等关键环节，促进文化遗产保护能力建设。

4.1 建立文化遗产安全保障机制

尽管改革开放以来，我国在文化遗产保护方面的努力超过历史上任何时期，但是其间对于文化遗产的冲击也超过历史上任何时期。正所谓“前所未有的重视，前所未有的挑战”。尽管各级文物保护部门一直努力履行职责、强化行政执法，但是迄今为止，并不能认为已经有效遏止、克服和扭转了文化遗产保护所面临的被动状况。应当承认，伴随城市化快速进程和大规模城乡建设，我国存在并仍然经历着文化遗产危机。在这一背景下，文化遗产的生存环境愈显恶劣，保护状况令人担忧。一些地方在土地开发和“旧城改造”中，重项目建设、轻文化遗产保护，公然违反文化遗产保护法律的有关规定，随意破坏、损毁文化遗产；一些地方在工程建设中，不依法履行报批程序，使一些县、市级文物保护单位甚至省级文物保护单位濒临灭失；一些地方擅自在文物保护单位保护范围或建设控制地带内私搭乱建，致使历史风貌和文化景观遭到破坏；一些地方存在重申报、轻管理，重开发、轻保护的问题，对文化遗产实行超负荷利用和破坏性开发；一些地方将国有文化遗产转让、抵押给企业作为资产经营，擅自改变文物保护单位体制和用途，导致急功近利、竭泽而渔、破坏文化遗产的恶性事件发生；一些地方盗掘古墓葬、盗窃馆藏文物、走私和非法交易文物等屡禁不止，火灾事故频发，安全防范水平亟须加强；一些地方领导法制观念和保护意识淡薄，在经济利益和政绩观念驱使下，甚至出现行政命令大于法律规定、领导意志高于国家意志的情况。

日前，一项关于自然与人为因素对世界遗产影响的调查结果表明，在影响世界遗产的诸多因素中，自然因素（风力、降雨、雷击、地震等）对世界遗产的损害只占 10%，而人为因素对世界遗产的损害高达 90%，包括城市发展过快，遗产保护不能纳入城市发展规划，挤占遗产保护区；旅游发展过快，旅游人员过于集中，遗产地超负荷接待；改变遗产地保护管理性质，企业经营遗产；保护经费相对不足，面对日益恶化的环境无力实施保护；保护专业人员匮乏，设备短缺，无法进行及时监测与抢险保护等方面。一些保护管理单位人员经费和保护经费全部靠门票收入支撑的文化遗产保护单位，面对激烈竞争的旅游市场，为了基本生存，往往把主要精力放在

河南洛阳龙门石窟文物回归庆典（2005 年 10 月 21 日）

扩大宣传、吸引游客和不断增加门票收入上，而忽视文化遗产保护，造成文化遗产的安全隐患；一些保护管理单位决策层面不能保持专业性和稳定性，更换频繁，相当比例管理人员缺少专业知识和保护意识，在文化遗产保护决策过程中，存在主观性和片面性，造成文化遗产的安全隐患；一些保护管理单位的工作人员不具备基本保护常识，缺少法律意识，在修缮和管理过程中不遵守基本的程序，存在随意性，造成文化遗产的安全隐患。

另一方面，文化遗产行政执法体制不顺畅，严重影响了执法和行政处罚力度和效能，致使一些违法事件不能依法得到严肃处理。文物行政部门的执法工作相对薄弱，不少地区执法机构不健全，执法岗位不确定，执法责任不明确。同时，缺乏对行政执法工作的检查、评估，导致评议考核制度不科学，责任追究制度难以落实。在这一背景下，有的地方文物行政执法机构缺少创新意识，对传统的执法方式依赖性强，执法效能低，执法成本高。有的地方政府和文物行政部门未能认真履行法律职责，存在有法不依、执法不严、违法不究、执法趋利现象，不能正确认识文物行政执法的重要性和严肃性。有的地方文物行政执法人员法律知识欠缺，不懂法、不学法，更谈不上依法执法，更有少数执法人员不能站在维护法律尊严，保护文化遗产的高度行使权利。有的地方在处理违法案件过程中，只对破坏状况进行纠正、整改，而对责任单位或责任人的处罚避重就轻，即使处罚也是不痛不痒，甚至以罚代刑。有的地方发现违法行为后，鉴于是政府部门或是领导行为，慑于权势，不敢执法，不敢坚持原则，未能依法给予处理。

面对当前文化遗产安全的严峻形势，各级文物行政部门必须坚持有法必依、执法必严、违法必究的原则，维护和捍卫法律尊严，竭尽全力保护文化遗产；必须敢于处理日益突出的法人违法事件，坚决依法办事，不怕碰硬、不惧强权，切实履行职责；必须加强文化遗产安全状况的监控，快速反应，严肃处理各类违法案件，继续加大督察重大违法案件的力度；必须加强执法队伍建设，健全执法责任制，做到执法有保障、有权必有责、用权受监督、违法受追究；必须建立有效的监督制度，接受社会公众和舆论监督，依靠当地政府和广大民众，深入基层发现问题、解决问题，提高执法水平；必须积极探索行政执法绩效评估机制、考核机制、奖惩机制，逐步推进文物行政执法工作的规范化，必须强化执法人员培训，实施持证上岗、年检考核，从根本上提高执政能力和执法水平；必须建立联合执法的长效机制，加强与公安、检察、监察、工商、海关、建设、规划、环境等部门的联系沟通，及时移交涉嫌犯罪案件；必须在严厉打击各类违法行为的同时，重点追究因决策失误、玩忽职守，造成文化遗产破坏、被盗或流失的责任单位和责任人的法律责任；必须严格执行文物出入境审核、监管制度，严防珍贵文物流失，加强国际合作，探讨促使流失文物回归的综合途径。

4.2 加强文化遗产行政执法督查

针对文化遗产保护面临的新的形势，近年来，各级文物行政执法机构逐步建立，盗窃、盗掘、走私文物等违法犯罪活动得到进一步打击。通过加强与公安、海关、工商等部门的合作，防范和打击文化遗产领域犯罪活动的力度不断加大，协调配合的效能明显提高。针对田野石刻、古墓葬被盗的严峻形势，组织研制防止田野文物被盗的技术防范监控设施，并开始在部分全国重点文物保护单位运行。馆藏文物安全防范工作不断得到加强，一大批国家级和省级重点博物馆相继落成，使大量珍贵文物的保管条件得到了改善。通过加强文物行政执法培训，规范了执法行为。加强国际间打击文物犯罪活动的双边及多边合作，积极推动与有关国家签署关于防止盗窃、盗掘和非法进出境文物的政府间双边协定。新修订的《文物保护法》，使地下埋藏的文化遗产受到更加严格的保护，考古发掘工作得到了更加科学有效的规范和管理。馆藏文物的法律地位以及文物收藏单位和主管部门对馆藏文物的保护责任有了具体明确的规定。民间收藏文物的权利与责任作为文化遗产保护的重要内容得到了严格界定；文物市场得到了规范；文物出境许可制度有了进一步发展，文物进出境审核机构的法律地位得到了提升；对破坏文化遗产的违法和犯罪行为，规定了更为具体的预防和惩戒措施。

目前，我国的文化遗产保护状况监督管理，尚未建立起有效的监测信息管理机制，一般依靠日常巡视检查和经验分析判断，而未建立在科学的监测指标收集和数据技术分析之上。要坚持科学执法，加强法律实施，维护法律尊严，就必须不断推进依法行政，不断改进执法监督，不断提高执法能力。在文物安全保障机制方面，要大力完善行政执法制度、应急保障制度、监督管理制度和责任追究制度等，改善文化遗产的生存环境，使安全风险及时得到化解，使违法者及时得到制裁。监督机制是否健全完善，直接影响和制约着依法行政的进程。近年来，国家文物行政部门持续开展文物行政执法专项督察，加强自身监督和社会监督；加强内部监督和外部监督；加强事前、事中、事后监督。通过开展行政执法专项督察，完善文化遗产领域各项基础工作，推进各级文物部门依法行政能力，推进各文物、博物馆单位依法办事能力。通过开展行政执法专项督察，加大针对重点案件的执法力度，集中处理和解决一批破坏文化遗产的重大恶性违法案件，震慑文物犯罪和违法行为。

在建立文化遗产安全保障机制的任务中，加强专业执法队伍建设，建立和完善打击文物犯罪活动的统一协调机制尤为关键。在打击文物犯罪活动方面，目前我国现有的执法机构主要是公安、海关、工商及其所属部门和单位。长期以来，这些机构在打击各种文物犯罪活动方面发挥了重大作用。但是，由于我国公安、海关、工商等部门所承担的打击其他各种犯罪活动和维护社会治安、市场秩序的任务极其繁重，一些部门在打击文物犯罪活动时往往因为人员紧张、经费困难和业务知识欠缺而难以全力以赴，在公安、海关、工商部门与文物行政部门之间也缺乏有效的统一协调机制。意大利所采取的“文物宪兵”的体制对于文化遗产大国具有示范作用，目前欧盟各国也都在积极研究采纳这种模式。虽然我国国情不同，但是这一做法对于我国加强文化遗产保护也具有参考价值。随着当前打击文物犯罪的任务日益紧迫，针对文物犯罪活动逐渐呈现集团化、专业化、暴力化和国际化趋势的特点，我国也应考虑在现有公安、海关、工商部门中，组成相对稳定和专业的文物安全执法队伍，在打击文物犯罪活动时发挥统一协调指挥的作用。

确保文化遗产安全是各级文物行政部门的重要职责，是开展文化遗产保护工作的前提，也是检验和衡量文物行政部门执政能力的重要内容。由于监测手段落后和管理措施滞后，往往使文化遗产付出不应有的损失和代价。2008 年 2 月 11 日凌晨，位于韩国首都首尔市中心，有着 600 多年历史、被韩国政府定为国宝的崇礼门，在熊熊大火中毁于一旦。据报道，这处珍贵文化遗产毁于人为纵火。崇礼门在夜间处于虽然设防但“无人警备”的状态；文物本体没有设置火灾警报器，灭火装置也严重不足，这些都暴露出相关部门对文化遗产保护措施不严、监管力度不够、应对突发事件能力低下的严重问题。这一事件也引起全球文化遗产保护领域的高度警惕。类似的问题也曾在我国发生，例如 2003 年 1 月 19 日夜间，武当山遇真宫主殿被烧毁，起因于在文物建筑中违法搭设照明线路及灯具而引发火灾，同时暴露出管理部门擅自改变文物建筑使用性质以及文物行政部门依法管理和监测不力。因此，转变文化遗产管理思路，改变文化遗产管理方式，建立有效的文化遗产管理体制与机制，实现文化遗产管理制度化、规范化、程序化，在文化遗产规划、决策、监测、维护和日常管理等方面增强科学性，可以有效弥补我国文化遗产保护在经济条件和科学技术方面支撑不足的状况，达到更有效地科学保护与合理利用的管理目的。

4.3　提高文化遗产法制执行水平

进一步提高和加强文化遗产法制执行能力，是新时期各级文物行政部门的重要任务。必须按照依法治国方略，切实依法履行职责，强化法制观念和文化遗产保护意识，维护文化遗产法律的尊严，严格依照法律法规的各项要求，通过各种有效形式和途径管理文化遗产，保障文化遗产保护的各项工作依法进行，逐步实现文化遗产事业发展的制度化、法律化。同时，各级文物行政部门要切实履行职责，依法要求各级政府在决策涉及文化遗产保护的工作时能够依法决策、合理决策、科学决策；各级文物行政部门要依法配合公安、海关、工商等相关执法部门，有协作有分工，既促进经济社会发展，又推动文化遗产事业发展。各级文物行政部门要提高各文物、博物馆单位依法办事的水平和自觉性，引导各单位积极主动的依照法律、法规要求开展工作，避免挪用、侵吞文化遗产的事业性收入，避免无意识地破坏、损毁文化遗产，避免以不合法方式利用文化遗产赢利，避免将文物保护单位交由企业或其他营利性组织经营开发。

我国文化遗产管理制度，现已成为激烈的改革争议焦点。当前文化遗产管理体系，就横向而言，呈多部门多系统管理架构，从而使整个管理体制过于分散，管理标准难以统一；就纵向而言，管理责权不明确、重点不突出。这一切均不利于文化遗产保护质量的提升。对于文化遗产管理体系，应根据文化遗产保护等级进行行政管理制度设计，实现各级文物行政部门责权统一。其中，国家文物行政部门应强化对高级别文化遗产的督察及对其管理绩效的定期评估。其内容应包括世界文化遗产，全国重点文物保护单位，国家历史文化名城、名镇、名村，国家重点博物馆，珍贵馆藏文物等。保护规划是科学决策的蓝本。在文化遗产保护管理决策方面，必须严格按照既定的保护规划要求开展工作，依据保护总体规划、控制性详细规划、近期实施规划等层次组织实施，并辅之以公众参与、环境影响评估等手段，注重实施效果的信息反馈，确保文化遗产保护管理决策建立在科学、严谨、有效的基础之上。要推进各级文物行政执法机构建设，提高主动执法和文明执法意识。严格执法程序，规范执法行为，提升执法水平。必须加强文物行政执法培训，开展持证上岗和年检制度；必须落实行政执法责任制，真正实现有权必有责、用权受监督、违法受追究；必须积极探索行政执法绩效评估机制和整改机制，研究制定考核制度，建立奖惩机制；必须建立联合执法的长效机制，加强执法信息交流，构建文物行政执法动态网络。

当前，虽然经济发展水平不断，但政府财力仍远远不能满足文化遗产保护的需要，特别是经济落后地区更难以对文化遗产保护提供经费支持。同时，目前保护资金来源渠道狭窄，严重依赖政府财政，民间资金投入文化遗产保护未形成规模。保护经费短缺的直接后果是大量文化遗产保护措施不能及时到位，小病拖成大病。因此，在文化遗产保护的法律体系中有必要充实有利于社会参与的内容。同时，在国家层面，随着有关继承方面的法律不断完善，促进更多的可移动文物进入各级各类的博物馆，使更多的社会资金用于文化遗产保护。随着有关捐赠方面的法律不断完善，保护捐赠者和受赠者的合法权益，使捐赠行为不再只是属于感情或道德范畴，而对于捐赠者在税收方面的优惠政策，则使人们更加乐于赞助文化遗产事业。在这些国家法律法规相继出台的环境下，文物部门应及时研究制定从文化遗产保护实际出发、有利于动员全社会参与文化遗产事业的各项法规以及优惠政策。应提倡企事业单位或私人出资用于文化遗产保护，逐步减缓文化遗产保护经费严重不足的状况。同时，在社会参与文物保护的具体工作中，要强调依法办事，随着法律的制定和完善，各级文物部门要善于运用法律的、行政的手段规范和引导实施保护的方式方法，使这一工作在法制、科学的轨道上正常运行。

第五章 文化遗产保护科学技术发展辩证思考

文化遗产保护是指针对文化遗产价值的调查、评估、认定、研究、展示、利用和传承，对文化遗产本体的保存、保全和修复，以及对文化遗产相关环境的控制与治理等。文化遗产保护科学技术包括人文社会科学、自然科学、工程与技术科学等一切与文化遗产保护相关的科学技术。文化遗产保护科学技术除了要探讨文化遗产保护中共性的规律、理论和方法外，主要是综合和专门地将一切有利于文化遗产保护的现代科学技术，以及已认知的传统技艺，施用于从认知到合理利用全过程的一切文化遗产保护领域。

1. 国际文化遗产保护科学技术的发展趋势

当今世界，步入了经济结构加快调整的重要时期，同时，也是科学技术创新不断涌现的重要时期。发轫于20世纪中叶的新技术革命及其引发的科学技术重大发现、发明和广泛应用，推动世界范围内生产力、生产方式、生活方式和经济社会发展，发生了前所未有的深刻变革，也引起全球生产要素流动和产业转移加快，经济格局、政治格局、文化格局和社会格局均发生了前所未有的重大变化。进入21世纪，新技术革命发展的势头更加迅猛，孕育着新的重大突破。信息技术、生物技术、空间技术以及生命科学、能源科学，特别是基础研究的重大突破为人类认知客观规律、推动技术和经济发展展现新的前景。所有这些科学技术方面的发展与进步，都将对文化遗产保护的理念和方法带来前所未有的深刻影响，一切新的科学发现和技术发明都会被考虑应用于文化遗产保护领域。

事实证明，无论任何国家或是任何领域，只要在科学技术创新方面占据优势，就能够在发展上掌握主动。于是，世界各国特别是发达国家纷纷把推动科学技术进步和创新作为国家战略，大幅度加大投入力度，加快科学技术事业发展，尤其重视基础研究，重点发展高新技术及其产业，加快科学技术成果向现实生产力转化，以利于为经济社会发展提供持久动力，在国际竞争中争取优势。例如英国分别于2000年和2001年制定了《卓越与机遇——21世纪科学与创新政策》和《变革世界中的机遇——创业、技能和创新》等以科学技术发展与创新为主题的政府白皮书；德国联邦政府于2003年3月提出“2010年议程”，推进涉及众多领域的全面改革，向可持续发展方向迈出坚实步伐；日本从2006年开始执行第三期科学技术基本计划，提出在向知识经济转型中，必须增强大学和公共研究机构的创新能力，将其在创新活动中产生的新知识应用于社会。

进入21世纪，世界各国都对本民族的文化遗产保护给予高度重视，无论是在人力和物力投入方面，还是在资金的注入方面，都较过去有了显著提高，文化遗产保护已经上升到国家文化战略的高度。欧盟“科技发展第六框架计划（2002—2006年）”确定文化遗产保护和相关研究作为增强经济潜力和凝聚力的战略重点；意大利启动了“文化遗产保护特别项目”；法国实施了“文化遗产国家级研究计划”；美国制定了“拯救美国财富计划”；印度也于2003年提出，利用现代科学技术的全部潜力来保护、保全、评价、更新、尊重和利用印度的悠久文明。这些计划的实施，充分利用了科学技术手段，有效地推动了各国文化遗产保护的进程。

回顾文化遗产保护的发展历程，现代科学技术的介入往往对文化遗产保护水平

印度泰姬陵（2004 年 8 月 3 日）

的提高起到决定性作用。今天人们普遍认为，科学技术发展是文化遗产保护扭转当前被动局面，实现跨越式发展的重大机遇。现代科学技术的广泛应用，使文化遗产保护科学技术含量不断提高，而现代科学技术和传统工艺的有机结合，则是文化遗产保护科学技术的核心内容，无论在广度和深度、在针对性和普适性、在安全性和可靠性等方面都提供了新的思路、方法和手段，甚至彻底改变了原有的模式。特别是在文化遗产保护发达国家，高新技术在文化遗产保护中的应用，呈现出活跃与多样性的态势。磁力仪、全站仪、地质雷达遥感技术、微型机器人等技术在考古发掘、调查、测绘等方面得到广泛的应用并逐步深入；荧光成像、核磁共振、X 光探伤、同位素检测等现代分析检测手段和仪器设备的应用，在文化遗产真实性、完整性认知方面发挥了积极作用，提高了文化遗产保护的针对性和可靠性。

文化遗产信息资源的数字化已得到国际社会的普遍重视。在数据库建设不断完善的基础上，随着信息技术、网络技术高速发展，文化遗产信息资源的共享与应用也通过多种技术手段得以实现和加强。联合国教科文组织于 1992 年启动世界记忆计划，积极探索利用信息技术手段保护文献资料，目前已建立了失去的记忆、濒危的记忆、当代活动等 3 个数据库；“欧盟信息社会科技计划”是欧盟的委托执行项目之一，源自欧洲的“基础建设计划”，目的在于通过数据库建设将欧洲打造为知识创造、分享与交换的中心。该计划综合考虑了文化遗产类数据的自动获取、分析、理解、分类、重组、整合和处理等一系列功能；意大利围绕文化遗产登录与编目工作，建立了由编目系统和多媒体数据库为基础的数据库群，其中编目系统存储记录近千万条，多媒体数据库中现已存储含 55 万幅图像在内的 120 余万件文物详细信息；美国“拯救国家财富计划”自 1990 年开始，选择对研究美国历史和文化有重要意义的收藏进行数字化，利用数据库记录包括文件、照片、胶片以及一些珍贵收藏品共计 700 多万件，并在互联网上发布。

当前，国际文化遗产保护领域的科学技术发展呈现以下特点：现代科学技术对文化遗产保护的支撑作用日益凸现，保护中的科学技术含量不断提升；集多学科联合力量聚焦攻克文化遗产保护难题已成共识，人文社会科学、自然科学进一步融合；以文化遗产保护的重大需求为牵引开展基础研究工作，“基础—应用—推广”融为一体相互促进的科学技术体制不断强化；系统数据库的建设不断完善，文化遗产保护预警与保护效果评价的技术正在形成；针对文化遗产保护的体制、机制问题，超前顶层设计发展研究工作越来越得到重视；科学技术保护的法律意识不断增强，科学化、制度化、标准化的氛围得到进一步提升；发挥政府主导、协调作用，打破部门、条块界限，组合优势资源形成强势科学技术团体联合攻关已成潮流；文化遗产保护科学技术所需要的不同层次、不同学科的人才队伍建设得到进一步重视；协同世界优秀科学技术资源参与地区文化遗产保护工作，文化遗产保护科学技术的国际合作机制正在形成。

2. 我国文化遗产保护科学技术现状及问题

在我国，从1956年发出“向科学进军”的伟大号召，到1978年提出“科学技术是第一生产力”的著名论断；从1995年“科教兴国”成为国家的治国方略，到2006年“建设创新型国家”成为国家的既定目标，科学技术引领各项事业的地位和作用不断增强。今天，人们越来越认识到，面对世界科学技术发展趋势，面对日益激烈的国际竞争，只有把科学技术真正置于优先发展的战略地位，才能把握先机，赢得发展的主动权。但是，目前我国科学技术的总体水平同世界先进水平相比仍有较大差距，与我国经济社会发展的要求还有许多不相适应的地方。同时，还必须清醒地认识到，我国经济社会发展水平不高，人均资源相对不足，进一步发展面临着一些突出的问题和矛盾。因此，就我国发展的战略全局而言，当前比以往任何时候都更加迫切地需要坚实的科学基础和有力的技术支撑。

在今天决胜全面建成小康社会，夺取新时代中国特色社会主义伟大胜利的进程中，文化遗产作为国家和民族的文化命脉，作为人类社会可持续发展的特殊资源，必须得到妥善保护。近年来，文化遗产保护科学技术不断进步，建立起一批科学研究机构，完成了众多具有重要影响的科学研究和技术应用项目，通过继承传统、开放创新，实现文化遗产保护科学技术的不断进步，为文化遗产事业发展作出了突出贡献。当前，文化遗产领域的研究进入了前所未有的活跃时期，从宏观到微观，从广度到深度，都有较快的发展。同时，多学科的研究生动活泼，对许多概念的认识都大大深化，而这些相关学科的发展必将从理论上、内容上、方法上进一步促进文化遗产研究领域的发展，促使人们努力探索文化遗产保护中的诸多新的课题。现代高新技术的迅猛发展和现代管理学科功能的日益强大，也需要人们对传统的文化遗

柬埔寨吴哥窟巴空遗址（2003 年 2 月 24 日）

产保护技术进行理性思考，重新审视，重新定位，在继承与创新的基础上，以新的理念推动文化遗产保护科学技术创新体系建设。

目前，文化遗产保护的科学技术含量不断提高，取得了显著成绩。例如在不可移动文物保护方面，西藏布达拉宫保护维修、援助柬埔寨吴哥古迹保护修缮、三峡库区文物保护抢救、秦始皇兵马俑彩绘保护研究、敦煌石窟和壁画保护修复等项目中，科学技术都发挥了突出的作用。特别是在大型古代遗址保护中进一步探索将考古、规划、环境、地质、化学、物理等多种科学技术综合运用，取得了重要成果。同时，现代科学技术的引进和应用，拓展了文化遗产保护基础科学研究领域。特别是在文化遗产的价值研究方面，碳十四、热释光等测年技术，电阻率法、电磁法和卫星定位等现代勘测技术的应用，为文物本体评估认定提供了新的手段，通过探明其起源、产生、发展、应用、传播历程，深入揭示其特点，阐释其历史价值、艺术价值和科学价值，取得了重要进展。在文化遗产保存修复技术方面也取得了重要进步。例如出土丝织品保护、饱水简牍和漆木器脱水保护、出土铁器脱盐保护等方面取得了宝贵经验，这些技术成果在文化遗产保护中的推广与应用，有效遏制了腐蚀损毁的速度，抢救了大量珍贵的文化遗产。

在文化遗产保护科学技术法制方面，新修订的《文物保护法》及其实施条例，对文化遗产保护科学技术作出进一步的规定。近年来，组织开展了文化遗产保护领域中长期科学和技术发展规划战略研究，完成了战略研究报告和发展规划纲要。根据新时期科学技术工作的特点，先后制定了《文物保护科学和技术研究课题管理办法》《文物保护科学和技术研究课题招标评标暂行办法》等一系列规章，发布了《文化遗产保护领域科学和技术研究课题指南》。尽管我国文化遗产事业不断进步，但是与国外同行和国内其他行业发展水平相比，文化遗产保护科学技术的总体发展仍然落后，与文化遗产保护的繁重任务相比，科学技术的有效支撑明显不足。主要表现在以下方面。

"预防性保护"观念相对薄弱。今天，文化遗产保护的任务异常繁重。一方面，在频发的自然灾害和病害面前，文化遗产往往十分脆弱。雨水入侵、风沙危害、自然坍塌、生物虫害等自然破坏使不可移动文物面临着诸多挑战；霉变、酥碱、起甲、变色、脱落等病害，使馆藏文物难以长久保存。同时，文物建筑、古代遗址、历史地区及其背景环境正在面临着过度开发带来的种种威胁。必须承认，在文化遗产保护的诸多技术难题面前，今天科学技术的贡献率尚不高。另一方面，目前普遍存在"重被动性抢救、轻预防性保护，重开发利用、轻保管养护"的观念。对于文物建筑来说，注重安排重点修缮经费，缺少日常养护预算；对于博物馆来说，注重安排馆舍建设经费，缺少藏品修复经费。根据2004年10月由国家文物局部署启动的"全国馆藏文物腐蚀损失调查”行动得到的数据，全国共有50.66%的馆藏文物存在不同程度的腐蚀损害。其中处于濒危腐蚀程度文物29.5万余件（组），重度腐蚀程度文物213万余件（组），中度腐蚀程度文物501.7万余件（组），分别占全国馆藏文物总数的2.01%、14.52%、34.13%。面对如此严重的文物腐蚀损失状况，用于博物馆藏品保护的经费却仅占博物馆业务经费的5%。

“综合性研究”投入相对不足。目前，应用科学技术实施文化遗产保护存在一些突出问题。一方面，科学技术意识有待提高，在文化遗产的调查、发掘、保护、研究、展示和传播中，存在忽视合理运用科学技术的倾向，甚至认为文化遗产保护不是一门学科，而仅是一种技术工作。因此，科学研究基础设施不完善、运行机制和管理体制不适应、地域发展不均衡等存在已久的机制性障碍，使大量实用技术停留在一般性应用层面，而高新技术的引进和利用显然不足，导致文化遗产保护科学技术的发展难以适应事业的需求。另一方面，文化遗产保护的科研成果较为零散，尚未形成针对各类文化遗产的集成性科研成果，适应文化遗产保护规律的科学技术体制没有建立起来，研究机制存在着制约性因素，科学技术管理需要进一步加强，科学技术评价体系不健全，现有的激励机制、奖励机制不能满足促进保护科学技术健康发展的需要，文化遗产保护科学技术的战略性综合研究明显不足。

“重大专项研究”成果相对缺乏。我国文化遗产保护科学研究工作起步较晚，尚未对文化遗产保护提供强有力的全面支撑。一方面，基础理论研究发展缓慢，应用技术科研成果匮乏，往往“头痛医头、脚痛医脚”，造成对文化遗产价值的系统研究滞后，对传统技术的发掘整理薄弱，对科学技术前沿的发展动态缺乏了解，多数应用技术属于个性技术，缺乏共性技术的总结，缺乏对具有中国特色的保护技术的科学分析及理论研究。另一方面，缺少针对各类文化遗产保护的重大专项研究，尚未形成带动文化遗产保护水平整体提高的科学技术支撑力量。文化遗产保护科学技术基础条件共享平台建设亟须开展，多学科支撑的文化遗产调查、评估、登录体系尚待确立，技术标准和规范的建设相对滞后，标准化工作亟须推动。同时，科学技术研发、推广的机构总量不足，科学技术队伍相对薄弱，学术带头人和高层次、高水平的研究人员特别匮乏，国家在文化遗产保护领域基础科研项目方面投入仍有较大差距，远远不能满足文化遗产保护的总体需求。

“成果推广转化”机制相对滞后。目前，科学技术成果推广应用体系不健全。一方面，对文化遗产保护科学技术的创新理论和技术研发支持不足，有效借鉴和利用现代科学技术和方法不够，致使困扰文化遗产保护技术应用的许多关键问题，未能寻求到有效合理的解决方法，例如有机质地文物、铁质文物、土质文物等保护的实施缺乏集成性科研成果有力支撑。另一方面，已有的科研成果得不到有效推广利用，相当部分科学技术成果在鉴定、评奖之后束之高阁，尘封在档案柜中，没有主动积极推广转化，即使部分科学技术成果得到应用和转化，也仅仅局限在本地区、本单位应用，而其他地区或单位在实施文化遗产保护项目或工程时往往没有所需的技术和方案，造成同一科研项目在不同地区和单位的低水平重复研究，这种供需信息的断裂，在很大程度上阻碍了科学技术成果的推广转化。例如漆木器脱水保护技术基本成熟，可以推广运用，但是在各地的博物馆和保管机构中，仍然有大量漆木器浸泡在水中已达30年以上，成果推广亟须加大力度。

3. 加强文化遗产保护科学技术的辩证思考

今天，我国文化遗产保护科学技术的发展，特别是在结构布局、战略重点和政策举措等方面，存在着一系列亟待解决的重大课题和学术前沿问题，既要顺应世界科学技术发展的潮流，遵循文化遗产保护的规律，又要紧密结合国情和国家文化遗产发展需求，选择符合我国实际的发展道路。而正确处理好“抢救性保护”与“预防性保护”、“专业性研究”与“综合性研究”、“重要基础研究”与“重大专项研究”、“科学技术创新”与“成果推广转化”等方面的关系是文化遗产保护科学技术可持续发展的关键。

3.1 “抢救性保护”与“预防性保护”

由于时序的单一方向性，见证某一阶段人类文明历程的文化遗产，其本身都具有不可再生性和不可替代性，而现代经济社会的快速发展又加剧了文化遗产损毁的速度和程度。文化遗产的多样性以及毁损原因的复杂性，决定了文化遗产保护必须依靠科学技术的支撑。科学技术是文化遗产保护的基础，是最大限度延长文化遗产寿命的必要条件。文化遗产保护始终存在着各种难题，然而在发达国家，问题出现的较早，人们在解决这些矛盾和问题的努力中积累了较为丰富的经验，因此在文化遗产的保护、利用和管理上都取得了一定的科学成就；而大多数发展中国家，城市化起步较晚，文化、经济状况比较落后，在文化遗产保护方面有着不同于发达国家的种种问题。如何根据具体情况，在不同的道路探索，引起愈来愈多科学技术保护领域学者的重视。

科学技术保护面临的课题是文化遗产本身不可抗拒被毁坏的特质，而保护的目的就是延缓文化遗产的衰老过程。值得指出的是，由于自然环境的日益恶化和人类不断地开发建设，与文化遗产保护的矛盾必然长期存在，人们面对不断变化的形势往往缺乏经验，矛盾经常变得异常尖锐。从认识论的观点来看，人们认识能力与预测能力总有不完善的地方，不可预见的因素也总是存在，因此，只能尽最大的努力不断从历史与现实中总结经验，寻找规律，指导实践；只能通过更深入的研究，力求更科学地预测未来，及时调整和完善保护的方式和方法，这正是文化遗产事业发展的总趋势。文化遗产保护科学技术属于文化与科技的结合，文化遗产资源是有限的，科学技术保护的手段则是无限多样的，科技工作者肩负着重要的历史使命，全社会也都负有保护文化遗产的责任，这些构成了文化遗产事业不断向前发展的基础。

实践证明，真正扭转文化遗产保护的被动局面，变被动为主动，就必须在大量科学研究成果的基础上向全面、规范的预防性保护转化。“预防性保护”是国际文化遗产保护的发展方向，是延长文化遗产寿命所必须研究的内容，也是更主动、更积极的保护。例如“阿嘎”土是藏式文物建筑屋顶和地面普遍采用的传统材料，但其抗水性能差，过去“年年打阿嘎，年年漏雨”。针对既要保持原材料的传统特色不变，又要提高“阿嘎”土的各项性能这一难题，科研人员用两年的时间研制出了“阿嘎土改性外加剂”配方，对“阿嘎”土进行了改性试验，大大提高了“阿嘎”土抗压强度、抗冻融性能及防水性能，并在布达拉宫、罗布林卡和萨迦寺等西藏重点文物维修工程中正式启用。这一经验表明，在文物建筑维修工程中，可以通过提高保护工程的科学技术含量，实现“预防性保护”的目标。

坚持“预防性保护”，必须将具体实际与宏观战略相结合，近期任务与中长期规划相结合。例如山西南部特别是晋东南地区，是我国元代及以前地面建筑保存最为丰富的地域，是我国早期木结构古建筑的宝库。据不完全统计，该地区早期木结构古建筑的保有量应不少于全国早期建筑总量的三分之一，涵盖了各个历史时期木结构古建筑的代表性作品。同时，包含在其中的建筑艺术、雕塑艺术、绘画艺术、宗教信仰，民间信奉等所蕴含的丰富文化信息，是我国独特的文化遗产。但是，大多数文物建筑由于年久失修，保护状况堪忧。因此，2008 年国家文物部门启动了山西南部早期木结构古建筑的系统保护工程。作为我国文化遗产保护史上一项重大工程，经过历时 8 年、先后投入近 6 亿元的专项整体保护，该地区 105 处元代以前的古建筑得到有效保护，一些先进的科学技术手段和保护材料得到应用，成为深化我国特色文物建筑保护理论的宝贵实践，对完善现有木结构古建筑保护的法律、法规、规章、工作程序、资质管理等提供有益借鉴，更有利于规范保护工程的宏观管理、规划、设计、施工、验收以及招投标、监理、工程审计等行为，建立科学保护的长效机制，实现“抢救性保护”与“预防性保护”的有机结合。

“预防性保护”是文化遗产保护科学技术研究的更高目标，而实施“预防性保护”应注重改善文化遗产生存环境质量及设施条件。着力解决环境控制水平低下、环境净化能力不足、环境监测技术欠缺等问题，有效控制温度、湿度、光照以及各种污染物、虫害、霉菌等环境因素对文化遗产本体的损害程度和速度，优化保护环境指标，提高保护设施性能，同时避免因材料污染或使用不当对文化遗产造成的危害。文化遗产的不可再生性意味着对重要文化遗产的本体不能直接进行尝试，保护措施必须建立在确保文化遗产的长期安全的基础上，因此，保护技术研究需要大量的对比研究和试验。同时，应强化日常维护保养措施，注重对文化遗产本体的日常维修、日常养护等管理工作，严格执行定期检查和跟踪监测等预防性保护措施。

对于文化遗产来说，“预防性保护”是指对保存环境的控制和日常养护，为文化遗产提供一个稳定、安全、洁净的生存环境。目前迫切需要构建和落实文化遗产本体的日常养护长效机制，变被动保护为主动保护。文物保存环境综合研究，是以近30年收集的环境数据和相关保护信息为基础，在总结、对比和归纳分析的基础上，开展文物环境稳定性基础理论研究，建立适合文化遗产保存环境研究的微量污染气体采集、检测和分析的方法，研究掌握影响文化遗产保护的环境参数的综合特征、变化规律、反应机制和极限浓度等指标体系，建立相关数据库，提出评价保藏、包装和装饰材料的技术标准或规范，提出适宜文化遗产保护的环境标准和规范建议，研究开发相应的适用环境控制技术和材料。

2004年开展的全国馆藏文物腐蚀损失专项调查，是中华人民共和国成立以来针对国有文物收藏单位，首次进行的此类科学技术基础专项调查，是文物博物馆领域采用信息技术手段，引进统计学原理，组织众多单位共同协作的大型专项调查项目。历时3年时间，通过系统内外近5000名专业人员的共同努力，采用普查、重点调查、抽样调查、专题调查、访谈调查、抽样检查等多种调查方式，对全国各地2803家国有文物收藏单位的1470余万件（组）馆藏文物进行调查，基本掌握了我国国有馆藏文物的现状。调查结果表明，文物腐蚀损失状况相当严重。通过将经济参照系概念及测算方法引入馆藏文物管理领域，估算馆藏文物年经济损失价值，初步推定全国馆藏文物因腐蚀损失导致的年平均损失经济量约为 122 亿元，约占文物经济总量（83491 亿元）的 1.5‰。

经过对上述馆藏文物腐蚀损失专项调查结果的系统分析研究，较为全面了解和准确掌握了全国国有文物收藏单位馆藏文物的腐蚀数据，基本掌握了馆藏文物腐蚀原因，初步建立健全了长效、动态的馆藏文物腐蚀损失调查机制；完成了馆藏文物及其腐蚀损失经济价值估算的数学模型的初步设计；切实加大馆藏文物分区分类指导力度，明确了馆藏文物保护的科学技术攻关目标和经费投入方向，探索出解决和改善馆藏文物腐蚀损失的各项主要对策与建议，为实施“预防性保护”奠定了重要基础。实施馆藏珍贵文物日常维护保养，是解决“预防性保护”的有效方式。濒危易损珍贵文物的腐蚀严重程度依次为竹木漆器、纺织品、纸质、金属类文物，这些

河北承德须弥福寿之庙保护修缮工程开工仪式（2011 年 4 月 6 日）

也是日常维护保养的重点。针对保存环境控制、库房建设、基础技术标准规范等诸多与馆藏文物保护有关的问题，应从“预防性保护”的科学理念入手，达到减缓馆藏文物腐蚀的速度，使文物得以长久保存。同时，应增加馆藏文物保护科研、保护修复、日常养护经费的投入。

当前，要全力推进“预防性保护”重点科学技术攻关，加强文化遗产保护基础研究，深入进行损失调查及原因分析，提高文化遗产科学管理和保护水平，强化文化遗产的保护力度，在石质文物防风化、铁质文物保护、土遗址保护、壁画岩画保护、文物保存环境控制、生物技术在文化遗产保护中的应用等方面，形成一批具有广泛推广价值的共性技术。例如加强保护修复科学技术应用基础研究，进行各类材质文化遗产在不同环境中的劣变原因及防治对策；开展保存环境和保护修复材料工艺评价标准的研究，实施保存环境控制关键技术攻关，有效治理文化遗产保存环境；提高抢救性保护修复工程的科学技术含量，特别是保护修复重度腐蚀以上珍贵文物。当前，应用4S技术①对文化遗产及其背景环境实施监管的应用需求十分迫切。监管的主要内容是：历史建筑、古遗址、历史地区及其背景环境的保护情况；对可能危害文化遗产安全的各种因素进行评估与预测；实施公众参与监督，及时征集社会各界的意见、建议和举报，公开意见反馈和公众建议的采纳情况②。

3.2 “专业性研究”与“综合性研究”

多学科综合研究是科学发展的大趋势，尤其对于文化遗产保护更显重要。文化遗产的多样性决定了其保护领域必然涉及众多学科。同时，繁杂的文化遗产类别具有的复杂性状，又对科学技术提出了更高和更大规模的需求。“宏观的事物是相互联系的，因而反映这些事物规划的各门学科也是相互联系的，而非彼此孤立”。“但是，由于人类认识能力的局限性，只能从一个部分、一个方面、一个层次来认识，这个链条被人为地割断了。科学的进程表明，早期的科学研究也许只能这样，但是科学

① 注：4S技术即遥感技术（RS）、全球卫星定位系统（GPS）、地理信息系统（GIS）及信息管理系统（MIS）。
② 朱晓东、汪祖进：《应用当代科技实施历史建筑、古遗址、历史地区及其背景环境的监管》，载《中国文物报》，2006-01-13（5）。

发展到今天，自然科学、社会科学、思维科学有了很大的发展，就有可能连接起来进行研究”①。今天，许多前沿学科领域必须以文化遗产样本作为研究对象。主要体现在时间尺度大、与人类关联因素密切的领域，如人—环境系统研究、环境变迁—自然灾害研究、人类和家畜进化研究、人—能源—环境系统研究等以及人类活动对文化遗产的破坏机理、文化遗产保护的支撑条件、文化遗产保护的人力资源、文化遗产保护的技术标准和操作规范、文化遗产信息系统、文化遗产的安全管理与应急系统等。

李政道教授曾经指出："20 世纪的文明是微观的，我们认为 21 世纪微观与宏观应结合成一体。"②早在 20 世纪 90 年代初，吴良镛教授就针对加强城市研究中所涉及的社会结构的变革，推及城市物质空间的结构与形态的重构与发展的过程，倡导建立在"融贯的综合研究"（Transdisciplinary Research）上进行研究③。这种理论框架并非一般意义上的"跨学科"，而是以某一学科为中心，有目的地向外围展开，在有关科学中寻找结合点，以解决有关具体问题。这样，既可以扩大人们的知识领域，又比在目的不明确的情况下，一般地从多学科间的交叉来探索更为集中，因而有可能将学科的发展推向更高的层次。

当前，全社会对文化遗产保护的认识不断提高，参与范围不断扩大，跨学科合作渐成风气。例如在大遗址保护、世界文化遗产保护等众多文化遗产保护实践中，将环境、气象、地质、物理、生物、化学、旅游、农林等多种科学和技术综合运用，进行了广泛探索。同时，在文化遗产科学研究领域聚集了众多学科的专家学者，参与文化遗产保护的专业人员不但包括历史学、考古学、人类学、建筑学、城市规划学、园林学等领域的学者，也包括地理学、岩石学、水文学、地震学、矿物学、昆虫学、植物学等领域的学者，还包括社会学、经济学、档案学、统计学等领域的学者以及文物建筑修缮、文物修复、文物鉴定等领域的专家。由此可以看出，文化遗产保护是一项复杂的巨系统工程，需要众多学科之间的通力合作。

① 吴良镛：《人居环境科学导论》，101-102 页，北京，中国建筑工业出版社，2001.
② 李政道：《展望 21 世纪的科学发展前景》，见《21 世纪 100 个科学难点（导言）》，长春，吉林人民出版社，1998。
③ 吴良镛：《北京旧城与菊儿胡同》，232 页，北京，中国建筑工业出版社，1994。

今天，文化遗产保护科学技术已经逐步呈现基础研究与应用技术并重、高新技术与传统工艺结合、学科交叉和技术集成相辅的发展趋势。例如“中国古代发明与创造的价值挖掘与展示”专项研究，属于文化遗产领域重要的基础和应用研究。该项目以实证我国古代重大发明创造的文化遗产为工作对象，组织跨学科、跨领域、跨部门的力量，利用现代科学技术，开展农业、水利、交通、营造、制造、纺织等领域的系列文化遗产专项调查；采用文献学方法、考古学方法、实验室方法、工程模拟方法、国际对比方法以及多学科交叉渗透、多重证据相互印证的方法和系统综合方法，开展古代发明创造的整理与研究，力求从宏观上把握中华民族数千年间发明创造的概况和特点，重点解决我国在考古和博物馆科学技术方面尚不能科学和有效诠释、展示我国古代发明创造的突出问题，树立我国古代发明创造的科学地位，深入挖掘、实证我国古代发明与创造的历史价值、艺术价值和科学价值，全面提升文化遗产保护研究、展示传播的整体水平。

文化遗产的存在是保护事业发展的基础，因此，文化遗产保护科学技术研究和应用必须具有高度严谨性。今天，文化遗产在经历了漫长的时间洗礼后，已经产生了多种病害，其形成机理也非常复杂。例如云冈石窟目前就存在有颜料层脱落、石雕表面风化、层状剥落、盐析、岩体裂隙以及风尘污染、水害等问题，这些问题的解决不能割裂开来，必须将关联的问题联系起来进行系统研究，提出“综合性研究”方案。这种特点要求文化遗产保护从开始就必须做好周密的顶层研究计划，综合多种技术解析其病害的根源，对一些共性的重点科学技术问题开展有针对性的深入研究。同时，提倡文化遗产研究中加强多学科交叉和技术集成，鼓励原创性研究和关键技术创新，鼓励行业内外参与以文化遗产保护需求为引导的科学技术研究。

随着文化遗产保护新的概念的兴起和扩大，使传统保护方法变得无法适应，需要传统方法的改进和更多学科的参与，需要集多学科联合力量聚焦攻克文化遗产保护难题。人文社会科学、自然科学需要进一步融合，打破传统研究的学科壁垒和条块分割局面，坚持“不求所有，但求所用”，建立和完善开放、流动、竞争、协调的科学技术发展运行机制。集中国内优势资源、建立共享平台，促进国家与地方的科学技术力量有机整合，发挥高等院校、科研机构的重要作用，充分调动全社会一切可以利用的优秀科学技术资源，组合形成强势科学技术团体联合攻关，协同解决文化遗产保护的关键技术问题。按照《2004—2010 年国家科技基础条件平台建设纲要》，建设适应文化遗产保护科学技术创新和事业发展的基础条件支撑环境。

山西云冈石窟（2002 年 10 月 3 日）

文化遗产的多样性以及文化遗产毁损原因的复杂性，决定了文化遗产保护科学技术研究必然是多学科交叉、自然科学与人文社会科学融合、基础研究与应用研究交互展开的一个大跨度交叉和高度综合的集成体。要完善科学技术资源配置方式，促进科学技术资源开放和共享，形成广泛的多层次的创新合作机制，建立健全绩效优先、鼓励创新、协同发展的资源分配机制和评价机制。要建立竞争机制，坚持国家文化遗产保护科学技术计划对全社会开放，支持和鼓励国内有条件的各类科学研究机构平等参与承担国家重大计划和项目。要加强文化遗产保护科学技术基础条件平台建设，加强对重要技术标准制定的指导协调。针对当前存在问题，迫切需要通过科研体制机制的创新，积极推进人才队伍的建设，加强多学科交叉、技术集成的联合攻关，尽快形成科学技术对文化遗产保护的全面支撑。建立以国家力量为主导、社会各界积极参与的新格局，已经成为实现文化遗产保护科学技术快速发展的重要途径。

可喜的是，在国家科学技术支撑计划重点项目课题的申报工作中，由于引入竞争机制，调动了行业科研人员的积极性，共吸引了系统内外109家科研单位、1138名科研人员的积极参与。通过“公开申报、择优选择”，最终确定60家科研机构、697名科研人员参与15个课题的研究。随着课题的深入开展，将有效促进社会优质科学技术资源与文化遗产保护领域的融合，形成若干文化遗产保护科学技术创新团队，提高行业的可持续创新能力。例如“863”计划《考古遥感和地球物理综合探测技术》课题，是由5家科研单位、高等院校的20余位专家共同参与研究，专家们将22种先进的遥感、物探方法技术与传统的“洛阳铲”结合起来，获得了大量来自地下的信息，通过对各种方法取得数据的精细处理、验证和综合研究，获得了有关地宫的若干新认识。该课题是遥感和地球物理综合探测技术成功应用于考古的范例，在揭开秦始皇陵神秘面纱的同时，该项目的成果也为考古研究提供了新技术新方法。

目前，以国家力量为主导、社会各界积极参与的文化遗产保护科学技术发展新格局已经形成。过去由文物系统内部开展的文化遗产保护科研课题立项工作，转向全社会开放，为更多的科学技术人员参与研究提供了条件。例如黄山是世界文化与自然双重遗产。针对黄山世界遗产地保护、管理工作的重点和难点，注重与科研单位和高等院校的合作，运用科技手段，提升保护和管理的水平，建立了信息化、数字化的黄山世界遗产地规划管理卫星遥感监测信息系统；与中国科技大学等高等院校合作开发运用“计算机图像防火报警系统”；与安徽农业大学合作完成黄山风景区监测预防松线材虫研究课题，并运用生物隔离手段，建设一条宽4公里、长100公里的非松树林保护带，彻底截断了松线材虫自然传播渠道；与安徽省环境监测中心合作进行黄山风景区环境质量评估与可持续发展战略研究，建立了风景区环境质量量化指标体系。实践证明，通过鼓励各有关科研机构、高等院校开展区域性、专题性的科学研究，可以有效发挥科学技术支撑和辐射、带动作用。

今天，需要进一步扩大文化遗产保护领域科学技术的国际交流，支持并鼓励多种形式的国际合作。充分利用多种渠道，有针对性地引进国外先进管理经验、技术、人才、设备、资金，吸纳国际优质科学技术资源，从文化遗产研究的普遍准则和规律出发，从文化遗产的特性着眼，从我国文化遗产现状和突出问题入手，充分借鉴发达国家的成功经验，紧扣和正视我国具体国情，既使成果具有全局性、前瞻性和创新性，又具有较强的现实性和可操作性，推动我国文化遗产保护水平整体发展。2004 年在苏州召开的世界遗产委员会第 28 届会议和 2005 年在西安召开的国际古迹遗址理事会第 15 届会议，进一步提高了国际科学技术人员参与我国文化遗产保护的愿望和热情。我国与美国、德国、意大利、日本、法国、澳大利亚等 30 余个国家和地区，在文物保护修复培训、区域考古调查、石窟壁画保护、大遗址保护等领域的交流与合作取得新的进展，使我国文化遗产保护科学技术水平获得提高。同时，通过积极响应并参与国际重大文化遗产保护行动，认真做好文化遗产保护援外工程中的科学技术工作，为保护人类共同遗产做出贡献。总之，未来应从经济、政治、文化、社会等多角度认识和发展文化遗产保护的国际合作。

3.3 “重要基础研究”与“重大专项研究”

我国数量巨大而且现状相当严峻的文化遗产保护领域，对于科学技术的要求既十分紧迫、又具有多样性。从现代理念出发，所有的文化遗产都应当加以保护，而从现实情况出发，面对有限的资源配置，则必须按照轻重缓急进行规划，使这些文化遗产资源最大限度地得到妥善保护，并发挥出特殊效用。实践表明，文化遗产具有极其特殊的属性，这些特殊性构成了这一领域独特的学科链和逻辑关系，其保护工程应该建立在扎实可靠的研究基础之上。没有基础研究，保护则可能意味着破坏。在科学技术成果的选择和实施中必须坚持严肃、谨慎的态度，坚决阻止那些落后的和不成熟的技术进入文化遗产保护领域。为此，需要实行文化遗产保护技术、方法、

甘肃莫高窟（2005年6月26日）

材料、产品的准入制度和专家论证制度。例如在科学技术保护不成熟的情况下，不应进行对古代墓葬，特别是帝王陵寝、贵族墓葬的主动考古发掘，其原因特别体现在对丝绸、纸质等有机质地文物的保护上，以往的教训是在保护科学技术不成熟的情况下，常常是墓室一经打开，那些鲜艳异常的有机质地的文物就在瞬间被氧化变为灰烬。

当前，应特别加强文化遗产保护的重要基础研究，包括对文化遗产的属性与价值研究、文化遗产的真实性和完整性研究、文化遗产的重要性与代表性研究、文化遗产的材料与工艺研究等。例如20世纪初，在敦煌莫高窟藏经洞出土的5万多件古代文献，可以说是上个世纪我国最重要的发现之一。这批古代文献虽以佛教典籍为多，也保存了大量社会历史文献，对研究我国古代政治、经济、军事、宗教、民族、历史、社会、民俗、语言、文学、音乐、舞蹈、科学技术以及东西方交流等都具有十分重要的参考价值。长期以来，与敦煌莫高窟所蕴藏的丰富文化相比，人们对这些珍贵文献的了解甚少，很多具有重要价值的资料未能得到充分的研究和利用。敦煌研究院长期坚持自然科学和人文社会科学的综合研究。一方面，通过自然科学的多学科结合，开展对莫高窟的调查、监测、分析、加固、修复、研究等工作，在壁画保护、石窟以及土遗址加固、修复材料研制等方面取得许多成就。另一方面，通过人文社会科学的多学科结合，开展敦煌石窟和敦煌文献的研究，对其内容、时代、历史、地理、艺术、科技、佛教史进行全方位研究，对其所承载的信息和价值进行调查、整理、考证、解读，经过数十年的不懈努力，成果丰硕，为“敦煌学”研究和传统文化的弘扬作出了积极贡献。

作为加强文化遗产保护重要基础研究的关键环节，应积极组织文化遗产保护关键技术联合攻关，例如无损、微损为代表的现代分析技术研究，材料科学、环境科学和生命科学的应用基础研究等。提高文化遗产的考古发掘、科学管理和保护水平，推进现代分析检测技术的应用，加强损失调查及原因分析，强化文化遗产的保护力度。特别是在考古发掘现场文物保护、石质文物防风化、铁质文物保护、土遗址保护、壁画岩画保护、文物保存环境控制、生物技术在文化遗产保护中的应用等方面，力争形成一批具有广泛推广价值的共性技术。同时，推动文化遗产保护行业标准建设。启动标准化工作，开展技术标准研究，实现文化遗产保护、研究、利用和管理等方面的质量与安全的技术控制。构建文化遗产保护领域的基础标准、管理标准和作业标准。实施技术标准战略，建立我国技术标准体系，开展与重要技术标准相关的基础检测手段、方法和计量标准研究，推动地方、行业的技术标准试点工作，改变我国在文化遗产保护标准化领域所处的弱势地位。

保护文化遗产只有依靠科学技术才能取得突破性成就，才能实现跨越式发展。例如自然科学引入考古学领域之后，引发考古学研究范围、技术方法各个环节的进步，航空考古、水下考古、农业考古、环境考古、DNA 考古等新技术的运用取得众多科技成果，多学科的交叉配合，使考古文化研究、考古实践取得了前所未有的成就，在多方面发挥出巨大作用。一是扩展了以往考古学研究中未曾涉及或者曾被忽视的领域。例如借助地学、植物学、动物学的研究，恢复古代人类的生存环境；进行体质人类学研究及对古代人骨进行化学分析，获得他们的遗传因子和食物结构；应用多种物理、化学分析技术研究文化遗址中出土的石器、陶器和金属器，确认不同时期古代人类的生产工艺水平和原料产地等。二是提高了考古学研究的效率及精确度。例如在田野考古调查中，利用遥感技术、探地雷达以及地理信息系统处理资料，提取信息。在考古发掘中，借助全球定位系统、电子全站仪等，建立发掘工地的统一测绘坐标系统，采集发掘记录数据。同时，利用计算机数据管理系统进行综合分析，使出土文献整理和考古研究报告及时高质量完成。“我们已经强调过，整个一部考古学史，就是一个不断拓展研究领域的历史。在这一过程中，新问题的提出和对新的研究方法的获取，较之田野中的考古新发现，更加重要。考古事业的发展与进步，关键取决于我们学会如何提出恰当的问题，并寻求切实有效的方法对这些问题加以解答”①。

发展我国特色的文化遗产保护科学技术，必须坚持加强传统工艺的发掘、整理、总结，与现代科学技术相结合；坚持以应用带动基础研究，促进科学技术成果推广，提升文化遗产保护科学技术含量；坚持适度布局前瞻性基础研究工作，促进保护科学技术的可持续发展；坚持重点解决文化遗产保护中的关键瓶颈技术问题以及抢救性保护问题，全面带动文化遗产保护水平的整体提升。同时，注重基本规律、理论和方法的研究，注重方针、政策、规划、制度、标准的研究，注重项目管理等软科学研究。总结近年来全国重点文物保护单位记录档案备案，建立国家一级珍贵文物藏品档案以及“文物调查及数据库管理系统建设”等重大专项的经验，进一步重视系统掌握文化遗产总体资源的重要基础研究。制定和完善相关法律法规，为文化遗产保护科学技术创新和进步创造良好的政策保障。

要根据世界科学技术发展的趋势和文化遗产保护的紧迫需求，对我国文化遗产保护科学技术发展作出总体部署，统筹当前和长远，把握科学技术发展的战略重点，确定若干重点领域，抓住一批重大关键技术，实施若干重大专项，建设一批科研基地，培育大批科学技术人才。要在统筹安排、整体推进的基础上，把在文化遗产保护中亟待科学技术提供支撑的方面作为重点领域，把在重点领域中急需发展、任务明确、技术基础较好、近期能够突破的技术群作为优先主题，列入国家科学技术支撑计划的重点项目，加快突破瓶颈制约，掌握关键技术和共性技术，解决重大科学技术问题。例如中华文明探源工程，是以距今5000年前后的文化及自然历史遗存为

① [英] 科林·伦福儒、保罗·巴恩：《考古学：理论、方法与实践》，中国社会科学院考古研究所译，503页，北京，文物出版社，2004。

重点，开展我国这一重要历史时段文化遗产的综合研究。以田野考古调查为基础，在已有考古学成果特别是区系类型学说的指导下，进一步扩大和加深各部门、各学科、各地域之间的交流与合作，分析各考古学文化遗存的发展脉络及相互关系，应用高新技术手段，强化和整合遗存信息的提取、分析与解读。

当前，要紧密围绕文化遗产的抢救、保护、管理与利用等主要环节，将技术研发、人才培养、基地建设、装备升级、体制机制创新等五个方面进行统筹考虑，以当前文化遗产保护的重大需求为导向，以重点解决文化遗产保护科学技术的热点、难点和瓶颈问题为核心，以重大文化遗产保护科学技术计划为载体，积极推动文化遗产保护科学技术工作的理论创新和体制创新。例如重大文化遗产地及大遗址综合

山西应县木塔（2004 年 8 月 12 日）

保护研究，是以大规模区域和线性遗产地为保护研究对象，从解决建设性破坏、盗掘等突出问题出发，研究综合性、预防性保护的科学理念，积极开展以考古学及有关人文科学为代表的基础研究，有效支撑文化遗产的调查与评估，推动重大文化遗产地及大遗址的综合性保护。并通过选择西安片区、洛阳片区等重点区域，启动并规划实施科学技术示范工程。

同时，应着力凝练若干重大科学技术专项，为文化遗产保护科学技术实现重点突破、带动整体提高的发展目标提供难得的契机。例如大运河遗址保护综合研究，是以大运河历史遗存的综合保护为研究对象，在对不同历史时期的运河主干道遗迹的田野考古调查基础上，对保护现状和损失情况进行初步评估，建立档案与信息库。同时运用现代科学技术手段，针对难点、重点问题，研究编制包括保存、研究、修复、利用、展示等相关内容的总体规划和重点措施方案。再例如中国木结构古建筑保护的综合研究，是以世界现存最高的木结构古建筑应县木塔为主要对象，结合传统和现代勘查检测技术，对古建筑的整体结构和构件进行全面细致的科学测试、分析，构建符合实际状态的数学模型，进行结构形态分析和评价，确定结构和构件损坏形成原因，建立木结构古建筑结构、构件及其保护技术的科学评测方法。针对结构和构件损坏原因，利用高新技术，攻克木结构古建筑保护中的技术难关，建立我国木结构古建筑保护的基本程序，建立相关规范或技术标准。

3.4 “科学技术创新”与“成果推广转化”

保护祖国珍贵的文化遗存，保护全人类的文化财富，所追求的主要是文化遗产的社会效益。因此，支持和发展文化遗产的科学研究和技术保护应该是国家行为，即由国家保障必要的人力、物力和财力，根据文化遗产保护中提出的问题设立和制定相应的研究课题和工程课题，由政府科学技术主管部门与国家文物部门研究机构一起，制定研究规划和课题计划，有组织地加以实施。加强和推动文化遗产保护学科的发展，必须建立起科学技术创新体系，并成为国家创新体系不可或缺的组成部分。建立科学技术创新体系，对于形成文化遗产保护机构之间的创新合作关系，形成保护部门、科研机构和高等院校的创新合作联系，形成政府在科学技术创新中的政策引导作用，形成各部门、各地区在工作职能上的协调一致和集成作用，形成科学技术不断促进文化遗产保护、社会不断增加科学技术投入的良好机制，都具有极其重要的战略意义。

今天，文化遗产保护科学技术的应用研究范围极其广阔，既包括各类文化遗产的调查技术，如田野考古技术、航天遥感技术、水下考古技术、年代测定技术、材料分析技术等，也包括各类文化遗产的保存修复技术，如病害分析技术、环境监测技术、建筑工程技术以及计算机信息技术等等，其范围和内容渗透于基础、应用、软科学研究的各个方面。文化遗产的科学技术保护具有时间与环境属性，前者确定了文化遗产随着时间的变化形状也发生变化，而且以后还必然会发生变化，探究文化遗产的原本形状及其随时间变化的过程与机理，确定合适的时间坐标作为保护的基准，不仅在观念上是复杂的课题，在具体操作上，也需要多样本的时效研究；后者决定了此地某些成功的技术未必适用于彼地，甚至效果相反。那些人类历史的遗迹，是特定历史条件下的产物，是过去时代的物证，是人类集体记忆的凭证，面对它们就如同直接面对历史，充满对未来的憧憬，这种真切的感受是任何其他媒介都无法替代的。当代科学技术发展迅速，但是科学技术手段不能再造文化遗产，也无法提升文化遗产的价值。因此，文化遗产保护必须坚持真实性与完整性的原则。

现代科学技术的迅猛发展，为文化遗产保护科学技术的进步与发展提供了强有力的支撑，依靠科学技术进步保护文化遗产成为国际大趋势，高科技手段已在我国的文化遗产保护中发挥了巨大作用。例如 2005 年，北京市文物部门和科研机构共同研究利用卫星影像快速精确开展文物行政执法。2006 年 6 月，数据分辨率高、覆盖面大的“北京一号”小卫星正式“上岗”，定期拍摄图像，收集相关数据，并将信息传回地面。文物部门利用专业软件，经分析处理后，准确掌握全市文物保护单位周边的最新情况，及时发现文物保护单位及建设控制地带内的可疑情况，使执法人员在第一时间到达现场，依法查处违法行为，使违章建筑彻底“无处藏身”。在乐山大佛的保护中，专家利用超声、地勘测等科学技术手段进行检查，对大佛进行危岩加固和涂料选择；在天坛的重点部位，安装了电视监控、报警系统、电子导游等设施；秦始皇兵马俑保护中利用现代科学技术找到了有效的彩绘保护方法，解决了以生漆为底层的彩绘陶质文物保护的世界性技术难题；随着国内外治沙科研机构、保护组织的积极参与和新技术、新成果的不断引入，通过几十年反复治理试验，莫高窟风沙防治取得了显著成效。尼龙网栅栏防沙体系、窟顶灌木林带、草方格固沙等技术的采用，有效阻断了沙源，新的野外监测和风洞模型试验表明，目前进入窟区积沙已经减少了90%，起到良好的保护效果。

当前，要紧密结合国家科学技术创新体制改革，以全面推进文化遗产保护科学技术整体创新能力为目标，进一步优化科学技术结构布局，充分激发全社会的创新活力，优化社会资源配置，加快科学技术成果向现实生产力转化。近年来，根据新时期文化遗产保护和科学技术工作的特点，积极进行体制以及机制创新的尝试，通过组建国家文化遗产研究院、设立行业重点科研基地等一系列举措，建设决策科学化、管理制度化、资源社会化的科学技术管理体制，构建面向世界、引领未来的文化遗产保护科学技术体系，带动保护科学技术工作的有效提升。同时，统筹考虑科学研究、人才队伍建设和管理机制创新等问题，力求突破行业科研存在已久的机制性障碍。根据“开放、流动、联合、竞争”的管理原则，先后设立了古代壁画保护、陶质彩绘文物保护、出土木漆器保护、馆藏文物保存环境、砖石质文物保护和文化遗产保护规划等6家行业重点科研基地，有效整合这些专项研究领域的科学技术资源，催生了创新团队的迅速形成。目前，上述领域的技术水平已进入国际第一梯队，国际话语权得以加强。

应重视我国文化遗产数据库建设，以科学技术创新带动事业的新发展。“数字时代”的来临，为科学技术人员科学保护好文化遗产、深入挖掘其人文价值，带来了新的契机。以电子信息技术为载体，可以使有关文化遗产的数据实现永久保存、升级扩容、突破民族语言的障碍，与世界建立更加广泛的联系。通过将网络技术与文化遗产资源嫁接，可以更加广泛地揭示其潜在的综合价值。例如历经千年沧桑的敦煌莫高窟，在自然侵蚀、人为破坏等因素影响下，正在一天天地“衰老”。为此，敦煌博物院实施了“数字敦煌”工程，将洞窟、壁画、彩塑及世界各地的敦煌文献、研究成果、相关资料等，全部进行数字处理，建立数据库。数字敦煌的实施，使敦煌艺术永久地保存下去，同时，也通过网络，实现敦煌的虚拟再现。今天，作为国家科学技术发展战略，“把数字技术文化遗产化”和“把文化遗产资源数字化”，是文化遗产保护面临的紧迫任务。创建“中国文化遗产数据库”，创立“数字中国文化遗产”新体系，内容包括文化遗产资源的存储系统、查询系统、交换系统和创新编辑系统以及包括公益性信息平台、学术研究平台、项目合作平台和教育及各种活动平台，建立高科学技术的、高效率的、高效益的运转体系，将使我国文化遗产事业推向一个新的发展阶段。

文化遗产的科学研究和技术保护是国家公益性事业的重要组成部分，是国家科学技术创新体系中的一个重要领域，具有不可忽视的边际效益。今天科学技术工作在国家文化遗产事业中占有重要地位，是长期发展的动力和基础。大力发展科学技术，依靠科学技术进步提高整体水平，是发展我国文化遗产事业的艰巨而紧迫的任务。因此，必须下更大的气力，作出更大的努力，进一步深化科学技术改革，大力推进科学技术进步和创新。要经过不懈努力使我国文化遗产保护工作具有战略性、全局性、前瞻性和可操作性，不断做到理论有创新、政策有突破、实践有建树、学科有发展，促进保护科学技术水平的整体提高，全面支撑和引领文化遗产保护事业的发展，这是摆在我们面前的一项刻不容缓的重大使命。

下篇
关注新型文化遗产的保护

人类文明的传播与影响，在今日世界上留下为数甚众的文化遗产，而对于文化遗产价值的发现与认知永无止境。伴随着文化遗产领域新的概念不断涌现，也必然伴随着不懈的寻访、调查、研究和整合。这里既包括大型古代城市遗址、乡土建筑遗产和商业老字号遗产等过去虽然有所关注、但是重视不够的文化遗产类别，也包括工业遗产、线性文化遗产和20世纪遗产等文化遗产领域的新成员。新的时代要求我们不断扩大文化遗产保护的专业视野，借鉴成熟的国际文化遗产保护经验，全面、多维地展现我国文化遗产的非凡气质，以更加“整体的观念”开展对新型文化遗产的综合研究，以更加“超前的视野”对待新时期文化遗产学科的发展，从整体上提升我国文化遗产保护水平，为影响和推动全球文化遗产事业发展作出积极的贡献。

第一章
实施大型古代城市遗址的整体保护

近年来，我国文物工作者根据文化遗产的特征以及保护和管理工作的实际需要，提出“大遗址”这一重要概念[①]，用于专指我国文化遗产中规模大、文化遗产价值突出的古代文化遗址，大型古代城市遗址是其中的重要组成部分。我国的大型古代城市遗址是几千年城市发展史的主要载体，也是我国文化遗产资源的精髓部分。今天，强调大型古代城市遗址的保护，不仅仅是指对文化遗产本体的保护，还要通过规划等各种有效手段来保护和管理周边环境，追求大型古代城市遗址自身的文化内涵与周围景观的和谐一致。

1. 大型古代城市遗址保护的战略意义

在经济全球化的背景下，各种文明的融合与竞争更趋激烈。保护本民族独特的文化遗产，维护民族文化独立性，关系到国家文化主权和文化安全。路易斯·孟福德（L.Mumford）说：“世界名都大邑之所以能成功地支配了各国的历史，是因为这些

河南隋唐洛阳城宫城中心遗址（2008 年 7 月 2 日）

① 注：陈同滨先生在“城镇化高速发展进程下的中国大遗址背景环境保护主要规划对策”一文中提出“根据大遗址在保护规划编制、特别是背景环境方面的内容差异，约可分为 8 种主要的规划类型：（1）旧石器时代古人类遗址（以采集狩猎经济为主）；（2）新石器时期大型聚落遗址（含住居，祭祀、墓葬等）；（3）大型古代城市遗址；（4）大型古代建筑群和园林遗址：（5）大型石窟寺和石刻遗址；（6）大型古代工程遗址（含军事、水利、交通等）：（7）大型古代手工业遗址：（8）古代帝王陵寝与各类大型墓葬群。”见《中国文物报》，2005-10-14（7）。

城市始终能够代表他们的民族和文化，并把绝大部分流传及后代。”[①]大型古代城市遗址是各个国家和民族文明发展历程的集中体现，蕴含着巨大的社会价值，其保护和利用受到国际社会的高度关注。世界各国的大型古代城市遗址都被列为本国文化遗产保护工作的重中之重，一些重要的大型古代城市遗址，如意大利的庞贝考古地区、日本的平城宫遗址、柬埔寨的吴哥遗迹群、巴基斯坦的塔克西拉考古遗址、摩洛哥的沃吕比利斯考古遗址等还被列入了世界文化遗产。

神州大地是中华民族世世代代衍生栖息的地方，数千年来，尽管自然灾害、战争动乱频仍，但是我们的祖先建设了无数的城市，也使人与自然环境和谐共生的理念深植于中华民族的文化传统之中。我国的大型古代城市遗址承载着这一悠久历史和深厚传统，诉说着中华民族的辉煌创造和卓越贡献，其积淀之丰厚，形态之多样，内涵之深刻，集中体现了我们国家和民族的历史成就、文明素质和综合国力。大型古代城市遗址包含我国各个历史发展阶段中逐渐积淀蕴藏的文化信息，其内容涉及政治、宗教、军事、科技、工业、农业、建筑、交通、水利等方方面面，具有规模宏大、价值突出、影响深远的特点。其极其丰富的文化内涵是其他列入文物保护单位的一桥、一塔等所无法比拟的。几十年来考古发掘出土的大型古代城市遗址中的城墙、城门、城壕、宫殿、宗庙、邸宅、作坊、池苑、墓葬等各类遗址和数量众多的文物，对古代历史的研究发挥了重要作用。保护好这些大型古代城市遗址，就是保护好了一座座古代信息资料库。俞伟超先生说：“只有人类才能产生‘文化’，使前代积累的能力（当然含知识），能通过‘文化’的传递而代代积累，使‘文化’得到发展。”[②]随着进一步的考古发掘和科学研究工作的深入，大型古代城市遗址还将为我国历史、考古、生态环境、经济、军事、建筑和城市规划等诸多学科领域的研究提供更为系统、全面、科学、翔实的资料，有力地推动这些学科的进一步发展。

大型古代城市遗址及其环境的整体保护是国际文化遗产保护领域的一项重要课题，涉及文化遗址保护、居民生产生活安置、城乡建设等各个方面，需要协调解决

---

① 转引自吴良镛：《总结历史，力解困境，再创辉煌——纵论北京历史名城保护与发展》，见《部级领导干部历史文化讲座》，333 页，2004。
② 俞伟超：《古史的考古学探索》，31 页，北京，文物出版社，2002。

社会、经济、文化、生态等诸多问题。建立统一规划、综合协调、社会各界广泛参与的大型古代城市遗址保护体系，对于逐步积累文化遗址保护工作经验，探索既与国际接轨又有中国特色的文化遗址保护模式，促进文化遗产保护事业可持续发展具有重要意义。同时，大型古代城市遗址的保护在着重发挥文化遗产社会效益的过程中，也可以实现巨大的综合效益，使其成为今天文化城市建设的宝贵财富和不竭动力。

2. 大型古代城市遗址保护存在的主要问题

大型古代城市遗址的保护相对于其他类型的“大遗址”，暴露出更多的问题。面临城市规模持续扩大、大型基础设施建设、当地居民生产生活变化、盗掘文物案件频发以及环境污染、地质灾害、风雨剥蚀、生物侵害等方面的冲击和影响，许多遗址在各种人为和自然因素的蚕食、破坏下，正在逐步残缺甚或灭失。而对大型古代城市遗址周边环境的保护和整治，更远远落后于对遗址本体的保护，无论在保护观念、法制建设、科技应用、资金投入还是可持续发展等方面都需要更加有力的支持。

2.1 遗址外部环境威胁加剧

在当前城市化加速进程中，大型古代城市遗址保护与城市建设的矛盾异常突出。一方面，随着各地经济的快速发展，城乡建设活动空前活跃，城镇建设用地迅速扩大，处于不同背景环境中的大型古代城市遗址①均面临着不同程度的破坏威胁。一些位于城市中心地区的大型古代城市遗址，在房地产开发的热潮中不断被蚕食，如金沙遗址的宫殿区和墓葬区先后被居住区所淹没。一些位于城乡接合部或城市郊区的大型古代城市遗址，由于城市规模的持续扩大而被划为城市发展区域，甚至成为城市中心区用地的组成部分，如西安大明宫遗址一侧已成为经济开发区，洛阳市新的行政中心区规划选址在隋唐洛阳城遗址的附近。一些位于村庄附近的大型古代城市

① 注：陈同滨在“城镇化高速发展进程下的中国大遗址背景环境保护主要规划对策”一文中提出：“根据现状统计，我国大遗址的分布位置与现行行政区划的关系大致可分为4种主要分布类型：(1) 位于城镇建成区；(2) 位于城郊或城乡接合部；(3) 位于村落；(4) 位于荒野。”见《中国文物报》，2005-10-14 (7)。

遗址，由于农村宅基地的迅速膨胀，致使遗址屡遭蚕食，保护面积日渐缩小，如偃师商城发现之初，现代建筑只叠压了城址总面积的5%左右，此后不过20年，该城址的30%已被不断扩展的农民新居所覆盖，并且威胁到了遗址的核心区域。一些位于荒野的大型古代城市遗址，不断遭到人为破坏的威胁，一些高速公路、铁路、引水渠等基础设施建设忽视对遗址环境的影响，有的道路甚至横穿遗址，对遗址直接造成严重破坏。

2.2　遗址内部环境持续恶化

由于相当数量的大型古代城市遗址较早地被国务院公布为全国重点文物保护单位，使它们比较完整地保存到了今天。但是在城市化加速发展的情况下，这些大型古代城市遗址的保护遇到了前所未有的冲击。一是大型古代城市遗址内居住人口持续增加。如汉长安城遗址占地面积36平方公里，其保护范围内现有4个街道办事处，54个行政村，5万余人；汉魏洛阳故城遗址占地面积100平方公里，其保护范围内现有5个乡镇，17个行政村，60家乡镇企业，5.2万人口；而阿房宫遗址保护范围内仅村民就住有2万余人。不断增加的人口压力使大型古代城市遗址不堪重负，人们的生产生活与遗址保护之间的矛盾越来越尖锐。二是违法建设屡禁不止。在大型古代城市遗址范围内私搭乱建现象十分普遍，违法建筑比比皆是，有的房屋甚至搭建在古代城墙、宫殿遗址上。根据调查，截至2005年4月，汉长安城遗址保护范围内共发生违法建设案件95起，占地12万平方米。其中违法建设的“长乐宫”旅游项目竟占压遗址达3.3万平方米。三是遗址环境脏乱。不少大型古代城市遗址区内生活基础设施落后、环境脏乱，社会治安恶化，甚至导致社会矛盾加剧。四是文物犯罪活动猖獗。一些石刻、壁画、陶俑、封泥、瓦当等珍贵文物被犯罪分子疯狂盗窃和盗掘，不仅造成大批珍贵文物流失，而且直接对遗址造成毁坏。

2.3 农民生活与保护矛盾突出

祖祖代代生活在大型古代城市遗址上面的农民，由于受到遗址保护的长期影响，对比遗址区以外日渐富裕起来的农民或城市居民生活，深感自身生活水平和质量的差距明显，心态极不平衡。随着社会、经济的不断发展，遗址区内、外农民和城市居民的收入差距更加拉大，如 2004 年，汉长安城遗址区内、外居民平均年收入相差 500 元。为了谋求生活的改善，人们开始在遗址用地上打主意，搭棚建屋、打井造园、饲养家畜、私自开挖养鱼塘和育藕池、种植经济速生林等，造成遗址的夯土流失，有的村民在处理地基时直接破坏了古代遗迹，导致遗址城墙倾倒，河道淤平，严重威胁大型古代城市遗址的安全。同时，还有不少农民将自己承包的土地转包给偏远地区的农民，外来农民拖家带口，造成遗址内外来人口迅速增长，遗址承载的人口越来越多，对遗址破坏的速度也就越来越快。难怪有出席国际古迹遗址理事会第 15 届大会的发展中国家代表深有感触地说："贫穷是文物保护的最大敌人。"[①]

2.4 保护管理方式亟待改进

由于我国经济发展水平和文化遗产保护科学技术水平与发达国家相比还有相当大的距离，人们对文化遗产保护的认识还处在一个渐进的过程，在大型古代城市遗址的保护管理上，普遍存在重地面文物的保护、轻地下文物的保护，重地下遗址的考古发掘、轻文化遗存的考古调查，重特殊地段的保护、轻整体环境的保护，重遗址的开发利用、轻遗址的保护管理等现象。由于保护规划滞后及管理体系不顺等历史原因，当前涉及大型古代城市遗址保护的人员、技术、设备、资金等得不到统筹安排和落实，很多具有重大历史价值的大型古代城市遗址仍然处于家底不清、现状不明、保护不力的状态。特别是由于大型古代城市遗址保护在文化遗产保护领域的特殊性和复杂性，专项保护规划的编制已严重滞后，在列入全国重点文物保护单位的 138 处大型古代城市遗址中已制定专项保护规划的仅有 16 处，占 11.6%，目前正

① 罗春华、王乐文：《文化遗产需要共同保护》，载《人民日报》，2005-10-22（3）。

在制定专项保护规划的46处，占1/3，两项合计不足45%，严重不适应保护工作的需要。同时在经济发展过程中，一些地方还没有认识到大型古代城市遗址这笔社会财富的重要性，而把它们看作经济发展的障碍，致使有些地方对大型古代城市遗址进行破坏性开发，使文化遗产的真实性、完整性受到损害，问题相当突出。

大型古代城市遗址的保护之所以形成目前这种局面，主要症结在于长期以来我们对其保护管理重视不够，特别是针对大型古代城市遗址保护的管理法规不健全，存在无法可依的情况；管理体制和管理机构不健全，存在有法不依的情况；国家和地方保护管理经费严重不足，存在无力保护的情况，再加上环境恶化、自然侵蚀、突发灾害和缺乏科学依据的修复等自然和人为破坏因素，使大型古代城市遗址的保护出现了众多难题和困难。因此，对我国大型古代城市遗址及其背景环境实施抢救性保护已成为刻不容缓的紧迫任务。

3. 大型古代城市遗址保护的有益探索

近年来，我国城市化进程加快，一些城市在编制新一轮的城市总体规划过程中，认真分析大型古代城市遗址保护现状，探讨保护方式和方法。高句丽遗址和殷墟遗址成功列入世界遗产名录，说明我国大型古代城市遗址保护已经进入了国际视野。在这一背景下，近几年文物部门和有关地方政府加强了对大型古代城市遗址保护的探索与实践，取得了可喜的收获。

探索与实践之一：高句丽王城是我国东北地区的大型古代城市遗址之一。其中，五女山山城是高句丽创建的第一个都城，也是鸭绿江两岸现存100余座高句丽山城中建造最早的一座，其规模宏大、体系完备，保存也较为完整。国内城、丸都山城是高句丽早中期（公元l5世纪）的都城，其特点是平原城与山城相互依存共为都城，是我国古代都城建设的杰作。由于长期以来当地生产的发展及人口的不断增加，部分遗址的空间地带被民房、工厂、电力设施所占用。这些人类活动影响着文化遗

吉林集安高句丽遗址（2003 年 4 月 3 日）

产周围的环境，同时对遗址安全构成了一定的威胁。2003 年国家增加了高句丽遗址的保护整治资金，国家文物行政部门会同吉林、辽宁两省政府以申报世界文化遗产为契机，加大了对这一大型古代城市遗址的保护整治力度，使我国对联合国教科文组织“5～10 年内恢复原来面貌”的承诺提前实现，在 4 个月时间内完成了不合理占压遗址的建筑物拆迁，妥善安置了千余户居民、农民和企事业单位，拆除 20 余万平方米占压遗址的建筑和约 2000 座现代墓葬，实现绿化面积百余万平方米，净化了大型古代城市遗址的环境。随后完成了考古调查、发掘和文物维修及展示工作，一次性建成大型古代城市遗址公园，从根本上解决了遗址保护的后顾之忧，为未来的保护和科学考古工作创造了条件。

河南殷墟（2005 年 4 月 1 日）

探索与实践之二：位于河南安阳市区西北洹河两岸的殷墟，是我国第一个有文献记载并经考古发掘所证实的商代晚期都城遗址。殷墟以其重要的历史、文化、科学和艺术价值，成为人类文明进程中一个重要的里程碑。因此，我国政府决定将殷墟这一大型古代城市遗址申报世界文化遗产，由此启动了总面积约 24 平方公里的殷墟遗址保护和整治工作。在大规模的环境整治中，拆除了与遗址环境风貌不相协调的建筑物和构筑物，搬迁小屯村、花园庄居民 190 户，并进行了大规模绿化。在此基础上，结合殷墟遗址的特点和文化内涵，探索多种形式的遗址展示方式，如对宫殿宗庙区的建筑基址采取地下保存、地上标示的方法进行保护展示；对妇好墓墓圹及随葬品进行复原展示；对王陵区则采取了建设大型保护设施保护和地下封存、地表标示相结合的保护方法。通过各种不同形式的保护展示实践，初步建成了集遗址保护、文化和生态景观为一体的殷墟博物苑。特别是在中国社会科学院考古研究所的积极支持和参与下，建设了高水平的殷墟遗址博物馆，使大批出土文物回归原生环境，得到更为妥善的保护。这座建筑面积 3535 平方米的博物馆修建于地下，地表用植被覆盖，充分保护了遗址的原有面貌。馆内集中展示了 50 多年来在殷墟发掘出土的 500 多件文物精品。所有这些努力，使殷墟遗址成为极具观赏效果的大型古代城市遗址公园。

探索与实践之三：大明宫遗址是唐长安城的重要组成部分，位于今天西安市东北方向，遗址面积 3.5 平方公里。大明宫曾是盛唐时期长安三大区中规模最大、使用频率最高的皇宫，在 240 多年间是唐王朝的统治中心和国家象征，也是我国古代规模最为宏大的宫殿区。含元殿是大明宫的第一座正殿，也是唐长安城的象征性和

陕西唐大明宫遗址含元殿（2010 年 4 月 6 日）

标志性建筑。2005 年 5 月底开始，西安市政府根据《大明宫遗址总体保护规划》，从加强遗址保护、改善城市生态环境、提高当地群众生活质量出发，采取长效性的根本措施，对含元殿南至丹凤门的大明宫御道及周边环境进行一次性整治，拆迁范围东西宽 400 米、南北长 650 米，投入资金 2 亿余元，拆除占压遗址建筑 23 万平方米，拆迁安置 3013 户，共 11000 人，并将规划实施保护范围内的 3600 亩农村集体土地全部征用于遗址保护，为下一步考古调查和发掘提供了可能，为遗址妥善保护和展示，建设遗址公园打下了基础；为中外参观者观赏我国大型古代城市遗址创造了条件。

上述保护的探索与实践，对我们在新的历史时期开展大型古代城市遗址及其背景环境的保护、深化文物管理体制改革、加强保护机构的建设和管理职能的配置等都具有重要借鉴意义，同时对带动全国其他类型的“大遗址”及大型文化遗产的全面保护工作具有重要示范作用。

4. 实施大型古代城市遗址的整体保护

伴随大规模城乡建设和大量农业人口涌入城镇，大型古代城市遗址及其背景环境的保护必将面临更加尖锐的挑战，保护工作也必将进一步呈现综合性、复杂性的特点。面对这一形势，必须重新思考和定位大型古代城市遗址的保护模式和管理方式。“我们所面临的挑战是复杂的社会、政治、经济、文化过程在由地方到全球的各个层次上的反映，其来势迅猛，涉及方方面面，我们要真正解决问题，就不能头痛医头，脚痛医脚，而要对影响建筑环境的种种因素有一个综合而辩证的考察，从而获致一个行之有效的解决办法”[①]。

4.1 树立保护规划先行的理念

我国大型古代城市遗址的占地规模较大，小则数十万平方米、大则数十平方公

---

① 吴良镛:《国际建协〈北京宣言〉——建筑学的未来》，179 页，北京，清华大学出版社，2002。

里，甚至达到一百平方公里，其规模特点决定了这些遗址的保护和利用与周边地区的社会生活、经济发展、生态环境具有直接的、显著的利益关联。特别是大型古代城市遗址背景环境的保护，更是文化遗产保护领域中保护措施综合性最强、经费需求最多、受社会发展和人口、资源、环境影响制约最明显的内容。因此，大型古代城市遗址保护必须纳入城市总体规划、城镇体系规划和经济与社会发展规划，并制定国家管理层面的相关法规条例。针对每一处大型古代城市遗址的保护也必须编制专项保护规划和制定专项保护政策，并纳入当地城镇发展规划和城乡建设计划，使保护与当地经济和社会发展形成有效的、科学的、合理的统筹协调，实现大型古代城市遗址价值的完整保护。

国家启动的大遗址保护专项经费在一定程度上使被动的工作局面得以扭转。要紧紧抓住这一契机，全面、系统地对我国大型古代城市遗址的遗存分布和保护状况开展前期调查研究；建立科学规范的调查评估体系；建立记录档案，制定大型古代城市遗址保护项目总体规划；建立科学规范的遗址保护和监测体系。上述工作有助于我国尽快形成大型古代城市遗址保护体系，使保护工作纳入科学化、系统化、规范化的轨道。

针对每一处大型古代城市遗址的专项保护规划，应包括勘察、测绘、可行性研究和征询专家意见等前期工作；对遗址及其背景环境内的人口、建筑、环境、交通等提出有前瞻性的分期实施的规划目标；划定保护范围和建设控制地带；围绕保护遗产本体价值、保存遗址现状等内容制定详细的保护措施；在统一规划的指导下，科学安排各项保护工作。保护规划应充分吸收当今世界大型古代城市遗址保护的先进理念，在专项保护规划中特别重视对遗址背景环境的控制性要求，要对周边地区的用地性质、功能分区、开发强度、道路布局、建筑布置、市政安排等提出专业意见。

在保护规划编制方面要充分发挥规划设计部门、考古研究部门的积极性和不可替代作用。近年来，中国建筑设计研究院历史建筑研究所等规划编制机构，坚持工作在遗址保护的第一线，在开展前期调研和探索编制保护规划的理论等方面做了大量的工作，制定了一批高质量、可行性强的大型古代城市遗址保护规划。特别是针对大遗址背景环境的问题，提出从管理、社会和谐、生态保护和景观设计等4个层面着手，制定相关规划对策，并进一步制定有关系统监测与跟踪的规划对策，为多学科、多层面、多领域的背景环境保护措施提供科学的、有效的运行支撑。同时强调界定保护区划是管理层面最为关键的内容；控制土地利用性质是对大遗址保护范围内、外的城市化进程进行调控的具有实质性的规划措施；生态承载力控制是遗址所在地可持续发展的关键所在；而在景观设计等方面最核心的问题是确立遗产地环境景观审美的标准——追求与遗产文化价值的和谐一致，维护和完善遗产文化价值[①]。上述观点来自大量实践经验的总结，具有较强的操作性，为今后大型古代城市遗址及其背景环境的保护和合理利用提供了重要依据。

4.2 实施遗址环境的整体保护

长期以来，大型古代城市遗址保护工作处于较为被动局面的重要原因之一是在整体保护方面重视不够，因此，不可避免地存在一个大型古代城市遗址被人为地分割成单体遗址，使得对于它们的保护很难做到系统性和完整性。由于缺乏专项保护规划的指导，一般的考古现场只能做到就地回填，或分散地建设保护设施等临时性措施。有些地方为了发展旅游，在条件尚未成熟的条件下，特别是在没有制定详细的保护措施的情况下，就对重要的大型古代城市遗址进行发掘，发掘后由于缺乏保护预案，使具有珍贵文化信息的古代遗迹长时间暴露在恶劣的环境状况下，对遗址的价值构成了极大的破坏。

大型古代城市遗址由遗址本体和背景环境组成，具有规模宏大、遗存丰富等特点，同时也存在着遗址本体脆弱、可观赏性差等问题。鉴于上述特性，大型古代城市遗址本体及其背景环境所遭受的人为和自然因素的威胁和冲击就远比其他类型的遗址更多，而且更不易控制，也难以从局部进行改善。因此，必须对大型古代城市遗址及其背景环境实施整体保护。

对于位于不同背景环境的大型古代城市遗址，应采取不同的保护和控制方法。如对于位于城市中的大型古代城市遗址来说，一般应将遗址置于相对独立的空间，利用地形的差异、道路的分割或规划出绿色地带，作为大型古代城市遗址与城市建设用地之间的缓冲过渡。为了尽可能地保持遗址的传统环境和地貌特色，对于作为遗址背景环境的地区也应严格掌握，通过规划手段对周边建设项目的性质、高度、体量、色彩等进行控制。

对于位于城市环境以外的相对孤立的大型古代城市遗址来说，周围环境的控制更应追求与遗址文化价值的和谐统一，遗址周围苍莽的山势、辽阔的原野、一望无际的农田，这些本身就是极好的环境衬托。要保持这些历史上形成的自然环境和景色，必须制止诸如开山取石、挖土烧砖等人为破坏。如因管理需要而在保护范围周边设置必要的保护展示设施时，亦应注意选择适宜的结构形式。如高句丽遗址采用设在灌木丛中的铁丝网作为维护结构，避免了砖石结构围墙可能产生的生硬感觉，同时既有利于保持遗址周围的自然环境，又实现了遗址内、外景色的相互渗透，增强大型古代城市遗址的整体保护效果。正如王瑞珠先生所说："环境，和建筑一样，是一种空间艺术。生动的文学描述、逼真的摄影记录、甚至是音像俱全的影片和电视，都无法代替现实环境的真实感受。""一个保护得很好的自然环境，可以使古迹的传统景色魅力经久不衰。"①

4.3 发挥专项保护资金的综合效益

由于我国目前尚处于经济欠发达阶段，国家在财力十分有限的情况下设立了大遗址保护专项资金，而全国各地大型古代城市遗址所需保护资金数量大，投入力度

① 陈同滨：《城镇化高速发展进程下的中国大遗址背景环境保护主要规划对策》，载《中国文物报》，2005-10-14（7）。

与保护需求仍然存在尖锐矛盾，现有可用于保护的资金规模还远远不能满足实际需求。各级地方财政更是对大型古代城市遗址保护投入严重不足。因此有必要确立利用专项资金保护大型古代城市遗址的基本原则。

面对如此众多亟须实施保护和环境整治的大型古代城市遗址，应坚持统筹规划、分步安排、量力而行、突出重点；应坚持高标准规划、高水平起步、高效益实施；应坚持从实际出发、讲求实效、不断丰富实践经验；应坚持合理配置技术力量、依靠科技进步、促进学科融合；应坚持统筹各种资源、加快保护进程、发挥综合效益。

在专项资金投入的方式上，应优先保护好列入世界文化遗产和全国重点文物保护单位的大型古代城市遗址；优先保护好面临严重威胁和破坏、濒临灭失的大型古

北京圆明园遗址

代城市遗址；优先保护好能够实现文物保护、环境改善和人民生活水平提高综合效益的大型古代城市遗址。明确大遗址专项资金的使用为补助性质，突出重点，不撒“芝麻盐”。向具备实施保护整治条件、当地政府和文物部门有开展保护整治决心的保护项目倾斜，充分调动地方政府的积极性，争取更多的地方配套资金，扩大国家保护专项资金的效果，以解决更多的大型古代城市遗址的保护整治问题。

在实施保护整治的方式上，应尽可能对不合理占压大型古代城市遗址的地面建筑物、构筑物实施一次性拆迁，对遗址内的农民、城市居民、机关和企事业单位实施一次性妥善安置。在保护整治中力求整治一处、保护一处，不留隐患、不留死角，避免保护整治后出现反弹，彻底解决大型古代城市遗址保护工作中长期存在的零星投入、反复投入，效果不显著的问题，使文物保护、环境改善和人民生活水平提高的“三个效益”协调起来。这也是高句丽遗址、殷墟遗址和大明宫遗址等保护整治的成功经验。

4.4 使城市和民众受惠于保护

位于现代城市中的大型古代城市遗址在城市化加速进程中，其本体及其背景环境的保护问题更加严重。在社会、经济和文化处于动态发展过程中，妥善处理各种矛盾更需要综合考虑整个环境体系。对大型古代城市遗址及其背景环境的综合改善必然要触及不同社会群体的利益与习惯，需要强有力的舆论支持和公众的广泛参与。同时，大型古代城市遗址的保护与当地人们生活息息相关，是联系历史与现实、文化与大众、价值观念与现实思考的桥梁。

面对大型古代城市遗址保护状况日益恶化的形势，面对遗址所在地人们对人居环境改善的渴望，我们文物工作者必须要有一个明确的对策，对城市发展和人民生活给予充分的关注，其核心问题是如何处理好减缓和制止大型古代城市遗址保护范围内的城市化进程与妥善处理当地民众脱贫致富、发展生产、改善生活的关系。如

① 王瑞珠：《国外历史环境的保护和规划》，279 页，台北，淑馨出版社，1993。

果众多大型古代城市遗址继续维持甚至恶化目前状况，被看作城市发展的负担和包袱，保护的结果是基础设施落后、人民生活贫穷、社会环境脏乱，我们的保护就得不到民众的理解，得不到社会的支持，得不到政府的重视。因此，解决大型古代城市遗址保护与当地民众发展生产、改善生活的关系问题，就要做到统筹兼顾，相得益彰。解决的最佳办法是将二者在空间上分开，即将“不可移动”的大型古代城市遗址在原地妥善保护，将“可移动”的农民、城市居民、机关和企事业单位在遗址外妥善安置。

保护文化遗产是国家和社会的责任，同时，国家和社会也有责任使大型古代城市遗址内的农民脱贫致富，与全国人民共同富裕起来。因此，加强大型古代城市遗址的保护应对满足广大民众日益增长的精神文化生活需求有所贡献，应让保护和整治的成果惠及城市的环境建设，惠及广大民众的生活质量提高。必须通过大型古代城市遗址的保护成果证明，文化遗产不代表落后，不代表贫穷，不代表脏乱，大型古代城市遗址能够成为最美丽的地方，成为改善人们生活中环境价值最大的地方，成为推动社会进步、经济发展、人民生活提高的动力和资源。如果我们通过对大型古代城市遗址实施积极保护而带动了地区的文化氛围，改善了城市的环境，提高了民众的生活水平，带动了相关产业的发展，我们的工作成果就必然会感动社会各界，就会有更多的人力和资金投入保护事业，就会得到更广泛的支持。大明宫遗址被拆迁群众送来的 38 面锦旗和 21 封感谢信就充分证明了这一点。他们说：“我们 20 多年前就盼着这一天，城市建设、环境整治都没有使之实现，最后没想到是靠文物保护实现的。文物保护使我们离开了环境脏乱的地区，离开了生活水平的低下，离开了交通拥挤，是文化遗产保护给我们带来了实惠。”[①]

4.5 加强大型古代城市遗址考古工作

我国古代城市蕴含着极其丰富的历史信息，城市的起源及其发展是我国考古学

① 李韵：《文物保护与经济增长共赢——陕西省大遗址保护的启示》，载《光明日报》，2005-09-09（5）。

研究的重点。特别是大型古代城市遗址考古的每一项重要成果都会对我国考古学的发展产生积极影响。从这个意义上讲，加强大型古代城市遗址的研究和保护工作，将对我国考古学的发展起到积极的推动作用。

我国每个古代城市都有自己的发展特点，这是我国历史文化遗产中最宝贵的部分。特别是唐宋以后，这些城市的位置基本是固定的，像开封、徐州、广州等历史性城市更成为“重叠式的城市”。虽然历朝历代都有变化，但是由于当时生产力水平低下，城市的基本规模和街道布局很难改变。譬如，北京的元大都城遗址就有 2/3 压在今天北京旧城的北部，700 多年的街道布局依然保留在今天的北京城市之中。苏州城始建于公元前 514 年，建城 2500 多年，历经沧桑，城址至今未变。与宋时《平江图》相对照，今天古城的总体框架、骨干水系、城墙位置、路桥网络仍然基本相符。更为典型的实例是南越国官署遗址，该遗址位于广州老城区中心，1995 年被发现后市政府果断地停建了多项建设工程，搬迁了占压遗址的建筑物和市政设施，投入巨资加以保护。经过 9 年的考古工作，初步探明这处大型古代城市遗址面积超过 I5 万平方米，仅在已发掘的 1.6 万平方米范围内，就清理出历代遗迹 2898 处，从现地表往下 5～6 米，层层叠压着由民国、清、明、元、宋、五代、唐、隋、六朝、两汉、南越国、秦等 12 个历史时代的 27 层文化堆积，成为广州城市发展的一部无字的史书。这一大型古代城市遗址内的西汉排水渠、南朝建筑、唐代砖砌路面、五代砖铺包边、宋代大殿、明清布政司署、法国领事馆以及汉民公园等遗址表明，这里既是南越国的王宫御苑，又是 2200 多年来城市延续不变的中心。

因此，大型古代城市遗址保护与考古工作不可分割。一方面，历史文化名城中的大型古代城市遗址应作为考古工作的重点对象，在对其所涉及的范围全面开展考古调查的基础上，划定地下文物埋藏区，并向社会公布。凡在地下文物埋藏区内进行建设活动，必须先期开展考古勘探、发掘和保护工作。如日本京都市规定，在平安京遗址保护范围内只要动土 100 平方米以上，就必须开展考古勘探、发掘。另一方面，面对大型古代城市遗址内复杂的遗迹现象，应树立发掘对象本身往往就是保护的主体、发掘的过程往往就是对历史信息的破坏过程的理念，考古发掘工作的每一个步骤都应在认真论证的基础上，充分考虑今后保护、研究和展示的需要，慎之又慎地确定取合。同时，针对大型古代城市遗址的考古调查和发掘工作更应增强科研课题意识，不能操之过急。如根据日本奈良文化财研究所制定的计划，已经开展了数十年的平城宫遗址的调查发掘工作还将持续 200 年以上。

4.6 探讨遗址保护展示的科学途径

19 世纪以前，西方许多大型古代城市遗址都处在全部或部分被掩埋的状态，不少遗址都是在重新发掘清理之后才得以重见天日。其中，有的建筑已经坍塌，有的构件散落各处，于是就产生了如何对遗址本身进行保护的问题。为此《威尼斯宪章》确定了基本的原则，其中一条主要内容是要“保持它们的整体性”和“用恰当的方式清理和展示它们”。

我们深知，大型古代城市遗址的文物本体往往是十分脆弱的，如何将这些随时可能消失的遗址妥善保护并留存后世，又要在精心呵护它们的同时，发挥其揭示史实、交流文化、陶冶情操、激发爱国热情的作用，已经成为大型古代城市遗址保护的现实问题。苏秉琦先生早在 1992 年就指出：“考古原应回归它的创造者——人民，这是它的从业者的天职。”目前已经有越来越多的文物考古工作者意识到鼓励公众认知考古的重要性，同时也认识到使公众分享有关的考古成果，欣赏和认识考古新发现是不可回避的社会责任。这就要求在进行有效保护和管理的基础上，积极研究符合大型古代城市遗址特点的展示方式，改善展示手段，扩大展示空间，提高展示质量。

对于大型古代城市遗址来说应尽可能再现其全貌，这里所说的再现，并不是要把全部建筑复原，而是维持遗址现状，在考古勘探、发掘和科学研究的基础上，以长久、完整、真实地保护遗址为原则，通过遗址的规模、布局和由基址所反映出来的平面形制，给人们以体形联想，使之对大型古代城市遗址的盛况有一个整体的印象。要根据大型古代城市遗址不同的地理位置和文化内涵特点探索适宜的展示方式。所有展示方式都要以保护为前提，采用可逆行手段，不但要真实地展示遗址历经沧桑的历史风貌，同时要尽可能反映其文化内涵。如在高句丽遗址、殷墟遗址的保护实践中，就根据实际情况分别采取护栏保护法、覆土封闭保护法、砌体封闭保护法、建棚保护法等方式对遗址进行了科学展示，取得了较好的效果。

局部采取适宜方式的保护性复原展示，现已得到越来越广泛的应用，因为它既有利于保护文物本体，又有利于保持遗址的真实性，还能为人们提供立体形象的感性概念，是一种较好的展示方式。但是，复原展示一般只限于将经过考古发掘出土的部分重新再现。复原展示的程度应依照考古发掘出土的内容和研究的结论而定，绝不允许主观臆造。

遗址环境总体氛围的设计十分重要。大型古代城市遗址的展示，是一件科学性极强的工作，应突出展示遗址所蕴含的历史、科学、艺术价值和人类与自然环境的融合关系。同时，各个遗址由于情况千差万别，也应明确各自的保护展示主题，在设计意图、环境衬托、细部处理上因地制宜地形成自身的特色。实践表明，在大多数情况下大型古代城市遗址通过总体氛围的设计都能够取得良好的效果，不仅有利于节省修复所需大量资金，也有利于避免因不适当修复而导致对遗址原有价值的破坏。散布在草地、灌木丛中的柱础残垣，使遗址表现出一种天然野趣，特别能表现光阴的流逝和岁月的沧桑，有助于使大型古代城市遗址成为供人们凭吊的历史地段。

4.7 重视遗址博物馆的建设

为了妥善保护遗址出土的各类文物，为了使过去考古发掘的出土文物回到原生环境，为了使前来参观的人们获得更多关于遗址的知识，大型古代城市遗址除了遗址现场本身的展示以外，在遗址附近或周边区域内往往需要设置遗址博物馆。遗址博物馆一般应该多功能利用，在发挥藏品保管、研究、展示等基本功能的同时，可以兼顾考古工作站和小型游客中心的功能。

对于位于城市郊区或其他独立的边远地段的大型古代城市遗址来说，其本身就是一座大型的露天博物馆。现场主要展示基础、墙体、廊柱等不可移动的建筑残迹，而对于可移动并且体量较小的雕刻等各类艺术品或不宜放在室外的建筑材料和部件，则往往汇集起来存放于专门设置的遗址博物馆内展出，以避免散失或在自然条件下遭受进一步的破坏。有的遗址现场确需展示的部分，如雅典卫城伊瑞克仙神殿的女像柱，则采用复制品代替，而将原物替换下来后保存在遗址博物馆内展示。

大型古代城市遗址的遗址博物馆一般规模不大，但对于选址位置应有比较严格的要求：一方面应尽量靠近遗址现场，与遗址形成统一整体，便于参观；另一方面

希腊雅典卫城伊瑞克提翁神庙（2009 年 6 月 19 日）

又不应暴露于遗址现场视线范围内，影响景观。因此，一般应布置于接近遗址区的隐蔽处。具体位置主要取决于各遗址的地形特征和自然条件，如布置在背向遗址的山坡一侧，或靠近河流、道路，利用地形和树木的遮掩，达到隐蔽的要求。如雅典卫城的顶部是一块长 270 米、宽 100 多米的台地。在这样局促的地段设立遗址博物馆，而且要求不影响雅典卫城历史上形成的天际线是相当困难的，但是设计者匠心独运，将遗址博物馆设在雅典卫城东南角山崖的凹陷部位，采用半地下室结构．在博物馆入口处开辟下沉式庭院，较好地解决了隐蔽问题。殷墟遗址博物馆虽然距离遗址区较近，但是由于布置在遗址一侧靠近河道的树丛中，仍然达到了隐蔽的要求。由中国、日本和联合国教科文组织三方合作实施的大明宫含元殿遗址保护工程竣工的同时，根据规划建设了遗址博物馆和室内外的遗址展示设施，其遗址博物馆利用遗址的保护加固设施下部空间巧妙地加以布置，也取得了较好的效果。

4.8 建设大型古代城市遗址公园

根据城市总体规划的要求，在每座城市的土地利用规划中均应按一定比例设置公园和城市绿地，而位于城市中心区或城郊接合部的大型古代城市遗址应作为城市公园绿地的首选，这样既有利于通过土地使用性质的置换合理安排城市用地，又有利于大型古代城市遗址的保护，还有利于提升城市公园绿地的文化品位。如高句丽遗址和殷墟遗址通过保护整治形成大型古代城市遗址公园，将遗址保护与生态环境保护相结合，使这些遗址成为城市绿色的“肺”和“肾”，给市民带来新鲜氧气和湿润清风的同时提供了文化交流和陶冶情操的场所。吴良镛教授在《人居环境科学导论》一文中指出：“中国历史悠久，人们居住之地常常具有深厚的文化历史传统，这是今日人居环境建设的宝贵资源，应当研究历史，发挥东方城市规划理念与人居文化的独创性，继往开来，融合创新，注意转型研究，建设文化氛围浓厚，富有健康、积极的居住地域。”①

---

① 吴良镛：《人居环境科学导论》，67 页，北京，中国建筑工业出版社，2001。

在这方面意大利有过较早的成功实践，如在古罗马大型古代城市遗址中，庞贝遗址由于火山灰的掩埋，城市遗迹保存得比较完整。这一遗址的考古发掘始于1748年。第二次世界大战后继续进行大规模的发掘、清理及修复。城址东西宽约2600米，南北长约1600米。周围有城墙，已发掘出几个城门，古城遗址2/3以上已发掘清理完毕，形成了世界著名的大型古代城市遗址公园，也作为世界文化遗产吸引了来自世界各地的参观者，取得了巨大的综合效益。科林·伦福儒（Colin Renfrew）先生是这样描写作为大型古代城市遗址公园的庞贝遗址的："今天，对于去庞贝观光的游客来说，很容易对一个半世纪以前雪莱（Shelley）在《那不勒斯之旅》（"Ode to Naples"）中写下的诗句产生共鸣：我置身重见天日的城市之中／倾听秋叶飘零／有如穿越街道的精灵轻盈的足音／我谛听远山断续的喃喃低语／激动从断壁残垣中油然而生。"②

我国的西安、洛阳等古都，建城年代早，历经朝代多，持续时间长，在城市规划区域遗存了众多大型古代城市遗址。如通过城市规划设计，将这些遗址的"整体保护"与城市规划总体布局调整相结合，从而在城区、近郊区形成蔚为壮观的大型古代城市遗址公园带，将更加有利于摆脱"千篇一律"的城市规划形态，提升城市的文化品位，丰富城市的文化形象，成为名副其实的世界级历史文化名城。

综上所述，当前大型古代城市遗址及其背景环境的整体保护工作应以多学科研究为先导，树立保护规划先行的理念；以环境综合整治为突破口，对不合理占压遗址的地上物实施拆迁，充分发挥国家专项资金的综合效益，使城市和广大民众在保护工作中受惠；通过加强城市考古和遗址综合展示，实现文化遗产的有效保护和合理利用；以大型古代城市遗址公园建设为目标，处理好长远与当前、全局与局部的关系，促进社会效益、经济效益与生态效益的协调发展。

---

① [英]科林·伦福儒、保罗·巴恩：《考古学：理论、方法与实践》，中国社会科学院考古研究所译，23页，北京，文物出版社，2004。

第二章 开展乡土建筑遗产的保护与研究

中华民族拥有 7000 年以上的农耕文明，历尽沧桑、保留至今的文化遗产中，半数以上分布在历史文化村镇。特别是乡土建筑遗产，在我国数量最多，文化内涵最丰富，贯穿着中华民族自原始社会以来的发展历程，反映出源远流长、丰富多彩的民族、民间、民俗文化。如何保护好这些乡土建筑遗产，并向世人展示这些人类文明的历史见证，而不被城市化快速进程所伴随的建设大潮所淹没，是当前文化遗产保护中不可忽视的重要问题。

1. 乡土建筑遗产保护的提出与共识

当人类即将跨入 20 世纪时，伴随着工业化的快速发展，大量人口聚集于城市，导致大规模的城市建设发生。为了满足急剧膨胀的居住、就业、交通等空间需求，人们开始探索新的城镇体系与生活方式。此时，英国社会活动家 E. 霍华德（E. Howard）第一次将目光投射到城市以外美丽、愉悦的乡村地区，提出了“田园城市”的设想。1932 年，美国建筑师 F.L. 赖特（F.L.Wright），在目睹了城市化进程中的诸多问题之后，于《正在消失的城市》一书中提出了“广亩城市”的纲要，认为城市应与周围的乡村结合在一起。20 世纪 40 年代，法国乡村主义学派、地方主义运动等，开始致力于捍卫农村的景观和生活方式。“对工业化的厌倦，对生态危机、环境恶化的觉醒，促进了人们回归自然的情感与行动，农村是最接近人与自然的和谐存在，是最理想的人居环境”。英国也从 20 世纪 80 年代开始保护乡村、建设乡村、享受乡村的行动。英国前首相 S. 鲍德温（S.Baldwin）的名言是：“英国就是乡村，乡村就是英国。”“农村无论怎样现代化也不应异化为城市，农村就是农村。”[①]

在我国，对于乡土建筑的系统研究起步于传统民居，刘致平先生、刘敦桢先生曾于 20 世纪 40 年代初，对云南、四川等地民居做了大量调查研究工作。梁思成先生 1944 年编写的《中国建筑史》中亦对全国民居进行过区划研究。特别是 20 世纪 50 年代，刘敦桢先生所著《中国住宅概说》一书，论述了我国民居建筑的历史发展过程，列举了重要的住宅类型。他在该书前言中特别指出：“以往只注意宫殿、陵寝、庙宇，而忘却广大人民的住宅建筑，是一件错误的事情。”此后，我国科研院所与高等院校合作，陆续开展了徽州明代住宅、福建客家土楼、苏州传统民居、北京四合院等项乡土建筑的系统调查研究[②]。但是总体来说，由于乡土建筑年代较晚，多为明清时期建筑，又分布于较为偏僻的乡村地区，因此，长期以来并未受到充分的关注和重视。

进入 20 世纪 60 年代，国际社会开始对历史文化村镇和乡土建筑遗产的保护给予关注。1964 年 5 月，第二届历史古迹建筑师及技师国际会议在威尼斯通过了《关于古迹遗址保护与修复的国际宪章》(《威尼斯宪章》)，在其定义中指出：“历史古迹的要领不仅包括单个建筑物，而且包括能从中找出一种独特的文明、一种有意义的发展或一个历史事件见证的城市或乡村环境。这不仅适用于伟大的艺术作品，而且亦适用于随时光流逝而获得文化意义的过去一些较为朴实的艺术品。”其中的“乡村环境”引发人们开始关注历史文化村镇的保护，而保护“较为朴实的艺术品”的思想，则使更多的人将保护的目光投向了乡土建筑遗产。

20 世纪 70 年代中期，两个重要的国际文件进一步促进了历史文化村镇和乡土

① 苏东海：《新农村－农村文化生态博物馆》，载《中国文物报》，2006-11-17（5）。
② 孙大章：《中国民居研究》，62 页，北京，建筑工业出版社，2004。

建筑遗产的保护。一个是1975年5月国际古迹遗址理事会第4届全体大会在罗登堡通过的《关于历史性小村镇保护的国际研讨会的决议》，对如何保护历史文化村镇和乡土建筑遗产提出了具有价值的措施建议。该决议指出："根据居住结构、住宅形式、建筑技术和本地材料使用，这些关联中没有一个比适应当地自然和气候条件并已发展数世纪的本土建筑环境更重要。"另一个是1976年11月联合国教科文组织大会第19届会议通过的《关于历史地区的保护及其当代作用的建议（内罗毕建议）》，该建议指出："在农村地区，所有引起干扰的工程和经济、社会结构的所有变化应严加控制，以使具有历史意义的农村社区保持其在自然环境中的完整性。"

1976年，国际乡土建筑保护专业委员会（CIAV）成立，作为国际古迹遗址理事会下属的专业委员会，其旨在促进乡土建筑的识别、研究、保存、维护等方面的国际合作，分享世界各国保护乡土建筑遗产的经验以及共同为寻求更好的保护方法和实践而作出贡献。1982年10月，国际古迹遗址理事会墨西哥国家委员会于特拉斯卡拉召开了美洲建筑遗产保护研讨会第三次会议，与会代表就"小聚落再生"这一议题展开了深入讨论，通过了《关于小聚落再生的宣言》（特拉斯卡拉宣言）。该宣言认为，小聚落的建筑和环境遗产是不可再生的资源，保护措施需按照严格、科学的程序进行，以确保这些措施不会因为任何政治的影响而给遗产带来任何不可逆的或破坏性的威胁。

在我国，20世纪80年代以来，清华大学、华南理工大学等高等院校建筑专业的师生对我国乡土建筑、传统民居开展了一系列实地调查和研究工作，取得了显著成果，有力地推动了我国乡土建筑研究和保护工作，使越来越多的人逐渐认识到乡土建筑作为丰富而独特的民族文化遗产的重要性。1986年12月国务院在公布第二批国家历史文化名城时，批转了有关部门的报告，其中首次涉及了历史文化村镇的保护，提出"对一些文物古迹比较集中，或能较完整地体现出某一历史时期的传统风貌和民族地方特色的街区、建筑群、小镇、村寨等，也应予以保护"。

世纪之交，国际社会诞生了乡土建筑遗产保护的专项文件，即1999年10月，国际古迹遗址理事会第12届全体大会在墨西哥通过的《关于乡土建筑遗产的宪章》。该宪章在前言中指出："乡土建筑遗产在人类的情感和自豪中占有重要的地位，它已经被公认为是有特征的和有魅力的社会产物。它是那个时代生活的聚焦点，同时又是社会史的记录。它是人类的作品，也是时代的创造物。如果不重视保存这些组成人类自身生活核心的传统性和谐，将无法体现人类遗产的价值"。"因此，有必要建立管理和保护乡土建筑遗产的原则以补充《威尼斯宪章》"。该宪章对于乡土建筑遗产的特征作了较为全面的界定，即"某一社区共有的一种建造方式；一种可识别的、与环境适应的地方或区域特征，风格、形式和外观一致，或者使用传统上建立的建筑型制；非正式流传下来的用于设计和施工的传统专业技术．一种对功能、社会和环境约束的有效回应；一种对传统的建造体系和工艺的有效应用。"①

山西碛口镇环境景观（2010年8月6日）

① 国家文物局等：《国际文化遗产保护文件选编》，173页，北京，文物出版社，2007。

《关于乡土建筑遗产的宪章》还明确了乡土建筑遗产保护的五项原则。一是传统建筑的保护必须在认识变化和发展的必然性和认识尊重社区已建立的文化特色的必要性时，借由多学科的专门知识来实行；二是当今对乡土建筑、建筑群和村落所做的工作应该尊重其文化价值和传统特色；三是乡土性几乎不可能通过单体建筑来表现，最好是各个地区经由维持和保存有典型特征的建筑群和村落来保护乡土性；四是乡土性建筑遗产是文化景观的组成部分，这种关系在保护方法的发展过程中必须予以考虑；五是乡土性不仅在于建筑物、构筑物和空间的实体构成形态，也在于使用它们和理解它们的方法以及附着在它们身上的传统和无形的联想。

在解决农村环境问题方面，全球重要农业文化遗产项目（GIAHS）的进展值得关注。2002年8月，联合国粮农组织（FAO）与联合国教科文组织、国际文化遗产保护与修复研究中心（ICCROM）等10余家国际组织或机构，开始全球重要农业文化遗产项目的准备工作，即以《生物多样性公约》《世界遗产公约》等为基础，旨在建立全球重要农业文化遗产及其有关的景观、生物多样性、知识和文化保护体系，使之成为可持续管理的基础。该项目于2004年4月启动，已经在一些国家挑选出5个具有典型性和代表性的传统农业系统作为试点，试图开发一个方法论框架，逐步探索参与式发展和“动态保护”的模式[①]。全球重要农业文化遗产项目提供了认识农业发展的新视角，使人们重新开始审视传统农业不可替代的优势，并且从这个角度切入解决农村的环境问题[②]。

我国在2002年新修订的《中华人民共和国文物保护法》中，明确提出了历史文化村镇的概念，即“保存文物特别丰富并且具有重大历史价值或者革命纪念意义的城镇、街道、村庄，由省、自治区、直辖市人民政府核定公布为历史文化街区、村镇，并报国务院备案”，从而确立了历史文化村镇的法律地位。2003年，建设部、国家文物局针对各地大量历史文化村镇被破坏的状况，共同设立了“中国历史文化名镇”和“中国历史文化名村”制度，对历史文化村镇的概念作了进一步完善，即

① 注：5个试点分别是：菲律宾伊富高山坡的稻米梯田系统．秘鲁安第斯山高原沟渠农业系统、智利的智鲁岛农业系统和阿尔及利亚、突尼斯的绿洲农业系统以及中国青田的稻鱼共生系统（稻田养鱼）。
② 闵庆文、孙业红：《农村文化遗产保护：解决农村环境问题的新机遇》，载《世界环境》，2008（1），62页。

"保存文物特别丰富并且有重大历史价值或者革命纪念意义，能较完整地反映一些历史时期的传统风貌和地方民族特色的镇（村）"。明确历史文化村镇包括历史文化名镇和历史文化名村两个组成部分，并制定了相应的界定标准。目前，先后公布了7批共799个国家历史文化名村、名镇。各级地方政府也陆续将一大批具有重要历史、文化、科学价值的历史文化村镇和乡土建筑遗产公布为相应级别的文物保护单位，为乡土建筑遗产的有效保护提供了重要的法律保障。

2005年8月，参加中国乡土建筑文化暨苏州太湖古村落保护研讨会的40多位文物保护专家、建筑专家和文化学者发表《苏州宣言》，向全社会发出呼吁"对全国范围尚存的乡土建筑文化遗产进行普查"，"有重点和有针对性地制定保护规划和实施方案"。2005年12月，《国务院关于加强文化遗产保护的通知》中指出，"把保护优秀的乡土建筑等文化遗产作为城镇化发展战略的重要内容"，这是第一次在国务院文件中明确将乡土建筑遗产保护纳入国家政府行为。2005年12月发布的《中共中央、国务院关于推进社会主义新农村建设的若干意见》中指出，要保护和发展有地方和民族特色的优秀传统文化，专门强调"村庄治理要突出乡村特色、地方特色和民族特色，保护有历史文化价值的古村落和古民宅。要本着节约原则，充分立足现有基础进行房屋和设施改造，防止大拆大建，防止加重农民负担，扎实稳步地推进村庄治理"。

2006年5月，国务院公布了第六批全国重点文物保护单位，将127项历史文化村镇和乡土建筑遗产列为国家保护对象①。同时，在世界遗产委员会日益注重世界遗产类别平衡性的背景下，乡土建筑遗产这一新兴类别成为我国申报世界文化遗产项目的重点，"安徽古村落""开平碉楼及村落""福建土楼"等已相继列入《世界遗产名录》。在《中国世界文化遗产预备名单》中，还收入了江南水乡古镇，贵州苗寨、侗寨，四川藏、羌碉楼及村寨，云南哈尼梯田，晋商大院，山陕民居等历史文化村镇和乡土建筑遗产项目。2007年4月，国务院发布了《关于开展第三次全国文物普

① 注：此前国务院公布的第一至五批全国重点文物保护单位中，共有82项历史文化村镇和乡土建筑遗产。

查的通知》，标志着第三次全国文物普查正式启动。国家文物局随后发布了《关于加强乡土建筑保护的通知》，要求各省、自治区、直辖市文物部门在第三次全国文物普查中做好乡土建筑遗产调查。

2007 年 4 月，国家文物局在无锡召开“中国文化遗产保护无锡论坛——乡土建筑保护”会议，来自全国文化遗产保护领域和相关专业的全体代表共同签署了“关于保护乡土建筑的倡议”，决定成立乡土文物建筑专业委员会，广泛吸收社会各界人士加入到乡土建筑遗产的保护中来，搭建跨学科、多层次的保护研究平台，加强与国际相关组织的交流与合作，更加科学有效地保护乡土建筑遗产。“无论在国际还是在中国，把乡土建筑遗产放到重要的位置上，这都是文物建筑保护事业的一个极重要的转折，从今以后，普通而平常的老百姓的建筑以它们独特的意义和价值要大举进入文化遗产的领域了，这是这个领域的革命性转变，意义十分重大”[①]。

2008 年 4 月，国务院颁布了《历史文化名城名镇名村保护条例》，明确指出历史文化名镇、名村的保护“应当遵循科学规划、严格保护的原则，保持和延续其传统格局和历史风貌，维护历史文化遗产的真实性和完整性，继承和弘扬中华民族优秀传统文化，正确处理经济社会发展和历史文化遗产保护的关系”，分别从保护规划、保护措施、法律责任等方面明确了相关规定，使历史文化村镇和乡土建筑遗产的保护管理纳入法制轨道。目前，关于乡土建筑遗产的研究与保护实践不断向前推进，例如清华大学陈志华先生与李秋香先生所著《乡土建筑遗产保护》（2008）和中国建筑设计研究院建筑历史研究所孙大章先生所著《中国民居研究》（2004）等研究成果，为乡土建筑遗产保护提供了先进的理念和翔实的资料。

2. 加强乡土建筑遗产保护的紧迫性

面对乡土建筑这一珍贵文化遗产，当代人的态度决定着它们的命运。历史的不可逆性又决定了失去的文化遗产将不可能再生，而随着时间的推移乡土建筑遗产必

---

① 陈志华、李秋香：《乡土建筑遗产保护》，合肥，黄山书社，2007。

湖南怀化高椅古村（2010年8月11日）

将会更加显现出它们的价值。《关于乡土建筑遗产的宪章》指出，乡土建筑遗产“在世界范围内遭受着经济、文化和建筑同一化力量的威胁。如何抵制这些威胁是社区、政府、规划师、建筑师、保护工作者以及多学科专家团体必须熟悉的基本问题”。并指出“由于文化和全球社会经济转型的同一化，面对忽视、内部失衡和解体等严重问题，全世界的乡土建设都非常脆弱”。

2.1 新农村建设的误读造成“大拆大建”

我国民众具有辛勤劳作，攒钱盖房的传统生活习惯，祖祖辈辈，世世代代，拆旧建新，反复无穷，因此保留下来历史悠久的乡土建筑遗产数量不多，“现存的有少量到明代末年，最古老的一例在元代”[①]。同时，我国大部分地区的乡土建筑为土木结构，不易长期保存，因此遗存至今的乡土建筑遗产弥足珍贵。随着城乡经济的迅

① 陈志华、李秋香:《乡土建筑遗产保护》，合肥，黄山书社，2007。

猛发展和农村社会生活的急剧变化，乡土建筑遗产受到前所未有的冲击。根据中国社会科学院社会学所所长李培林先生提供的调查数字，“从 1985 年到 2001 年，在这不到 20 年的时间里，中国村落的个数，从 940617 个，锐减到 709257 个。仅 2001 年一年，中国那些延续了数千年的村落，就减少了 25458 个，平均每天减少约 70 个”[①]。这其中无疑伴随着大量历史文化村镇和乡土建筑遗产的消失和损毁。

当前大规模的新农村建设正在全国各地展开，这一行动的开展给广大农村地区带来深远的变化。新农村建设的目标是“生产发展、生活宽裕、乡风文明、村容整洁、管理民主”，这 20 个字，意味着新农村建设应该是一项综合的事业，应该成为一项惠及亿万民众的系统工程，文化遗产保护作为经济社会发展不可或缺的重要组成部分，在新农村建设中理应得到重视和加强。但是，由于对新农村建设的目标在认识上存在偏差，特别是对拆旧建新后的“新村新面貌”不断进行大量宣传，而对于新农村建设中加强文化遗产保护的宣传力度不够，导致一些地方错误地把新农村建设理解为“新村建设”。

村庄整治往往被认为是新农村建设中最容易见成效，也是最主要的抓手，但是也是最容易产生偏差的环节，作为一种建设行为，一旦造成偏差难以弥补。在推进村庄整治的过程中，一些地方在计划经济的思维惯性下，不顾地域特征和文化传统，强行推进统一的规划目标和设计标准；一些地方热衷于对现有村庄进行撤并、迁移和重建，其理由往往为可以节约土地，能够树立集体土地集体所有的观念，促进村容镇貌整齐划一，改善村镇卫生条件等，这些理由似乎很充分，但是效果往往适得其反。例如苏南一些城市计划用 10～12 年的时间，开展“农民集中居住区”建设活动。这一计划如果实施，必将引发“大拆大建”，貌似漂亮的建设成果背后也会隐藏文化遗产危机。

目前，历史文化村镇和乡土建筑遗产的消失，伴随着传统生活方式的逐步改变，这也是当前文化遗产保护面临的现实问题。但是，现实建设推进的速度太快，不可

① 李培林：《从“城中村”探寻“村落终结”的逻辑》，载《北京日报》，2006-09-25（20）。

能耐心倾听民众的需求。“尤其是，一些建筑部门已经急不可待地为‘新农村’设计什么‘北方型’和‘南方型’的住房了”[①]。“厕所贴瓷砖、门前建喷泉，贷款建洋房、扛着锄头进电梯……这些看似夸张的现象，却成为一些地方在建设社会主义新农村中追逐的样板”。全国人大代表对当前新农村建设中暴露出来的认识偏差和实践误区，进行深刻剖析和批评，催人警醒。“不少地方有‘小康不小康，关键看住房’的说法，认为只要‘门面阔了’就是小康。这种不切实际的做法误导着一些地方搞新农村建设的思路，惹得老百姓背后骂娘”。一些地方规定，“20户以上的村都要通油路，都要盖新房子，都要按照新的统一的图纸建设”[②]。

新农村建设之所以出现诸多不和谐的做法，根本原因是一些决策者以少数人的意愿代替了广大民众的实际需要，搞“形象工程”“政绩工程”。甘肃永靖县是国家重点扶贫县。但是在这个县部分公路两边，竖起了9处鲜亮整洁的高墙。“当地政府称，这是绿化美化农村环境的‘文化墙’，而当地农民则毫不客气地称之为‘遮羞墙’”。“当地扶贫办副主任称，由于当地村民的房子比较破旧，因此用墙来挡一挡，这是‘新农村建设’中探索出来的做法”[③]。然而，新农村建设如果抛开了乡土建筑遗产的文化之根，另搞一套，是对农村文化最显著的破坏。例如，陕西省有一个农村在新农村建设中推倒乡土建筑，造起“别墅”，结果是客厅变成了放粮食、农具、杂物的仓库，门口搭起了鸡窝、猪圈和牛棚。一篇题为《“别墅”洋了，农民苦了》的报道写出了与农村的种种格格不入。事实证明，凡是搞了这种农民“别墅”的地方，现在农民实际的幸福感反而倒退[④]。

2006年9月，中国社会科学院在北京发布《城乡创新发展蓝皮书·中国新农村建设报告（2006）》，这是我国第一部有关新农村建设的蓝皮书，也是首次提出了新农村建设综合评价指标体系。正如蓝皮书所指，“一些地方违背农民意愿，由政府主导搞政绩工程；不顾经济发展水平和阶段，搞超前形象工程；违背人口城市化规律，建劳民伤财的‘空心村’，违背规模经济规律，大搞不可维持的高标准基础设施建

---

① 冯骥才：《文化遗产日的意义》，见《“部级领导干部历史文化讲座”参考资料》，2006-06-04（10）。
② 董峻、牛纪伟、谢登科：《贴瓷砖，造洋房，扛着锄头进电梯……——人大代表直击新农村建设六大误区》，载《北京日报》，2006-03-05（2）。
③ 作者不详：《甘肃贫困县竖遮羞墙》，载《南美侨报》，2007-04-19（4）。
④ 苏东海：《新农村·农村文化生态博物馆》，载《中国文物报》，2006-11-17（5）。

设；盲目攀比，不顾本地实际和特色建千篇一律的‘新村’；借新农村建设，将国家对新农村建设的投入变成‘寻租’机会等”[①]

2.2　盲目引进城市经验造成“千村一面”

《国务院关于加强文化遗产保护的通知》中指出：“由于过度开发和不合理利用，许多重要文化遗产消失或失传，在文化遗存相对丰富的少数民族聚居地区，由于人们生活环境和条件的变迁，民族或区域文化特色消失加快。”改革开放以来，特别是西部大开发战略的实施，使民族地区打开了封闭的大门，经济有了较快发展，但是，传统文化、地域文化却受到强力挑战，文化生态环境急剧改变，传承机制日益遭到破坏，文化遗产资源流失严重。不少地方在推进新农村建设的过程中，不是致力于农村的综合发展，而是存在简单化地加快城市化的倾向，忽视原有乡村特色和民族特色，热衷大拆大建，盲目“求新求洋”。在此种自信心不足的情形之下，一些历史文化村镇逐渐抛弃自我传统，接纳城市的价值观、思考方式与生活模式。然而，事实证明，盲目学习城市经验的结果，并不能使农村面对现实的挑战，反而使得问题更为严重。

历史文化村镇往往历经了千百年风雨，是人与自然和谐相处的见证，如果采取大拆大建的改造方式或推倒重来，就会毁掉人与自然原有的稳定关系和历史脉络。但是，目前曾经在城市规划建设中喧嚣一时的“旧城改造”运动，正在演变为“旧镇改造”“旧村改造”，向历史文化村镇大规模进军。一些地方将城市规划与景观设计方法套用过来，通过集中建设复制城市环境，城市的广场、城市的园林、城市的道路、城市的草坪、城市的建筑等，均被不加选择地搬到历史文化村镇，致使一些原本风景优美的道路、河流，全部改造成宽直的马路、宽直的河道，景观设计单调而规则化、空间关系缺乏相互联系。一些地方甚至将大量“雄伟气派”的城市开发项目移植过来，加以炫耀。生搬硬套的城市模式，使众多历史文化村镇丧失了独具

① 马晓丽：《建设和保护：沉重而迫切的话题》，载《中国建设报》，2006-10-10（1）。

特色的文化气息，导致景观日益庸俗化和同质化。

当前历史文化村镇面临的主要问题之一，便是传统特色的消失。在全球化的冲击之下，外来文化长驱直入，不仅由于技术和材料的引入造成对传统产业的冲击，而且对于传统文化特色也造成极大的威胁。新的规划、设计、建设成果，逐渐与历史文化村镇原有的人文与自然环境相脱离，“千村一面”的状况在不少地方已经成为现实。在这种趋势下，具有民族传统、地方特色的村镇风貌逐步丧失，向不断重复、单调、一致性的异质空间靠拢。“神州大地上一个个风情各异的古村古镇，转瞬之间变成一片片洋楼群。它们傲立于山野，突现于平原。它们和这里的历史没有关系，和周围的自然环境与人文环境全无关系，这些金发碧眼的小洋楼就像是从天上掉下来的”[①]。这种单一化，缺乏特色的农村景观环境，便是在全球化过程中对于传统文化冲击所造成的结果。

在走样的“新农村建设”中，一些宏大的规划设想对历史文化村镇的结构肌理、空间关系和统一风格造成威胁。例如贵州堂安是一个具有五六百年历史的民族村寨，靠山面水，依山而建，一条约 2 米宽的石板路蜿蜒至村庄尽头，与若干纵向小道相连，使村寨景观曲径通幽。村寨内传统民居具有独特的建筑文化，“鼓楼、风雨桥、寨门、水井、上百年的传统民居、层层梯田等，与雄浑的山形地貌融为一体，由此构成了堂安侗寨独特的文化景观”。但是，“该村已列为社会主义新农村建设的示范村了。从规划图上看，有两条纵横交差的‘十’字街将一个十分完整的村寨切成了四瓣。按此规划，就要拆掉好几十户人家”。而且“如果按规划将该村建成“十”字街，等于将村寨的历史文脉肢解和破坏。这是对新农村建设的一种误导，是劳民伤财的做法”[②]。这一状况目前还没有引起社会各界的普遍关注，如果不能及时加以引导，采取有力措施加以扭转，大量乡土建筑遗产将难以逃脱被遗弃或被破坏的命运。

在村镇环境整治中，一些地方热衷于物质环境的更新改造，却忽视对历史文化

① 冯骥才：《神州遍地小洋楼》，载《建筑与文化》，2004（6），64 页。
② 胡朝相：《生态博物馆与新农村建设》，载《中国文物报》，2008-01-11（6）。

村镇生活内涵和社会网络的保护，导致原有社区意识的崩溃，价值观念的混乱。“郎德上寨出名了，大家都想来为它的发展把脉、支着儿，这对于弘扬民族文化的确大有裨益。不过，有些问题值得注意，比如，卫生部门出于好心，把几眼山泉精心‘包装’了一番：将原先村民用鹅卵石垒砌的井壁和用青石板铺垫的井坪，蒙上白瓷砖。虽说几口老井实现了‘现代化’，但与周围环境显得很不协调。为什么要这样做？主事者称：‘城里人的水池没有不贴瓷砖的！’”“最近又有‘权威’人士为郎德上寨支着儿：为了环境卫生，不要养鸡养鸭，尤其不要喂猪；为了美化村寨，不要种植蔬菜、粮食，改种观赏花卉。总之，把郎德上寨改造成‘如花似锦的旅游景点’，不要‘几十年如一日’的老样子。一旦如此这般‘消灭城乡差别’，‘景观村

陕西韩城党家村古建筑群（2005 年 10 月 16 日）

落’便不复存在了”[①]。

2.3 追求利益最大化造成“旅游污染”

目前，随着历史文化村镇旅游的兴起，也暴露出存在的一些问题。一些村镇在旅游经营中不能统筹兼顾经营者、旅游者和当地居民三方的利益。经营者在追求利益最大化的过程中，总是尽可能地吸引游客，但日益饱和的旅游人数对历史文化村镇提出极限挑战，不仅使旅游质量出现下降，还影响到当地居民的正常生活。有的历史文化村镇现代符号过多，与乡土建筑遗产的淳朴氛围极不协调；有的历史文化村镇商业气息过浓，小商小贩成群结队，拉客宰客现象屡屡发生；有的历史文化村镇民俗文化受到前所未有的影响，很多独特的民族风情已然难觅；有的历史文化村镇旅游发展模式缺乏自身特色，“克隆”其他地区内容，造成千篇一律。“近年来，文化复古风在一些地方的城市建设中悄然兴起。一些地方以重新打造历史文化名城形象为名，不惜投入巨资，大搞所谓的‘现代古迹’。而同时，与这些古迹相对应的文化环境却得不到相应的保护，使得真正的古迹变成了仿古市场，文化味渐淡，市场味却越来越浓”[②]。

今天，人们热衷于到历史文化村镇参观、考察、旅游，许多历史文化村镇也开始打起旅游的大旗。京郊某县政府为了发挥旅游资源优势，决定在距县城1020公里周边的旅游带内，以现有乡镇为中心，建设风格各异的小城镇。计划将五个小城镇分别建设为法国、西班牙、北美、日本、伊斯兰风情小镇，展示异域特色的建筑风格、文化风貌，以不同风格的小镇丰富旅游卫星城的内涵。实际上，不同地区建筑风格的形成与各自地区的地理位置、气候条件、民风民俗密不可分，不可生硬地移植。“经过实际调研，笔者发现该计划中某镇所谓的‘结合新农村建设和小城镇建设发展西班牙风情镇’，只是建造了几栋仿西班牙风格的建筑。这些建筑本身在色彩、尺度、建筑材料方面缺乏精心的设计，更与该镇原有历史文脉没有关联，这样不但

① 吴正光:《郎德上寨为什么不能养猪》，载《中国文化报》，2007-12-12（1）。
② 叶雷:《保护文化特色比修复古街巷更重要》，载《光明日报》，2007-02-07（4）。

无法给人异域的感受，还会破坏城镇多年来形成的自然的空间形态，让人深感遗憾”[①]。

随着城市化进程的不断加速，我国的环境问题日益凸现，这些问题不仅出现在人口密集、产业集中的城市，而且也波及广大村镇地区。人们在欣喜于经济高速发展给农村地区带来翻天覆地变化的同时，也开始感叹蓝天碧水不复存在，开始警觉生态环境不再安全，开始意识自然和谐更加珍贵。一位记者谈到了对于今日周庄的感受，“过去周庄之美就在于它的恬静，可如今周庄已全然没有了这种宁静。凡近年到过周庄的游人都会有这种感受，周庄被‘空前繁荣’取代了‘古之幽情’”。“有人说，周庄什么都卖，就是买不到诗意。保护民风民俗，其实比保护青砖黛瓦更难。周庄民俗，亟待去伪存真，还其本来的淳朴面貌。过去的周庄，令人怀念，但就是因为周庄人及政府把周庄视为‘聚宝盆’，给周庄真正的可持续发展埋下了祸根”[②]。

发展旅游业可能是历史文化村镇保护的契机，也可能是导致文化遗产破坏的诱因，关键是找寻出合理的平衡点。一些地方将历史文化村镇仅仅作为经济发展的外在资本，而不是作为内在资源加以合理利用，盲目地从中赚取利益，却往往由于开发不当而留下遗憾。当前，许多历史文化村镇的旅游开发内容雷同，一些地方在宣传中，把旅游功能定位为“吃、住、行、娱、购、游”，称为“六字真言”，但是，其中忽视了“文化”在旅游中的重要作用。一些地方在发展以旅游业为依托的文化产业的过程中，缺少对本地文化与自然遗产资源价值的准确认识，随意性开发，甚至破坏性开发行为突出。例如既影响村镇文化景观，又影响生态环境的高层豪华宾馆越来越多；传统民居装修滥用瓷砖、水泥等现代建筑材料，模仿城市建设模式而逐渐失去乡土建筑特色；不少导游在讲解中随参观者的喜好进行胡乱编造；旅游工艺品来自全国各地，而缺少具有本地特色的产品；文字影像方面的旅游产品更多为迎合市场的猎奇之作。

当前，农村地区生产建设活动激增，乡土建筑遗产保护面临许多新的情况和问

① 张健、徐晖、李海琳：《加强城市设计突出小城镇特色》，载《建筑文化》，2005（13），38页。
② 金磊：《中国旅游要走文化遗产保护之路》，载《中国文物报》，2006-08-16（4）。

题。例如一些地方没有对乡土建筑资源进行调查，就开展大规模的新村建设和村容整治，盲目拆旧建新，破坏了历史文化村镇的传统格局；一些地方具有保护价值的乡土建筑遗产因未能列为保护对象，导致大量被拆除或不合理的改造；一些地方乡土建筑遗产因为长期无人居住或年久失修而日益破败，走向消亡的速度逐渐加快；一些地方伴随大规模城乡建设，乡土建筑遗产生存环境不断恶化，安全面临着极大威胁；一些地方对文化遗产价值的认识只停留在旅游开发上，一味营造仿古建筑、仿古一条街，对乡土建筑遗产造成严重破坏；一些地方历史文化村镇原有的生态系统、传统风貌格局被肢解、破坏，建设性破坏的后果不断显现；一些地方历史文化村镇内环境脏、乱、差，路不平、灯不明、道不畅，居民生活有着诸多不便；一些地方片面追求文化遗产的经济价值，重开发、轻保护，重利用、轻抢救的现象相当普遍。

2.4 法规体系不完善造成“政策缺失”

针对上述诸多问题，必须认真总结我国城市建设中文化遗产保护的经验和教训，汲取所谓的“旧城改造”和“危旧房改造”已经使众多历史文化名城失去了大量历史文化街区和传统民居建筑的教训，对于在新的历史条件下，积极主动地推进新农村建设中的文化遗产保护具有重要的借鉴意义。特别是在乡土建筑遗产方面，由于各地的社会、经济、文化以及民族、环境、生态等条件的差异，各地区的保护与发展面临不同的挑战和机遇，各地民众的需求也不一样，使得乡土建筑遗产保护面临各不相同的形势。归纳起来在法制、体制、机制方面存在以下主要问题。

一是乡土建筑遗产保护的法规问题。长期以来，乡土建筑遗产保护缺乏法律保障。一方面，凡是未列入文物保护单位的乡土建筑，均可以在村镇建设中列入拆除对象，或由村民自愿拆除改造，由此造成大量珍贵的乡土建筑遗产随时面临被拆毁的危险。另一方面，对于那些已经列入文物保护单位的乡土建筑遗产，虽然法律法规明确而详细地要求其所有人或使用人，履行维修保养责任，不得随意拆建，不得买卖等强制性的义务，但是对于保护者的相应权利和奖励，表述过于简单笼统，没有可操作性的法规依据。如此，对于乡土建筑遗产的所有人或使用人来说，无疑造成不公平，使人们不愿意将自己所有或使用的乡土建筑遗产列入文物保护单位，在客观上减少了列入各级文物保护单位中乡土建筑遗产的数量。虽然，2008 年 4 月，国务院公布了《历史文化名城名镇名村保护条例》，但是乡土建筑遗产的保护具有特殊性，适用法律尚不能满足其保护需要，因此，亟须在条例的框架下，针对乡土建筑遗产的保护，及时制定专项法规，进一步明确乡土建筑遗产的法律地位和保护责任。

二是乡土建筑遗产保护的标准问题。由于历史文化村镇和乡土建筑遗产的研究、保护工作起步较晚，因此制定乡土建筑遗产的保护标准严重滞后。虽然，建设部和国家文物局近年来曾公布过《中国历史文化名镇（村）评选办法》和《中国历史文化名镇（村）评价指标体系》（试行）。但是，其适用对象主要针对国家历史文化名镇名村，并不适用于普通的乡土建筑遗产。现行的一些保护规定和规范标准，在一定程度上制约着乡土建筑遗产的抢救性保护，例如按照文物保护法规的有关规定，对列入文物保护单位的乡土建筑遗产进行保护修缮，要先行编制方案，报审报批，然后经过招投标等程序，由具有施工资质的企业进行保护修缮。本来难以筹措的乡土建筑遗产保护经费，还要在前期的各个环节上增加投入，并需要请施工企业进行修缮，导致经费投入大大增加，捉襟见肘的保护修缮经费只能用于保护少量乡土建筑遗产；同时编制方案、报审报批、确定施工单位等都需要不少时日，造成乡土建筑遗产得不到及时维修，导致日后抢救修缮投入加大，引起恶性循环。

三是乡土建筑遗产保护的政策问题。随着物质生活水平的提高，民众必然不断提出改善居住条件的要求，而按照现行有关土地管理法规，农村实行“一户一宅”政策，即意味着旧宅基地上的旧民居不拆，不准批新的宅基地。因此，居住在乡土建筑遗产内的居民，只有拆除其居住的房屋，或放弃房屋所有权，才能获准申请新的宅基地。而乡土建筑遗产，特别是列入各级文物保护单位的乡土建筑遗产，必须依法保护，不得拆除。这对于居住在乡土建筑遗产内的民众来讲，处于进退两难境地，甚至迫使村民不得不为建造新的房屋付出代价，导致众多乡土建筑遗产被拆毁。同时，乡土建筑遗产大部分产权属于集体和居民个人所有，有些房屋分属几户，甚至十几户居民，保与拆，修与不修难以形成统一意见，造成保护和管理难度加大。

四是乡土建筑遗产保护的投入问题。目前，对于乡土建筑遗产的保护资金以及改善基础设施建设的资金投入明显不足。由于历史文化村镇规模大，乡土建筑遗产的维修费用往往高于新建现代建筑，需要保护的乡土建筑遗产数量众多，仅凭地方政府的力量难以全部承担。同时，历史文化村镇中乡土建筑的产权基本属于私有，而按照现行文物保护专项补助资金使用政策，专项补助资金原则上不能用于补贴产权属于集体或个人的乡土建筑遗产，不能私房公修。而在村镇集体经济薄弱的条件下，集体也不可能投入更多资金用于乡土建筑遗产的保护维修。由于缺少相关政策扶持，居民投资维修乡土建筑遗产的积极性受到严重影响，造成一些具有重要保护价值，但是亟待维修的乡土建筑遗产长年失修失养，不能及时得到维修保护，自然损毁状况极其严重。

五是乡土建筑遗产保护的人才问题。乡土建筑遗产的研究、保护，目前仍属文化遗产保护科学领域的新兴课题，起步较晚，研究人才缺乏。由于乡土建筑遗产涉及范围广，地域情况差别大，保护对象十分复杂，因此大量乡土建筑遗产的价值有待研究、发现。同时，现有研究机构、技术力量和保护队伍等十分缺乏，严重制约了乡土建筑遗产研究、保护的正常开展。同时，在非物质文化遗产保护方面，民族民间文化遗产的记录、整理、保存、保护，需要现代科学技术载体及先进手段的支撑，同样需要相应的研究力量投入，否则一些濒临湮灭的文化遗产得不到有效记录、抢救；一些民族民间文化遗产资源普查资料和民间文艺作品得不到保护和利用，甚至一些已经记录、整理的非物质文化遗产资料，也由于后继乏人而面临损毁或再次流失的危险。

乡土建筑保护的严峻形势，引起了专家学者和社会各界的关注。2006 年 3 月，40 多名全国政协委员联名提出“关于在推进社会主义新农村建设过程中加强文化遗产保护”的提案，建议加强新农村建设中的乡土建筑遗产保护，受到全国政协和有关部门的重视。2006 年 9 月，全国政协考察团对浙江、江西两省的新农村建设中文化遗产保护工作进行专题调研，乡土建筑遗产保护被列为调研的重点。考察团在调研报告中明确指出：“大批乡土建筑的安全正面临着极大的威胁，其遭受破坏、走向消亡的进度正逐渐加快。”“保护好农村地区珍贵的文化遗产，特别是乡土建筑这一独特而丰富的文化遗产，是新形势下赋予各级政府和有关部门的不可推卸的历史责任。”

3. 保护乡土建筑遗产的时代意义

在我国，文物保护历经百余年的发展，已由注重保护重要的、纪念性建筑发展到保护“随时光流逝而获得文化意义的过去一些较为朴实的艺术品”；从保护“单个建筑物”发展到保护“一种有意义的发展或一个历史事件见证的城市或乡村环境”。历经几代人的不懈努力求索，我国在不可移动文物保护方面，已经建立起“文物保护单位——历史文化街区和历史文化村镇—历史文化名城”三个层次的文化遗产保护体系。而在众多历史文化村镇中，存在着多种类型的乡土建筑遗产，它们体现出浓郁的地方传统和民族特色，饱含着乡土社会的文化信息。

3.1 保持历史文化村镇的传统特色

历史文化村镇是中华五千年文明的历史见证。历史文化村镇的形成与成长，贯穿着人类自原始社会后期以来的发展历程。人类的原始祖先，在从穴居野处、构木为巢，到逐渐脱离原始状态时起，就开始出现了群居的聚落、村寨、城堡等原始村镇雏形。这种村镇雏形，从“野蛮社会”发展进入了“文明社会”。如我国湖南澧县距今6000年的城头山古城遗址和西安半坡村距今5000多年的原始社会村落遗址，都处在向“文明社会”的过渡之中。自殷商、西周、春秋战国到秦、汉、隋、唐，至宋、元、明、清，各种类别的遗址遗物和历史文献记载，浩如烟海，然而历史文化村镇和乡土建筑遗产则是数量最多，文化内涵最为丰富的一部分。我国作为传统的农业大国，现有村落数十万个，其中“古村落”有5000个左右，历史文化村镇和乡土建筑遗产之多、地域分布之广，世界罕见。

我国众多历史文化村镇功能特色鲜明，表现在文化教育、商业贸易、交通枢纽、生态环境、建筑特色等诸多方面。例如一些文化教育型的历史文化村镇，在一定历史时期内作为区域文化教育中心，对推动地域乃至全国的社会发展起到过重要作用；一些商业贸易型的历史文化村镇，在一定历史时期内拥有较大规模的商品活动，商贾云集，市场繁荣，对促进地域乃至全国的经济发展有过积极作用；一些交通枢纽型的历史文化村镇，在一定历史时期内系当地水陆交通中心，拥有驿站码头及其他交通设施，成为客流、物流集散地，以此带动区域性经济、社会、文化发展；一些生态环境型的历史文化村镇，在一定历史时期内建设有水利、防灾等重大生态环境工程，在保障民众生命财产安全、保护和改善生态环境方面有过显著效益，且延续至今；一些建筑特色型历史文化村镇，运用我国传统的选址和规划布局理论形成完整格局，其建筑包含经典营造法式和精湛建造技艺，因而具有突出的普遍价值。

近年来，历史文化村镇中的典型代表被列入历史文化名村、名镇，其评定的基本条件：一是有真实的历史遗存物，反映历史风貌的建筑、历史街道等是历史原物；二是有完整的历史风貌，能够反映当时社会历史文化的典型特色；三是有一定的规模，能够形成一种历史文化环境和氛围。今天的历史文化村镇，不但是人们现实的居住空间，而且是人们最后的精神家园，是“活着的”文化遗产。无论是上述的湖南澧县城头山古城，还是西安半坡村原始社会村落，都不可能再公布为历史文化名村、名镇，因为它们都已成为遗址，丧失了生活居住功能，而仅被公布为文物保护单位。历史文化村镇必须是人们仍然生活其中的，必须是继续发展的，这是其最重要的特点，保护也必须适应这一特点。“既要保护，又要发展”，是历史文化村镇实施可持续保护的关键，也是两者实现相辅相成、相互促进、相得益彰的前提。

事实上，我国历史文化村镇极其丰富多彩。按照自然环境特征可以分为山区型、平原型、水乡型、海滨型等；在地域特征方面，分别有江南水乡、北方山乡、海滨渔乡、民族村寨、草原村落等；在历史特征方面，不同历史文化村镇担负过区域社会发展的不同职能分工，起到过不同的历史作用，例如传统商品生产地、商业物质集散地、重大历史事件发生地等；在文化特征方面，不同的历史文化村镇反映出各自深层次的文化内涵，例如商贸文化、防御文化、民俗文化、名人文化等。例如山西留存有大量极具特色的“古村落”。这些村庄多因地制宜，顺势选址，择吉而居，合理布局，在我国“天人合一”传统哲学思想的影响下，强调人与自然和谐统一，强调“田园山水”和“耕读文化”。在群山环绕之中，不少村庄内古巷深宅高低叠置，参差错落，蕴含着深厚的人文内涵；在传统工艺、民间艺术中充满了质朴的美。“这些古村镇是中华建筑艺术的经典之作，是民间文化的载体，是悠闲、浪漫的中国田园诗，是淡雅、古朴的中国山水画。”①

我国传统文化受农耕文化影响较大，这种以血缘关系为纽带，以宗族观念为基础而形成的地域文化，直接影响着历史文化村镇中人们的道德、风俗和文化观念，对文化遗产保护也必然发挥出潜移默化的作用。同时，我国传统产业发展方式，是五千年文化经验的积累，与自然环境和谐相处是传统产业发展的重要特征。对于自然资源的持续涵养和节制利用，自古以来是我国民众对待自然环境的基本态度。因此，在历史文化村镇的保护中，应强调对传统农业以及生物多样性和文化多样性的保护，从农业生物多样性保护、传统农业耕作方式保护、传统农业文化保护、传统

① 李锦生、张海等：《山西古村镇总览》，载《理想空间》，2006（15），76页。

山西吕梁临县西湾村民居（2010年8月6日）

农业景观保护等方面来保障传统农业的发展以及其适应性管理。实现对农业生物多样性的保护，还必须加强对关键物种的保护，加强对物种生存环境的保护，这些关系到历史文化村镇生态环境的整体保护和可持续发展。

3.2 维护乡土建筑遗产多样性创造

在我国城乡的历史文化街区和历史文化村镇中，至今保存着大量极其珍贵的乡土建筑遗产。“中国农业文明时代的乡土建筑遗产是世界上最丰富的，中国可以凭借它的乡土建筑对世界文化遗产宝库作出最大的贡献，原因在于中国漫长的农业文明时代里社会和文化的独特性”。“造成中国乡土建筑在社会意义上和品类的数量上大大超乎欧洲之上的，主要是由于在中国农业文明时代里农村生活中影响极其深刻的宗法制度、科举制度和实用主义的泛神崇拜，这三项强有力的社会文化要素都是世界其他国家根本没有的，而恰恰是这三项催生了当时中国农村中主要的公用建筑类型”。“乡土建筑是中华民族文化中还没有充分开发的宝藏，没有乡土文化的中国文化史是残缺不全的，不研究乡土文化就不能真正了解我们这个民族”[①]。

由于几十年来“旧城改造”和“危旧房改造”，使城市中的历史文化街区和传统建筑不断减少，因此，保存在历史文化村镇中的乡土建筑遗产愈显紧迫。这些乡土建筑遗产是传统文化的记忆载体，在人们的文化认同和文化传承中起着不可替代的作用。因此，在新农村建设中，必须切实保护好乡土建筑遗产，使之继续融入农村秀丽的田园风光之中。乡土建筑遗产的最大特点是它们的人文性、文化性、社会性、创造性，对于提高人的生活质量和生命质量，对人的全面发展有着十分重要的意义。乡土建筑遗产凝聚了数千年人类的辛勤劳动和无穷智慧，沉淀了中华民族世代相传的文明资源和信息，它们不仅是历史上不同文明背景和文化传统所凝结的物质载体，也见证和体现了长期农耕文明时期建筑文化的基本特征，构成了各地风格多样的村镇面貌和特点。同时，乡土建筑遗产作为一种精神力量，支撑着我国民众构筑新世纪美好家园的文化信心和理念。

乡土建筑遗产与历史文化村镇休戚相关，没有乡土建筑遗产也就没有历史文化村镇。历史文化村镇风貌的构成因素包括诸多方面，例如街巷、广场、河道，但是其中数量最多的是乡土建筑，它们是历史文化村镇最基本的细胞，是特色风貌的载体，也是识别原生态文化的标志。乡土建筑遗产是在各自自然环境、生态条件和文化土壤下生成的，不同民族、不同地域的乡土建筑遗产千姿百态。乡土建筑实用、精美，都是民众自己的创造，其中不少精湛之作是人类建筑宝库中的奇葩。乡土建筑遗产的文化内涵来自农业生产和农村生活之中，来自人与自然的亲密接触之中，来自世世代代的文化积淀与传承。每座乡土建筑遗产都有它动人的故事。人们在乡土建筑里久居，使这些建筑具有了灵魂，因此对于乡土建筑遗产的保护，也要考虑到人们的情感价值，要维护人们的珍贵记忆。

① 陈志华、李秋香：《乡土建筑遗产保护》，合肥，黄山书社，2007，2页。

《关于乡土建筑遗产的宪章》认为乡土建筑遗产“是一个社会文化的基本表现，是社会与其所处地区关系的基本表现，同时也是世界文化多样性的表现”。“乡土建筑文化是最有泥土芬芳的文化，是最富亲情的文化”①。但是，不同学科领域对乡土建筑遗产有着不同的理解，“乡土建筑的社会学定义是社会结构的基本细胞，是社会人群聚居、生息、生产活动集结体，是社会基层物质文化的集中体现；在建筑学上被表述为‘没有建筑师的建筑’，扎根于民间，是不受约束的土生土长的生活空间，广泛分布于农村城镇，由民间工匠与使用者共同创造的一种生活空间；而民俗学认为是：长期生活、聚居、繁衍在一个边缘清楚的固定地域的家庭人群所组成的空间单元”②。

乡土建筑遗产中数量最多的是居住建筑。中华文化的多样性在其中有突出表现。我国55个少数民族的1亿多人口中，约有60%分布在广大的农村地区，因此各地乡土居住建筑类型千姿万态，资源异常丰厚，呈现出神秘、古老、奇特的文化魅力。《中国大百科全书》中将我国各地区、各民族现存的民间住宅类型归纳为六类，即木构架庭院式住宅、窑洞式住宅、干阑式住宅、碉房、毡帐和其他类型。其中木构架庭院式住宅为我国传统住宅的最主要形式，数量众多，分布于全国乡镇，因各地自然条件和生活方式的不同而各具特色。基于生活习惯差异产生的乡土建筑遗产，如福建土楼、陕北窑洞、北京四合院等都是在与周边生态环境共存共生的条件下，各类功能利用与自然环境达到完美融合，并且各自拥有独立的形态样式，可以成为当代生态建筑模式的典范。例如福建土楼因其唯一性、巨大的尺度和独特的结构而闻名，对我国乡土建筑的创新和发展作出了重要贡献。

今天乡土建筑遗产还以特有的方式和人文精神向人们传播文化。乡土建筑遗产不仅是历史文化村镇的年轮，还是鲜活的人文教科书。它们应一方水土而生，印刻着鲜明的地域特征，具有经年累月由时光编织而成的秩序，具有融入民众血液的规则，成为世世代代恒久流传的文化基因。乡土建筑遗产存在着浓厚的地方特色，以

① 苏东海:《新农村·农村文化生态博物馆》，载《中国文物报》，2006-11-17（5）。
② 张书恒:《中国古迹遗址保护协会通讯》，2007（3），40页。

世外桃源般的田园风光、保存完好的布局形态、工艺精湛的建筑造型和丰富多彩的文化内涵而闻名天下，每一建筑类型均有着明显的地域性、时代性差别以及社会功能、建筑形制、材料特征和艺术风格等方面的差异。各地区、各民族的乡土建筑遗产都为丰富中华民族传统文化作出重要贡献。当各地成街成片的乡土建筑遗产从地域版图上迅速消失，人们就会发现失去的不仅仅是乡土建筑遗产，而且是人们的文化传统和生活模式，是人们赖以生存的精神家园。

3.3 实现民族民间文化可持续发展

在经济全球化的时代，任何民族既应该立足于自己的经济实力，更应该立足于自己的文化实力。历史文化村镇和乡土建筑遗产是民族回归自我的精神寄托。例如在我国西南部地区的崇山峻岭中，经过千百年的迁徙融合，形成众多少数民族世居地，各个民族经过漫长的文化发展与演化，形成丰富多彩的文化景观与文化空间。“由于地处偏远，山水相隔，与外界及相互之间交往较少，这些少数民族以及各个分支都长期按照各自不同的自然环境在生产、生活，传承和发展着自己的历史，形成了人类学上极为独特的‘文化千岛’现象”。“全国2610万农村绝对贫困人口，民族地区占到47.7%，与一个民族的价值取向、生活方式以及民族认同感联系在一起的民族传统文化的状况，它的价值与作用，它的扬弃与传承，文化遗产的保护等，一句话，它的命运如何，就不是一个简单的文化问题，而与一个民族自身的发展、民族特色的坚持有着重要的关系”[①]。

民族传统文化最基本的特征是文化多样性，最主要的价值是恒久的生命力与创造力。今天，维护文化多样性应该成为一种共识，不同文明共生共存的文化发展观应该取代优胜劣汰的文化发展观，应该充分尊重民族差异和民族特点，充分尊重民族风俗和民族信仰。历史文化村镇特色是民族传统文化的积累，历史文脉的延续，是认识我国几千年农耕时代文明史的实物见证。每个历史文化村镇的特色都是特有

① 郑欣淼:《民族地区新农村建设中的传统文化问题》，载《中国文化报》，2006-08-19，(3)。

的，都是其他村镇所不能复制的。同时，历史文化村镇又是一个有机的整体，乡土建筑遗产如果离开了历史文化村镇的特定环境，就会大大降低它们的价值。同样，如果历史文化村镇失去了部分乡土建筑遗产，也会同样降低它的价值。因此，乡土建筑遗产的存在是形成历史文化村镇的基础，历史文化村镇和乡土建筑遗产的保护应该立足于整体保护。

“天人合一”是我国传统哲学思想和文化理念，怀着对自然环境的敬畏和寄托的情感，先贤们不断地探索自然的奥秘，顺应自然的规律，摆正自身的位置，以求得可持续的生存发展，这种思想观念深深地渗透于历史文化村镇和乡土建筑遗产的存在方式之中。乡土建筑遗产不仅在建筑结构和空间形态上作为一个时期人类文明进步的见证，还储存着丰厚的历史文化信息，述说着人类文明发展中的智慧创造。乡土建筑遗产涵盖的范围异常广泛，凡民居、寺庙、祠堂、码头、牌坊、戏台、书院、会馆、店铺、园林、井栏、碑刻、石界、过街楼、风雨桥、风水林、风水塘以及古驿道、古桥、古井、古树、名人故居等遗存景观，无一不体现出一个地区的民俗风情和生活理念。“就是在风情和理念构筑的大街小巷中，让我们看到深邃的历史时空和每户人家门窗中闪亮的人文光彩”①。

我国保留至今的非物质文化遗产也主要集中在历史文化村镇。中华文化的诗情画意赋予历史文化村镇以灵魂，内容涉及历史沿革、民俗风情、故事传说、名人传记、村规民约、家族族谱、传统工艺、娱乐竞技、传统节日等诸多方面以及民间舞蹈、歌曲、戏曲、服饰等非物质文化遗产表现形式，更加上众多独具地方特色和民族风格的鼓楼、碉楼、吊脚楼等丰富多彩的乡土建筑遗产，以其特有的文化内涵，从不同的角度，展示着各民族的发展历史、文化心理、伦理道德和审美意识。因此，历史文化村镇保护应该更加关注历史记忆的保存和活态文化的传承，关注民众文化主人意识和文化价值认同，关注社区的文化进步。例如浙江新昌县把全县尚存的100多座具有较高文化价值的古戏台作为乡土建筑遗产保护的重点，专门出台政策、安

---

① 许墨林：《用人文精神观照乡土建筑的价值》，载《中国文化遗产保护无锡论坛　乡土建筑保护论坛文集》，2007-04-11，104页。

江苏甪直古镇（2004年6月26日）

排资金，把古戏台的修缮、抢救纳入村镇建设规划，使这些遍布乡村的古戏台重新焕发青春，成为村民开展文化活动重要场所①。

今天，历史文化村镇和乡土建筑遗产作为极富吸引力的文化资源，正成为许多地区，特别是民族地区提升经济文化水平的重要手段。对这些文化资源的合理利用，不但可以使集体和民众从中得到实实在在的收益，乡土建筑遗产也能够得到更好的保护。例如兰溪市诸葛八卦村，1994年门票收入仅为2万元，到2006年已达到近1000万元，同时带动了第三产业的发展，仅交通运输、餐饮住宿、商贸收入，村民增收就达到2000多万元。期间，村集体投资4000多万元维修了村内的乡土建筑遗产，村内环境也进行了整治，使朴素典雅的乡村景观与原汁原味的乡土建筑遗产共

① 杨晓蔚：《保护和开发农村的文化记忆》，载《今日浙江》，2007（23），57页。

同构成和谐有机的整体。今天，众多历史文化村镇依托传统文化，在经济发展中表现出顽强的生命力和创造力。例如江苏的盛泽小镇，依托历史悠久的丝绸产业，形成丝绸业集群，位居我国丝绸业的领先地位；河北的肃宁小镇以“中国裘皮之都”闻名于世，其裘皮交易量已占全国的60%～70%，年交易额达35亿元，天津的“千年古镇”杨柳青，是世界闻名的“年画之乡”，至今每年向世界销售出的年画达3万余张[①]。

4. 转变乡土建筑遗产保护的思路与理念

保护历史文化村镇和乡土建筑遗产，是农村地区文化发展中走现代与传统相融合、经济与文化相统筹、自然与社会相和谐之路的可行模式，是文化农村建设的明智选择。历史文化村镇和乡土建筑保护的主要职责，是让文化遗产的保护和传承充满活力，采取有效措施保护和展示文化多样性。因此，历史文化村镇和乡土建筑遗产保护的目标、内容、方式决定了其保护的社会性和综合性，而不能仅仅依靠保护技术加以解决，必须寻求更广泛、更有效的保护方法与途径，进行更积极、更有益的探索与实践。

4.1 把握“新农村建设”的根本目的

新农村建设，是从农村、农业和农民的角度，全面审视和统筹解决农村发展中的问题，其根本目的是为了改善农村生态环境，加快农业生产发展，提高农民生活水平。那种认为“新农村建设”就是“新村建设”的片面认识，容易把新农村建设演化为对村容镇貌的简单追求。特别是在历史文化村镇内实施新农村建设，更不能盲目追求村容镇貌的日新月异，而对乡土建筑遗产实施大拆大改，统一规划建设毫无地域特色可言的楼房建筑群。实现村容镇貌的整洁，实质上是搞好村镇环境治理，而不是搞整齐划一的房屋建设，不能形成“室内现代化、室外脏乱差”的反差。在

① 汪钦：《名城名镇的一半是文化》，载《光明日报》，2006-11-16（9）。

新农村建设取得成效的标准中，乡土建筑遗产不但不应该遭到拆毁，反而应该得到有效保护，同时，村镇的文化品位应该得到提高，民众的文化自豪感应该得到增强。

去年10月全国人大通过了《城乡规划法》，其中对于民生的方方面面，诸如就业、居住、出行、上学、看病等的统筹安排作出了明确的法律规定。其核心是如何遏制市场势力对公平正义的伤害，如何抑制行政权力的盲目膨胀，维护公共利益，满足民众的需求。“问题是在社会生产力和物质财富都取得较大进步的今天，什么是群众最大的需求？是GDP和财政收入增长，还是真正做到藏富于民、改善民生？”[①]事实上，文化财富是历史文化村镇的特殊资源，文化发展也是改善民生，文化遗产保护也是促进发展。乡土建筑遗产不应当仅仅被看作是私人财产，而是村镇民众的共同财富。作为乡土建筑遗产的重要特点，它们与民众的生活密不可分，至今仍然是社会生活的主要场所。没有民众的日常生活与日常维护，乡土建筑遗产就会失去生机与活力，最终难逃自然损毁的结局。因此，应在积极保护的前提下，引导民众合理利用，继续发挥乡土建筑遗产的功能和价值，满足民众的现实需求和长远需要。

新农村建设应该体现村民自主、自愿、自立意识，通过自我组织、自我觉悟、自我改造，实现自我改善，不能由政府包揽代替民众自决。在村庄整治过程中，一些农民打出自己的标语，“走平坦路，喝干净水，用平价电，用沼气烧饭”等，体现了他们现阶段真正的需要。一些地区为了防止村庄整治出现不应有的错误，提出“不劈山、不砍树、不填池塘河流、不拆优秀的传统文化建筑、不破坏历史文化名镇名村的风貌、不改直道路、不截弯河道”等，这些是村庄整治中应该遵守的底线。浙江省安吉县在村庄环境整治中，没有拆房子，也没有刷墙，而是修缮道路，清理河道，做了民众自己做不了的事，维持了山村优美的环境。村庄整治建设不仅仅要达到道路硬化、卫生洁化、水体净化、路灯亮化、村庄绿化等“五化”，还要有“文化”，其中包括对历史文化村镇的保护和乡土建筑遗产的传承。文化遗产保护成果如

---

①石楠：《民生》，载《城市规划》，2007（11），1页。

何，关系着最终实现的新农村精神内涵，关系着新农村建设的最终成败。

由于长期以来历史文化村镇内人口大量增加，新的一代不断分家析产，村镇内不可能为不断增长的居民提供足够的住房和工作机会，又由于一些居民对生活质量产生多样化的要求，因此，应该及时开辟新的村镇区域满足这些需求。新的村镇区域与原有历史文化村镇之间应该规划适当的隔离地区，作为建设控制地带，防止新的建设干扰历史文化村镇的文化景观和生活环境。同时，新的村镇区域与历史文化村镇之间应具备密切的交通联系，使历史文化村镇内的居民也可以方便地使用新的村镇区域内的教育文化设施、医疗卫生设施、娱乐休闲设施和商业服务设施等，并便于两地居民之间的交往。随着历史文化村镇旅游的开展，为旅游者提供的各类大型旅游服务设施，应集中设置在新的村镇区域，以保持历史文化村镇的传统风貌和文化氛围。

在激烈的市场竞争中，人们对精神文化的需求在悄然发生变化。特别是久居城市的人们，更对自然农耕的田园风光、小桥流水的民居村落、乡土风味的家常菜肴，有一种久别的亲近和渴念。在这一情势下，历史文化村镇的发展应该转而面对自我，重新发现自身的价值，重新找寻自己的特色，重新思考发展的定位，而不要盲目地向城市看齐。如此，才能使乡土建筑遗产在保护与利用中形成良性循环，在良性循环中实现和谐发展。历史文化村镇有必要也应该向现代化迈进。但是，如何在实现现代化的过程中保持自己的固有特色和文化优势则是重点。因为，传统文化是全体民众的共同记忆，也是历史文化村镇的生命价值所在。唯有将传统文化融入现代生活之中，才能够确保传统文化历久弥新；也只有实现传统文化与现代生活的承接，才能使历史文化村镇走上可持续发展之路。

在发展历史文化村镇旅游的过程中，由于乡土建筑遗产被转化为宝贵的文化资源，赢得了比较稳定的收益，促进当地民众更加倾心地保护乡土建筑遗产，进一步挖掘具有自己特色的文化旅游项目，并使当地民间艺术、民间风俗得以保持和延续。

三圣乡位于成都市锦江区东部，近年来在新农村建设中，因地制宜地建设了“农业文明记忆馆”，在这里可以吃农家饭、干农家活、住农家房，可以认种土地、认养蔬菜，或种或收，自得其乐，使城市人对传统而新鲜的农村文化及农家生活实地体验，获得轻松、惬意、自在、悠闲、辛勤、收获等文化享受和精神渴求。其中“川西民居仿古工坊院落”，深度发掘民间民俗资源，邀请剪纸、年画、陶艺、织锦、蜀绣、竹编、银器、漆器等民间工艺品艺人、工匠进行现场制作、展示和销售。通过吸引知名画家、音乐家，不定期举办艺术交流、展示活动，举办二胡、琵琶、扬琴、竹琴等各类民乐演奏、音乐演出，吸引游客在休闲中参与，在参与中互动，使绘画、音乐等高雅艺术与优美的自然环境相协调，提升乡村文化内涵。

四川德阳市绵竹市孝德镇射箭台村年画艺术（2009 年 8 月 14 日）

4.2 实现历史文化村镇的整体保护

历史文化村镇是一个有机整体，所蕴含的文化信息往往特别丰富，并具有特殊重要的价值，因此其保护具有综合性、系统性。乡土建筑遗产因人们的生活而存在，所以它们是活态的、变化的物质载体，在保护过程中，不应把“活态”变成“静态”。不仅应该注重保护人们赖以生存的物质载体，而且应该注重保护人们的传统生活方式，尊重人们的民族生活习俗，保护文明进步的轨迹与过程。对于乡土建筑遗产所形成的村落整体及其所蕴含的生活传统和民俗文化等，都应加以保护。“在对村落类型的文物保护单位的保护工作中，保护村落与土地之间的关系，保护村落与周围自然环境之间的关系是保护其价值重要的措施”①。因此，还应保护形成历史文化村镇整体风貌的山形水系、道路桥梁、绿化植被等背景因素；保护历史文化村镇的原有功能性质，维持其主要的经济、文化活动；保护形成乡土建筑遗产的空间格局和自然生态环境。

陈志华教授认为:“古村镇是由它全部的各种类型建筑物形成的有机整体，这是一个系统性的整体，反映着乡土环境中社会、文化、经济等各方面的生活，每一类建筑在这个系统中都有它的独特功能，失去了部分建筑，就会破坏古村镇的系统性，也就是破坏它们的真实性，而它们原生态的真实性不允许破坏。”因此，整体地保护一座历史文化村镇，除了保护其中各种类型的乡土建筑遗产以外，还要保护它内部和外部一定范围内原有的生活设施、生产设施和其他公用设施，包括水井、池塘、水碓、碾盘、油榨、牲口棚、拴马桩、牌坊、寺庙、风水塔、水口、寨墙、堤岸、道路、桥梁、渡口等，还应注重保护当地居民的日常生产生活用品，包括家具、农具、工具、设备等，它们是历史文化村镇整体不可缺少的功能组成，失去了它们，历史文化村镇就会失去历史真实性和完整性。

《关于乡土建筑遗产的宪章》指出:“对乡土建筑的改造与再利用，应当在尊重其结构的完整性、特色与形式的基础上，并满足适当的生活水准。”众多乡土建筑遗

① 吕舟:《第六批国保单位公布后的思考》，载《中国文物报》，2006-08-18（5）。

产构成历史文化村镇，但是历史文化村镇绝非乡土建筑遗产的简单叠加，而是有着鲜活生命的文化存在，是“活着的文化景观”。乡土建筑遗产的保护不宜采取迁走民众，实施单纯意义的“博物馆式”保护，而需要将其纳入现代生活的轨道，探索更加积极的保护措施。乡土建筑遗产是联系过去、现在和未来的纽带，保护乡土建筑遗产是为了民族文化的传承，为了使保护成果惠及当地民众。因此，在乡土建筑遗产保护过程中，应格外重视当地民众生活水平的提高和生态环境的改善。一般不应实施从历史文化村镇和乡土建筑遗产中强行迁出大量原住户，也不应强求留住大量原住户，而是应该在尽量维持原有生活特色的基础上，完善历史文化村镇作为生活空间的现代功能，保持乡土建筑遗产内有适量的居民，维护其生活气息和活力。

在历史文化村镇的文化多样性要素构成中，当地民众是最为重要的因素，他们是文化发展的动力和源泉。乡土建筑遗产的保护，与所有生活其中的民众密切相关，民众是其保护和传承中的灵魂。只有通过当地民众所进行的保护和传承才具有价值，才有可能实现。只有唤起当地民众的文化自觉，才能够说乡土建筑保护取得了真正的成效。保护并不意味着静态地展示一定历史时期或一定社会形态的文化，保护必须与社会进步一致，实现动态发展。保护乡土建筑遗产的根本目的是保护民族文化，而不是保护贫穷落后，是促进社区的进步，而不是阻止社区的发展。

4.3　探索乡土建筑遗产保护良性循环

乡土建筑遗产保护应尊重和维护场所的完整性。《关于乡土建筑遗产的宪章》指出：“对乡土建筑进行干预时，应该尊重和维护场所的完整性，维护它与物质景观和文化景观的联系以及建筑和建筑之间的关系。”在历史文化村镇内建设必要的市政和生活服务设施，应主要安排在保护范围外侧的建设控制地带内，如必须在保护范围内安排，则应尽量合理利用原有建筑物，确需新建，则应力求位置隐蔽、体量适度、形式朴素，色彩淡雅，不应移植外地的建筑形式和风格，不应追求高档和豪华，不应干扰历史文化村镇原有历史风貌和传统格局。乡土建筑遗产的外部改造应当尽可能遵从“最少干预原则”“可逆性原则”“可识别性原则”和“可读性原则”。遵守“可读性原则”，就是在乡土建筑遗产上应该读得出它的历史，就是要承认不同时期留下的痕迹，不要按现代人的想法去抹杀它。

乡土建筑遗产保护应允许内部进行适度改造。为了改善乡土建筑遗产中居民的生活质量，适应各类新的功能用途，在不改变乡土建筑遗产外观的前提下，应允许和指导居民对乡土建筑内部进行适度改造与合理利用，使乡土建筑具备现代生活的居住要求。为了提高居民生活的安全、方便和舒适程度，在保护的前提下，应支持和协助居民完善和改进生活基础设施，包括装置供水、排水和排污系统，配置现代化的卫生设备、照明设备和厨房设备，增加室内日照水平，改善室内自然通风，对室内墙面、地面、顶棚进行必要的装修，调整楼梯的坡度和宽度，以及配置或安装为改善生活质量所必需的家具、用具、设备等。如果人们在乡土建筑遗产里仍然可以享受到现代文明带来的种种方便，就不会再愿意离开乡土建筑。“因为人们对自己出生与成长的地方总是有着很深的情感与依恋”①。

乡土建筑遗产保护应确定当地民众的主体地位。乡土建筑遗产如何保护，决定于它们的主人，只有尊重其主体地位，乡土建筑遗产才能存在与发展。民众了解乡土建筑遗产的文化价值，捍卫自己身边的文化遗产，有一个认识提升的过程。社会责任在于唤起他们的文化自觉，从而科学、理性地认识传统与现代的关系，进而自觉地保护传统建筑文化。“任何越俎代庖都是无济于事的，因为拥有农村文化，享受农村文化的是农民自己而不是别人”②。事实证明，作为文化主体的居民，对乡土建筑遗产保护起着极为重要的作用。特别是，伴随地区经济发展、居民生活水平提高，重视文化遗产保护的意识正在逐步形成。浙江宁海前童村，全村居民对乡土建筑遗产具有较强的自主观念和集体意识。村民以家族体系为依据，自发成立民间保护组织，协调并督促政府的保护工作。从居民问卷调查中可以看出，村民对乡土建筑遗

① 冯骥才：《思想者独行》，219页，石家庄：花山文艺出版社，2005。
② 苏东海：《新农村·农村文化生态博物馆》，载《中国文物报》，2006-11-17（5）。

产爱护有加，将近 90% 的村民愿意自己或同亲友共同出资修复乡土建筑遗产。全村居民共同努力寻求一条保护文化遗产并且促进经济发展的道路，乡土建筑遗产的保护取得了较好的成效[①]。

乡土建筑遗产保护应最大限度地鼓励民众参与。如果文化遗产保护的决策权和解释权仅仅掌握在政府部门或专业人士手中，如果当地民众因为没有获得话语权而在文化遗产保护中保持沉默，如果文化遗产保护理念不能得到当地居民的充分理解，如果当地居民认为文化遗产保护与他们的生活改善没有关系，那么，乡土建筑遗产的保护将难以呈现美好的前景。近年来，一些地方积极鼓励民众参与乡土建筑遗产保护。无锡市在文化遗产保护的蓝图中，把乡土建筑遗产保护放到了重要位置。按

浙江南浔古镇（2003 年 2 月 14 日）

① 顾承兵：《遗产保护的主体意识思考》，载《理想空间》，2006（15），109 页。

照“护其貌、显其颜、铸其魂、扬其韵”的基本思路，不但发动民众抢救、发掘、保护了大量乡土建筑遗产，而且通过对于乡土建筑遗产的合理利用，使文化旅游得到发展。东阳市成立了古民居保护协会，始终以保护明清木雕乡土建筑遗产为己任，努力扩大保护的范围和数量，使更多的民众参与其中。各乡镇的老年协会，凭借熟悉地方风土人情的优势，发动群众，筹措资金，修缮了大量凝聚东阳人民聪明才智的乡土建筑遗产。

在历史文化村镇和乡土建筑的保护过程中，诸葛村曾经走过弯路，也创造了经验。1996 年，当地政府认为诸葛村体制机制不活，为了旅游开发，成立了以镇政府为主管的“诸葛旅游公司”，由于乡土建筑产权为集体和村民所有，旅游公司既没有资产，也没有资金投入，反而经营起原本不属于自己的旅游项目，使村民十分无奈，进而产生抵触情绪，严重影响了保护乡土建筑遗产的积极性。1998 年之后，当地政府解除旅游公司的直接管理，经营权重新归还给诸葛村集体和村民，解决了产权经营层面上的矛盾，村民保护乡土建筑遗产的积极性被调动起来，加大生态环境改善、基础设施建设的力度，使整个村落景观形成有机的整体。同时摸索出适合自身特点的旅游运作体制，即所有资产属村集体所有，村民也就是股东，资产管理集体化、旅游经营市场化。这一运行机制得到村民普遍认可。经过几年艰苦努力，村落旅游业健康发展，同时带动了交通运输业、餐饮住宿业等第三产业的发展，增加了集体和村民的收入，并将所有可支配的集体资金集中用在乡土建筑遗产保护和旅游发展上。

5. 开展乡土建筑遗产的保护与研究

乡土建筑遗产保护与保护一般的历史建筑群和其他古代建筑，无论在保护理念，还是在保护方法上都有所不同。同时，还必须认识到，乡土建筑遗产保护是一个持续发展的过程，所有的保护行为和保护对象均处于不断发展、变化之中，任何保护行为都与当地民众利益密切关联，因此，必须针对乡土建筑遗产保护的实际情况，不断探索新时期的保护方式和方法，制定当地民众普遍赞同的管理制度，建立相关部门协同负责的社会保障体系，使乡土建筑遗产保护顺利进行和可持续发展。

5.1　深入开展乡土建筑遗产资源普查

各级人民政府和文物行政部门应对各自行政辖区内的乡土建筑遗产进行全面、广泛的调查，甄别有价值的历史文化村镇和乡土建筑遗产，对其真实性和完整性进行评估认定和分类。特别是在目前开展的第三次全国文物普查中，应将乡土建筑遗产作为普查的重点内容，力求摸清家底，准确掌握历史文化村镇和乡土建筑遗产的资源分布和保护现状，予以登记注册，公布为不可移动文物。其中具有重要价值的历史文化村镇和乡土建筑遗产应公布为相应级别的文物保护单位或历史文化名村、名镇。列入全国重点文物保护单位的历史文化村镇和乡土建筑遗产，应该包含各个文化地区、各类自然环境、各种功能类型以及各个民族的典型代表，形成具有全面代表性的乡土建筑遗产系统，与其他类型的文化遗产共同反映我国广大地域范围的历史进程与文化成就。

历史文化村镇和乡土建筑遗产的基础调查资料应尽可能详尽。应从地域特征、历史特征、文化特征等方面，分析判别价值特色。在历史文化村镇基础调查方面，应在了解历史沿革、自然地貌、传统格局的基础上，详细调查环境保护状况、生活基础设施状况，并开展对非物质文化遗产和传统农业文化遗产的调查和整理。在乡土建筑遗产基础调查方面，应在了解现存总体规模、原貌保存程度、整体风貌特色的基础上，详细调查每一座乡土建筑遗产的建筑规模、建筑风格、建筑年代、建筑材料、现状用途、产权归属等方面内容，其中建筑风格是乡土建筑遗产适应不同的自然气候条件和民俗文化传统，采取不同的建造方式，体现出不同地区的文化差异。同时，应加强对传统商铺、传统作坊、古驿道、古码头等不可移动文物和碑刻、堂匾、楹联等可移动文物的调查。

5.2 切实加强乡土建筑遗产法规建设

法规建设是历史文化村镇和乡土建筑遗产保护的前提。要加强法规制度和技术标准、规范建设，加快制定乡土建筑保护的专项法规、规章，并对乡土建筑的认定标准和程序、保护原则和措施、监督管理等方面作出具体规定，逐步将乡土建筑保护纳入法制化、科学化、规范化的轨道。应抓紧制定《乡土建筑遗产保护条例》等专项法规，进一步明确乡土建筑遗产的法律地位。除此之外，各地应根据保护的实际需要，及时制定乡土建筑遗产保护的地方法规。同时，乡镇广大民众从自治原则出发形成的乡规民约，对于保护历史文化村镇和乡土建筑遗产有着不可替代的作用。当前，应针对历史文化村镇和乡土建筑遗产保护中所涉及的土地置换、产权转移等问题，积极调整土地使用及其他相关政策，探索并制定有利于乡土建筑遗产保护的措施，引导民众主动参与乡土建筑遗产的保护。

由于我国乡土建筑遗产分布范围广，地域差别大，因此，科学制定乡土建筑遗产的保护标准、评价指标，是当前应当重视和抓紧解决的问题。要组织有关专业部门和保护科研单位，探索和制定乡土建筑遗产保护的技术标准，特别是抓紧完善新农村建设中应予保护的乡土建筑遗产推荐标准。要积极探索乡土建筑遗产保护方式。例如在人口密集的历史文化村镇实施"新旧分制"的保护方式，通过将新申请宅基地的民众逐步安排到新村，采取各种促进经济发展的方式和运行机制，实现既为乡土建筑遗产保护提供"历史空间"，使其得以完整保护，也为民众向往现代生活提供发展空间和保障。同时，对于乡土建筑遗产这样"没有建筑师的建筑"，结合传统技艺传承，制定保护修缮标准，采取适用规范，对于一般乡土建筑遗产在专业人士的指导下，应当允许当地工匠进行修缮。

5.3 积极编制乡土建筑遗产保护规划

历史文化村镇和乡土建筑遗产在确定为文物保护单位或历史文化名村、名镇后，应及时编制保护规划，进行全面的、深入细致的多学科综合研究。根据乡土建筑遗产的分布范围，并在考虑历史文化村镇规模、地形地貌及周围环境影响因素的基础上，确定重点和一般保护范围。根据保护范围内乡土建筑遗产的现状风貌、规模年限、文化价值等明确相应的保护要求，同时，根据历史文化村镇现状格局，在保持原有历史风貌的前提下，对村镇的空间尺度、街巷立面和建筑形式制定保护整治规划，对不符合保护要求的各类新建筑进行逐步整治，并控制引导后续建设项目。生态环境是历史文化村镇和乡土建筑遗产存在并发展的外部条件，是其作为文化遗产的真实性因素。因此，应该在历史文化村镇和乡土建筑遗产周围划定适当范围的生态环境作为建设控制地带，包括其中的农田、山丘、河流、湖泊、林木等。

乡土建筑遗产的保护不能因为是乡土的、民俗的而就事论事地规划，事实上往往比制定其他类别文化遗产的保护规划更加复杂，不仅涉及文化遗产本体，而且对其环境所包含的一切历史的、社会的、经济的、精神的、文化的和习俗的因素，均提出较高的要求。历史文化村镇和乡土建筑遗产保护规划应与当地经济社会发展规划和村镇建设规划相衔接，与农业、国土、建设、环保等部门应加强协调。文物部门应提前介入新农村建设和村庄整治工作，采取有力措施，指导地方政府把乡土建筑遗产保护纳入新农村建设规划之中，使新农村建设规划与文化遗产保护规划相协调，努力寻求文化遗产保护与当地经济社会发展良性循环的路径。对于保护规划中所明确的人口规模控制、村镇格局保护、建设用地布局、道路交通调整、基础设施安排等，新农村建设规划都应以其为依据并与之相衔接。保护规划的实施是一个长期的过程，因此要根据各地的保护现状、保护规模以及经济发展状况，制定近期和远期保护规划的目标、任务及实施措施，以保证保护规划有步骤地实现，防止保护和整治中出现短期行为。

5.4 正确树立乡土建筑遗产保护理念

历史文化村镇和乡土建筑遗产保护规划要坚持真实性与完整性原则。真实性是乡土建筑遗产价值特色的根本所在，任何整治和修复工作都应防止不合理的功能利用和材料使用对乡土建筑遗产造成真实性损害。历史文化村镇是包括建筑、环境、空间格局以及人类活动等元素在内的统一整体，所有组成元素都与整体性有着密切关联，在保护中不能割裂彼此，而应从整体上考虑它们之间的关系，才能保持文化信息的完整性，例如人居环境与土地利用之间的关系、道路格局与建筑布局之间的关系、街道作用与河道功能之间的关系等。乡土建筑遗产是历史文化村镇的核心价值所在，这就要求任何新加入的建筑因素均应从体量、形式、色彩等方面与原有的乡土建筑遗产特色相协调，以保持和维护历史文化村镇所代表的一定历史时期风貌的主导特征，使这一地区的主流建筑文化得以延续和继承。在历史文化村镇和乡土建筑遗产附近安排大型基础设施等建设项目，必须先期进行环境影响评估。

鉴于乡土建筑遗产的文化多样性，应根据不同乡土建筑遗产的保存状况、类型特征及保护等级，选择不同的保护与整治模式。例如对于具有重要保护价值，并已列入文物保护单位的乡土建筑遗产，应在不改变文物原状的基础上进行修缮保养；对于予以保留的一般乡土建筑遗产，应在保持原有建筑风貌的基础上，对建筑外立面进行维修，对建筑内部设施和布局可以适当调整；对于在一定程度上与历史风貌和文化景观不相协调的新建筑，应按照保护规划要求对建筑的高度、色彩、形式、体量等方面进行适当改造；对于与历史风貌极不协调的新建筑，应适时予以拆除或改造，新建符合历史风貌要求的建筑或环境空间。历史文化村镇是有生命的肌体，没有人们的活动，就会凝固和老化。在历史文化村镇的保护中，除了因人口密度过高而需要通过引导将部分居民加以疏散外，应鼓励居民继续生活在乡土建筑遗产之中，并应逐步改善他们的居住环境。通过留住遗产物质实体和居民生活习俗，使传统与现代共存、生活与文化融合，使人们深切感受历史文化底蕴和时代生活气息。

浙江金华市诸葛村（2006年9月18日）

5.5 注重保护乡土建筑遗产完整信息

乡土建筑遗产的保护应重视地区差异性。处于不同社会发展阶段和不同经济发展水平的地区，乡土建筑遗产保护的基础条件和流失速度也各不相同。实际上，乡土建筑遗产作为精神文化的载体而存在，其精华在于鲜明的文化特色和生活其中居民的文化素养。因此，保护乡土建筑遗产要同时保护传统生活方式，修复地域文化精神，发扬民族文化特色。乡土建筑遗产品类繁多，形制自由，经过不同的自然环境和社会环境的磨砺而千变万化。应加强对乡土建筑遗产完整文化信息的保护，不仅保护乡土民居建筑，还应对祠堂、书院、牌楼、戏台、古塔、古桥以及引水渠等乡土建筑遗产实施原状保护。而且，乡土建筑遗产的各个部分，例如木雕、砖雕、石雕、琉璃、壁画、窗花、神像、楹联、匾额、字画等，在功能和意识形态内容上都与当地社会、历史、文化息息相关。由此可以说，对于历史文化村镇的保护，应该是对一个历史文化空间的完整保护。

乡土建筑遗产是传统文化、民族文化、地域文化的容器，文化是乡土建筑遗产的灵魂，没有文化内涵，再华丽的建筑其价值也要大打折扣。因此，除了保护乡土建筑遗产本体之外，还应慎重保护历史变迁、生活延续、生产劳动、民俗活动中留下的一切有意义的印记。在历史文化村镇中，一些长期积淀下来的良好社会风俗、礼仪、节庆以及民间文学、曲艺、庙会等，真实反映了地域生活情趣和民俗风情，在培养文明乡风中发挥积极作用，对此应进行深入的发掘和整理，进行动态性整体保护，逐步建立科学有效的民族民间文化遗产保护与传承机制。应加强对各类民间生产、生活用具等可移动文物的保护；应加强对非物质文化遗产中各类民俗活动、表演艺术、传统知识和技能以及与之相关的实物、手工制品、文化空间等的保护和传承；应加强对秉承传统、技艺精湛的传承人的保护，确立他们的社会地位，激励他们的社会责任，推动优秀非物质文化遗产的传承。

5.6　科学建立乡土建筑遗产保护机制

历史文化村镇和乡土建筑遗产保护，并不是静止不动地保护，更不会限制或影响当地的经济社会发展。同样，健康适度的经济发展，不仅不会对历史文化村镇和乡土建筑遗产造成破坏，而且会使保护成果更加惠及社会和民众。因此，应切实增强各级政府在新农村建设中保护文化遗产的意识，明确乡土建筑遗产保护也是新农村建设的重要任务之一。应将乡土建筑遗产保护纳入地方政府及各级领导责任制中，完善责任追究制度，树立“保护不是阻碍，发展不是破坏”的理念，引导各地正确理解保护与发展之间相辅相成、相得益彰、相互促进的关系。《乡土建筑遗产宪章》呼吁，“政府与主管部门必须意识到各个群体维持其生活传统的权利，进而借助现有的法律、行政与财政手段对其加以保护，使之传承后代”。要研究和完善乡土建筑遗产保护的相关政策，使有经济能力的法人或者个人等社会力量，在明确其保护责任的前提下，参与到乡土建筑遗产的保护中来。

当前要理顺管理体制和创新机制，探索多层面和多元化的运行机制和投资方式。各级政府应在新农村建设基础设施补助经费中，安排一定比例的资金用于乡土建筑遗产的抢救保护，或设立新农村建设中文化遗产保护专项资金，并适当向经济欠发达的中西部省份农村地区倾斜。同时应鼓励、引导社会资金投入乡土建筑遗产的保护。在鼓励各级政府和社会各界继续加大投入的同时，应建立多渠道资金投入乡土建筑遗产保护的有效机制，解决保护资金严重不足的问题。同时，应设立中央财政保护专项资金，用于抢救列入全国重点文物保护单位的历史文化村镇和乡土建筑遗产，对于被列入省、市、县级文物保护单位的乡土建筑遗产，各级财政也应分别在财政收入中按比例提取保护专项资金；对于产权属个人所有的乡土建筑遗产，在文物部门指导下进行维修时，政府应给予适当的资金补助或政策扶持。以此，建立起政府、社会、集体、个人按比例共同承担的乡土建筑遗产保护投入机制。

5.7　广泛开展乡土建筑遗产保护宣传

乡土建筑遗产能否得到可持续保护，取决于当地民众对于传统文化、民族文化的态度。因此，乡土建筑遗产保护不只是技术层面的工作，关键在于广大民众文化意识的觉醒。乡土建筑遗产保护的一项基本任务，就是树立和培养当地民众的文化价值观，只有基于对文化遗产知识的正确理解，通过人们结合亲身感受的科学阐释，才有可能真正探究乡土建筑遗产的文化意义和普遍价值。广泛的乡土建筑遗产保护，只有建立在同样广泛的保护共识之上方能实现。如果没有一个长期的文化遗产教育过程，不可能使世代居民达到应有的文化自觉。同时，乡土建筑遗产保护是一项复杂的系统工程，具有动态变化大和与人联系密切的特点，必须通过动员和依靠全社会的力量，才能把这项复杂而艰巨的事业做好。要使每一位居民都能了解身边乡土建筑遗产的故事，了解所居住历史文化村镇的恒久魅力，使之为自己家乡的悠久文化感到光荣、自豪和骄傲，进而自觉捍卫家乡的文化，自觉传承、创新和发展家乡的文化，真正成为文化的主人。

要深入开展新农村建设中乡土建筑遗产保护的宣传教育，增强各级政府保护文化遗产的意识，引导和鼓励当地民众参与乡土建筑遗产的保护。公众参与是历史文化村镇保护的基础，乡土建筑遗产是公共和民众的财产，必须由公众参与管理。在历史文化村镇和乡土建筑遗产保护规划的编制过程中，应邀请民众参加讨论。同时，要搭建跨学科、多层次的保护研究平台，开展乡土建筑遗产保护的培训活动，鼓励传承传统建造工艺和知识，不断提高乡土建筑遗产保护水平，并通过加强与国际相关组织的交流与合作，更加科学有效地保护乡土建筑遗产。在教育培训方面，应注重培养年轻一代热爱家乡文化的情怀，乡土建筑遗产保护意识也要从青少年教育人手，针对各地乡土建筑遗产、乡村传统文化、民间传统风俗等的特点，编写乡土教材，列入教学计划，请进教学课堂，培养学生们从小对自己故乡的乡土建筑遗产产生特殊的情感。

5.8 努力保证乡土建筑遗产社会功能

历史文化村镇的保护不仅应注重保护人类赖以生存、活动的物质载体，还应注重保护人们的生产、生活方式，保护人类文明进步的轨迹。在保护过程中不能回避的一个重要问题，即民生问题。特别是对于我国西部地区的历史文化村镇，应把帮助村寨“脱贫”作为保护的重要任务。因此，实现可持续的发展和具有可操作性的保护，必须采取以人为本的保护措施，尊重时间维度中的文化，对乡土建筑遗产保护中涉及的民生问题有一个冷静而客观的回应。广大民众作为乡土建筑遗产和地域传统文化的真正拥有者，他们有权利按照自己的意愿去解释和认同自己的建筑与文化。既然民众长期生活在乡土建筑之中，这些乡土建筑就必须适应人们的现代化生活。关键是如何适应和如何现代化的问题，首先对现代化要有正确的认识。历史文化村镇和乡土建筑遗产的现代化，主要表现在两个方面。一是物质方面的现代化，要为人们提供一个工作方便、生活舒适、环境优美、安全稳定的物质环境。一是精神方面的现代化，要为人们提供一个安静和谐、活泼快乐、礼让互助、文化高尚的精神环境。

义乌市佛堂镇倍磊村（2014年4月26日）

历史文化村镇和乡土建筑遗产，由于地理环境不同、规模大小不同、风俗习惯不同、文化特色不同，因此实现现代化的方式也应各自不同，不能千篇一律，统一模式，其中物质方面的现代化，重点在于基础设施的改善。通过对历史文化村镇进行科学的规划整治，对乡土建筑遗产进行科学的保护修缮，按照不损害文化遗产本体、格局和历史风貌的原则，改善供水、供电、供暖、供气以及电视、通信、空调、清洁卫生、现代交通等基础设施，其中一部分可以通过居民自身努力加以实现，另一部分则通过当地政府的努力加以解决，使居民能够在世世代代居住、生活的历史文化村镇里、乡土建筑遗产中享受到现代生活的便利，同时延续固有的文化传统和生活方式。要使更多民众在保护乡土建筑遗产的行动中得到实惠，使当地居民通过乡土建筑遗产保护，走上富裕之路，同时，要使更多的决策者认识到文化遗产保护是村镇和谐发展的积极力量，使社会保障体系在历史文化村镇中率先出现。

回春堂

第三章
重视商业老字号遗产的保护与发展

在漫长的历史变迁中，祖先留下了丰富的文化遗产。三十几年来，通过调查、抢救、修缮、保管以及公布文物保护单位等措施，使各类珍贵的文化遗产得到了有效保护和合理利用。相比之下，对于反映各时代社会生产、市民生活的代表性实物——商业老字号遗产的保护——提出较晚，尚未给予应有的重视。这一状况与我国悠久的传统商业文化和丰富的老字号资源不相适应。面对城市化加速进程和城乡建设持续展开的形势，重视商业老字号的保护与发展，应作为当前文化遗产保护工作的重要内容。

1. 商业老字号遗产保护的现实意义

历史性城市，千百年来随着经济的发展和文化的积累，在历史城区形成了一些传统商业街区。起源于宋代的以街为市，是商业发展的一大进步；元代，京杭大运河的开凿和海上运输线的开辟，沟通了南北区域的经济联系，促进了商品贸易的发展；明代，城市商品经济和手工业的发展，形成了米市、肉市、布市、灯市等行业性专门市场和庙会市场，方便了市民生活和贸易；清代，城市商业布局有了更大的变化，至晚清在一些大、中城市中又形成了众多繁华商业街区，这些商业街区内，店铺林立、商贾云集、牌匾交错、人声喧腾，其中不乏一大批闻名遐迩、各具特色的老字号名店。20世纪上半叶，商业老字号经历了曲折的演变过程，走过了风雨飘摇的年代。受连年战乱的影响和西方国家的经济侵略，传统商业呈现畸形发展，一些商业老字号在同“洋货”艰苦卓绝的竞争中得以暂时生存下来，另一些商业老字号则在不正当竞争中悄然退出历史舞台。

新中国成立初期，我国商业老字号企业有1万多家，涉及零售、餐饮、医药、食品、烟酒、丝绸、工艺美术和文物古玩等众多行业以及书店、照相、美发、洗染、浴池等社区服务领域。在北京、上海、天津、广州、南京、杭州、西安、福州、成都等历史性城市均形成了一定规模的传统商业街区。几十年来，众多商业老字号经历了从私人企业到公私合营，再到国有企业的复杂历程，打破了商业老字号以血缘关系传承技艺的延续方式和家族经营、个人所有的产权制度，改变了其数百年来赖以生存的经营基础。长期实行的计划经济体制，使曾在传统的自然经济条件下生存的商业老字号表现出了极大的不适应，而国有化改造则在一定程度上挫伤了商业老字号经营和管理的积极性。一些商业老字号被改为国有企业之后，也染上了国有企业在经营管理上的通病。由于经济体制和运行机制与市场要求发生脱节，长时间处于徘徊不前的状态，致使一些商业老字号的商品及经营方式失去了原有的特色。特别是“十年动乱”，更使一座座百年老店被迫摘掉传世久远的牌匾，传统商业一度濒临灭绝，名家商业老字号更已寥若辰星、屈指可数。

在改革开放的形势下，历经沧桑、饱受磨难的商业老字号迅速恢复，显示出顽强的生命力和深厚的社会根基。逐渐实行的市场经济体制，更为传统商业的生存与发展带来新的机遇。一些商业老字号开始重整旗鼓、焕发青春、再塑辉煌。但是，近年来商品市场竞争日趋激烈，经济全球化的浪潮正以前所未有之势冲击着传统的商业生态，大规模城市改造打破了原有的地域结构，大型现代化商业设施的迅速崛起改变了过去的商业布局。迅速变化的形势，既是挑战，又是机遇，使长时期以来引以为荣耀的商业老字号企业和品牌面临着两种前途、两种命运，呈现出危机与生机并存的局面，商业老字号大家庭也不可避免地经受着日益加剧的分化。是传统还是现代，是选择个性还是趋同共性，这一问题比以往更加尖锐地向每一个商业老字号提出。

商业老字号是众多商业企业中一个特殊的群体，商业老字号的形成和发展具有自身的规律和特色，只有正确认识并掌握这些规律和特色，才能找到商业老字号保护与发展的正确途径。老字号一词出自何处？查阅《辞海》（1999 年版）、《中国大百科全书（简明版）》（2004 年版）均未获，老字号一词在《现代汉语词典》（2005 年版）中的说明为“开设年代久的商店”。但是在人们心目中对于商业老字号自然有约定俗成的基本概念和评判标准。商业老字号往往具有以下特点：一是有漫长的发展历史和成功的经营实践；二是有著名的商号品牌和古朴的传统建筑；三是有良好的社会声誉和独具的文化理念；四是有专门的加工工艺和特色的产品服务。

首先，商业老字号年代悠久。生活经验告诉人们，具有突出价值的事物往往都经得起时间的考验，这也是人们对于商业老字号评判的重要标准。每一家商业老字号都有数十年甚至数百年的发展史。例如在北京一些有据可查的古老店铺，从其诞生时间看，便宜坊诞生于 1416 年，鹤年堂诞生于 1525 年，六必居诞生于 1530 年，同仁堂诞生于 1669 年，王致和诞生于 1678 年，全聚德诞生于 1864 年，等等，最早的已有近 600 年历史，较晚的也有百余年历史。这些商业老字号栉沐了数百年历史的风风雨雨，代代相传。它们的产品经受过市场一次又一次的检验，屹立不衰。这些商业老字号所创造的文化，有着古远的历史渊薮和深远的文化内蕴。它们的商品源远流长，继承了丰富的历史经验，凝结了历代经营者的智慧和汗水。“头戴马聚源，脚踩内联升，身穿瑞蚨祥……”这首老北京民谣形象地反映了商业老字号在市民心目中的品位和影响。因此可以说，商业老字号是我国古老文化的标志之一，是一种垄断性的商业资源，具有巨大的无形资产价值。

其次，商业老字号门类齐全。各行各业经过长期的竞争和淘汰，都自然地形成了一些经受了时间检验、历久不衰、颇受消费者欢迎的产品和服务项目。如在北京就有瑞蚨祥的绸缎、盛锡福的帽子、内联升的布鞋、普兰德的洗染、荣宝斋的字画、宝文堂的书刊、戴月轩的毛笔、一得阁的墨汁、成文厚的账簿、亨得利的钟表、青山居的玉器、王麻子的刀剪、全聚德的烤鸭、都一处的烧麦、稻香村的糕点、信远斋的蜜饯、月盛斋的酱肉、双合盛的啤酒、同仁堂的中药、张一元的茶叶……可见商业老字号的经营范围甚广，包括文化、艺术、娱乐、服饰、饮食、医药、生活用品等各个方面，与市民的社会生活有着千丝万缕的联系，满足着人们广泛的物质生活和精神生活的需要。

第三，商业老字号品质优良。艰苦奋斗和取信于民是商业老字号成功的共同经验，主要表现为：注重质量、服务周到、善于管理、保持风格。这些朴素的经营思想，常存常新。随着时代的变迁，商业老字号的一些经营特点将发生变化，但是，永远不变的则是注重“诚信”的价值原则，这两个字构成了商业老字号的千秋基业和特质文化。童叟无欺、诚信为本始终是商业老字号奉守的职业道德和从业理念，唯此，才能保证金字招牌长久不衰。在质量方面，每个商业老字号都具有做工精细、货真价实、独具匠心、特色鲜明的拳头产品；在服务方面，每个商业老字号以热情周到的服务，创造一种温馨的商业氛围，促成了众多顾客的消费定式和对商业老字号的认同意识及依赖感；在经营管理方面，商业老字号从进货、制作、门市、销售到工资、福利、奖励等，均有严格的规定；在传统风格方面，众多商业老字号努力延续它们的历史渊源，维护它们的“正宗”风貌，日复一日，年复一年，使其产品永久地保持着淳厚的传统风格。

第四，商业老字号文化独特。商业老字号往往各具独特的兴业秘诀，从而使它们技高一筹，得以生存发展。然而商业老字号所拥有的企业文化内涵，又是其魅力经久不衰的根本原因所在。其中历代传承的“绝活”技艺，往往使一些商业老字号文化特色在社会上广为颂扬。例如同和居的三不粘，“一不粘盘、二不粘筷、三不粘牙”，色泽金黄，香甜不腻，不但是一道火候极为讲究的菜品，而且成为需要保护与传承的非物质文化遗产。六必居则以“黍稻必齐，曲蘖必实，湛炽必洁，陶瓷必良，火候必得，水泉必香”六个“必”字而得名。荣宝斋又以其“木版水印”这一绝技，使古老的手工印刷技术得以继承和发扬。以上“绝活”技艺均因饱含着中华文化的深厚底蕴而成为商业老字号文化的核心内容，成为非物质文化遗产的重要组成部分。同时，商业老字号所彰显出来的文化本质，必然成为所在城市一张多彩的文化名片，成为城市不可复制的文化财富，成为丰富城市文化特色的积极力量。

另一方面，全国各地保留至今的各具特色的商业老字号传统建筑是不可移动文物的重要组成部分。例如世界文化遗产平遥古城内的日昇昌旧址，院落格局完整，建筑、装修如故，具有明清商业建筑特征和山西地方特色；全国重点文物保护单位杭州胡庆余堂是于 1874 年创办的国药店，它和北京同仁堂齐名，并称为著名南北国药老店。其建筑的木构件均选用银杏、樟木，百余年来保存完好，梁枋、隔扇、裙板雕饰精细，有人物、动物、花卉、凤鸟图案，堪称商业老字号中的建筑精品；全国重点文物保护单位高邮当铺结构特殊，状如一座方形城堡，四周是高大的风火墙，森严神秘，为研究清代江苏地区的典当制度及商业建筑提供了重要的实物见证。

同时，传统商业老字号集中地区，形成了独具特色的商业文化街区，丰富了城市的文化空间。例如以豫园地区为代表的上海老城厢，被称为“上海的根”，数百年间这里商业老字号的兴衰，始终成为城市经济和社会生活沉浮变迁的真实写照；内蒙古锡林郭勒盟淖尔传统商业建筑群，源于 1691 年清康熙帝下诏令京城的鼎恒生、大利、聚长城等八大商号在多伦设立铺面，对蒙贸易正式开始，鼎盛时期形成了 4000 家店铺，为研究内蒙古地区商业史、建筑史提供了很好的依据；湖南省怀化市洪江传统商业建筑群始建于明代，以集散和加工洪江桐油、木材、药材而闻名于世，现存明、清建筑 380 栋，包括会馆、油号、木行、米业、票号、镖局、银行、报馆等建筑，为研究我国封建社会晚期商品经济发展历史提供了丰富的实物资料。这些地区作为城市文化的发源地，众多商业老字号在这里孕育、发展、演进，营造着世世代代的繁荣，也为城市注入了生生不息的文化气质。

2. 保护与发展商业老字号刻不容缓

综上所述，有着深厚文化底蕴的商业老字号及其经营的传统商品，是众多身怀绝技的能工巧匠经过悠久岁月凝聚起来的艺术杰作，是我国商业发展中孕育的自主品牌，是历代劳动者勤劳智慧的结晶，也是市场优胜劣汰的产物。城市中的商业老字号，不仅仅是一般意义上的商业设施，而且是城市宝贵的文化资源，是城市人文环境的重要组成部分，承载着独特的商业文化和地域风情，对于当地居民具有强大的亲和力，对于来访者具有强烈的感召力。商业老字号弘扬了中华文化的博大精深，它们既是构成文化遗产的物质要素，又是构成非物质文化遗产的活态单元。它们不仅是祖国商业文化的宝贵财富，也是中华民族传统文化的瑰宝。因此，今天加强商业老字号的保护与发展具有重要意义。

第一，有利于保持和发扬历史性城市独具特色的风貌，扩大城市的文化含量。商业老字号既是我国商业文明的光辉遗产，又是所在城市精神文明的重要载体。它们的存在使城市的历史更加丰厚，文化更加鲜活。保留至今的商业老字号是历史性城市文化遗产的重要组成部分，是中华民族的物质文明与精神文明的历史再现。如北京琉璃厂的文房四宝与字画、上海豫园的黄金珠宝与药品、南京夫子庙的刺绣与书籍、屯溪老街的茶具与笔砚，都是著名的传统特色商品。以这些商品为龙头，加上琳琅满目的土特产品、手工艺品和物美价廉的风味小吃，不仅满足了人们不同层次、不同爱好的需求，而且人们还带走了对这里的一份眷念，增加了对这个城市的一份情感。建设一座商业大厦易，而保留一个商业老字号难。如果失去了商业老字号，就将失去与其他城市不同的一份独特风貌。

第二，有利于弘扬中华民族传统文化。商业老字号都蕴含着传统的文化气息，人们对这些商业老字号之所以感情深厚，不仅是为了购物，更主要的是商业老字号具有独特的历史文化风情。人们光顾这里，仿佛能聆听历史的回音，领略时代的沧桑。全国重点文物保护单位天津利顺德大饭店创业已逾百年，孙中山、宋庆龄、周恩来、黄兴、溥仪、袁世凯、梁启超、胡佛、吴努等中外名人曾在此下榻。历史上许多事件的发生离不开利顺德，利顺德也因其名人效应而扬名海内外。许多海外人士到天津来，以下榻利顺德而自豪，为能住上名人下榻过的房间提前在海外预订房间。不少城市中侨居海外和久居外地的人们，回到故乡，总要逛逛传统商业街区、到商业老字号买份礼品，或者品尝风味小吃。他们在这里重温自己的过去，深切感受故乡浓浓的乡情，加深了对祖国、对家乡的眷恋。海外游子对祖国的思念，也包含了对商业老字号的思念，商业老字号既满足了人们物质生活的需要，也满足了人们精神世界的寄托。

第三，有利于繁荣商品市场。商业老字号是市场经济和商业文化中最具特色和代表性的内容，是城市经济生活中不可忽视的组成部分，也是与现代生活相联系的重要结合点。它们具有鲜明的地域文化特征和较高的知名度与社会影响。这些传统商业凭借老字号的魅力，以自己优越的地理位置、特有的行业配置、热情周到的服务，在市场竞争中发挥优势。在发展市场经济的今天，发扬商业老字号的经营思想、服务观念、质量意识、商品特色，对于繁荣商品市场具有重要的现实作用。在商业老字号集中的传统商业街区，通过开展具有民族文化特点的民俗活动，组织各种民间花会，举办多种书法字画、文化用品、工艺品展销和制作表演，吸引众多游客和购物者，同时往往也吸引了一批投资者，促进所在城市的经济建设。

由此可见，这些名震神州、誉满海外的商业老字号不仅属于当地，也属于中国，还属于世界；不仅属于古代，也属于当代，更属于未来。我们不能让祖先的这份文化遗产在我们这一代失传。商业老字号是由历史“成功的企业群体”构成，因而理

陕西西安老字号同盛祥（2006 年 10 月 16 日）

应成为当代“长寿的企业群体”。然而，在经济全球化的大环境下，一些商业老字号却面临着生死抉择。近年来，为保护商业老字号，国家商业主管部门采取了一系列积极措施。1993 年，认定挂牌了 1600 多家“中华老字号”，涵盖医药、餐饮、食品、零售等众多行业。但是，据相关部门分析，在 1600 多家“中华老字号”中，长期亏损、面临倒闭、破产的占 20%；勉强维持现状的占 70%；经营状况良好的仅占 10%。由此可见，在市场经济蓬勃发展的今天，在城市发展历史上占有极其重要地位的商业老字号，面临着生存危机和发展困境。在城市规划建设中对商业老字号的保护和发展缺乏应有措施，在市场经济发展中对商业老字号的保护和发展缺乏应有关注，这是商业老字号保护和发展中存在的主要矛盾和问题。

一是商业老字号的经营网点严重流失。以往商业老字号多居繁华街区，拥有较好的区位优势。但是，随着所谓“旧城改造”“危旧房改造”和城区道路拓宽，不少商业老字号遭遇拆迁之“痛”，经营网点严重流失。一块块百年老店的牌匾从人们熟悉的门面上被摘下，一座座商业老字号的传统建筑在人们倍感惋惜的注目中被拆除。2006 年春季，“众多老字号小吃店云集的北京前门廊坊二条面临拆迁，引发了北京人一次自发的集体告别”[①]。城市中的传统商业街区往往成为房地产开发争夺的黄金地段，高档房地产开发项目凭借雄厚的资金，逐渐占据昔日商业老字号的传统位置，不少商业老字号被迫更换门庭让位于新主人。还有一些商业老字号遭遇“拆”而不“迁”的困境，徒留一块商业老字号招牌。在这一背景下，一些商业老字号已经或正在悄然消失于人们的视线甚至记忆。广州“由于地铁兴建，道路拓宽，李占记钟表店、致美斋、一乐也、大学鞋、荣根香等至少有 29 家老字号也将从商业旺地上消失”[②]。北京此前有商业老字号 300 多家，“历经多年的市场竞争，包括西单第一家理发店、国泰照相在内的一批老字号逐渐在市场上消失，至今，北京市还在经营的老字号仅剩 200 家左右。”北京老字号协会有关负责人不无担忧地说。

二是商业老字号的传统格局遭到破坏。在大规模的城市开发中，一些侥幸保留下来的商业老字号，被迫分散在城市的各个街区，隐退到缺少商业氛围的偏僻地段，失去了原有的经营氛围及人文环境，形不成历史上曾经的聚集效应，因而日渐萧条。一些城市在对商业街区实施改造后，伴随商业地价的上升，大幅提高商业用房租金，致使一些商业老字号，或由于受经济条件限制望而却步，或因交不起天价租赁费另觅他途。“这是一场无理性、无秩序的商业建造，其中最需要的规划、数量控制等要素一夜之间让位给了速度”[③]。在上海，“受拆迁、租金上升、业态调整、选择性招商等客观原因影响，越来越多的老字号正离开自己的标志性位置，南京东路鼎盛时期曾有老字号店铺 60 余家，如今只剩 20 余家，淮海路上的老字号企业更是屈指可数”[④]。在北京，“大栅栏地区曾经是北京老字号有名的街区，而如今，这里沦为低

① 王慧峰：《北京味道：迁徙路上求生》，载《人民政协报》，2006-07-31（A3）。
② 陈志平、罗振文：《中华老字号落伍的缘故》，载《中华老字号》，2006（2）。
③ 丁强：《商业大变革下的商业地产》，载《建筑与文化》，2004（6），11 页。
④ 王薇：《“老字号”被挤出“老地方”》，载《人民日报》，2007-02-07（6）。

档小商品的聚集地，那些古色古香的老字号金匾已寥寥无几，仅存的几家老字号更像是这条街上的点缀”[①]。此类消息不绝于耳，令人焦虑。

三是商业老字号的生存环境不断恶化。不少商业老字号所处历史环境发生变化，昔日门前人文气息浓郁的商业街道，转眼间变成了机动车川流不息的“大马路”。著名建筑师黄汇面对昔日商业老字号林立的传统商业街区无奈地说：“这条大街宽 70 米，东西横贯北京南城，结果，过去的菜市口、珠市口、磁器口三大商业区都落伍了。这么宽的路，这么多的车呼啸而过，谁逛啊！”[②]。不少城市传统街道被随意展宽后，不仅影响了历史街区原有的人文环境，而且严重伤害了商业街区原有的购物环境。更有一些商业街区在改造后，商业老字号相邻地段新建了一些与原有商业文化氛围和传统经营格局不相协调的高层建筑物或大体量建筑群，从而改变了人们对商业老字号经营环境的良好印象。同时，一些商业老字号建筑的修建，特别是门脸的改建缺乏设计指导，效果不佳。如有的完全采用了现代建筑的开间和形式；有的传统建筑在装修上大面积采用铝合金、大理石贴面、镜面玻璃等现代材料；有的虽然考虑了民族形式，但是忽略了传统尺度和色彩，不适当地采用了大屋顶、黄琉璃瓦、油漆彩绘。

四是商业老字号的发展空间日趋缩小。几年间，“沃尔玛、家乐福、百安居、欧培德，一个个位居世界 500 强的商业大鳄，从眼睁睁看着中国市场到疯狂跑马圈地，中国大陆成为他们最原始、也最时尚的新领地”，“从内容和业态上，一批新型业态应运而生，大卖场、专业卖场、第二类市场、SHOPPING MALL. 折扣店、休闲店、便利店、步行街、商务宾馆等不断涌现，中心区的传统商业逐步被现代商业取代”，而其中的商业老字号“大多免不了边缘化或出局”[③]。前门地区曾是北京当之无愧的传统商业中心，也是北京百年老店最集中的地区。但是，今天人们担心过多地引入外资、过多的国际知名品牌进入，会伤害这里原有的老北京市井文化，冲淡这里的传统商业特色。“洋品牌动辄千万数亿的资本，我们要卖多少豆汁才能挣别人一个零

---

① 李秀江：《拯救“老字号”政府何为？》，载《小康》，2007（5），62 页。
② 王军：《采访本上的城市》，24 页，北京，生活·读书·新知三联书店，2008。
③ 丁强：《商业大变革下的商业地产》，载《建筑与文化》，2004（6），11 页。

头？”老北京传统小吃协会会长侯嘉，在他迁移到后海的店里说，“但我们有代表老北京的故事，老北京小吃才是北京的名片。”他认为前门地区招商就应该全打“本土文化牌”[①]。一些城市在对商业街区实施改造中，提出了“提高国际品牌经营比重”“引进世界顶级品牌”“建设国际一流商业街”的理念，出现了唯洋品牌是爱、唯洋血统是举，以品牌和血统定去留的怪象。

五是商业老字号的经营体制受到制约。对商业老字号的保护缺乏系统的规划。一方面，大多数商业老字号经营和生产条件恶劣，操作场地日趋狭窄，房屋质量日趋恶劣，经营设施日趋陈旧。原有“前店后厂”和“工商兼营”的经营方式，由于发展空间日趋缩小难以发挥特色。另一方面，由于经营和生产条件所限，面对日益增长的社会需求，形不成合理经营规模，吸引力、辐射力和市场开拓能力减弱，严重制约了自身的发展，降低了市场竞争力。甚至一些商业老字号不堪惨淡经营的状况，被迫转产或靠租赁房屋度日，商业老字号品牌就此销声匿迹，令传统文化资产流失。同时，机制不健全、政企不分和产权归属不明晰等问题，仍然是商业老字号保护与发展的突出障碍，企业房产界定、职工身份置换等历史遗留问题，给企业改制带来困难。国家商务部门的有关报告指出，“许多老字号企业，尤其是条件较好的老字号企业，仍存在产权不清晰，特别是国有色彩仍较浓重的问题”。很多商业老字号在改革体制后，“仍然出现‘一股独大’的局面，老机制老弊病老问题套牢了‘老字号’，制约了企业的发展”[②]。凡此种种，都使拥有悠久历史传统和深厚人文底蕴的商业老字号无奈地走向萎缩。

六是商业老字号的人才培养面临困难。人才流失问题也长期困扰商业老字号。商业老字号的核心竞争力是独有技术，往往靠传统的师承制方式传承。一些商业老字号由于职工待遇较低，缺乏激励机制等原因，身怀一技之长的技术员工经常被宾馆饭店等其他企业挖走，而商业老字号自身急需的人才又难以引进，造成后继乏人，员工文化水平普遍较低，导致生产老化、经营老化，产品质量缺乏稳定性，高成本

① 祁建：《老北京“味儿”不可去》，载《人民政协报》，2007-12-24（1）。
② 李秀江：《拯救“老字号”政府何为？》，载《小康》，2007（5），62页。

生产和低效率运营已经成为一种普遍问题。这些问题的沉积，常常成为企业经营不善，乃至亏损、破产的重要内因。商业老字号发展的竞争，实际上最终就是人才的竞争，人才的短缺必将严重制约商业老字号的进一步发展，从而出现“王麻子剪刀厂‘几十年如一日’的营销方式最终导致企业破产”“陶陶居的茶楼首层几乎变成了服装的摆卖场了”等悲剧的发生。在这一情势下，一些商业老字号把保住经营特色与增加经济效益对立起来，改变了原有企业性质，经营起与本店特色毫不相关的商品，失去了维系百年的历史文脉。甚至有的商业老字号更换了承传数代的店名，改称为“商厦”或“购物中心”。随着经营环境的改变及传统工艺的失传，一些商业老字号在洋品牌、洋字号、洋快餐的大举进攻下，逐渐淡化了自身特色，有的甚至已经名不符实。

七是商业老字号的知识产权缺乏保护。目前，我国商业老字号还面临着另外一方面的威胁，即传统商标遭“抢注”。“青岛啤酒”在美国被抢注，“狗不理”在日本被抢注，“王致和”在德国被抢注等消息不断传来。事实上，“来自北京威创日新知识产权事务所的调查发现，‘天津麻花’商标在加拿大被抢注，‘五粮液’在韩国被抢注，‘红塔山’在菲律宾被抢注，‘同仁堂’在日本被抢注……在加拿大多伦多甚至有一家网站，名字就是‘中华老字号抢注公司’。这个网站公然大批量买卖中华老字号商标”。业内人士告知，“我国每年商标遭抢注案件超过100起，涉及化妆品、饮料、家电、服装、文化等多个领域，其中绝大多数为我国知名商标，尤其是中华老字号商标”。由此可以看出，我国商业老字号的商标已经进入了被人疯狂抢注的高潮期，而面对这一严峻形势，“部分商业老字号愤然进入了漫漫维权之路，而另一部分商业老字号却置若罔闻”[①]。相当一部分商业老字号知识产权保护意识薄弱，产品、名称、商标迟迟没有注册，由于我国大部分商业老字号尚未形成完整的知识产权保护战略，更不善于运用商标境外注册维护自己的正当权益，缺乏对自主知识产权的保护，致使正在使用的商标都出现被人注册的情况，其中被境外抢注的商标中，

① 高铭泽:《中华老字号遭遇“商标劫”》，载《人民政协报》，2007-10-19（2）。

只有一部分最后夺回商标注册权，而大部分商标则被抢注成功。

面对商业老字号保护和发展中的问题和困境，各地不断加大商业老字号的保护力度。如上海市黄浦区在全市率先制定了区域商业老字号发展规划，对区内包括黄金珠宝、中西药业、餐饮食品、工艺礼品等领域的109家商业老字号逐一进行调查分析，分别对26家经营状况良好、56家处于基本维持状态和27家经营不善趋于淘汰的老字号，制定了分类推进的商业老字号发展战略。杭州市制定了《杭州老字号保护规划》，在对全市商业老字号进行摸底调查的基础上，就加强商业老字号的保护和发展制定了具体的意见和办法。北京市商务局发布了保护商业老字号的相关政策，从2006年起设立商业老字号发展专项资金，用于支持成立于1956年公私合营前或获得国家有关部门所授予"中华老字号"称号的北京老字号企业振兴，一些商业老字号的振兴项目最高有望获得300万的资金支持以及贴息贷款等形式的资助，而对于为商业老字号发展作出突出贡献的单位，最高可以获得20万元奖励资金。2008年北京市宣武区争取专项资金80万元，邀请各界专家对谦祥益、内联升、丰泽园、王致和等4家老字号进行"集体诊断"，对这些商业老字号未来的发展做出战略性规划，并给予多方面的鼓励和扶持。

面对激烈的市场竞争，众多商业老字号扬长避短，发挥自身优势。如天津狗不理包子拥有130多年历史，近年面对市场需求陆续推出了140多种系列包子品种，受到消费者欢迎；同为餐饮业的北京全聚德，在突出传统特色的基础上，推出以"全鸭席""鸭四吃"为代表的数百种创新菜肴，满足了民众消费"常吃常新"的需求，他们在对百年文化全面总结、提炼精髓的基础上，投资拍摄反映商业老字号历史发展的《天下第一楼》电视剧，扩大了社会影响；享有"中华名小吃"之誉的南翔馒头店创建于1900年，如今已成为美食大使，不断拓展海内外市场，相继落户日本、韩国、印度尼西亚、中国香港等国家和地区；百年商业老字号上海童涵春堂国药，不断探索体制和经营机制改革，目前已组建成跨地区、跨行业的股份制有限公司，由最初的中药铺发展到现今集制药、饮片工业、物流配送、零售连锁为一体的较具特色规模的商业老字号医药企业，名列全国医药商业百强；历经二百多年沧桑的王大隆刀剪现也已发展成为集产、供、销于一体的综合性专业刀剪企业，生产和经销的产品涵盖了民用、厨用、专业用具、休闲用品等四大系列，品种达到1000多款。

商业老字号首先是文化殿堂，然后才是商业设施，它是中国传统商业文化的象征，是民族风情的载体，是珍贵的文化遗产。西安饭店以经营的菜品、菜点为谱，撰写了《陕西菜谱》，对陕菜的起源、寓意、典故和传说，陕菜的选料、烹制、调味和食用，陕菜不同菜品、菜点的最佳食用季节、价值和风俗，陕菜每种菜点的色、香、味、形、器的特色进行详细介绍。该饭店在经营理念方面提出12字基本方法，即“珍爱、传承、创新、提升、拓展、保护”。珍爱，就是珍爱经过几代人努力创下的中华老字号基业；传承，就是对文化底蕴深厚的传统技艺进一步继承和发扬；创新，就是要克服“坐地开店，等客上门”的老经验；提升，就是全面提升企业文化品位和服务质量；拓展，就是适时顺势拓展企业规模和占领市场份额；保护，就是全面保护专有技术、个性文化和管理方法。不少传统商业街区也在城市经济和社会生活中发挥着独特作用。如天津老城厢附近的八大祥、正兴德、祥德斋等商业老字号带动了北马路、估衣街、针市街、宫南大街、宫北大街等传统商业街区的发展。商业老字号同时也成为发展旅游经济的宝贵资源。天津古文化街展示着浓厚的地方特色，以每年300万人次的客流量吸引着海内外顾客的光顾。

3. 重视商业老字号遗产的保护与发展

优胜劣汰是自然规律，任何人也难以改变。但是人们清醒地看到，一些商业老字号却实实在在地落伍了，它们需要拯救，需要注入新的活力。“物竞天择，适者生存，市场经济犹如大浪淘沙，总有一些落伍者被淘汰出局，这是一种历史的必然规律，任何时代都一样”[①]。面对上述商业老字号保护与发展方面存在的问题，如何在

① 陈志平、罗振文：《中华老字号落伍的缘故》，载《中华老字号》，2006（2）。

进行经济体制改革，全面调整产业结构、大力发展第三产业的今天，保护好商业老字号文化遗产，发挥传统商业的作用，使商业老字号日益呈现出新的生机，是人们关注的问题和共同的责任。对文化遗产的重视程度如何，是一个城市经济和文化水平高低的重要标志。保护和继承商业老字号文化与改革开放、发展市场经济并不矛盾，而且必将相得益彰。历史性城市更应处理好现代化建设与保护文化遗产的关系，珍惜商业老字号的存在，恢复、继承、发展它们的传统，对传承文化、繁荣经济、振兴商业将产生深远的影响。

一要制定商业老字号的保护与发展规划。城市规划对城市功能分区和商业布局具有综合协调与控制管理职能，只有在城市规划中对商业老字号的保护与发展进行整体性和系统性的安排，才能使保护工作落在实处。因此应将商业老字号的保护和发展规划纳入城市各项规划之中，在城市分区规划中突出商业老字号的地位和作用，制定商业老字号保护与发展相得益彰的专业规划，对商业老字号集中区域进行重点分析，制定控制性详细规划和修建性详细规划。在规划制定后还应建立相应的法律、法规，对有特色的传统商业街区和有价值的商业老字号，通过立法的形式加以保护。涉及国家重点建设工程和重要市政工程，确需对商业老字号实施拆迁的，也应在规划中给予重新选址安排，并尽可能考虑安排在原址附近。对于那些具有行业代表性和极具地方特色，但因不合理拆迁而消失的商业老字号逐步加以恢复，重新挂匾开店。

二要保护商业老字号的历史与文物建筑。古朴、典雅的历史建筑是商业老字号存在与发展的实物载体。在城市化加速进程中，要积极抢救这一笔巨大的物质财富和文化遗产。应立即停止城市建设中对商业老字号建筑的盲目拆除与迁建，确保“把根留住”。在研究涉及商业老字号保护的建设项目时应慎重对待，实行听证制度。充分考虑传统商业的地理优势和商业信誉优势，保留商业老字号原有的位置和原有的建筑形式。特别要加强商业老字号起源店的原址保护。对于商业老字号传统建筑进行翻建、修缮、装修等工程时应在形式、材料、色彩等方面努力保持原有特色，并接受专业指导。目前，在各级文物保护单位中商业老字号保护项目数量较少，在已公布的全国重点文物保护单位中，商业老字号保护项目更是寥寥无几。在第三次全国文物普查中，商业老字号已作为重要对象加以调查，对商业老字号的数量、分布、价值等进行登记与评估，并及时将符合价值标准的商业老字号列入各级文物保护单位。特别是对拥有50年以上历史的商业老字号给予特别关注，作为重点保护对象。

三要维系商业老字号的环境与生存空间。在保护商业老字号历史建筑与传统特色的同时，还应注重保护它所处的环境。对于处在传统商业街区的商业老字号，应注意保护其周边传统街道的尺度和历史风貌，必要时确定相应的保护范围和建设控制地带。对于处在当前重点改造商业地段和繁华大街上的商业老字号，也应认真研究其对于环境的具体要求，通过城市设计手法，形成新建商业设施与商业老字号和谐相处，传统商业与现代商业相互友好，彼此渗透融合，各自相得益彰的有利于商业老字号保护与发展的环境。在维系商业老字号生存环境方面，还要注意传统土特产品及农副产品的生产供应问题，保护好这些使商业老字号得以世代相传的原料基地，并建立原料源头追溯体系等保障原料质量和安全的机制。要支持发展与商老字号相关联的传统手工业及特色旅游业。

四要延续商业老字号的经营与管理特色。商业老字号以往经久不衰的原因在于独到的经营理念，而其核心就是品质和诚信。诚如著名的同仁堂家训：“炮制虽繁必不敢省人工，品味虽贵必不敢减物力”。品质和诚信是商业老字号成功的制胜法宝。历史上商业老字号之所以昌盛繁荣，不仅在于其优越的地理位置和古老的门面店堂，更在于它拥有历史渊源淳厚的经营内容和管理方式。众多商业老字号凭借着独特的文化内涵，独到的经营之道，独具的加工工艺，形成了一整套独运匠心的企业经营行为与理念。因此坚守“祖业”、保持特色是商业老字号再度辉煌的关键。维护商业老字号企业的“正宗”品牌，挖掘商业老字号企业的经营方式、延续商业老字号企业的独特技艺、坚守商业老字号企业的传统风格，均极为重要。商业老字号的发展除保持上述经营理念外，还要继承优秀的企业管理制度，维护品质与诚信为本的企业精神和爱岗敬业的文化传统。同时，商业老字号在发展过程中应注意做到健康、有序，在实行连锁经营、开办分店的时候，一定要保持原有特色，提高产品和服务质量，分号不宜兴建过多过滥，更不能采取“卖名牌”的方式发展自己，以免影响正宗商业老字号的声望和信誉。

五要保持商业老字号的竞争与创新潜力。顽强的生命力是商业老字号的表象特征，而与时俱进则是商业老字号的本质特征。励精图治、自强不息，求生存、求发展，历来就是商业老字号文化的重要内涵，是其固有的精神和力量。改革开放的新形势为商业老字号的进一步发展提供了契机，注入了活力，同时也提出了挑战。商业老字号不同于一般古迹遗址，不可能静态保护。它是充满活力的文化遗产，应在保护传统的基础上发扬光大。如果商业老字号在市场经济的大潮中始终沉湎于过去的辉煌，仍旧原封不动地维持原有的技术水平和管理方式不变，必然会因失去竞争力而被淘汰。商业老字号产品之所以历经百年不衰主要依靠的是技术和品质的支撑。如今世界上各类替代品层出不穷，新技术的广泛应用，使商业老字号产品面临严重威胁。因此商业老字号应该凭借自身优势，不断挖潜改造创新，在竞争中求发展。要在维护原有核心技术、保留原有特色的基础上，注重在现有技术基础上的创新，提高产品质量和工艺技术水平，并根据市场需求研发新产品，通过精心设计在产品上推陈出新。

六要更新商业老字号的经营与服务设施。不同时代，人们对购物的环境以及服务的质量有着不同的要求，商业老字号要更大范围地吸引顾客，就必须及时研究消费者的需求变化，突出传统文化特色，适时改善经营环境和服务内容。温馨的文化环境会使人们感受到商业老字号独特的亲和力，在精神上引起共鸣，甚至产生“宾至如归”的感觉，商业老字号的真正魅力正在于此。商业老字号的经营与服务设施，也不应是固定不变的，需要不断适应环境增加技术含量，积极采用先进的技术与设备，引进现代管理经验和科学管理方式。例如在购物环境方面，通过不断更新，满足顾客心理和生理方面的需要。通过采用装备空调系统、计算机结算系统、电信通信系统、数字化内控管理系统等现代化设施，并通过开展网上订货等电子商务措施，使顾客在购物与享受服务时感到舒适、愉快和方便，为保持商业老字号高标准的服务品质和进一步发展创造条件。

七要改革商业老字号的体制和经营机制。面对市场经济的发展，商业老字号应努力克服计划经济时期遗留下来的种种弊端，如政企不分、产权归属不明晰等，使经营者和员工利益与商业老字号的命运和发展紧密结合起来，使商业老字号管理体制和经营机制更加适应市场变化。“政府正确的做法应该是营造良好的市场环境和制度，在合适的时候从老字号中彻底退出，将企业完全放在市场中，放手让他们自己去发展”[①]。同时，要增强商业老字号的自我保护与发展能力，促进商业老字号企业品牌化、差别化、特色化发展，注重传承独特技艺及加强特有专业人才的培养。商业老字号应不断丰富自身文化内涵，以文化创新企业形象，通过提高员工素质、商业信用、服务水平等，增强活力，进入良性发展的轨道。通过采用现代物流配送等创新经营方式，提升竞争力。面对经济全球化的形势，有条件的商业老字号在继承传统、保持特色的同时，应积极拓展市场，特别是被评为中国驰名商标、中国名牌的商业老字号更应积极开拓国际市场。

八要建立商业老字号的鼓励与支持体系。在全球“文化制胜”的大趋势下，现代城市的竞争，实质上就是文化的竞争。文化是维系城市生存发展、挑战经济竞争的生命力所在，而商业老字号则是城市文化的骄子，城市经济的潜龙。因此，各级政府应加大支持商业老字号发展的力度，协调解决商业老字号的历史遗留问题，在商业老字号企业体制改革、网点建设、产权保护、融资信贷、技术创新等各个方面

---

① 李秀江:《拯救“老字号”政府何为？》，载《小康》，2007（5），62页。

做好支持引导。通过建立发展基金，扶持有发展潜力的商业老字号企业。对于已经停业、闲置以及长期亏损、影响力消退的商业老字号应加大政策扶持力度，对这些企业的品牌、商号加以保护，使之得以延续。各级政府不仅应给予商业老字号必要的资金支持，更重要的是支持其改善生存环境，不断为商业老字号扩大影响力创造条件。同时，构建商业老字号公共服务平台，扩大其品牌影响力，提高顾客对商业老字号的忠诚度。

九要挖掘商业老字号的文化与无形价值。在商业老字号的经营内容和商品中，都蕴含着传统的文化气息，具有精神方面的无形价值，是民族商业历史的载体，有凝聚炎黄子孙的作用。因此应深入挖掘和整理商业老字号文化，如对商业老字号的历代产品，连同生产、制作这些产品的工艺记录以及不同历史时期的企业管理文件、文书档案等，进行广泛征集、整理登记、妥善保管，并积极开展学术研究。同时以

浙江杭州老字号回春堂（2006 年 9 月 15 日）

此成果向陆续来店就业的职工进行传统教育，使人们从中了解企业的辉煌历史以及感受先辈创业的艰辛、守业的不易和发展的困难。同时，要加强对商业老字号自主知识产权的保护。把商业老字号著名商号、著名品牌和产品生产工艺配方等无形资产纳入产权界定、资产评估和品牌保护范围。并在研究的基础上，积极将商业老字号文化中的传统技能、加工工艺等申请列入非物质文化遗产名录。

十要宣传商业老字号的品牌与企业形象。在商业老字号文化中物质和精神、经济和文化，紧密相连、互为依托。商业老字号及其经营的传统产品，是历代商业企业家和劳动者勤劳智慧的结晶，蕴含着极其丰富的文化，应通过大力宣传加以弘扬。商业老字号自身也应充分利用品牌优势，面向全社会开展宣传、展示、推介活动。有条件的商业老字号可以开辟企业文化博物馆或陈列室，将保留至今的大量实物资料陈列其中，例如药店的压药碾子、酱园的荆条小篓、酒楼的牙筷银器，早期使用的电灯、电话、电报设备以及牌匾、账簿、房契等均可以作为展品，向来自四面八方的宾客展示本店悠久的历史和独特的企业文化。历史悠久的商业老字号还可以将部分具有重要意义的历史建筑加以原状陈列，配以旧时的家具、用具、文具等，生动、鲜活地再现创业阶段的历史场景和文化形态。

2006年以来，商业老字号的保护出现了新的转机。在我国第一个“文化遗产日”前夕，国务院公布了第六批全国重点文物保护单位和第一批国家级非物质文化遗产名录。前者使列入国家重点保护的商业老字号、老作坊和传统商业集散地成倍增长，后者则将大量商业老字号产品操作、传播和传承过程中的知识、技能和经验列入国家保护之列。国家商务主管部门发出了关于实施“振兴老字号工程”的通知，计划利用3年时间在全国范围内重新认定1000家“中华老字号”①，通过政策引导、文化宣传等多种手段，指导商业老字号企业继承和发展传统技艺和文化，利用品牌优势实现新的发展。日本借奥运会在东京召开之际，将日本当地的寿司食品介绍给世界，1988年汉城奥运会又使韩国泡菜走向世界。北京市在2008年奥运会期间推出

① “中华老字号”的定义为：“历史悠久，拥有世代传承的产品，技艺或服务，具有鲜明的中华民族传统文化背景和深厚的文化底蕴，取得社会广泛认同，形成良好信誉的品牌。”“中华老字号”应具备的条件为：(1) 拥有商标所有权或使用权；(2) 品牌创立于1956年（含）以前；(3) 传承独特的产品，技艺或服务；(4) 有传承中华民族优秀传统的企业文化：(5) 具有中华民族特色和鲜明的地域文化特征，具有历史价值和文化价值；(6) 具有良好信誉，得到广泛的社会认同和赞誉。

"老字号奥运计划"，在餐饮、购物、食品加工、医药等方面，推出40家奥运特色商店，吸引来京观看奥运的国内外游客进店参观、购物，体验中华老字号的文化特色，让更多的人了解商业老字号，热爱商业老字号。这一系列的举措使越来越多的商业老字号重振雄风，永葆青春。

第四章 推动工业遗产的保护与合理利用

2006年"国际古迹遗址日"①，百余位文化遗产保护领域的专业人士和来自全国各工业城市的代表会聚中国近代民族工业发祥地之一的无锡，共同探讨我国工业遗产保护的现状与对策。随着无锡经济迅猛发展，根据城市工业布局调整规划，无锡对市区内环50平方公里范围内影响城市功能布局、影响居民生活环境和有重大改扩建项目的工业企业进行了迁移调整。在这一调整过程中，众多工业遗产将面临重要抉择，成为既紧迫又不可回避的现实问题。无锡所面对的这一问题是当时全国各个城市，特别是众多工业城市所面临的共性问题，引起人们的广泛关注。在这一背景下，首届中国工业遗产保护论坛召开，会议形成的行业共识性文件《无锡建议》向社会各界发出号召，工业遗产是整个人类文化遗产的重要组成部分，在城市化加速进程中应加以善待。

1. 工业遗产保护的国际共识

保护工业遗产的活动起源于英国。早在19世纪末期，英国就出现了"工业考古学"，强调对工业革命与工业大发展时期的工业遗迹和遗物加以记录和保存，这一学科使人们萌发了保护工业遗产的最初意识。随着工业化的加速进程，至20世纪70

① 注：国际古迹遗址理事会于1982年首次提出设立"国际古迹遗址日"，并于次年在第22届联合国教科文组织大会上获得通过，该组织号召其成员和保护工作领域的专业人员在这一特定的节日里，根据文化遗产保护形势的需要而采取共同行动，提高公众保护文化多样性的意识，同时唤起人们对某些濒危文化遗产的关注。

年代较为完整的保护工业遗产的理念逐渐形成。1973 年，第一届国际工业纪念物大会（FICCIM）的召开，引起了国际社会对于工业遗产的关注。1978 年国际工业遗产保护委员会（TICCIH）宣告成立，成为世界上第一个致力于促进工业遗产保护的国际性组织，同时也是国际古迹遗址理事会（ICOMOS）工业遗产问题的专门咨询机构。2003 年 7 月，在俄国下塔吉尔召开的国际工业遗产保护委员会大会上，通过了专用于保护工业遗产的《下塔吉尔宪章》。该宪章阐述了工业遗产的定义，指出了工业遗产的价值以及认定、记录和研究的重要性，并就立法保护、维修保护、教育培训、宣传展示等方面提出了原则、规范和方法的指导性意见。国际古迹遗址理事会也将 2006 年 4 月 18 日“国际古迹遗址日”的主题定为“保护工业遗产”，使工业遗产保护成为全世界共同关注的课题。

工业遗产涉及的领域十分宽泛，《下塔吉尔宪章》中阐述的工业遗产定义反映了国际社会关于工业遗产的基本概念：“凡为工业活动所造建筑与结构、此类建筑与结构中所含工艺和工具以及这类建筑与结构所处城镇与景观、以及其所有其他物质和非物质表现，均具备至关重要的意义。”“工业遗产包括具有历史、技术、社会、建筑或科学价值的工业文化遗迹，包括建筑和机械，厂房，生产作坊和工厂，矿场以及加工提炼遗址，仓库货栈，生产、转换和使用的场所，交通运输及其基础设施以及用于住所、宗教崇拜或教育等和工业相关的社会活动场所。”由此可以看到工业遗产无论在时间方面、范围方面，还是内容方面都具有丰富的内涵和外延。

在时间方面，狭义的工业遗产是指 18 世纪从英国开始的，以采用钢铁等新材料，采用煤炭、石油等新能源，采用机器生产为主要特点的工业革命后的工业遗存。广义的工业遗产则可以包括史前时期加工生产石器工具的遗址、古代资源开采和冶炼遗址以及包括水利工程在内的古代大型工程遗址等工业革命以前各个历史时期中反映人类技术创造的遗物遗存。例如 2000 年列入《世界遗产名录》的比利时斯皮耶纳新石器时代的燧石矿和我国的都江堰水利灌溉工程。目前国际社会研究的对象主要是前者，研究的时段主要集中在18世纪后半期工业革命开始至现代的时间范围，同时也从科学技术史角度探索早期工业及原始工业的根源。在我国，工业遗产关注的主要历史时期是自19世纪后半叶近代工业诞生以来至现代这一时间跨度，但也不排除对前工业时期和工业萌芽时期的研究。如我国洋务运动以来的中国民族工业、半封建半殖民地时期的国外资本工业以及中华人民共和国成立以来的现代工业，这些时期都留下了各具特色的工业遗存，构成我国工业遗产的主体。

在范围方面，狭义的工业遗产主要指生产加工区、仓储区和矿山等处的工业物质遗存，包括钢铁工业、煤炭工业、纺织工业、电子工业等众多工业门类所涉及的各类工业建筑物和附属设施。广义的工业遗产包括与工业发展相联系的交通业、商贸业以及有关社会事业的相关遗存；包括新技术、新材料所带来的社会和工程领域的相关成就，如运河、铁路、桥梁以及其他交通运输设施和能源生产、传输、使用场所。例如法国的南运河和奥地利的塞梅宁铁路分别于1996年和1998年列入世界文化遗产；还包括与工业活动有关的社会场所，如工人住宅、宗教场所、教育培训设施、工商业城镇等，为此巴西的戈亚斯城市历史中心和英国的港口商业城市利物浦也分别于2001年和2004年作为工业遗产列入《世界遗产名录》。

在内容方面，狭义的工业遗产主要包括作坊、车间、仓库、码头、管理办公用房以及界石等不可移动文物；工具、器具、机械、设备、办公用具、生活用品等可移动文物；契约合同、商号商标、产品样品、手稿手札、招牌字号、票证簿册、照片拓片、图书资料、音像制品等涉及企业历史的记录档案。广义的工业遗产还包括工艺流程、生产技能和与其相关的文化表现形式以及存在于人们记忆口传和习惯中的非物质文化遗产。因此，工业遗产是在工业化的发展过程中留存的物质文化遗产和非物质文化遗产的总和。

近年来，工业遗产的概念在继续扩大，其中“工业景观”的提出引起了人们的关注，一些国家已经开始实施广泛的工业景观调查和保护计划。P.威克林（P.

德国埃森的矿业同盟工业区景观（2006 年 3 月 19 日）

Wakelin）先生认为："一个真正的整体方法包括景观的表面、界限、水道、植被、建筑物和通道各个方面。"[①]

国际工业遗产保护委员会主席 L. 伯格恩（L.Bergeron）教授则指出："工业遗产不仅由生产场所构成，而且包括工人的住宅、使用的交通系统及其社会生活遗址等等。但即便各个因素都具有价值，它们的真正价值也只能凸显于它们被置于一个整体景观的框架中；同时在此基础上，我们能够研究其中各因素之间的联系。整体景观的概念对于理解工业遗产至关重要。"[②]如英国的铁桥谷工业旧址，形成一个占地面积达 10 平方公里，由 7 个工业纪念地和博物馆、285 个保护性工业建筑整合为一体的工业景观，目前平均每年约有 30 万参观者光顾。英国的布莱纳文工业景观及其

① P. 威克林：《威尔士历史遗迹："工业景观"》，载《世界遗产大会报告》，1998（3）。
② L. 伯格恩：《新型遗产：工业遗产》，载《世界遗产大会报告》，1998（2）。

关联景区则延伸30平方公里，包括铁矿石场、石灰岩采石场、煤矿、铁炉、砖厂、隧道、蓄水池、露天人工水渠、分散的厂房以及教堂、学校、工人公寓和周围的城镇，还包括草地和树林等一系列内容，具有“生态博物馆”的氛围，集中地反映了该工业景观的真实性和完整性。

2. 工业遗产的价值和保护意义

今天，国际社会正在不断鼓励多样化地理解文化遗产的概念和评价文化遗产价值的重要性。任何一种类型的文化遗产从被理解到积极保护，都经历过渐进的和不断推动的过程，“在很长时间里，人类对于文化遗存的发现与认知就带有很大的盲目性、偶然性、主观性和功利性，随着经济的发展、科学的昌明、社会的进步，文化遗产的认知理念日臻成熟，正在逐渐成为一种充满智慧的理性行为”[①]。于是人们开始认识到，应将工业遗产视作普遍意义上的文化遗产中不可分割的一部分。工业文明创造的财富和对世界以及人类生活的影响，都远远超过之前几千年的总和。工业遗产则直观地反映了人类社会发展的这一重要过程，具有历史的、社会的、科技的、经济的和审美的价值，是我们社会发展不可或缺的物证。因此，保护工业遗产就是保持人类文化的传承，培植社会文化的根基，维护文化的多样性和创造性，促进社会不断向前发展。

工业遗产具有重要的历史价值。它们见证了工业活动对历史和今天所产生的深刻影响。工业革命使科学技术、城市经济和社会文化等方面产生了前所未有的深刻变化，而工业遗产就是工业文明的历史体现，是记录一个时代经济社会、产业水平、工程技术等方面的文化载体。工业遗产不但体现了人类对于美好生活的向往，也体现了人类日益强大的驾驭物质世界的力量。因此，工业遗产是人类所创造并需要长久保存和广泛交流的文明成果，是人类文化遗产中与其他内容相比毫不逊色的组成部分。忽视或者丢弃这一宝贵遗产，就抹去了城市一部分最重要的记忆，使城市出

① 董贻安：《论文化遗产的发现与再发现》，载《东方博物》，2003（增刊），89页。

现一段历史的空白。而更好地保护工业遗产，发掘其丰厚的文化底蕴，将使绚丽多彩的历史画卷更加充实。同时，这些深刻变革的物质证据对人们认识工业活动的产生和发展，研究某类工业活动的起步和过程具有普遍的价值。如“一五”时期的156个重点工业项目奠定了我国的工业基础，成为国家经济起步的先导，成龙配套的钢铁厂机、械制造厂、纺织厂均占地规模宏大，厂房既整齐庄重、又朴实无华，见证了中华人民共和国成立初期国家为解决经济发展和人民生活问题的决心和魄力，也记录了工人群体为实现工业发展目标所作出的巨大贡献，显示了工业遗产所具有的重要历史价值。

工业遗产具有重要的社会价值。它们见证了人类巨大变革时期社会的日常生活。工业活动在创造了巨大的物质财富的同时，也创造了取之不竭的精神财富。工业遗产记录了普通劳动群众难以忘怀的人生，成为社会认同感和归属感的基础，构成不可忽视的社会影响。辉煌的工业历史，不但是企业家的骄傲、工人们的自豪，同样也让后人景仰。保护这些反映时代特征，承载历史信息的工业遗产，能够振奋民族精神，传承产业工人的优秀品德。工业遗产中蕴含着务实创新、包容并蓄，励精图治、锐意进取，精益求精、注重诚信等工业生产中铸就的特有品质，为社会添注一种永不衰竭的精神气质。因此，工业遗产不仅承载着真实和相对完整的工业化时代的历史信息，帮助人们追述以工业为标志的近现代社会历史，帮助未来世代更好地理解这一时期人们的生活和工作方式，而且，保护工业遗产是对民族历史完整性和人类社会创造力的尊重，是对传统产业工人历史贡献的纪念和其崇高精神的传承。同时，工业遗产对于长期工作于此的众多技术人员和产业工人及其家庭来说更具有特殊的情感价值，对它们加以妥善保护将给予工业社区的居民们以心理上的稳定感。

工业遗产具有重要的科技价值。它们见证了科学技术对于工业发展所作出的突出贡献。工业遗产在生产基地的选址规划、建筑物和构造物的施工建设、机械设备的调试安装、生产工具的改进、工艺流程的设计和产品制造的更新等方面具有科技价值。保护好不同发展阶段具有突出价值的工业遗产，才能给后人留下相对完整的工业领域科学技术的发展轨迹，提高对科技发展史的研究水平。而保护某种特定的制作工艺或具有开创意义的范例，则更具有特别的意义。如荆江分洪闸，是我国20世纪50年代初期兴建的第一项大型水利工程的主体工程。1954年长江发生大水，通过三次开闸分洪，大大减轻了洞庭湖的负担，缓解了洪水对荆江大坝的威胁，为确保江汉平原和武汉三镇的安全作出了重要贡献，人们也从中体会到科技的先进力量。又如建于1959年的酒泉卫星发射中心导弹卫星发射场遗址，作为我国建立最早、规模最大的导弹和卫星试验基地，在过去的40多年间，建立了比较完备的试验体系，成功地完成了多种型号导弹、远程运载火箭、人造地球卫星以及载人航天飞船的试验。这两处工业遗产因具有开创意义而展示出重要的科技价值，也因此被国务院列为全国重点文物保护单位。

工业遗产具有重要的经济价值。它们见证了工业发展对经济社会的带动作用。工业的形成与发展往往需要投入大量的人力、物力和财力，而对工业遗产的保护可以避免资源浪费，防止城市改造中因大拆大建而把具有多重价值的工业遗产变为建筑垃圾，有助于减少环境的负担和促进社会可持续发展。同时，保护工业遗产能够在城市衰退地区的经济振兴中发挥重要作用，保持地区活力的延续性，给社区居民提供长期持续稳定的就业机会。据相关资料显示，“到2004年底，上海已为市中心的400万平方米的老厂房招来5000个新‘房客’，加上100万平方米配套用地，使老厂房每年可创造税收租金15亿元，提供就业岗位10余万个，盘活国有资产80多亿元，投入放大效应超过10倍”[①]。通过对城市中的工业遗产重新进行梳理、归类，在合理利用中为城市积淀丰富的历史底蕴，注入新的活力和动力。保留工业遗产的物质形态，弘扬工业遗产的文化精神，既能为后世留下曾经承托经济发展、社会成就和工程科技的历史形象记录，也能为城市经济未来发展带来许多思考和启迪，更能成为拉动经济发展的重要源泉。如英国伦敦著名的泰德现代艺术馆是由原本可能

① 田新杰：《上海工业遗产重现价值经济型连锁酒店率先亮相》，载《中国建设报》，2006-03-22（4）。

被拆除的火力发电厂改建而成，经过数年运营发展，不但成为了全世界吸引观众最多的美术馆之一，同时带动泰晤士河南岸地区从贫困衰退的旧工业区走向富裕进取的文化繁荣地区。

工业遗产具有重要的审美价值。它们见证了工业景观所形成的无法替代的城市特色。在众多城市中，工业的布局和发展极大地影响着城市的格局，形成了特殊的内在肌理和特质内涵，是“阅读城市”的重要物质依托，因而具有明显区别于其他城市的独立性格。在当前城市化大潮中，许多城市由于对自身文化特色的忽视和放弃，造成了城市形态、城市面貌和城市文化的趋同化。认定和保存有多重价值和个性特点的工业遗产，对于提升城市文化品位，维护城市历史风貌，改变“千城一面”的城市面孔，保持生机勃勃的地方特色，具有特殊意义。工业遗产虽然不能像一般艺术作品一样进行观赏，但是，城市的差别性关键在于文化的差别性，工业遗产的特殊形象成为众多城市识别的鲜明标志，作为城市文化的一部分，无时不在提醒人们城市曾经的辉煌和坚实的基础，同时也为城市居民留下更多的向往。一些国家和地区充分认识到工业遗产的这一重要价值，将其作为一种文化资源，走出了与满足社会文化需求相结合进行工业遗产保护的路子。同时，“一般人看来似乎不再具有价值的老工厂在创意者眼中却是激发创作灵感、孕育创意产业的宝贵资源和难得空间”[①]。

工业遗产保护对于传统工业城市来说更为重要。从城市规划角度看，组成一座城市的物质要素不但包括居住区、公共建筑、商务区、道路广场、园林绿地等，也应包括工业、仓库、对外交通运输、桥梁、市政设施、能源供应，等等。“城镇中有着古老的东西，但每年每月都在不断地产生着新的建筑与设施。今天的新事物，若干年后又成为陈迹，并随着时间的洗练，有些遗存又成了具有一定历史价值的标志。城市永远处在不断的新旧交替之中，外观上也是古今并存的，是由基本上属于不同时期、不同地区、不同风貌而构成的，反映了该地区的历史文化和时代特征”[②]。

① 孟为：《四环路内部分旧厂房将建创意产业园》，载《北京日报》，2006-02-10（1）。
② 吴良镛：《广义建筑学》，129页，台北，地景企业股份有限公司，1994。

江苏南通《中国近代第一城》展览（2004 年 5 月 28 日）

2002 年两院院士吴良镛教授在进行多次实地考察和大量文献研究的基础上，指出南通是基于中国人自己的理念，比较自觉地、有一定创造性地通过较为全面的规划、建设、经营的第一个有代表性的城市，堪称“中国近代第一城”。南通是中国近代城市建设和民族工业发展的杰出代表，大量珍贵的工业历史建筑遗存和工业文物表明了“中国近代第一城”的客观存在，随着时间的推移，它们越来越成为体现城市文明和特色的宝贵财富，而“中国近代第一城”的提出和确立使南通的城市性格更加鲜明，城市品位得到了进一步提升。

3. 工业遗产保护存在的问题

自中世纪以来，欧洲在利用能源以及商业贸易上的创新引发了 18 世纪末的一场变革，这场变革使社会、技术和经济条件得到前所未有的飞速发展，堪称一场革命。工业革命开启了一个历史时代，使越来越多的人以及我们这颗星球上所有其他生命形式深受影响。但是，长期以来，人们习惯于把农业社会时代那些历史悠久的文化遗存，譬如古遗址、古墓葬、古建筑、石窟寺及石刻等作为文化遗产悉心加以保护，而对于近现代重要史迹及代表性建筑的保护则重视不够，特别是其中的工业遗产更较少得到人们的认同和保护，其价值尚未得到广泛认可。

工业社会时代的时间不长，距今只有二三百年的历史。因此，人们普遍认为工业场所只是生产加工和劳动就业的地方，而被废弃或即将停产的工业场所更是代表着过时和落后，难以想象它们应作为文化遗产而列入保护之列。工业场地、工业建

德国弗尔克林根铁工厂遗址（2006 年 3 月 19 日）

筑、机械和设备以及其他工业遗产作为工业社会时代的历史见证，其历史、社会、科学以及经济和审美等价值长期被忽略。更有一些城市决策者认为从生产领域淘汰下来的内容是废弃物，既形象丑陋，又曾有过噪声、粉尘、有害气体等污染，是城市以及企业进一步发展的包袱和障碍，应将它们彻底拆除清理，代之以新的开发项目。“工业遗产通常被人们厌恶并与污染或沉痛的回忆联系在一起，它们正面临严峻威胁”[①]。“因为它们创造的景观看起来像自然灾害或历史失败的象征，所以它们现在被列为迅速重点拆除的对象”[②]。目前世界各地的工业遗产正面临着毁坏和遗弃以及掠夺式开发导致的严重威胁。不少国家伴随经济全球化和信息化的发展，相继出现降工业化[③]现象，特别是污染严重、劳动密集的大型工业企业，由于大量产业工人下岗，大量工业设施闲置，大量环境问题需要处置，造成工业遗产的不断损毁和消失。对于曾经有过辉煌工业传统的城市来说，工业遗产的灭失所导致的文化遗产的断层，对城市肌理和个性特征带来了不可挽回的伤害。

在我国，工业社会时代开始的时间更晚，人们对工业遗产保护的认识需要一个接受的过程。随着城市化步伐的逐步加快，对工业遗存在拆与保、遗弃与利用之间存在着激烈的碰撞。这种碰撞不仅存在于某个地区，而普遍存在于具有工业遗产资源的所有城市。尽管近年来一部分工业遗产开始被列入保护之列，但是受法律保护的工业遗产项目仅占应纳入保护内容中的很小一部分，也就是在最近才开始在少数城市启动了工业遗产的普查认定和保护规划制定，而大部分城市，特别是一些传统工业城市，尚未将工业遗产保护纳入文化遗产保护范畴，缺乏对工业遗产的总体评价。

我们看到由于大量传统工业先后遭遇行业衰退和逆工业化过程，于是转让土地使用权，用转让资金安置分流人员，清理债务，投资发展，几乎成为这些企业唯一的出路。同时在巨大的城市空间发展需求和土地供给日益短缺的压力之下，处于城市中心和近郊区的工业用地早已成为令人注目的开发对象，伴随“退二进三”“退城

① D. 班巴鲁：《生产遗产》，载《中国文物报》，2006-04-14（5）。
② L. 格恩：《对工业遗产的质疑》，载《世界遗产大会报告》1998（2）。
③ 注：降工业化（Deindustrialization）是指工业份额不断减少的过程，包含着工业企业区域面积的不断减少，工业创造的增加值占 GDP 的比重不断下降的过程。

进园”的实施，关、停、并、转后的工业旧址和厂房成为废弃和提前拆除的对象，房地产开发随之跟进，成为开发商追逐利润的难得发展空间。昔日的厂房和设施往往成为平衡开发成本的牺牲品，遭到被拆除和损毁的命运。为了有限的商业利益，不惜将一些经历战争磨难和文化浩劫而幸存下来的优秀工业遗产遗弃或拆毁，不顾资源环境和子孙后代利益的短视行为时有发生，导致工业遗产日渐减少，使我国工业文明初期的见证和记忆永远从人们的视线里消失。现在人们开始注意保护数千年、数百年前祖先创造的历史遗存，而往往忽略几十年前在我们父辈或者我们自己手中创造的文化遗存，忽视保护历史的延续性。正像我们曾经不文明地对待文物古迹和历史文化街区一样，今天又正在迅速毁掉工业社会时代留下的文化遗产，使一些作为人类智慧结晶的工业遗产岌岌可危。

在“旧城改造”的热潮中，在推土机的轰鸣中，一些尚未进行界定、未受到重视的工业建筑和旧址，正急速从城市的界面消失，烟消尘散后留下了城市记忆的空洞。沈阳原奉天纱厂的破坏事件就是一个典型例子。奉天纱厂创建于 1923 年 7 月，官商合办，是当时东北地区规模最大的纺织企业，纱厂原办公楼也是共产党早期领导人开展工人运动的地方，因此具有重要历史价值，应予以保护。但虽经文物部门多次交涉和阻止，绝大部分厂房仍被房地产开发商拆毁，原办公楼也在被炸毁后异地复建，失去了应有的价值。作为老工业基地的沈阳曾经拥有过数百个新中国的工业第一，岁月的流逝理应使这些当年尽显辉煌的工业遗存受到应有的保护。不久前，由沈阳市政协组织的调研小组“对全市 129 家 1965 年以前建厂的大、中型企业进行调查，结果表明：工业文物尚存的企业仅有 36 户，其中包括 19 世纪 30 年代以前沈阳民族工业时期的一些遗存、伪满时期工业遗存和中华人民共和国成立后国民经济恢复发展时期以及国家‘一五’时期发展起来的工业遗存”[①]。抗战时期，中国企业内迁，促进了重庆工业迅速发展，建成包括民用和军工企业在内的门类比较齐全的战时工业基地。但是，目前重庆尚无一处工业遗产被列入市级文物保护单位。许多

---

① 魏晓霞:《追寻工业时代》，载《中国旅游报》，2006-04-10（13）。

工业建筑在城市建设和产业结构调整中被拆除，工业遗产在快速消亡，城市也逐渐失去原有特色。

另一方面，现代工业遗产正面临着技术不断更新或更替所带来的冲击。“如今日新月异的技术变革彻底改变了工业厂房、机器及工具的制造方式及使用方式。同时，人们的观念和生活也经历了剧烈的变革。可能在短短数年间，旧的生产方式就已然过时，我们的社会面目一新。现代社会发展节奏如此之快，新旧世纪交替使我们更加远离刚刚逝去的过去，以至于工业化的遗址则很快地步入历史”[①]。与其他古迹遗址不同的是，不断延续的工业活动迫使此类工业遗产与不断向前发展的生产方式相适应，新技术、新工艺的不断开发应用和产品迅速地更新换代也使工业遗产更为脆弱，极易于受到损害。“文化本身是不断形成的、发展的、动态的，永远在延续、创新的过程之中”[②]。工业遗产亦复如此。如电子计算机工业尽管形成和发展的时间不长，但是在短短半个世纪中，它已经历了一系列的技术革命。伴随电子器件从电子管经由晶体管和中小型集成电路到大规模集成电路，电子计算机也经历了大型机、小型机、袖珍型机和微型机的系列更迭。无论是软件还是硬件在规模和复杂性上都经历了重大变化。H. 普弗（Hans Pufal）先生抱怨道：“很多早期计算机作为特殊项目制造，当继任品被开发和制造后，它们很快就被拆除了。”“软件不断更新和改善，老的版本就像旧抹布一样被抛弃。尽管物质的人工品在某种程度上被保存下来，软件或用来运转这些机器的程序命运却不相同。列表、纸带、打孔机、磁带和系统手册通常是最先抛弃的东西”[③]。再如对于机械制造工业来说，在 20 世纪 60 年代更新的过程是明显的，到 20 世纪末人们只能在个别企业看到世纪之初的机器仍在进行生产或闲置在车间的某一角落，那么在今后一二十年，这些最后的痕迹将从工业生产领域中完全消失，于是机械制造工业的历史也将很容易地被人忘掉。证明工业发展深刻变革的物证材料对人类而言具有广泛的价值，我们必须认识到保护这类技术和产品迅速更新换代的生产领域的工业遗产的重要性。因此，在城市更新和产业发展

① L. 伯格恩：《新型遗产工业遗产》，载《世界遗产大会报告》，1998（2）。
② 吴良镛：《广义建筑学》，40 页，台北，地景企业股份有限公司，1994。
③ 汉斯、普弗（Hans Pufal）：《保护我们的计算机遗产》，载《世界遗产大会报告》，2003（20）。

过程中，如何对待工业遗产已经成为文化遗产保护领域的重要课题。正如国际古迹遗址理事会秘书长 D. 班巴鲁（Dinu Bumbaru）先生所指："对于这些巨大的或高度专业化的结构的保护，或对污染遗址的保护，给我们提出很难的技术挑战，它要求实际经验和知识的集中共享。"①

4. 国际工业遗产保护的探索

在城市化的进程中，工业遗产同其他文化遗产一样，在全球范围内受到威胁。所幸在一些国家，工业遗产保护问题首先引起当地居民的关注，并逐渐得到了社会民众的理解和支持，成为保护的主要力量。如发生在日本北海道的小樽运河和美国纽约的苏荷（SOHO）工业区的保护运动较为典型。小樽曾是日本西部沿海最大的港口，重要的移民和物资集散地，全长 1.3 公里的运河承载着昔日的繁荣，与运河沿岸的仓库、厂房以及港口设施共同构成了当地的独特风景。1966 年夏地方政府因建设 6 车道的沿海道路，计划将历史悠久的小樽运河填埋 60%，并且威胁到上百栋明治时代的石造仓库群的保护。这一严重事态引起市民的抗议，他们认为小樽运河和石造仓库群是城市经济繁荣的历史见证，构成家乡的独特景观。于是自发组成了"小樽运河保护会"，开展了持续的保护运动，不但有效阻止了建设性破坏，而且促成该工业遗产列为"国家重要的传统建筑物群保存地区"。美国曼哈顿的苏荷，在第二次世界大战前曾是著名的传统工业区，经济大萧条后工厂搬迁，闲置了大量厂房和仓库。一批艺术家将工业厂房和仓库内部稍加整理后用作为艺术创作、作品展示和交流聚会的场所。纽约市政府曾计划对该地区的传统建筑实施拆迁，改建为现代化的写字楼和高级公寓，但遭到市民的强烈反对。保留下来的苏荷逐渐发展成为艺术品经营业、餐饮业、时装业等诸多产业聚集的区域，形成了独具特色的"苏荷模式"。"20 世纪 70 年代，市政府终于决定将'苏荷'列为历史文化保护区，明确规划这里以艺术经营为主，'苏荷'重新走向繁荣"②。此类例子还有很多，如著名的法

① D. 班巴鲁：《生产遗产》，载《中国文物报》，2006-04-14（5）。
② 张晨：《创意色彩点靓工业历史建筑》，载《文汇报》，2005-10-03（8）。

国奥赛博物馆，是利用当年为举办1900年国际博览会而建的奥赛火车站改建而成。20世纪70年代初，奥赛火车站曾因废弃而险些被拆，也是在市民的积极呼吁和保护下，于1978年被列为“国家级纪念建筑”，在保持历史建筑形成的标志性景观基础上，对室内合理进行改造，满足了博物馆的功能需求。

目前，国际社会对于工业遗产保护逐渐形成良好氛围，越来越多的国家开始重视保护工业遗产，在制定保护规划的基础上，通过合理利用使工业遗产的重要性得以最大限度地保存和再现，增强公众对工业遗产的认识。在推动地区产业转型，积极整治环境，重塑地区竞争力和吸引力，带动经济社会复苏等方面取得了不少成功的经验。笔者虽然未对工业遗产保护进行过专门考察，但是仅就接触到的一些工业遗产保护实例也留下了不少深刻印象。我们看到一些城市对于已经失去原有功能的工厂码头等遗址，没有采取简单粗暴地全部推倒重建的办法，而是通过合理利用的手段，不断为社会提供综合效益。如美国旧金山的原巧克力工厂，奥地利维也纳的原煤气工厂等，今日均成为市民和来访者们喜爱的游乐和购物中心。塞默灵铁路是奥地利早期最伟大的铁路建设工程之一，并持续使用至今，因其穿越了一个壮丽的山地景观，同时沿途有众多精美的民居建筑，而成为一条著名的文化线路，并作为工业遗产列入《世界遗产名录》。澳大利亚悉尼市在达令港码头改造规划中，将大量老仓库利用为专业店、咖啡屋和小型博物馆。美国旧金山的旧码头建筑也是经过精心修缮，成为别具特色的室内商业街。

近年来，由于制造业经济大量向金融、物流、中介、研发等方向转型，所以许多适宜的厂房、仓库被利用为办公用房。如我们曾经访问过的位于里斯本的葡萄牙国家考古局、位于巴塞罗那的西班牙恺撒基金会等机构，也都是通过合理利用工业建筑，既保留了工业化时代的风貌，又获得了良好的工作条件。这些成功的事例展现出工业遗产与其他古代文化遗产相比具有更加广泛的利用空间。我们还看到一些艺术家工作室、时装设计室、艺术画廊、工艺品店、律师事务所、牙医诊所、商业推广公司、旅游公司、中介咨询机构、产品研发机构、小型展销场所等也都在工业建筑中找到了理想空间。同时人们对于这些工业建筑的文化信息和传统风貌格外珍爱，适度地改造往往仅限于室内，如增加隔热保温措施，进行内部水电改造，添加卫生设施，房间结构加固及装修等，而对于工业建筑的外观和格局以及室外环境尽可能保持原貌，以提醒人们这些工业建筑和设施不同寻常的历史和不可替代的价值。

不久前，我们访问了德国的弗尔克林根铁工厂和埃森的矿业同盟工业区景观，它们分别于 1994 年和 2001 年列入《世界遗产名录》。弗尔克林根铁工厂占地面积约 6 公顷，是整个西欧和北美地区现存唯一一处保存完好的 19 世纪和 20 世纪时期建造和装备的综合性铁工厂遗址。尽管已经停产多年，但是仍然向人们展示着当年铁工厂的整体风貌。原状陈列的高炉、吊车、轨道、排风机、烟囱等工业设施，详细述

德国埃森的矿业同盟工业区景观（2006 年 3 月 19 日）

说着当年炼铁工业的各个生产环节，随处可见的记录生产场景的历史照片向人们传达着昔日劳动的艰辛，而照片中当年劳动者们脸上洋溢的笑容表现出产业工人的自信与自豪。当年规模最大的厂房如今被用作美术馆，室内保留下来的各种工业设备和密布的能源管道像一组组风格独特的雕塑，使人们置身于一个充满遐想的工业遗址空间，给参观者增添特殊的体验和情趣。我们在工厂的食堂中品尝到物美价廉的午餐，可以体会到解决工人就业的多种途径。埃森的矿业同盟工业区景观同样保留着历史上煤矿工业区的完整结构和景观。该工业区于1847年运行，1986年停产，工业遗产见证着过去140年中曾经作为当地支柱产业的煤矿业的兴衰。这个曾经污染严重、逐步走向衰落的老工业区，通过进行产业结构调整转型，今天作为工业遗址公园而吸引着成千上万的访客。参观者可以通过当年的设施进入地下矿井，实地体验过去采煤的环境。昔日的运煤火车被利用为游览工具，矿区内的一些工业设施、铁路设施，甚至旧火车车厢也被作为社区居民和参观者开展各种活动的场地。特别是那些对工业设施缺乏体验的中小学生尤其热衷于此而流连忘返。风景优美的工业遗址公园还吸引了众多创意产业公司、产品研发机构等企业落户，完好保护的20世纪工业建筑中经常举办各种会议和展览活动，在提供优质服务的同时，也取得了可观的经济效益。以上两处工业遗产保护实践表明，科学合理的利用可以使停产多年、肮脏混乱的工业区变得整洁高雅，充满文化气息，环境污染、工人就业等问题也可以同时得到较好解决，使老工业基地重新焕发出青春，成为保护工业遗产、复兴工业文化的成功范例。

在工业遗产保护理论上一些国家也进行了有益的探索。鉴于作为文化遗产的某些建筑其原有功能已不再适用，无论是业主、使用者还是建筑师，就会考虑为其寻找另一种相近或全新的用途，以便将该遗产建筑保留下来。那么在这一过程中，保护工作应该如何掌握和开展呢？澳大利亚所制定的《巴拉宪章》，为文物建筑寻找“改造性再利用”（Adaptive Reuse）的方式越来越受到重视，并在工业遗产保护项目上加以推广。"'改造性再利用'关键在于为某一建筑遗产找到恰当的用途，这些用途使该场所的重要性得以最大限度地保存和再现，对重要结构的改变降低到最低限度并且使这种改变可以得到复原"[①]。由此看来，《巴拉宪章》所定义的"改造性再利用"指的是对某一场所进行调整使其容纳新的功能，这种做法因没有从实质上削弱场所的文化意义而受到鼓励推广

5. 我国工业遗产保护的实践

我国有着悠久的农业社会文明，在整个农业社会的发展过程中"中国为人类贡献了不可缺少的许多重大发明，在相当长的历史时期，中国发明家引领着技术创新的潮流。从春秋时期到宋代，1800年间中国发明家走在世界前列"。如"公元前600年，古代中国人发明了液态生铁冶炼技术，用极其聪明的办法使铁矿石源源不断地变成铁……使人类迅速进入铁器时代"。又如"公元前300年，古代中国人发明了深井钻探技术，使人类能够获取深藏在地下的财富"。"没有一个历史学家能够轻视中国古代四大发明对欧洲文明进程的深远影响，对欧洲来说，无论是地理大发现、文艺复兴，还是走出中世纪进入现代社会，中国的古代发明都起着至关重要的作用"[②]。19世纪末，中国开始接触西方的自然科学和工程技术，近代科学知识和产业革命中诞生的新技术逐渐进入中国。"鸦片战争以后，随着中国封建经济结构逐渐解体，资本主义生产方式的产生和发展，必然导致中国建筑的近代化。从1840年到1949年共109年，中国先后出现了100余个近代城市"[③]。工业的发展对于我国近代城市的转型也起到了多方面的推动作用，一是促进一部分通商口岸从商业城市演变为工商业综合性城市。"仅上海、天津、武汉、青岛、广州五城市就集中了全国工人总数的70%"[④]，这些城市随着工业的集中而成为近代中国最重要的工业基地。二是促使一部分省城、府城开始从封建都邑的农业文明向近代工业文明的转型，如南京、济南、沈阳、福州、长沙、杭州、昆明、成都、西安、太原等城市均出现了成

① [奥]艾利森·麦格斯著:《改造性再利用》，彭琼莉译，王丰年校，《世界建筑》，1999（5），44页。
② 张开逊:《理解发明就是理解未来》，载《新华文摘》，2006（6），125页。
③ 转引自凌振荣:《南通近代建筑的历史地位和形成特点》，载《东南文化》，2003（1），60页。
④ 潘谷西:《中国建筑史》，5版，306页，北京，中国建筑工业出版社，2004。

片的工业厂区。三是诞生了一批新兴的民族资本工业城市。如南通、无锡等因工而兴的城市和抚顺、唐山、焦作、大冶、萍乡、玉门等因矿而兴的城市。经过20世纪的风风雨雨，我国在百余年里走过了西方数百年的历程，由农业文明社会步入现代社会，这对中国、对世界而言，无疑都是惊天动地的事件。沉寂数百年之后，充满生机的中国屹立在世界的东方。跨入21世纪后，我国在众多领域的科学发明和工业成就，已经成为人类社会的宝贵财富。近年来，我国伴随城市规划布局及产业结构的调整，工业从城市外迁的步伐加快，与世界很多国家一样，我国各地也遗留下不少工业遗产。如何评估这笔珍贵遗产并将其妥善保护、永续利用，已成为文化遗产保护又一个极为紧迫的问题。同时人们也高兴地看到，许多具有远见卓识的地方政府，在大力推进当地经济社会可持续发展的进程中，重视工业遗产的保护，取得了令人称道的业绩。

上海作为20世纪我国最重要的工业基地，工业遗产资源无论在规模上还是在数量上都在国内具有独特地位。上海市对工业遗产保护的研究和探索也启动较早，并逐步积累了一定的成功经验。市政府于1991年发布了《上海市优秀近代建筑保护管理办法》，对自1840年至1949年建造的重要建筑提出了明确的保护措施。2002年初，上海市人大常委会又审议通过的《上海市历史文化风貌区和优秀历史建筑保护条例（草案）》，在我国首次提出了产业建筑的保护。在工业遗产保护方面提出了经济发展与城市功能及生态环境相适应的保护与合理利用模式。其中对内环线以内闲置的全部工业厂房规划了适宜的用途，而不是一味拆除。杨树浦一带坐落着我国最早的煤气厂、发电厂、自来水厂等，还有许多早期工业旧址。其中，煤气厂前身是上海最早创办的大英自来火房，其炭化炉房是中国最早的钢铁结构厂房建筑；发电厂是上海历史最久的火力发电厂，有当时中国最大的吊车吨位车间；自来水厂前身是英商上海自来水公司，为上海最早使用水泥和混凝土的工业建筑。随着对工业遗产的认知不断加深，杨树浦一带传统市政工业区将在新一轮的规划中得到妥善保护和合理利用，使城市文脉得以延续。上海的苏州河，曾承担过繁重的工业原料、能源和产品的运输功能，沿河两岸的厂房、仓库、码头等工业遗迹，记载了城市百年产业兴衰，成为城市独特的精神载体。随着航运功能的不断淡化，苏州河实施整治工程，在维护历史风貌的基础上，对这一历史地段的功能重新定位，沿河的传统工业建筑群逐渐成为建筑设计、广告策划、艺术展示等业态的聚集地。“2005 年底，位于上海中心城区，由于工厂转型而闲置多年的原上钢十厂红砖厂房经过结构加固和维修改造，成为老工业建筑与现代商务交融的上海城市雕塑艺术中心”[①]。

北京在中华人民共和国成立之初，根据“将消费的城市变成生产的城市”的方针和成为“强大的工业基地”的目标[②]，一度承担了大型工业发展的重要职责，环布在城市周边的大型和特大型企业见证了那段不寻常的历史。西部的首都钢铁厂和燕山石化公司，东部的电子城和纺织城，曾是我国现代化工业的龙头和重要基地。2004 年 2 月市人大代表提出了“保留一个老工业的建筑遗产，保留一个正在发展的艺术区”的建议，目标是保护位于酒仙桥地区的国营电子工业厂区，这个集当时世界电子技术与建筑技术之大成于一身，号称“计划经济第一厂”的电子工业巨人。近些年，由于经济转型等问题致使工厂陷入困境，随后一些艺术家利用部分空置厂房进行艺术创作，逐渐形成了大规模的艺术区。建议“政府相关部门立刻制止 718 联合厂地区正在发生和计划中的大规模拆建行为。理由是：这里大部分建筑物保持了 20 世纪 50 年代初建筑的原貌”[③]。这一呼吁得到了重视，改造的计划得以停止。一年以后，2005 年 3 月市人大常委会在审议《北京历史文化名城保护条例》草案时，部分委员又提出首钢和东郊的纺织城等一些建于 50 年代的大型企业，都应作为北京工业化阶段的历史遗迹加以保护。因为这些大型企业都记载着北京经济振兴的历史，是中国钢铁和纺织工业发展的一个缩影。这些企业有特色的工业建筑应该予以认定，并纳入历史文化名城保护范围。保护意味着铭记历史，振奋民族精神，传承新中国产业工人的优秀传统和品德。为此，北京市正在重新定位，将其规划为一个重要的

① 孙艳梅：《上海红坊破题旧房新用》，载《中国建设报》，2006-02-15（3）。
② 北京建设史书编辑委员会：《中华人民共和国成立以来的北京城市建设》，29 页，1986。
③ 宫苏艺：《工业遗迹保护应提上议事日程》，载《光明日报》，2005-08-05（2）。

文化区域。北京市目前正在制定利用四环路内部分旧厂房置换新产业，推进创意产业园建设的规划。“相对于过去企业‘搬迁—卖地—拆房—新建’的模式而言，发展创意产业无疑是为企业搬迁调整开辟了一条新的途径”。“如果只搬不拆，搬迁后的废旧厂房正可以其优越的地理位置、宽阔高大的内部空间和独具特色的建筑个性，为创意产业提供个性化的生存环境。据初步调查，目前仅四环路内拟搬迁的就有17家市属工业企业，占地就达40万平方米，建筑面积超过32万平方米”[①]。

无锡市政府曾发布《关于开展工业遗产普查和保护工作的通知》，对工业遗产普查和保护进行了全面部署，采取条块结合的办法，即文化、规划、经贸、档案等部门和资产经营公司以及各级政府联手对工业遗产开展普查，将48处近代民族工商业史迹列入市级文物保护单位，成为城市发展的重要文脉和体现城市个性的显著特色。在无锡市博物馆中收藏保存了600余件有关工业遗产的实物资料，其中很多属于民族工业遗产巾的可移动文物，具有较高历史价值和科学价值。同时通过调查统计，建立了市属企业的77.9万卷工业档案，掌握了工业遗产资源的底数。该市组织编制了《无锡市工业遗产保护专项规划》，确立了“护其貌，显其颜，铸其魂，扬其韵”的工业遗产保护思路。根据规划将形成一条具有地域特色的工业遗产人文景观带；利用2处工业厂房分别建设中国民族工商业博物馆和中国乡镇企业博物馆；选择3处工业厂区进行以产业结构调整为重点的功能置换，分别创办艺术设计园、工业设计园和文化产业园；利用工业遗存，建设无锡历史上享有盛誉的四大支柱行业博物馆，即米市博物馆、纺织博物馆、丝绸博物馆和钱业博物馆。

成都市在初步摸清优秀近现代建筑家底的基础上出台了《成都市优秀近现代建筑保护规划》，“根据规划，成都市将近现代建筑的时间截止到1976年，30年以上的优秀建筑都被纳入了保护范围。每一座符合标准的老建筑都将获得一个‘身份卡’，标注具体地址、占地面积、整体风貌、目前保护状态等信息”[②]。包括传统工业建筑在内的近现代建筑将通过科学的鉴定进行分级，并根据价值纳入相应级别的文物保

① 孟为：《四环路内部分旧厂房将建创意产业园》，载《北京日报》，2006-02-10（1）。
② 梁小琴：《成都老房子佩戴身份卡》，载《人民日报》，2005-09-28（11）。

护单位实施保护。苏州市于2004年发起“古城寻宝”文物普查活动，寻访有一定价值的近现代建筑，其中包括与近代民族工业有关的代表性建筑。通过评估后，一部分工业建筑被公布为市级文物保护单位或控制保护建筑。同时采取工业遗产区域整体保护模式。阊门地区曾是苏州最繁华的工商业区，拥有大量价值较高的工业建筑和企业管理人员寓所。市政府将此区域增列为历史文化街区，并对其保护范围进行了扩展。杭州市对工业遗产保护抢救力度不断加强。2005年将通益公纱厂旧址、富义仓等工业遗产申报公布为浙江省文物保护单位，并将浙赣铁路局旧址、国家厂丝储备仓库、大通桥自来水厂取水泵房等工业遗产也纳入文化遗产保护之列，积极组织编制修缮方案。

在对工业遗产保护逐渐形成共识的形势下，一批工业遗产得到了积极保护和合理利用。如中山市将粤中造船厂改建为岐江公园，铁轨、烟囱等标志性工业设施成为公园中的景观符号，形成独具特色的城市人文景观。个旧市重视对代表千年锡文化传承的工业遗产保护，在抢救性发掘相关文献资料的基础上，全面开展保护工作，如修复了具有锡都特色的滇籍工商业主议事场所——云庙，对于曾作为锡等金属交易场所的“宝丰隆”，“计划将其立项修复后辟为冶金史博物馆”[①]。乐山市政府于2006年“国际古迹遗址日”举行了“嘉阳小火车—芭石铁路”公布为市级文物保护单位的庆典仪式。芭石铁路全长19.8公里，建于1958年，嘉阳小火车是四川嘉阳煤矿运送生活资料和人员接送的工作车，作为当今世界唯一还在正常运行的蒸汽窄轨载客火车，以其不可再生性和独特性，无可争议地成为工业革命的活化石。这一工业遗产的有效保护，也使当地民众广泛受益。

2006年，国务院公布了第六批全国重点文物保护单位，其中在继续将一批古代冶铁遗址、铜矿遗址、汞矿遗址、陶瓷窑址、酒坊遗址和古代造船厂遗址等列入保护单位的同时，引人瞩目地将黄崖洞兵工厂旧址、中东铁路建筑群、青岛啤酒厂早期建筑、汉冶萍煤铁厂矿旧址、石龙坝水电站、个旧鸡街火车站、钱塘江大桥、酒

① 沈望舒：《云南个旧跨越两个工业文明时代的经典城市》，载《中国文化报》，2005-10-11（3）。

山东青岛啤酒厂早期建筑（2007年7月17日）

泉卫星发射中心导弹卫星发射场遗址、南通大生纱厂等一批近现代工业遗产纳入保护之列。加上之前列入的大庆第一口油井、青海第一个核武器研制基地旧址等，已有10余处狭义概念的工业遗产成为全国重点文物保护单位。其中具有代表性的有汉冶萍煤铁厂矿旧址、青岛啤酒厂早期建筑和大生纱厂等。汉冶萍煤铁厂矿旧址是我国现存最早的钢铁工业遗存，1890年由湖广总督张之洞创办，不但曾经是我国近代最大的钢铁煤联营企业，而且是我国近代工业化发展进程的重要见证。1915年前，该企业的钢总产量几乎占中国钢铁产量的100%。目前旧址包括了冶炼铁炉、高炉栈桥、日欧式建筑群、瞭望塔、卸矿机、天主教堂等众多工业遗产。青岛啤酒厂的前身日耳曼啤酒公司青岛股份公司，创建于1903年8月，是我国第一家且持续经营至今的啤酒厂，当年设计生产能力2000吨/年，为当时亚洲最大最先进的啤酒企业。工厂昔日的综合办公和酿造生产用房至今保存完好，在保护维修的基础上筹建了青岛啤酒博物馆，并于2003年8月青岛啤酒厂百年华诞之际对外开放，为挖掘城市文化潜力、传承地域历史传统搭建了平台。大生纱厂由我国近代著名实业家、教育家张謇创立于1895年，是我国近代民族工业史上具有代表性的企业。“1895—1925年，在中国实业家张謇推动下，南通为了发展近代工业和航运，开辟了新工业区和港区，建立了多核心的城镇体系，旧城内辟商场、兴学校、建博物馆、修道路，进行了近代市政建设”①。目前大生纱厂遗存保留有清花间厂房、钟楼、公事厅、纺织专科学校旧址、实业小学教学楼、仓库以及护厂河、大生码头遗址等一批珍贵的工业遗产。南通城市中当有更多的工业遗产尚待深入挖掘和保护，而“中国近代第一城”的提出，对南通近代工业遗产的保护无疑给予了有力的促进。

6. 推动工业遗产的保护与合理利用

人类文明的进化，取决于文化的创造、保存和交流。城市是文化的载体和容器，城市的发展是循序渐进、有机更新的过程。吴良镛教授指出：“一个城市是千百万人生活和工作的有机的载体（Living Organism），构成城市本身组织的城市细胞总是经常不断地代谢的。”②因此应按照城市内在的发展规律，顺应城市之肌理，在可持续发展的基础上，探索城市的更新与发展。工业遗产保护也应遵循这一理念，实现工业遗产保护与经济社会发展的平衡互动与和谐共存。既要注重工业遗产保护对于城市长远利益的重要性和不可替代性，又要注重合理利用和可持续发展，尽量发掘其在历史、社会、科技、经济和审美等诸多方面的价值，赋予工业遗产以新的内涵和功能，注入新的活力，实现与城市经济社会环境的互动发展。

6.1 工业遗产的普查与认定

工业遗产作为一种特殊的文化资源，它的价值认定、记录和研究首先在于发现，而普查是发现的基础和保证。我国第三次全国文物普查工作，进一步摸清了文物家

① 吴良镛：《张謇与南通“中国近代第一城”》，载《城市规划》，2003（7），7页。
② 吴良镛：《北京旧城与菊儿胡同》，63页，北京，中国建筑工业出版社，1994。

底，工业遗产也列为重要普查对象。面对数量庞大的工业遗产，通过普查及时准确地掌握第一手资料，进而建立起我国的工业遗产清单。同时普查与认定、记录和研究的过程，也是宣传工业遗产重要价值和保护意义的过程，是发动企业和相关人员投入工业遗产保护的过程。《下塔吉尔宪章》突出强调了工业遗产的认定和抢救性整理工作的重要性，提出“各国必须对其需要为后代保留下来的工业遗迹予以认定、记录和保护”。“对地带和不同工业形态的调查必须确定工业遗产的范围。在这一信息的基础上，必须为所有得到认定的遗址创建编目”。同时，认定、记录和研究工作相辅相成，不可分割，互为补充和支持。

科学认定是准确记录的前提。首先应在充分研究的基础上建立工业遗产的价值评估标准，并与国际标准具有兼容性，用以认定不同类型的工业遗产。工业遗产的认定应积极动员社会公众广泛参与，使合理、统一的认定标准得到公众的普遍认同。应注意工业遗产的认定标准与其他文化遗产，特别是古代文化遗产认定标准的差异。工业遗产应是在一个时期一个领域领先发展、具有较高水平、富有特色的工业遗存。这样界定，既注重了工业遗产的广泛性，避免因为认识不足而导致文化遗产在不经意中消失，又注重了工业遗产的代表性，避免由于界定过于宽泛而失去重点，保证把那些最具典型意义、最有价值的工业遗产保留下来。在历史价值方面，对形成年代应给予合适的尺度，如新中国成立以来，在国民经济和社会发展中发挥过重要作用、有过重要贡献和影响的企业遗存，尽管历史时间不长，也应在工业遗产中占有一席之地。

准确记录是深入研究的基础。对工业遗产地的各类不可移动现状遗存应进行准确勘察、测绘，对各类可移动实体档案应进行系统的发掘整理，并以文字、图纸、照片和录像等形式进行记录。不同工业领域的生产工艺流程具有多重价值，是工业遗产完整性和真实性的重要组成部分，其中的科学技术与人工技艺是重要的遗产资源，一旦失传不可替代，应详细记录并加以传授。记录还应包括收集口述历史在内的信息，当事人的记忆是一种弥足珍贵的独特资源，应尽可能加以记录。同时应注意在昔日就业者中广泛征集可移动的工业历史文物，并纳入记录档案。综合上述记录成果，建立起完整的工业遗产记录档案，并将数字化及网上查询方式作为重要目标，以作为未来研究和保护工作的依据。工业遗产完整的外观特征和遗址保存状况应在受到任何破坏以前载入记录档案，因为如果在生产活动停止或者工业场所关闭之前做好记录，将可以获得并保留更为真实的信息。

深入研究是科学认定的保证。工业遗产保护需要制定系统的研究计划，以通过对不同区域和不同类型的工业遗产调查，判别工业遗产的保护范围。有必要对工业遗产的历史沿革进行考察，我国工业化时间虽短，但是经历了复杂的发展过程，近代早期工业就有外资工业、民办工业和洋务工业等。新中国成立以后，不少企业又先后经历过私营、公私合营、国营、中外合资、股份有限公司等丰富历程，通过分析上述演变过程，有利于工业遗产的科学认定和不同阶段的遗存和信息的保护。保护工业遗产还需要对其曾有过的用途有透彻的认识，它们往往随岁月的流逝发生过变化，因此需要对每次变更都给与关注和评价，使工业遗产的真实性和完整性得到充分保证。对工业遗址进行考古调查是对工业遗产开展认定、记录和研究工作的基础，其重要意义已经得到普遍承认。必须按照与其他历史时期的遗址相同的高标准来开展考古研究，包括工业废料区所具有的潜在考古价值和生态价值也应得到重视。工业遗产研究需要从事历史、建筑、工业设计等多领域专业人员的参与，同时，由于众多工业活动之间所具有的相互依赖性，需要通过不同工业领域研究成果的资源共享、协调行动实现工业遗产的综合研究。

6.2　工业遗产的立法和保护规划

现行文化遗产保护法规在有关工业遗产的保护方面不够明确和完善，有待在进一步研究、论证的基础上加以充实。因此应尽快开展工业遗产保护相关法规、规章的制定工作，使经认定具有重要意义的工业遗产通过法律手段得到强有力的保护。同时，鉴于工业遗产既是文化遗产的不可缺少的组成部分，又有其自身的特点，因此在立法保护方面应充分考虑其特殊性，以使其完整性和真实性得到切实的保护。并应设立专家顾问机构对工业遗产保护的有关问题提出独立意见。当前，工业结构调整速度加快，必须对这类调整给工业遗产带来的潜在威胁进行预测，同时制定能够快速应对的各项程序，以防止工厂关闭停产后导致重要遗产元素被拆改、损毁或破坏。在未进行认定的情况下应立刻停止正在发生和计划中的对工业遗产的拆改行为。一旦工业遗产受到威胁，文物行政管理部门应该具有法律保障的权力加以干预、制止。

在将工业遗产的保护纳入国家各项经济社会发展政策的同时，应将工业遗产保护纳入城市和地区的发展规划，调整完善工业遗产保护的各种社会关系。而制定工业遗产保护专项规划，是工业遗产保护的关键措施。西澳大利亚遗产委员会的 A. 麦格斯（Alison Maggs）先生认为："为了找寻恰当的用途，人们必须首先通过制定包括管理政策在内的保护规划确定场所的重要意义。保护规划将有助于界定场所的文化意义，可将它与未来的有关问题相联系。政策也能为某一场所的恰当用途提供建议，这些用途必须考虑诸如法规控制和经济可行性等其他因素"①。编制工业遗产保护规划应注意与保护年代更为久远的文化遗产所采用的理论和方法之间的区别。特别是工业遗产在材料和结构方面的特点，为保护规划的编制工作带来新的挑战。对经认定具有重要意义的工业遗产应及时明确界定保护范围和控制地带，并应针对机械设备、地下设施、地面构筑物、综合性建筑群以及整体工业景观制定相关保护规定，针对其未来适应性改动制定修复与合理利用导则。

鉴于工业遗产保护具有的公益事业性质，保护目标往往需要通过资金援助和税收激励来实现。要将工业遗产保护纳入各级政府的财政预算，确保基本保护资金的落实。除国家拨款支持外，还可以通过相关政策和奖励等手段对保护措施予以鼓励，

---

① ［奥］艾利森·麦格斯著：《改造性再利用》，彭琼莉译，王丰年校，《世界建筑》，1999（5），44 页。

同时出台有利于社会捐赠和赞助的政策措施，通过各种渠道，筹集资金，促进工业遗产保护事业的发展。还应出台税收、财政、土地使用等鼓励社会力量参与工业遗产保护的经济文化政策，引导社会团体、企业和个人参与工业遗产保护与合理利用。如美国“1976年制定的《税收改革法》，激励了人们改建历史建筑的意识。1970—1980年代间，美国公众对于老工业建筑的态度也发生了根本转变。根据最近的一项调查表明，美国建筑业70%以上的工程与历史建筑的再利用有关。这反映了发达国家建筑行业对于能源、经济、建筑功用和历史特色所持的慎重态度”[①]。

6.3 工业遗产的抢救性保护

具有重要价值和意义的工业遗产一经认定，应当及时公布为文物保护单位，通过强有力的手段使其切实得到保护。工业遗产同其他文化遗产一样，具有不可再生性，只有认定和保护工作先行，才能防止对其随意废弃和盲目拆毁。因此，由各级政府按照法律程序核定公布为文物保护单位，有利于使工业遗产的价值得到社会各界和广大民众的确认。工业遗产也应根据其价值大小和重要程度明确不同保护级别，列入相应级别的文物保护单位。国家则选择价值特别重大者列入全国重点文物保护单位，按照最高级别进行保护和管理。在公布各级文物保护单位的基础上，逐渐形成一个以全国和省级文物保护单位为骨干的各个时期和各种工业门类较为齐全的工业遗产保护体系。

对于列入文物保护单位的具有重要意义的工业遗产，应最大限度地维护其功能和景观的完整性和真实性，原状保护必须始终得到优先考虑。特别是在考虑适应性改动的过程中，要慎重对待工业建筑或机械设备的每一个组成部分。“在制定保护规划过程中应解决如下问题：预期的用途将会产生何种影响？将会出现的变化是否会影响该场所的文化价值？变化是否达到最小或可逆？”[②]必须认识到，为满足当前需要而对其实施的任何拆改，或对某些附属成分或辅助设施的随意处置，都可能影响

---

① 韩妤齐、张松：《东方的塞纳左岸：苏州河沿岸的艺术仓库》，114页，上海，上海古籍出版社，2004。
② ［奥］艾利森·麦格斯著：《改造性再利用》，彭琼莉译，王丰年校，《世界建筑》，1999（5），44页。

其整体风格和质量，使工业遗产的完整性和真实性受到伤害。在一般情况下干预行为应具备可逆性，产生的影响必须降到最低程度。必须实施的任何更改都应得到记录，被拆卸的重要元素也必须得到妥善保存。

当前应尽快甄别和抢救濒危工业遗产，以便采取措施降低其继续破坏的风险。对已面临危险的工业遗产，应迅速采取必要的补救措施，制定相应的保护修缮以及合理利用的方案。必须注意到近现代工业遗产所用材料相对于历经风雨的古代文化遗产，往往性能寿命更短，老化的速度更快。没有适当的保护措施，体现工业遗产重要价值的一些因素就得不到妥善的保护。目前，在发现问题和寻求可行的解决方案方面我们还缺乏经验，在一些领域至今还没有研究出能够实现长期保护目标的维护或修复技术。如在工业建筑中广泛使用的钢铁、混凝土、马赛克以及化学材料等，在工业档案文献中广泛使用的纸质材料、感光材料、电磁材料和电子信息材料等多种物质载体的保护问题方面，还缺乏知识和技能加以解决，这对于工业遗产的保护来说无疑是严重的问题。因此，在保护工业遗产方面，我们同时需要应对实践和技术两方面的问题，需要组织跨学科、跨领域、跨部门的力量，分类研究保护工业遗产的办法。

6.4 工业遗产的保护性再利用①

工业遗产不是城市发展的历史包袱，而是宝贵财富。只有把它当作文化资源，人们才能珍惜它、善待它。更重要的是通过持续性和适应性的合理利用来证明它的价值，进而使人们自觉地投入保护行列，并引导社会力量、社会资金进入工业遗产保护领域。“城市中所谓‘衰败地区’（Blighted Area），由于地区物质环境的衰败等导致地方税收之减少与市政补贴之增加，做好城市更新，有助于提高地区的经济活力，复苏经济，增加城市的繁荣”②。工业遗产保护只有融入经济社会发展之中，融入城市建设之中，才能焕发生机和活力，才能在新的历史条件下，拓宽工业遗产保

① 注：根据当前工业遗产保护实际，使用“保护性再利用”这一用语，而不是巴拉宪章中的“改造性再利用”，更加符合我国文物工作方针的科学表述。
② 吴良镛：《北京旧城与菊儿胡同》，63页，北京，中国建筑工业出版社，1994。

护的路子，继续发挥其积极作用并得到有效保护。

保护性再利用是赋予工业遗产新的生存环境的一种可行途径。对于未列入文物保护单位的一般性工业遗产，在严格保护好外观及主要特征的前提下，审慎适度地对其用途进行适应性改变通常是比较经济可行的保护手段，可以为社会所接受和理解。在制定保护性再利用方案时，对于工业遗产中的每一区域和每栋建筑都应经过仔细甄别和单独评估，并在考虑它与整个遗址联系的基础上，确定其最恰当的用途。同时，保护性再利用方案应对不同工业遗产地段和工业建筑设立明确的限制要求，新的用途必须尊重工业遗产的原有格局、结构和材料特色，维护原始的人流活动，并且尽可能与初始或主要用途兼容。当保护性再利用方案中的利用功能与工业建筑和用地的遗产价值明显不相适应时，应重新进行调整。并应创造条件保留一定能够记录和解释原始功能的生产区域，用于展示和解说曾有的工业生产用途。

工业遗产保护性再利用不应作为商业性房地产开发项目，重点应用于文化设施建设。根据工业遗产原有产业及产品性质，设立各种门类的工业技术博物馆、厂史展示馆、企业纪念馆或专题博物馆是工业遗产保护利用的重要途径。如利用纺织厂房建设成为展示古代服饰、民族服装和国际时装的专题类服装博物馆等。但是A.麦格斯先生提醒我们："而事实上，任何一个地区能够保持活力的博物馆数量都是有限的，愿意参观博物馆的旅游者数量也是有限的。"[①]因此，设立各种类型的博物馆只是保护工业遗产的方法之一。要保护大量工业遗产，就必须根据不同工业遗产的性质，探索更为合理而广泛的利用方式，如美术馆、展览馆、社区文化中心等，也可以针对工业遗产建筑所特有的历史底蕴、想象空间和文化内涵，使之成为激发创意灵感、吸引创意人才、集聚创意产业的文化产业园区，开展美术创作、产品研发设计、科学普及教育等，既体现工业遗产特色，又使公众得到游憩、观赏和娱乐。

工业遗产旅游是一种从工业考古、工业遗产保护而发展起来的新的旅游形式。其特点为在废弃的工业旧址上，通过保护性再利用原有的工业机器、生产设备、厂

① ［奥］艾利森·麦格斯：《改造性再利用》，彭琼莉译，王丰年校，《世界建筑》，1999（5），44页。

江苏南通纺织博物馆（2004 年 5 月 28 日）

房建筑等，形成能够吸引现代人们了解工业文明，同时具有独特的观光、休闲功能的新的文化旅游方式。首要目标是在展示与工业遗产资源相关的服务项目过程中，为参观者提供高质量的旅游产品，营造一个开放、富有创意和活力的旅游氛围。通过寻求工业遗产与环境相融合，成为工业遗产保护的积极因素，从而促进对工业发展历史上所遗留下来的文化价值的保护、整合和发扬。在工业遗产分布密集的地区，可以通过建立工业遗产旅游线路，形成规模效益。在旅游者为工业遗产地带来利润的同时，工业遗产管理部门也必须平衡每年大量游客给工业遗产带来的一些负面影响。

对于大型和特大型工业遗产的保护，设立工业遗址公园可以成功地将旧的工业建筑群保存于新的环境之中，从而达到整体保护的目的。要对工业遗址公园及其环境进行统一设计，努力创造和设计出既属于现在和未来、同时也记录和体现过去工业成就的空间形态，在传统中融入新的形式和功能，使工业遗址公园充满浓厚的文化气息。工业遗址公园内几乎所有的景观都可以向公众开放，通过引导式通道、视听同步装置、位置图、出版物和光盘逐步进行讲解和说明。由于在南方传统工业区往往依托天然河流或运河形成规模布局，因此，可以结合这些地区的整治，依托其人文资源，以穿城而过的河道为轴线，修复沿岸厂房、仓库、商铺和其他历史遗存，再现河道两岸传统风貌，形成工业景观与河岸风光交相辉映的文化景观带。

6.5 工业遗产的宣传与教育

公众的关注和兴趣是做好工业遗产保护工作最可靠的保证。如果没有全社会对于保护工业遗产重要意义的广泛共识，说服公众认可工业遗产的多重价值是很困难的，工业遗产将依然面临危险。一些国家和地区的成功经验显示，要想获得所期望的公众支持，就要使人们分享对工业遗产认定、记录和研究方面的知识和兴趣，因此，宣传和教育非常必要。所有业经认定的工业遗产清单，均应及时向社会公布。文化遗产保护机构要经常举办论坛、讲座等学术活动，对工业遗产的意义和价值进行积极的介绍，使公众更多地了解工业遗产的丰富内涵。工业企业的在职或离退人员在工业遗产的认定和保护中可以发挥不可替代的重要作用，是工业遗产保护中不可或缺的力量。他们对企业和职业的忠诚与眷念将使工业遗产的形象更加鲜活，他们的现身解说可以帮助更多的人参与工业遗产的保护行动，形成保护工业遗产的良好社会氛围。

专业性工业技术博物馆和处于妥善保护和开放状态下的工业遗产地都是宣传工业遗产价值和保护事业的重要场所。要保证社区居民和参观者方便地接近工业遗产，利用各种类型的工业建筑和丰富的工业文物精心设计各类专题展览，提高博物馆的展示水平，使学术性、知识性、趣味性、观赏性相统一，在具有独特氛围的场所中向观众直接形象地展示相关工业的发展历程，展示企业和产业工人的历史贡献，展示工业社会生活的某一个方面。这些工业遗址和工业文物可以用自身的独特方式向观众述说历史，使工业遗产的形象更加生动活泼，从而吸引更多的观众前来，起到更好的教育展示作用。当今社会，随着信息技术的高速发展，工业遗产宣传展示的途径和手段获得极大的丰富。要借助各种现代传播手段，采取多渠道的形式来展示、宣传工业发明创造，使不同年龄、学历背景、职业背景的人群都能通过电子出版物、互联网以及其他媒体方式获得工业遗产的知识。

要使全社会的每一个人都了解保护工业遗产的意义，教育部门负有重要责任。应将有关内容纳入教学计划，从小学、中学开始传播关于工业历史和保护工业遗产的知识，针对中小学校教育为学生编写具体教材。近代以来，我国涌现出大批富于创业精神的优秀企业和杰出企业家，孕育了具有鲜明地方特色的工商文化，凝聚为一种尚德守信、务实创新的人文精神，这些都应进行深入挖掘和整理后纳入教材。学校应组织工业遗产参观学习活动，通过工业遗产中蕴含的伟大智慧和创造力，激发青少年的爱国热情，增强民族自豪感和自信心。高等教育则应在技术学院和综合大学中开设关于工业遗产保护方法、理论和历史方面专业教育的课程。如美国密歇根理工大学社会科学系建有工业考古学专业，设置了工业考古学硕士和博士课程，受到青年人的欢迎。工业企业应该是工业遗产的保护主体和重要力量，因此有必要增强工业遗产保有者和使用者对这类特殊遗产的保护意识。

6.6 “为了明天保护今天”

当前，我国经济社会正在经历着前所未有的深刻变革，新兴工业迅猛发展，新技术、新材料在生产和工程领域广泛应用，不断实现前所未有的业绩，尤其在一些大型国家重点工程项目中，取得举世瞩目的成果。如当今世界最大的水利枢纽工程——三峡工程，其建设规模、施工难度、发电量和防洪效益等多项指标都突破了世界水利工程的纪录；如迄今为止世界上最远距离、跨流域调水工程——南水北调工程，贯通长江、黄河、淮河、海河四大江河，兼有调水、防洪和生态环境等多种效益；如我国目前线路最长、管径最大的天然气管道工程——西气东输工程，途经10个省市区，干线全长4000公里，输气量大，施工条件复杂，实现了多方面的技术突破；如世界上海拔最高、线路最长的高原铁路——青藏铁路，全长1956公里，克服了常年冻土、高寒缺氧、生态脆弱三大难题的严峻挑战。这些举世瞩目的大型工程都堪称为人类的奇迹，应当与阿斯旺水库、苏伊士运河、塞默灵铁路等一样成为标志一个时代的工业遗产。

文化遗产的内涵不断发展变化，每个时代人们的文化建树都应在历史的长河中留下印记，不断创造新时代的文化遗产。随着时光的流逝，曾经在我们生命中所亲身经历和感受的一些事物也将成为珍贵的文化遗产而传之后世，其中工业遗产无疑也是具有标志性的时代记忆。充分考虑创造和保护未来的工业遗产，是实现可持续发展的需要。因此，在三峡水库、南水北调、西气东输和青藏铁路等工程项目的建设和使用过程中，不仅要重视其经济价值，更要充分认识到其现实和潜在的文化价值。在注重工程的建设质量和运行效益的同时，注重收集和保存这些工程项目建设和使用过程中的重要信息和实物，提高工程的文化含量，延续和发展历史文脉，使它们成为未来全人类共同的文化遗产，这也是我们这一代人的文化责任。

国内一些大型工业企业，为了改善城市环境和获得更广阔的发展空间等原因，纷纷搬离原址，其中首钢和江南造船厂的搬迁和原址规划格外引人注目。首钢前身为石景山炼铁厂，始建于1919年，经历了几十年坎坷曲折的发展历程。改革开放以后，“首都钢铁公司在中国经济体制改革中，率先在全国工业企业中进行企业承包试点、创造了10年共为国家贡献96亿元，相当于10年增值了9个首钢的奇迹，轰动了国内外’[①]。“2005年2月18日，国务院批准了首钢实施搬迁、结构调整和环境整

① 宫苏艺:《工业遗迹保护应提上议事日程》，载《光明日报》，2005-08-05（2）。

治方案，由此首钢搬迁成为举世瞩目的大事”[①]。当这座钢铁之城成为历史，炼钢的锤声渐渐远去，熔炉的烈焰慢慢熄灭，如何面对天空下的大片工业遗迹，保存这些反映时代特征、承载历史信息的工业遗产，成为我们必须认真面对和着力解决的重大课题。

笔者曾访问过有“中国第一厂”之称的江南造船厂。该厂的前身是始建于1865年的江南机器制造总局，距今已有140多年的历史，是我国民族工业的发祥地和摇篮。这里创办了我国最早和规模最大的近代民族工业企业；这里出现了近代中国工业文明的第一缕曙光；这里见证了我国民族工业从弱到强的全过程；这里架起了我国引进近代西方科技的桥梁；这里诞生了百余项堪称“中国第一”的工业成果；这里培育了我国近代意义上的第一代科学家和工程专家；这里凝结了“爱国奉献、求实创新”的江南精神；这里造就了上海作为我国经济中心的地位；这里也树立了中国工业发展史上的里程碑。所有这一切都表明，江南造船厂旧址理应作为我国最重要的工业遗产列入保护之列。可以说一部江南造船厂的发展史，就是一部中国民族工业史和科技史。厂区内至今保存有江南机器制造总局初创时期的建筑，还有建于1872年的船坞，建于1931年的指挥楼和飞机车间等。2005年，为了进一步的发展，江南造船厂决定迁址长兴岛。在走访的过程中无论是企业领导，还是普通员工都对江南造船厂的辉煌历史充满自豪。他们认为保护江南造船厂的工业史迹是数万“江南人”的期盼，是对百余年“江南人”情感的慰藉。笔者为此提出了建议：遵循真实性和完整性的原则，整体保护江南造船厂旧址，在此基础上建设“中国工业博物馆”和大型工业遗产园区，并积极创造条件，将江南造船厂旧址作为我国首个工业遗产类型申报世界文化遗产。如今，这一价值极高的工业遗产得到保护，为上海留下看得见摸得着的完整记忆，延续我国最大工业城市的历史文脉。

① 任达新：《首钢搬迁正在按计划有序进行》，载《北京日报》，2006-04-06（12）。

第五章
探索线性文化遗产保护的科学途径

线性文化遗产（Lineal Cultural Heritages）是近年来国际文化遗产保护领域提出的一个新的概念，即指拥有特殊文化资源集合的线状或带状区域内的物质和非物质的文化遗产族群，因其线状的分布和遗存的特性而称之为线性文化遗产。目前，线性文化遗产被认为是拓展文化遗产规模和复杂性趋势的新的发展成果，具有多维度的内涵。同时，线性文化遗产作为开放的、动态的概念，为深刻理解文化遗产保护范围提供了新的观念，对于文化遗产的外延拓展，具有开创性意义。

1. 从“文化线路”到“线性文化遗产”

线性文化遗产是由文化线路（Cultural Routes or Cultural Itinerary）衍生并拓展而来。同时，线性文化遗产作为一种遗产体系，一种文化遗产资源的集合，具有其自身的基础构架、网络肌理、生态环境和影响范围，而不是简单地作为一系列孤立的文化遗产单体或地点的总和。在此意义上，应从更加宽广、更加深远的视野来接受线性文化遗产这一新的概念，使线性文化遗产作为一种视界、一种理念、一种保护策略与方法，最终形成一系列标准，指导文化遗产的整体保护与科学研究。

西班牙托莱多古城（2003年10月18日）

1.1 “文化线路”概念的形成

早在1994年，经世界遗产委员会的批准，在西班牙政府的资助下，马德里文化线路世界遗产专家会议召开，专家们对文化线路的有关问题进行了深入讨论，一致表示应将“路线作为我们文化遗产的一部分”。会议形成的《专家报告》第一次清晰地提出了文化路线的概念，指出文化线路是一种具体的动态的文化景观，认为文化线路是“建立在动态的迁移和交流理念基础上，在时间和空间上都具有连续性”；“强调不同国家和地区间的对话和交流”；“是多维度的，有着除其主要方面之外多种发展与附加的功能和价值，如宗教的、商业的、管理的等等”。《专家报告》建议世界遗产委员会要求各国推动这一新型文化遗产保护，认为文化线路真实性的判别应该建立在它的文化意义及组成它的各个部分之上，应考虑时间、现在使用状况、立法、自然框架以及它可能具有的其他实体和象征层面的问题。

这次专家会议还形成了一份提交给联合国教科文组织《保护世界文化与自然遗产公约实施指南》的附加文件，讨论了文化线路作为世界文化遗产的判别标准，指出应强调文化线路使用所带来的文化上的反响和在文明传播上的贡献，同时以以下四点为基础：一是空间特征，即长度和空间上的多样性反映了文化线路所代表的交流是否广泛，其连接是否足够丰富多样。二是时间特征，即只有使用达到一定时间，文化线路才可能对它所涉及的社区文化产生影响。三是文化特征，即它是否包含跨文化因素或是否产生了跨文化影响，指它在连接不同文化人群方面的贡献。四是角色和目的，即它的功能方面的作用，例如曾对文化宗教信念或贸易的交流起到作用，并影响到特定社区的发展等等。上述关于文化线路的判别标准，形成了对文化线路开展进一步研究的基础。同时，附加文件在文化线路的重要节点元素的辨别方面强调了以下几个方面：一是中心点元素：包括线路的出发点，到达点等；二是宿营场所：线路的驿站、商队旅店等；三是饮水处：包括线路中的井、泉水等；四是必须经过的场所：如涉水处、桥梁、山路、港口等。

1998 年，国际古迹遗址理事会在西班牙特内里弗召开的会议上，成立了文化线路科学委员会（CIIC），通过了该委员会的工作计划和宪章等一系列文件，从而开始系统、深入地探讨“文化线路”的内涵、价值、意义及其保护策略，同时也标志着以“交流和对话”为特征的跨地区或跨国家的文化线路，作为新型文化遗产理念，已为国际文化遗产保护领域所认同。文化线路科学委员会对文化线路定义为：“文化线路或路线的概念指的是一套整体大于个体之和的价值。正是借助这套价值，文化线路才具有其意义。鉴别文化线路的依据是能够证明线路自身意义的一系列要点和物质元素。通过在某段历史时期对某个社会或团体的文明进程起到决定性作用的线索，来承认某条文化线路或路线中能够联系到某个非物质价值的关键要素和实物。”

进入新的世纪，2002年12月，文化线路科学委员会再次在西班牙马德里召开会议，以“与文化景观相关的文化线路在观念上与实质上的独立性”为议题，通过了关于“文化线路”的三点基本共识，即《马德里共识》。其一，作为贴切的理解文化遗产的途径，“文化线路”提供了一种新概念，以揭示文化遗产非物质的、富有生机的动态维度，从而在很大程度上超越了文化遗产的物质内容。其二，不能认为“文化线路”产生于或将其界定为诸如纪念物、历史城镇、文化景观等文化要素，相反，“文化线路”是动态生成与富于生机的，它的动态性和历史文脉已经生成或仍在继续生成相关的文化要素。其三，从严格的逻辑的科学观点看来，不宜认为“文化线路”是“线性的”或“非线性的”文化景观。即使当一些文化景观位于某条文化线路上时，它们之间或许完全不同，或许在地理上彼此隔绝、相距遥远。《马德里共识》首次明确了“文化线路”的文化遗产价值地位，为此后“文化线路”理念的发展确立了基调，对于“文化线路”价值的认识随之在全球传播开来。

《马德里共识》认为“文化线路”具有非物质的精神属性和连通古今的可传承性，首次提出“无形的精神具有内在联结多种文化要素，以促进文化线路整体性形成”的观点；同时指出“文化线路”中有形遗产的脆弱性，由于物质遗存多已破坏，或毁之无存，因而“文化线路”中民俗、民间工艺、宗教和文化的传承扮演着重要角色。《马德里共识》特别强调“文化线路”连通古今的生机，不仅指文化线路中物质文化遗产存留至今的意义，更在于历史文脉与现实沟通互动而注入“文化线路”的文化价值。《马德里共识》专门指出“文化线路”不同于文化景观的实质，认为“文化线路与文化景观是两个不同的科学观念。文化线路以动态性表征，包括无形的、空间动力特征，这些是文化景观所不具备的；文化景观尽管也具有穿越时代的许多特征，但在本质上更具静态性和规定性。通常，文化线路包含许多不同的文化景观。一处文化景观在地理语境中不是动态的，也不及文化线路潜在涵盖的内容广泛，文化线路可能已经生成并继续生成许多文化景观，反之则不可能发生”。

1.2 “文化线路”理念的扩展

2003年3月，联合国教科文组织世界遗产委员会委托国际古迹遗址理事会对《保护世界文化与自然遗产公约实施指南》进行修订，加入有关文化线路的内容。2003年5月，在世界遗产委员会的委派下，文化线路科学委员会再次在马德里召开会议，形成了实施指南关于文化线路内容的讨论稿，其中关于文化线路的定义为：“是一种陆地道路、水道或者混合类型的通道，其形态特征的定型和形成基于它自身具体的和历史的动态发展和功能演变；代表人们的迁徙和流动，代表一定时间内国家、地区内部或国家、地区之间人们的交往，代表多维度的商品、思想、知识和价值的互惠和不断的交流，并代表因此产生的文化在时间和空间上的交流与相互滋养，

俄罗斯圣彼得堡历史城区（2007年10月30日）

这些滋养长期以来通过物质和非物质遗产不断得到体现。”

这一定义说明了文化线路的如下特征。首先，它的本质是与一定历史时间相联系的人类交往和迁移的路线，包括一切构成该路线的内容：城镇、村庄、建筑、闸门、码头、驿站、桥梁等等文化元素，还有山脉、陆地、河流、植被等和路线紧密联系的自然元素。其次，作为一种线性文化景观，它的尺度是多种多样的：可以是国际的，也可以是国内的；可以是地区间的，也可以是地区内部的；可以是一个文化区域内部的，也可以是不同文化区域间的。第三，它的价值构成是多元的、多层次的：既有作为线路整体的文化价值，又有承载该线路的自然地本身作为山地、平原、河谷等生态系统拥有的生态价值；不仅包括分布在其内部的建筑和其他单体遗产自身的价值，还包括非物质文化遗产所蕴含的价值。实施指南关于文化线路内容的讨论稿，再次明确强调应判别文化线路的真实性。一是文化线路的物质形态；二是文化线路的历史感，文化线路所携带的信息及其重要的精神特征；三是应考虑相关时间因素及各个部分现在的使用状况；四是受线路影响人群的愿望。

2005 年版《保护世界文化与自然遗产公约实施指南》的附件三，进一步阐释了文化线路的定义：“遗产线路的概念是丰富多彩的，它提供了一种特殊构架，对相互理解、对待历史的多样态度与和平文化都将起到一定作用。遗产线路由各种有形的要素组成，这些要素的文化意义来自跨国界或跨地区的交流和多维对话，它们说明了在这条线路上运动在空间和时间上的交互作用。”2005 年 10 月，在我国西安召开的国际古迹遗址理事会第 15 届大会暨科学研讨会上，将文化线路列为四大专题之一，聚焦于“文化线路”被列入世界文化遗产的项目，并形成了有关《文化线路宪章》（草案）的决议，从此，我国学者开始给予“文化线路”更多的关注。2006 年，在巴黎再次召开文化线路科学委员会会议，旨在推进世界文化遗产申报的比较性研究。与会者多为研究古代文化交流线路的学者，包括玛雅道路、罗马帝国道路、两河流域贸易之路、丝绸之路、印度河交流线路、希腊海洋路线等方面研究的专家。

文化线路以及与之概念相近的遗产廊道（Heritage Corridors）、文化廊道（Cultural Corridors）、历史路径（Historic Pathway）、线状遗迹（Serial Monuments and Sites）等文化遗产概念，都强调空间、时间和文化因素，强调线状各个文化遗产节点共同构成的文化功能和价值以及至今对人类社会、经济可持续发展产生的影响，对此类文化遗产的保护产生了积极的影响。在此基础上形成的线性文化遗产的理念和保护研究也逐渐成为国际文化遗产保护领域关注的热点。与历史文化街区、历史文化村镇、历史文化名城等文化遗产区域概念相比，线性文化遗产所展示的是具有起点和终点、拥有一定长度和宽度的线状或带状的文化遗产区域，涵盖的范围更大。线性文化遗产的形式和内容丰富多彩，其中河流、峡谷、运河、道路以及铁路等都是重要表现形式，大多代表了早期人类的运动路线，并体现着地区文化的发展历程，例如从早期的利用河渠运输，逐步发展到修建运河、公路及铁路。带状绵延的长城及其周边的附属建筑、城堡、关塞、烽燧等，也属于线性文化遗产，主要可以归纳为具备线性物质形态、其携带的信息和呈现的精神特征具有历史感，并涉及时间因素和使用现状等。

1.3　线性文化遗产保护的实践

在线性文化遗产保护方面，国家历史相对较短的美国却较早地进行了有益的实践。一方面，出于对自然遗产保护的觉醒、对文化景观的整体文化意义的尊重；另一方面，注重自然遗产和文化遗产保护的结合。这些因素促使具有历史文化意义的线路成为保护的对象。其基本做法之一，就是通过精心设计的游道（Trail）把自然和文化资源串联起来，形成兼具生态效益和社会效益的绿色通道，并在开展绿色通道保护实践的基础上，进一步顺应文化遗产保护区域化的趋势，逐渐发展形成遗产廊道，将其作为拥有特殊文化资源集合的、一种具有动态特征的线性景观加以保护。其较早的实例有 20 世纪 80 年代国会指定的伊利诺斯和密歇根运河（Illinois and

Michigan Canal）国家遗产廊道。由于遗产廊道促进了当地旅游业和娱乐业的发展，促进了传统建筑的适应性再利用，促进了区域生态环境的改善，引发许多州都制定了遗产廊道计划，项目数量超过 100 个。

在世界文化遗产保护方面，继 1987 年中国的长城和英国的哈德良长城列入《世界遗产名录》后，西班牙的桑地亚哥·德－卡姆波斯特拉朝圣路（1993 年）、法国的米迪运河（1996 年）、荷兰的阿姆斯特丹防御战线（1996 年）、奥地利的塞默林铁路（1998 年）、印度的大吉岭铁路（1999 年）、阿曼的乳香之路（2000 年）、阿根廷的科布拉达·德·胡迈海卡山谷（2003 年）、日本的纪伊山脉胜地和朝圣之路（2004 年）以及以色列的香料之路——内盖夫地区的沙漠城市（2005 年）等，陆续进入《世界遗产名录》。内容涵盖防御工程、水利工程、宗教线路、交通线路、商业线路等。这些线性文化遗产相继被列为世界遗产，体现出文化遗产保护领域的发展趋势，

秘鲁马丘比丘历史圣地（2007 年 4 月 16 日）

即文化遗产的保护范围不断扩大，由单体文物到历史地段，再至整座城镇，进而兼及文化景观（Cultural Landscape）、遗产区域（Heritage Area），乃至串联几座甚至几十座城市、一个或多个国家的更大的文化区域。

纵贯或横跨多国的线性文化遗产，尤其是文化线路，带来各个文化社区间的交流和相互影响，表现国家和地区之间人们相互活动以及商品、思想、知识和价值观的多维的、持续的、互惠的交换和交流，并且随着思想、知识和观念的传播，直接参与对各个文化社区的形成和发展的塑造，在时间和空间上产生文化的繁荣，成为当今人们价值认同、民族交融、文化互动的媒质，因而越来越受到国际社会的关注。2004年，在世界遗产中心支持下，阿根廷、玻利维亚、智利、哥伦比亚、厄瓜多尔、秘鲁等国家提出了挑战性极强的印加之路（Gran Ruta Inca）[①]申报列入《世界遗产名录》。2005年，斯特鲁维测量地点（Struve Geodetic Arc）[②]成为芬兰、挪威、瑞典、俄罗斯、拉脱维亚、爱沙尼亚、立陶宛、乌克兰、白俄罗斯和摩尔多瓦等10个国家共同拥有的一项世界文化遗产，也是首次由3个以上国家跨国联合申报，并成功列入《世界遗产名录》的线性文化遗产项目。以往的20余年间共产生过14项跨国遗产，但是均为两国共有，而“十国共享”，强烈地传达出世界遗产事业新的发展趋势。

大体量、跨地域、跨国界的线性文化遗产研究逐渐成熟，并为国内外越来越多专业人士所关注。丝绸之路更以其反映人类长期以来贸易、文化交流、共同发展足迹的独特价值而受到特别重视。自20世纪80年代以来，我国和中亚、西亚有关国家的一些与丝绸之路有关的文化遗产，陆续被列入《世界遗产名录》。例如波斯波利斯遗址（伊朗，1979年）、帕尔米拉遗址（叙利亚，1980年）、敦煌莫高窟（中国，

① 注：印加之路连接着一个由前印加安第斯文化营造了2000多年的道路和设施系统。印加帝国曾借此维系过对80多个民族和政治部落的统治，辐射力度超过了23000公里，串联起各地的肥沃土地。行政区划和礼仪中心。15世纪，印加帝国将该道路和设施系统继续扩展至帝国的天涯海角，以保证其疆域内权力的维系、思想的交流以及物资的流动。

② 注：斯特鲁维测量地点以19世纪俄国天文学家F.G.W.斯特鲁维（F.G.W.Struve）命名。F.G.W斯特鲁维从1816年至1855年主持了一次重要的地球子午线测量活动，涉及国家众多，被科学史认为是第一次对子午线的长距离的精确测量。这次测量对其后建立标准的初始子午线及标准的地图绘制，起到了重要的规范作用。它不仅是历史上多国科学家通力合作的范例，也是多国君主及政府为科学事务相互协作的范例。这项世界遗产所包含的子午线测量地点群，从挪威北部的港口城市哈默菲斯特（Hammerfest）至黑海，穿越10个国家，连线总长共2820多公里。斯特鲁维当初主持测量时，有258个测量小组.265个测量站点，分布于各国各地。该世界遗产项目选择了其中34个测量点遗址，作为遗产的基本构成内容。实物主要包括测量时遗留的标志性结果．如岩石钻孔，铁十字架、石堆界标以及纪念碑等相关建筑物。斯特鲁维测量地点通过对无形遗产的连续性及其影响范围的考证，确证“文化线路”曾经的物质存在。

陕西丝绸之路联合申遗培训班（2007 年 10 月 26 日）

1987 年）、伊钦内城（乌兹别克斯坦，1990 年）、布哈拉历史中心（乌兹别克斯坦，1993 年）、萨马尔罕——文化交会地（乌兹别克斯坦，2001 年）。近年来，联合国教科文组织关注丝绸之路的保护与申报世界文化遗产进程，1988 年启动了“对话之路：丝绸之路整体性研究”项目，并于 1989 年、1990 年和 1992 年连续三次派出由专家学者组成的考察组，分别对“沙漠丝绸之路”“草原丝绸之路”和“海上丝绸之路”进行考察。2003 年，该组织再次派出考察组，对丝绸之路中国段进行专题考察，研究丝绸之路作为“文化线路”申报世界文化遗产的可行性。强调丝绸之路对人类不同文化之间的沟通和融合所作出的贡献，认为将丝绸之路列入《世界遗产名录》符合国际社会实现世界文化遗产多样性的诉求。同时，跨国申报丝绸之路跳出了物质文化遗产保护的范畴，更强调不同文化之间的和平对话与共同发展。

2006 年 8 月，由联合国教科文组织世界遗产中心和中国国家文物局主办的丝绸之路申报世界遗产国际协商会议在我国新疆吐鲁番召开。来自中国、哈萨克斯坦、吉尔吉斯斯坦、塔吉克斯坦和乌兹别克斯坦等国的专家与管理者出席会议。参会各国代表在会上作了内容丰富的丝绸之路文化遗产介绍以及各国为申报世界遗产所作的准备，其中列入世界遗产预备名单项目的包括哈萨克斯坦 12 处、吉尔吉斯斯坦 6 处、塔吉克斯坦 17 处、土库曼斯坦 2 处、乌兹别克斯坦 17 处，以上中亚 5 国的申报推荐项目共计 54 处。由此可见，上述各国均表现出保护丝绸之路文化遗产所付出的努力和申报世界遗产的热情。

2. 我国线性文化遗产的特点

我国作为历史悠久的文明古国，拥有丰富的线性文化遗产资源，随着对这一新型文化遗产保护意识的增强，一些重要的线性文化遗产相继列入各级文物保护单位，其中，已有 22 项列入全国重点文物保护单位。长城早已列入《世界遗产名录》，丝绸之路、大运河则于 2014 年第 38 届世界遗产大会上成功入选《世界遗产名录》。仅就此进行分析，就可以得出我国线性文化遗产具有历史悠久、尺度巨大；资源丰富、种类多样；功能持久、生命力强等鲜明特点。

2.1 历史悠久、尺度巨大

我国的线性文化遗产具有历史悠久、尺度巨大的特点。长城、大运河、丝绸之路等，在祖国大地上呈现出气势磅礴的布局。“如果说绵延万里的长城是中华民族挺立不屈的脊梁，那么贯穿南北的大运河则是民族流动不息的血脉。在这一撇一捺大写“人”字的两侧，西侧有陆地丝绸古道，东侧则有海上丝绸之路，像腰间的彩带飘展开去”。正是这样一个脊梁坚挺、血脉流畅、交流开放的“人”，生动地体现出中华民族进步与发展、交流与对话的文明历史。

长城是中华民族的象征，其建造时间之长、工程量之大、分布地域之广、影响力之深远，是其他文化遗产所不可比拟的。长城构造复杂，是一个规模庞大、完整的军事防御工程体系；建造时间贯穿了我国整个封建王朝史，是中华民族悠久历史的真实见证；分布地域极为广大，遍及辽宁、山东、河北、天津、北京、山西、河南、陕西、内蒙古、宁夏、甘肃、新疆等十余个省、自治区、直辖市，是我国留存历史文化信息最为丰富的古代建筑工程。

古老的大运河是中华民族勤劳、勇敢、智慧的结晶，是世界文化史上的不朽丰碑。它滔滔奔流、千载不息，孕育了多姿多彩的运河文化，丰富了中华民族古老的文明。大运河书写着特定地域的发展历史，孕育了多样化的地方文化和传统，并在线性文化遗产水系的流淌中再现，形成相互关联的文化遗存范围。大运河是世界上开凿时间最早的人工河，部分段落始建于2500多年前的春秋时期，至隋代全线贯通，经唐宋时期的发展，最终在元代取直后形成目前的规模，明清两代又有不同规模的改造和整修。大运河的历史是动态的发展过程，其各组成部分都有内在的渊源关系，不能隔断和孤立起来，应该作为一个整体来看待和保护。因此，2006年12月，国家文物行政部门在重设的《中国世界文化遗产预备名单》中，明确了大运河的保护范围，即包括“京杭大运河”和“隋唐大运河”这一完整科学的概念。

隋代大运河以洛阳为中心并利用既有河道开通，唐、宋、金、元各代均有改建并继续利用。自北向南，大运河分为永济渠、通济渠、邗沟和江南河道四大段，其中的永济渠和通济渠均以洛阳为起点，并流经河南西北与东南。近年来，隋唐大运河遗址的真实性和完整性已经通过考古调查、勘探、发掘逐步加以验证。其中柳孜集遗址的考古发掘和报告出版引人注目。柳孜集位于安徽淮北市濉溪县，始建于东汉，隋、唐、宋三代曾是通济渠岸边的重镇，史称“柳孜镇”。1999年，文物考古工作者对柳孜集的隋唐大运河遗址进行考古调查，发掘面积900余平方米，发现一座宋代石筑码头，并在距地表5～6米深处，发现一批唐代、宋代沉船，并出土了大量隋、唐、宋时期的瓷器。出土的8艘木质沉船，船与船之间距离很近，有的相互叠

全国政协京杭大运河保护与“申遗”，集体采访（2007 年 3 月 11 日）

压。据文献记载，当年大运河上“公家运漕，私行商旅，舳舻相继”，“运槽商旅，往来不绝”。柳孜集遗址码头和沉船的发现正是这段历史的真实写照，这些发现为研究运河文化、展示运河文明以及探索唐、宋时期的社会生活提供了宝贵的实物资料[①]。由此可见，隋唐大运河凝聚着厚重的历史文化信息，作为地下文化遗产宝库，它既是各时代的缩影，又是研究中国漕运史、商贸史、陶瓷史以及隋、唐、宋时代兴衰的历史见证，更是研究各时代政治、经济、文化的重要载体，值得全面深入研究和加强保护。

京杭大运河将海河、黄河、淮河、长江和钱塘江五大水系连成了统一的水运网，是我国历史上南粮北运、商旅交通、军资调配、水利灌溉等用途的生命线，也是贯

① 柳孜集遗址内出土的瓷器主要为唐，宋时期制造，来自寿州窑、吉州窑，景德镇窑、建窑、长沙窑、越窑，州窑、磁州窑、定窑、钧窑等在内的全国 20 多个不同的窑口；釉色有青釉、黄釉、白釉、黑釉、酱釉等丰富多彩；器种以碗为多，罐、钵、壶等造型各异，具有明显的时代特征，为研究唐宋时期陶瓷制作技术以陶瓷业的生产、运营及外销方式提供了实物资料。

穿南北流动的血脉。京杭大运河沿岸20余座城市的历史，就是一部部因水而生、因水而立、因水而兴、因水而名、因水而强的历史，就是一部部“除水害、兴水利”的历史。流淌了2000多年的大运河，见证了沿河历史性城市的成长与变迁，奠定了城市格局，拓展了城市空间，繁荣了城市经济，丰富了城市文化。这些运河沿岸的城市，凭托运河这条黄金水道，经济得以流通、商品得以交换、文化得以传播。大运河不仅是一个规模庞大的航运工程体系，同时又是规模巨大的文化遗产廊道，沿岸文化遗产资源极为丰富，包括运河河道，运河上的码头、船闸、桥梁、堤坝等水工设施；两侧大量地下遗存的古遗址、古墓葬和历代沉船等；沿岸的衙署、钞关、官仓、会馆和商铺等相关设施；依托运河发展起来的城镇乡村以及古街、古寺、古塔、古庙、古窑、古驿馆等众多历史人文景观和与运河有关联的非物质文化遗产，成为名副其实的“古代文化长廊”。这些建筑遗迹是那个时代依托运河所开展的经济生活、社会生活和精神生活的历史印记，是那个时代人们生存方式的空间符号，也是历史文脉延续的节点。

丝绸之路是迄今世界上规模最大的线性文化遗产。起始于汉代，大体完成于隋代，唐代仍延续着传统格局，宋代以后有了新的发展，是一项历经2000多年，展现人类历史活动和东西方经济文化交流的载体。丝绸之路覆盖大半个地球，成为世界上最长的经济商贸之路、文化交融之路、科技交流之路，沟通了亚、欧、非各国各民族之间的联系与往来，成为古代东西方交流的大通道。根据目前考古学所展示的我国境内的丝绸之路，主要集中在三条路线上：一是由长安、洛阳经河西走廊至西域的“沙漠丝绸之路”；二是我国北部的“草原丝绸之路”；三是东南沿海的“海上丝绸之路”。

“沙漠丝绸之路”始于我国汉代的张骞出使西域（公元前2世纪），止于清朝中期（公元18世纪初）。其东起我国古都长安和洛阳①，在我国境内有4000多公里，西经南亚、中亚直达欧洲，总长度达7000多公里。由于“沙漠丝绸之路”的交通工

---

① 关于沙漠丝绸之路的起点，徐苹芳先生认为：“长安为汉唐时代之首都，从公元前2世纪至公元10世纪，西安是丝绸之路的起点，这是被公认的历史事实。但是，在东汉、曹魏、西晋和北魏时期，洛阳也曾是当时的首都，隋唐时期洛阳作为东都，在8世纪中叶以前，其政治和经济上的重要性并不低于长安。因此，有人主张丝绸之路的起点应东延至洛阳。我们并不否认洛阳在中西文化交流史上曾起过重要作用，考古学的发现也证明了洛阳在中西文化交流中的重要地位，但作为丝绸之路的起点，西安的地位仍是不可动摇的。”

具主要是骆驼，有限的承载量使得丝绸、茶叶这些比较轻便的产品成为主要货物。目前，我国学者确定了“沙漠丝绸之路”中国段的主要路线。即自长安、洛阳至西域的丝绸之路可分为两大段：自西安至敦煌、玉门关、阳关为东段，自敦煌、玉门关、阳关入新疆为西段（又称为西域段）[①]。最终从新疆的阿力麻里（今伊犁）和喀什嘎尔（今喀什）通向中亚，最远曾到达地中海沿岸的非洲古代埃及和突尼斯。另一方面，西方文化与我国固有文化相融合，产生的文化继续向东传播，于公元8世纪时传到了当时的日本。

我国北方的“草原丝绸之路”，从新疆伊犁、哈密，经额尔济纳、呼和浩特、大同、张北、赤城、赤峰、朝阳、辽阳，东经朝鲜而至日本。这条路线是连接西亚、中亚与东北亚的国际路线。朝鲜和日本发现的4世纪以来的西方金银器和玻璃器等，大部分是通过这条横贯我国北方的“草原丝绸之路”输入的。“公元13世纪以后蒙元时期，和林、上都成为当时政治中心，北方草原丝绸之路向北移动。忽必烈统一全国建都大都之后，北京成为全国政治中心；同时在直沽（天津）开展了海运，把中国北方草原丝绸之路与海上丝绸之路连接了起来，北京成为它的连接点，开创了中国丝绸之路的新局面”[②]。

“海上丝绸之路”一般认为始于汉，兴于唐，盛于宋、元。史实证明，我国的丝绸连同养蚕、缫丝、织绸等生产技术，早在周、秦时期就已经通过海路传播到朝鲜，到汉代又从朝鲜传到日本。同时，在汉代丝绸作为商品也传播到东南亚和南亚的一些国家[③]。而从考古学上所见的海上丝绸之路，已远远超出文献记载之外，“早在公元前5世纪前后，中国丝绸就开始流传海外，其生产经验和技术也随之传播四方，东经朝鲜半岛至日本，北越阿尔泰山脉至俄罗斯腹地，西经中亚到西亚，再传至欧洲，西南则输入印度，尔后通过海路传遍东南亚，并远及欧洲、非洲、拉丁美洲，有力地促进了世界文明和科技的发展”[④]。“海上丝绸之路”与陆地不同，它以对外

① 注：东段路线分南路、北路和青海道，以南路为主，北路和青海道为辅。西段路线按时代和地域大致也可分为三路塔克拉玛干沙漠以南为南路，塔克拉玛干沙漠以北、天山以南为中路，天山以北为北路。

② 徐苹芳：《考古学1990见中国境内的丝绸之路》，载《10世纪前的丝绸之路和东西文化交流：沙漠路线考察乌鲁木齐国际讨论会》，1990-08-19。

③ 注：据汉书•地理志记载，汉武帝时我国海船就从雷州半岛出发，运载大批丝绸，途经今越南，泰国，马来西亚、缅甸等国，远航到印度半岛南部的康契普拉姆（Conjevanam），换取上述国家的珍珠，宝石等物产然后，从斯里兰卡途径新加坡返航。这是我国丝绸作为商品外传到上述国家的最早记录。

④ 徐苹芳：《中国丝绸通史（序二）》，1页，苏州，苏州大学出版社，2005。

港口为基点，其发展取决于造船和航海技术的进步。在宋代，沙漠丝绸之路曾被西夏政权切断，海上丝绸之路的地位则进一步上升，在历史上第一次取代了沙漠丝绸之路的统治地位。特别是宋高宗时期组建舰队，改善港口，在海岸线上每隔 30 里建立灯塔导航设施系统，中国进入海外贸易的黄金时代。明代大航海家郑和从 1405 年至 1433 年曾先后 7 次率船队远航，经历了 30 余国，最远到达非洲东岸和红海沿岸港口，每到一地都以中国的丝绸、瓷器等物换取当地的特产或馈赠当地的国王。

2.2 资源丰富、种类多样

我国的线性文化遗产具有资源丰富、种类多样的特点。其所涵盖的类型众多，所反映的人类活动形式丰富多彩，既有各自地域的特点，也有相互交流和交融的历史积淀，构成多种文明荟萃、不同文化融合、各种宗教并存的一座座历史文化长廊。究其内容又可分为交通要道、军事要塞、商旅驿站、水利工程、贸易通道、宗教文化等不同主题。

秦始皇统一六国之后，倾全国之力兴建了两大工程，一个是长城，另一个就是秦直道。秦直道的工程规模、工程难度可与秦长城媲美，是我国境内保存下来的为数不多的古代交通“直道”遗址。史载秦王政二十七年（公元前 220 年），秦始皇下令在全国范围内“治驰道”，“道广五十步，三丈而树，厚筑其外，隐以金椎，树以青松”，形成以咸阳为中心，向东、西、南、北及东南辐射的驰道网。继修筑驰道之后，秦始皇又下令修筑具有战略意义的“直道”。“‘直道’较‘驰道’线路直，拉近了地域间的距离，能较快到达目的地，故相对于‘驰道’来说，这种具有军事功能的‘直道’，可称为当时的‘高速公路’，可见，至迟到秦始皇时，建筑道路已被国家纳入其行政的重要措施，具有宏伟之规模”①。关于秦直道的记载，最早见于《史记》。司马迁在《秦始皇本纪》中曰：“三十五年（公元前 212），除道，道九原，低云阳，堑山堙谷，直通之”②。该项工程北起九原郡（今内蒙古包头市西）的阴山脚

① 张忠培：《三峡古栈道·序》，4 页，北京，文物出版社，2006。
② 高平、秦直道：《世界上最早的“高速公路”》，载《光明日报》，2005-10-9（2）。

下，南抵秦都咸阳附近的云阳（今陕西淳化县北）。全长700余公里，道路大体南北相直，路面平均宽度大约30米，工期两年多，为便于大队车马快速通行，秦直道修筑得既直又平。因而必须“堑山堙谷”，逢山开山，遇谷填谷，工程规模之大，工期之短，世所罕见[①]。

我国是世界上古代栈道分布最为密集的地区，在陕西南部、四川、重庆、云贵高原等地有着广泛的分布。“中国建筑栈道始于何时？史载秦惠王建‘石牛道’以开发巴蜀，秦昭王又修‘栈道千里于蜀汉’。秦惠王、秦昭王分别在位于公元前4世纪晚期和公元前4世纪末期及公元前3世纪前半，时值战国时代”[②]。可见早在先秦时期，栈道构筑技术已经成熟。秦汉时期大规模开辟栈道，以加强与西南巴蜀滇黔的联系。这一举措对秦汉帝国的统一和巩固起到了重要的作用。许多栈道绵延于深峡绝谷之中，其中长江三峡地区的瞿塘峡栈道环境险恶，工程浩大，许多地段是在临江绝壁上开凿出的可以供人行走的石槽道。大宁河栈道，分布长度达80公里以上，存有数千栈孔，是我国目前保存最完好、规模最大的古栈道群。无论是瞿塘峡栈道还是大宁河栈道，都是古代道路建筑史上的壮举，交通史上的奇观，是线性文化遗产中的精华。黄河栈道，始建于东汉，分布于山西平陆三门砥柱以东的深山峡谷之中，由西向东，散布于13个村庄的范围内。栈道多先依山腰向内开凿通道，再在通道岩石上开凿方形壁孔、牛鼻孔、底孔等，再插以方木，形成完整的栈道。现存栈道遗迹20余处，累计长3000余米，对研究古代黄河漕运史、交通史等具有重要意义。

军事要塞遗址，往往是因功能需要而形成的连续的或断续的线性文化遗产。其中一些军事设施由于时代久远，只留下了残存的片段遗存。孔雀河烽燧群，始建于公元前1世纪，位于新疆尉犁境内，现存11处烽燧遗迹，其间距5~10公里不等，用夯土和土坯筑成，为汉晋时期丝绸之路楼兰古道上的重要军事防御、情报通信设施。金界壕，是金代为防御蒙古骑兵侵犯而修筑的军事防御工程。一路在大兴安岭

① 目前，秦直道全程保存比较完好的一段在东胜境内，该段路面残宽22米左右，高1米到1.5米，四个豁口遥遥相对，连成一线，在丘陵起伏的黄土高原上，隐隐展现出当年“堑山堙谷，直通之”的壮阔气势。

② 张忠培：《三峡古栈道・序》，4页，北京，文物出版社，2006。

西北黑龙江沿岸，另一路东北起自嫩江右岸，西南抵大青山之北。金界壕掘土为壕，堆土为墙。在不同的区段有单线和复线之分。与金界壕相关联的边堡、关隘、城址都分布在界壕的内侧。界壕所采用的依势而建、多重屏障的建构方式，为研究我国古代军事史提供了重要资料。柳条边，横跨辽、吉两省，是清王朝为了保障陪都盛京在政治、经济上的特权和利益而修筑的一道“边墙”，其目的是禁止汉、蒙民众流入其地进行开发、樵采、放牧和垦荒。柳条边全长1320公里，掘壕于外，筑堤于内，堆成土堤，上插柳条。“二十四道拐”抗战公路，位于贵州晴隆，属原黔滇公路的一段，全长4000米，始建于1927年，1936年竣工。第二次世界大战期间，国际援华物资需经滇黔公路“二十四道拐”盘山公路，方能运到抗日前线或“陪都”重庆，是我国与盟国的唯一战略补给线上的咽喉要道，也是远东战区西南国际大通道的标志性场所。

邮驿在我国已有3000年的历史，被看作是我国古代文明的“国脉”，对社会进步与稳定有着极其深远的影响。远古时期，通信曾以“击鼓传声”和“烽燧”烟火方式传递。奴隶制国家建立后，出于交流各种信息的目的，建立驿站，作为传递文书中途换马和休息之所，通过人、马接力传递紧急书简，实行有组织的邮驿制度。邮驿不仅是历代封建王朝的御用通信工具，而且也是有组织管理、有计划部署的官方主管部门，同时还兼备部分民间通信职能。今天，历史久远的“烽燧”“驿道”“驿站”“驿城”等共同构成了重要的线性文化遗产。鸡鸣驿，位于河北怀来，是我国现存最大的古代驿站遗址之一。该驿站始自元代，明、清时期曾是京城通往西北的重要中转站，承担军驿、民驿两种功能，直到1913年北洋政府撤销全国驿站，开办邮政局，鸡鸣驿才结束了原有功能。现存驿城近似正方形，周长近两公里，高11米，城内遗存驿丞署、总兵府、校场、驿学、商铺、马号和大量民居等。独松关古驿道，是古代临安至建康的陆路捷径，也是兵家必争之地，明代前即设有驿站。现存安吉双溪口关上村至余杭独松村段，路面由卵石铺砌，尚存古桥4座，较好地

河北鸡鸣驿城（2003 年 8 月 9 日）

保存了古驿道历史原貌，具有重要的线性文化遗产价值。

由大规模引水或防洪等水利工程构成的线性文化遗产，在我国分布广泛。灵渠，位于广西兴安，开凿于秦王政二十四至三十二年（前 223 ~ 前214 年），由铧嘴、大小天平、南渠，北渠泄水天平和陡门组成。灵渠沟通湘漓二水，联系长江与珠江两大水系，长 37 公里，主要设施是在湘江中用石叠砌成铧嘴状的分水工程，把湘江水分成南北二渠，分别注入湘江和漓江。在渠道水浅流急处筑陡门，是我国古代著名水利工程之一。红旗渠，位于河南林州，于 1969 年 7 月竣工。包括总干渠、干渠、分干渠、支渠和斗渠，全长 1525 公里，流经 410 个行政村。其中总干渠长 70.6 公里。同时沿渠修建水库 48 座，塘堰 346 座，提水站 45 座，小型水力发电站 45 座，渡槽152个，隧洞211个。年引水量2.8亿立方米，有效灌溉面积54万平方米，解决了67万人口和3.7万头家畜的饮水问题。被民众称为“生命渠”“幸福渠”。红旗渠科学利用地形地貌，采用自然落差，使引水、蓄水、排水、灌溉的综合效益得到全面发挥，是我国水利工程史上的典范，也是自力更生、艰苦创业精神的体现。

在丝绸之路、大运河所带来的跨区域的贸易交流等因素影响下，商贸通道在全国各地广泛分布，有力地促进了商品交易和文化交流。茶马古道，是从唐代到19世纪50—60年代，滇藏、川藏公路修通之前一直存在着的，以人背马驮的运载方式，从云南和四川茶叶产地出发，穿越横断山脉以及金沙江、澜沧江、怒江、雅砻江向西延伸，覆盖云贵和青藏高原，通往喜马拉雅山南部南亚次大陆的贸易通道。随着茶文化和藏传佛教的兴起和传播，随着茶马互市的开展，这条古道成为宗教文化以及沿途20多个少数民族文化传播交流的走廊，成为连接多民族的经济文化纽带。徽州古道，是从安徽通往江西的跨省古道，始建于唐代，兴盛于明清，全程达200公里，其重要地位应与徽杭古道相当，也是当时的“国道”，主要用以运送食盐、茶叶和粮食等物资。数年前，人们在皖南石台的深山密林中，发现了保存状况较好的徽州古道遗存——榉根关古徽道，全长7.5公里，古道石板全部采用长约1.5米、宽0.6米、厚0.2米的五彩石，“古道以清一色的青石板铺就，从青石板磨损的程度上看，古道上流走货物又何止千百万之数？古徽商称雄商界300余年，赢得了‘无徽不成镇’的美誉，成为中国经济发展史上一道独特的风景”[①]。

在我国，由于宗教信仰传播而形成诸多线性文化遗产。泰山盘道，辟建于汉代，历代重修，现存大部为明代修建，系古代帝王封禅泰山时举行祭天仪式时所修建的登山御道，沿途建筑多为历代帝王的斋沐、驻跸之所，或创建于汉魏或创建于唐宋，元、明、清历代均有修建。泰山中路全长9公里，盘道占8公里，建筑或跨盘道而建，或构筑于盘道之侧。此外，沿途还有众多的亭、坊、桥等单体石构建筑和大量历代碑刻和摩崖石刻，为研究我国古代历史和书法等提供了重要而丰富的实物资料。

① 张武扬：《徽州古道“会”徽商》，载《人民日报》（海外版），2007-12-19（6）。

山西五台山环境整治（2008年8月14日）

豫晋“朝拜之路”，历史悠久，是从河南汴梁，入山西经泽州（今晋城）、潞州（今长治），过太谷抵太原的交通干线，为唐代以来自东都洛阳朝拜五台山的干道，这条文化线路带动了沿途佛教寺庙的兴建和佛教信仰的传播。宋太祖建隆三年（962年）北宋朝廷出资整治此路，使之不仅成为交通运输的通道，而且也是国家政令、宗教信仰交流传播的要道。

2.3 功能持久、生命力强

我国的线性文化遗产具有功能持久、生命力强的特点。例如大运河是我国线性文化遗产的重要组成部分，其客观存在是人类社会进步、经济发展、文化交流的重要体现。大运河流淌的文明滋养着相关地域的传统文化，构成沿岸人类生活的真实记载。千百年来，大运河一直是我国重要的南北水上运输通道，从历史上的“南粮北运”“盐运”通道到现在的“北煤南运”干线以及防洪灌溉干流，这条古老的运河在我国的经济社会发展中发挥了巨大的作用。至今山东济宁以南的京杭大运河仍在通航，济宁以北则已断流，但有的段落还发挥着行洪、灌溉、输水、排污等水利和市政功能。大运河的千年流淌，造福了一方百姓，给民众带来了舟楫之便、灌溉之利、鱼虾之裕和交流之畅。可以说，大运河是“活着的、流动着的文化遗产”。目前，大运河作为“活态遗产”的现代功能可以概括为：航运功能，输水功能，生态功能，旅游功能。大运河作为典型的线性文化遗产廊道，应将文化资源的保护置于首位，同时关注经济功能的发挥和生态系统的维护，使文化资源、经济功能和生态环境三者并举。

千里运河，千年漕运，孕育出丰富无比、千姿百态的大运河文化，而现在所揭示和认知的仅仅是其表层和局部，更多深层次的文化内涵，还有待人们去认识和发掘。“我国遗产界对遗产功能的研究，往往重于静态遗产，而疏于活态遗产。一般来说，活态遗产比静态遗产有更多和更复杂的功能”[①]。大运河不仅是一条河，而是一个涉及交通、运输、水利、地理、历史、生态等等诸多方面的文化廊道。大运河遗产保护是一项超大型的保护工程。据不完全统计，大运河沿线6省2市文物遗存654处。其保护工程规模，维修技术方案的多样性与复杂性，都是我国文化遗产保护工作中前所未有的。大运河沿线的众多城市，分布在不同的水系流域，经济状况不同，管理水平各异，文化遗产的保护现状和存在问题也不尽相同。同时，大运河作为线性文化遗产，其功能随着沿途历史地理环境变化，随着流经地区经济社会发展状况变化，始终发生着变更和调整，需要更加深入地研究。

与大运河造福人类的功能同样，分布于各地的古代水利工程遗存至今仍然发挥着不可替代的作用。例如洪泽湖大堤位于江苏淮安，古称高家堰、捍淮堰，始建于

① 徐嵩龄：《大运河申报世界遗产对我国遗产科学建设的挑战》，载《中国文物报》，2007-12-14（8）。

东汉，筑“汉堰”约15公里；唐代增修“唐堰”；明永乐年间增筑土堤，后开始增筑直立式条石石工墙，至清代乾隆年间基本告成，全长70.4公里。目前大堤主体虽然被埋没，但是保存至今仍可再现的石工墙基本完好率在70%以上。大堤历经1800多年的维修、保护、增筑，凝聚了历代民众的智慧，是淮河中下游地区3000多万人口和10多座城市防洪安全屏障。镇海堤，位于福建莆田黄石镇的海滩上，全长3.4公里，全部石砌。唐代始建，历代维修，历经无数次台风、暴雨、海潮、洪水等灾害的严峻考验，至今保存完好。海堤守护着330多个自然村的27万人口以及22.5万亩耕地的安全，是南洋平原作为莆田鱼米之乡的坚实保障。

我国境内的“沙漠丝绸之路”是长期以来在国内交通路线上形成的，由于外国商旅贡使经常沿着这一路线往来，逐渐成为带有国际性的旅行路线。流通在“沙漠丝绸之路”上的商品中，最受欢迎的是我国的丝绸，西方各国的玻璃器皿、珊瑚、琥珀、植物新品种等也源源不断地传入我国。“在丝绸之路沿线发现了许多外国输入的遗物，诸如东罗马（拜占庭）和阿拉伯金币、波斯萨珊银币、东罗马和萨珊金银器、首饰，罗马、萨珊和伊斯兰的玻璃器以及中亚织做的‘波斯绵’，等等。特别是在文献上没有记载的情况下，这些考古发现在研究丝绸之路方面便有重要的意义”[①]。当时，通过丝绸古道传播的并不仅仅只有作为文化载体的商品，还有政治制度、科学技术、文学艺术、音乐舞蹈、宗教信仰、语言文字、风俗习惯、书法绘画、医药医学，等等。因此，可以说丝绸之路是沟通古代东西方之间经济、文化交流的重要桥梁，把古代的中华文化、印度文化、波斯文化、阿拉伯文化和古希腊文化、古罗马文化连接起来，在促进东西方文明之间的交流方面，发挥了极其重要的作用。特别是丝绸之路沟通、联结了长安与罗马，使这两个当时世界东、西方的文明中心交相辉映，在世界文明发展史上具有深远的影响。通过保护这一历史过程遗存下来的珍贵文化遗产，将会促进我国与世界进一步的相互了解，交流协作，促进国际间的文化交流和民间的友好往来。

---

① 徐苹芳：《考古学上所见中国境内的丝绸之路》，载《十世纪前的丝绸之路和东西文化交流沙漠路线考察乌鲁木齐国际讨论会》，1990-08-19。

另一方面，我国唐宋时代的瓷器，不但在中亚、南亚和东南亚各地普遍发现，远至西亚、北非也都有中国瓷器的遗存。从中国瓷器在世界各地发现的分布情况可以看出，绝大部分是由“海上丝绸之路”运输的，从这个意义上来说，将“海上丝绸之路”称为“海上瓷器之路”，也是十分恰当的。目前，丝绸之路上保存完好的线路形式多已不存，然而沿线至今仍生活着一些少数族群，以他们的形体基因、语言文字、文化特质、衣着妆饰、生活方式、传统技术、村镇结构、建筑形式、礼仪习俗、宗教信仰、文学艺术等为特征的民族民间文化和非物质文化遗产，使其文化特色至今犹存，揭示出东西方不同民族、不同文明之间交流互动、共存共荣的历史过程。因此，虽然清晰的线路形式逐渐模糊，但是通过深入发掘精神层面的文化内涵，线性文化遗产的突出价值，可以在物质与非物质文化遗产保护中得以复兴。

3. 探索线性文化遗产保护的科学途径

线性文化遗产往往首尾相连千百里，形成历史千百年，是一条条见证我国五千年文明史的文化长河，是一部部展示中华传统文化的百科全书。这些具有丰富文化内涵的线性文化遗产，不仅是我国珍贵的文化财富和人类共同的文化遗产，而且今天仍然发挥着难以估量的广泛作用，这也是其他文化遗产类别难与比拟的特点、功能和价值。因此，加强线性文化遗产的保护，有利于文化遗产集群的抢救，展示深厚的文化底蕴，再现“文化长河”“百科全书”的丰富文化内涵，延续城市文脉。

3.1　线性文化遗产面临的压力与挑战

当前，线性文化遗产保护面临着前所未有的挑战与机遇。沿线民众文化遗产保护意识在不断增强，经济发展带来了更多保护方面的资金投入，为线性文化遗产保护提供了有利机遇。但是，在城市化加速发展和大规模城乡建设过程中，线性文化遗产尤其是大型线性文化遗产的保护也面临着日益沉重的压力，已经成为文化遗产保护的一项重大课题。今天，线性文化遗产整体保护工作虽然逐渐引起重视，但是需要进一步深化价值认识，协调保护管理机制，运用先进理念实施整体保护。

首先，线性文化遗产的整体保护状况堪忧。总体来说，线性文化遗产保护的各项基础工作相对薄弱。文化遗产资源家底不清，缺乏有效的法律依据和支持；保护管理、综合整治、合理利用等方面缺乏统筹协调，缺少具有战略视野的总体保护规划；针对线性文化遗产保护的科学研究不够深入，对文化遗产内涵的认识、对保护对象和范围的认知等方面均存在较大差异。同时，气候变化、环境污染等整体环境恶化，导致线性文化遗产面临生存威胁，文物本体不同程度地存在着水患、风化、腐蚀等病害。例如大运河的保护现状不容乐观，由于上千年的历史变迁和几百年来的取直疏浚，各段河道有过不同历史时期的变化，尤其是全线河道漫长，各河段高低不一，淤积湮涸常有发生。除有历史上的洪水决口、泥沙堵塞、水量减少等自然原因，更有管理不善、乱开支渠、截流用水等人为原因，再加上污水处理设施不完善，监督管理不到位，一些地区甚至把未经处理的污水直接排入大运河，致使水质不断下降，生态环境恶化，自然和人文景观损毁，旅游和休闲功能衰退，文化遗存不断消失，毁旧建新等现象时有发生。

其次，城市化快速发展给线性文化遗产保护带来挑战。伴随城市化的进程，不少大运河沿岸城市古桥纵横、河埠林立、古屋比邻、商铺连绵、巷弄贯穿的运河风光已成记忆。而南水北调工程建设对京杭大运河文化遗产的各种元素、环境风貌、生态系统又是一次较大的人工干扰。大规模建设对文化遗产本体构成现实威胁，城市化带来沿河居民思想观念、文化传统、生活方式的急剧变化。在资源利用上，人们只注意“黄金水道”内河货运量的增长与否，却很少关心运河文化对生态环境、特色风貌、建筑传统等方面的巨大影响。同时，作为流动着的传统文脉，大运河承载着千百年的文化积淀，附载在大运河两岸的民族民间文化、地方戏曲、民间传说和民风民俗等非物质文化遗产，也由于缺少详细调查和保护措施，有逐渐销声匿迹的危险，没有了故事的大运河将逐渐失去魅力。一些地方不注意对文化资源的积极利用，未将城市规划建设和文化资源保护齐举并重，没有树立长远战略眼光来推动线性文化遗产的保护。一些地方为了吸引游客，在线性文化遗产的保护范围和建设控制地带内，大量修建旅游服务设施，还有的盲目修建索道、滑道、射击场等设施以及大量商业网点、宾馆、别墅等，超载开发使文化遗产地不堪重负，人工化、商业化、城市化的现象十分严重，破坏了线性文化遗产的生存环境，引起社会各界的严重关注。

第三,一些基础设施建设使线性文化遗产的整体性遭到破坏。交通道路、市政管网、水利工程的建设，往往使线性文化遗产在区域范围内被切割得四分五裂，对其生存构成严峻威胁。例如近年来，省级道路、乡镇道路、企业自建道路，对长城的破坏十分严重。2003 年春，陕西省定边县从靖王高速公路修建的 3 条引线公路，从明长城遗址“穿城而过”，将长城“撕”开 3 个 30～40 米宽的大豁口。据不完全统计，陕西境内的长城，因修路被挖开的豁口至少有 30～40 处。电力、通信、天然气管道的建设以及工业生产、农业灌溉、林木种植、矿业开采等，都经常出现对线性文化遗产造成损毁的现象。不少地方在遗址内乱建设施，竖立电线杆，架设高压线，敷设市政管线，各种地质、水文标识更是随处可见。长期以来，一些大、中型水库的修筑，对线性文化遗产造成更为严重的影响。“2003 年底，长江三峡水库水位至 139 米。而三峡古栈道，包括其中最为险峻、壮观的瞿塘峡栈道，最为古老、完整、神秘的大宁河栈道的重要路段，已经淹没于 139 米水位线下”。“三峡地区的栈道，或已被淹没，或即将淹没，人们再也见不到那上接青溟、下临深渊、云生马头、猿啸道旁、穿越峻峡绝壁的栈道了，感悟不到这栈道奏响的而使我们心灵产生强烈震撼的英雄交响曲”。

第四，不合理利用使线性文化遗产的真实性遭到破坏。在破坏长城的诸因素中，传统看法认为生活生产性破坏为第一位。近年的调查结果显示，目前旅游开发性破

宁夏战国秦长城（2005年7月20日）

坏上升为第一位，以下依次为建设性破坏、修缮性破坏、自然因素破坏和生活生产性破坏。世纪之初，一些地区兴起大规模长城旅游开发热。在对长城沿线各省、自治区和直辖市进行的调查中，已经列为旅游景点的长城段落，总数达230余处。其中河北、北京两省、市最多，约有130余处。长城沿线一些地方政府，在没有经过审批程序，没有相应配套规划，没有规范的管理措施和技术指导的情况下，个人、集体、旅游部门一起上，数十里即开辟一处长城旅游景点，造成损害长城本体及其环境的严重后果，甚至发生毁灭性破坏的现象。在线性文化遗产的保护修缮工程中，对文物本体的破坏突出表现为改变原位置、原形制、原工艺、原材料的要求，在一些修复、加固和复建过程中，违反“不改变文物原状”的原则，损害了线性文化遗产原有的历史信息。例如宁夏灵武市某长城风景区在开发中，将土筑长城改建为砖砌长城；山东省章丘市某度假区对齐长城进行了“改造性复建”，致使长城本体面目全非。

第五，缺少国家层面行之有效的线性文化遗产协调机制。目前，文化遗产保护管理体制分散，综合整治、合理利用等缺乏统筹协调。例如大运河作为航运水道，在管理体制上，一直由各地水运局或交通局分段管理，其必然的结果是，根本不可能从整体上关注沿线的文化遗存，而文物部门始终未能主动介入对大运河的监控。许多线性文化遗产位于风景名胜区、森林公园、地质公园、自然风景区、自然保护区、旅游风景区范围内，分别归属各地建设部门、国土资源部门、环境保护部门、旅游部门管辖，机构重叠交叉，重经济效益而轻文化内涵，形成对线性文化遗产无序开发和管理混乱的局面。近些年，一些省、市、县政府提出“谁投资、谁受益、谁承担风险”的“招商引资”政策，加快所谓投融资体制改革，致使一些地方政府和主管单位，在旅游开发中依据这些政策制定“所有权、经营权、受益权分离”的政策，鼓励将一些文化遗产交由企业经营，错误地将市场经济模式引入公益事业，造成线性文化遗产保护、管理、利用的混乱。

3.2 保护线性文化遗产的时代意义

近年来，我国加强了对长城、大运河、丝绸之路等大型线性文化遗产的整体保护研究，并开始了保护实践探索。2005 年国务院批准了由国家文物部门组织编制的《“长城保护工程（2005—2014 年）”总体工作方案》，对长城资源调查、长城保护立法、长城保护规划编制和长城保护抢险修缮等方面做出了系统的安排。2006 年 5 月，京杭大运河列入了国务院公布的第六批全国重点文物保护单位名单。同时，开展了京杭大运河保护与申报世界文化遗产的系列考察和研讨活动，有关部门、专家学者和京杭大运河沿线城市政府一致认为，保护京杭大运河这条人类历史上最伟大的文

江苏苏州山塘街（2010 年 6 月 11 日）

明长河，是保障可持续发展千秋伟业的盛举，也是中国人民为人类文明进步所应作出的承诺和贡献。2006 年 12 月，依照世界遗产委员会评审世界遗产的工作程序和规程，国家文物部门完成了《中国世界文化遗产预备名单》重设工作，将“大运河”列入其中。2007 年 9 月，在中国世界文化遗产专家委员会考察评估形成推荐意见的基础上，国家文物局确定了丝绸之路联合申报世界遗产第一批申报推荐项目名单[①]。此后，联合国教科文组织世界遗产中心和我国政府一起，进一步推动与中亚地区相关国家和地区合作，将丝绸之路提名列入《世界遗产名录》。现在，丝绸之路已经成为我国首个与他国联合申报世界文化遗产的项目。以上保护实践的探索，深刻揭示出保护线性文化遗产的时代意义。

一是有利于整合文化遗产资源。线性文化遗产保护标志着世界文化遗产保护领域的发展趋势。近年来，文化遗产的概念不断扩大，由单体文物到历史地段，再至

① 张忠培:《三峡古栈道·序》，5 页，北京，文物出版社，2006。

整座城镇，进而兼及文化景观、遗产区域，乃至串联几座甚至几十座城市、一个或多个国家的更大文化区域，形成跨族群、跨时代、跨地域、跨文化的庞大的文化复合体。例如“沙漠丝绸之路”在我国境内就涉及河南、陕西、甘肃、宁夏、青海、新疆等地的数十个城市和地区，在沿途留存有十分丰富、珍贵的文化遗产。加强线性文化遗产保护有利于整合文化遗产资源。特别是对于文化遗产资源丰富的城市和地区，通过确立整体项目，实施综合保护，通过以线涵点，即以线状区域内保护行动的展开，带动区域范围内保护水平的提升。由于线性文化遗产往往覆盖的地域比较广阔，沿线及两侧范围内，相关的文化遗产，都可以统一纳入整体保护行动之中，这样既有利于国家保护措施的宏观调控，又有利于各种社会资源的集中使用，不失为一种高效的保护策略。线性文化遗产往往是出于人类特定目的而形成的重要文化纽带，将一些相互关联的城镇或村庄串联起来，构成链状的文化遗存状态，能够真实再现历史上人类的迁徙与活动，物质和非物质文化的交流与互动，并赋予文化遗产载体以更深刻的人文意义和文化内涵。整体保护线性文化遗产，更加强调根据文化遗产的构架与体量特点，形成行之有效的系统保护方法，较之分散的点状保护，效果更好，影响更大，易于探索普遍规律，形成科学方法，有利于不断深化保护的内涵。

二是有利于提升文化遗产价值。线性文化遗产更加强调空间、时间和文化因素，强调线状各个遗产节点共同构成的文化功能和价值以及至今对人类社会、经济可持续发展产生的影响。例如长城的起源，虽与抵御匈奴等外族侵犯有关，但它的修建却体现了阻止战争、消灭战争的客观意义，其在秦汉时期以至以后数代所起的作用无可比拟。秦直道的建设则加快了中央政府与北方各地的联系，保证了政令畅通，对我国民族团结发挥了重要作用。因此可以说，当长城和秦直道作为线性文化遗产加以整体研究和实施保护时，其文化遗产的价值就得到了提升，不仅仅被看作是防御工程或交通要道，它们更是边疆和平、国泰民安、民族融合的象征。线性文化遗产的意义还在于它们往往是精神观念之路、文化传播之路、制度风俗之路，文化层面的深度意义使线性文化遗产更具渗透性、辐射性和长久性。“当今居住在地球上各个角落的人们的信息传递，经济、文化、政治的交往，已基本上冲破了自然的险阻和人为的障碍，将人类紧紧地联结在一起。人们愈益休戚与共，地球愈来愈是一个牢固结合的村子。这一状况之得以呈现，是自有人类以来陆、水、空交通与通信技术的积极发展的结果”①。例如三峡地区的古栈道并不仅仅是一条沟通南北的交通道路。在历史上，它曾经沟通了关中、巴、蜀、楚等四大文化区域，对于研究我国古代文化、科技、商业、航运业、盐业的发展演变，都具有重要的学术意义。同样，在漫长的历史时期，丝绸之路远远不只是向外传播丝绸产品的通道，随着贸易交流的发展，也把我国古代的各项发明创造，如指南针、火药、造纸和活字印刷术、瓷器、医学、中草药等，传播到世界各地。同时把世界各地的特产，如珍珠、宝石、犀角、象牙、香料等物品，沙金、白银、黄铜等矿石，棉花、龙眼、缅茄等经济作物以及从南美引入的玉米、番薯、烟草、花生、向日葵、土豆、西红柿等新品种传到我国。这种发明创造和生产技术的相互交流，促进了人类历史的进步和社会生产力的发展。同时，我国对外交往，逐渐突破了商品贸易交换的经济范畴，与政治、外交、宗教、文化、艺术，乃至与民众生活都发生密切的关系，并且带来了更为深远的影响。

三是有利于文化遗产保护学科发展。线性文化遗产的保护是科学严谨的文化实践。无论是全面调查、勘察测绘、遗产登录，划定保护范围和建设控制地带，制定保护规划，制定专项法规，还是环境综合整治、开展社会宣传教育以及文物本体保护等各项工作都需要明确目标、明确计划、明确分工、明确责任，都需要开展大量艰苦细致的科学研究和实际工作。通过线性文化遗产沿线物质和非物质文化遗产资源和价值的调查，可以确立众多人文学科研究课题，在保护的同时，促进相关学科的发展。线性文化遗产不仅拥有丰富的历史文化内涵，而且涉及复杂的文化和自然

① 我国第一批申报推荐项目名单包括48处。其中河南省5处，陕西省12处，宁夏回族自治区4处，青海省4处，甘肃省11处．新疆维吾尔自治区12处。

生态系统。例如对于长城、大运河、丝绸之路等巨型、线性文化遗产的总体保护规划编制工作无疑是跨地域、跨部门、跨学科的重大研究成果，具有开拓性实践意义。线性文化遗产所承载的城镇和乡村中物质与非物质文化遗产的承启与变化，相互影响与交流，构成文化带上文化遗存的共性与特性、多样性和典型性，衍生出丰富多彩的面貌和内在的密切关联。整体保护大型线性文化遗产，可以将沿线的物质和非物质文化遗产保护有机结合起来，通过文化遗产资源和价值的调查，深入开展文化遗产保护涉及的各个相关领域的科学研究，再通过多学科领域的交叉研究有力地推动保护工作。线性文化遗产的整体意义和广泛的涵盖面，不仅有助于在不同族群、不同城市、不同地区和不同国家之间建立牢固的文化联结，同时可以防止文化同质化的趋势。在文化认同过程中，线性文化遗产保护具有历史与现实、有形与无形的双重意义。挖掘线性文化遗产的历史内涵，注意发现并培养构成地区传统文化基本形态的文化认同，在此意义上，线性文化遗产成为重新凝聚内容日渐削弱的文化时空的有效途径，并不断提供共享文化空间的机会。

3.3 线性文化遗产保护的措施与实践

线性文化遗产，特别是大型线性文化遗产的保护，作为文化遗产保护领域的新课题，在我国乃至世界范围内仍处于起步阶段，这就需要以更大的决心和勇气去积极探索这类文化遗产保护的科学规律和有效手段。文化遗产保护机构、专家学者、各级政府和有关部门以及社会公众，在线性文化遗产保护过程中都应当发挥重要的作用。同时，通过对于线性文化遗产的保护，可以重新唤起沿线民众对传统文化、自然生态、习俗风情的理性认知和历史情感，形成自觉的文化遗产保护意识。

1）进行资源调查，开展科学研究

首先在全国范围内开展对线性文化遗产资源的调查，通过考古调查、科学勘察、资料梳理，把握线性文化遗产资源的分布状况，形成对我国线性文化遗产全面而完整的认识。对于在中华民族历史发展过程中发挥过重大作用的一些大型线性文化遗产、对于文化意义和生态价值都十分突出的线性文化遗产的整体性保护，例如长江、黄河等重要河流文化遗产密集、文化意义突出的部分区段，更应详细收集它们的“生命信息”，破译其中的“遗传密码”，加大力度进行详细调查，了解文化遗产本体的生存状况，深入挖掘其历史、艺术和科学等方面的独特价值，通过这些线性文化遗产的保护，构成我国文化遗产网络的骨干，重绘我国文化遗产的宏伟蓝图。

由于线性文化遗产包含内容极为广泛，空间尺度又相对较大，因此在进行资源调查时，首先应确切地定义它的范围，这是开展科学研究的重要基础。例如文化线路的范围，取决于组成它的各个重要文化遗产节点元素的范围。在这些重要文化遗产节点所在之处，一般都会有历史建筑或考古遗存，因此就需要对这些文化遗存进行整合，使之成为文化线路整体的一部分。在开展文化遗产资源普查的基础上，对线性文化遗产的各个文化遗产节点元素进行分类登记，如历史村镇、交通设施、宗教建筑、公共场所、文化景观等等，按照文化遗产分类的原则进行记录。同时，还要分析线性文化遗产所处地理位置、影响范围以及自然背景方面的状况，以全面体现线性文化遗产所包含的文化意义。例如 20 世纪 70 年代，考古学者在对居延遗址进行勘查和局部发掘的基础上，出土木简 20000 多枚，其中既有记载汉代戍边屯田的活动情况，又有西汉中期到东汉初年的官方文献，涉及当时社会的各个领域，为十分难得的资料。又如考古工作者于 20 世纪末对秦直道遗址进行过局部发掘。其中在鄂尔多斯境内的秦直道遗址的两侧，确认有 3 座同时期的古城遗址，初步论证为与秦直道密切相关的亭、障或行宫等设施。并于陕西境内的秦直道遗址上发掘出总面积达 7000 平方米的秦代一号兵站遗址，为秦直道线性文化遗产的保护与研究提供了新的依据。

在进行资源调查时，由于大多数线性文化遗产经过长期的历史演进和变迁以后，一些局部区段在自然灾害、城市化侵蚀和其他因素影响下已经面目全非，因此要清晰准确地界定线性文化遗产的范围并非易事，很多情况下都需要多学科的大量研究予以支持。例如大运河由于千年的历史变迁和几百年来的取直整治疏浚，受社会的或自然环境的因素制约，先后有过不同历史时期的变化，要确定其曾经过的具体路线或影响范围，除通过整合文献史料加以阐释外，考古学的发现也极其重要，即依据文献记载与考古发现相互印证，对线性文化遗产进行深入的复原研究。河南境内的大运河已基本地面无存，绝大多数遗址已埋在地下，该省文物考古部门与地理研究部门，利用航空遥感技术，在宁陵、永城等地发现了码头遗址和部分古河道，并对大运河的走向做出初步判断，为大运河研究提供了新的手段和新的线索。2004 年以来，国家文物部门启动了大运河的科学研究工作，组织开展了“大运河整体综合性保护可行性研究”“京杭大运河遗产廊道研究”等专项研究，同时统一组织对大运河的历史文化遗存进行科学全面的普查，开展了文物考古调查和发掘等基础工作，摸清文化遗产的家底，取得重要研究成果。

考古工作者在三峡库区文物保护工程中，抢在三峡大坝蓄水前，对库区漫长的古代栈道开展深入、细致的抢救性考古调查，“涉险于崇山急流，攀缘于绝壁悬崖”，克服人烟稀少、山深壁陡的恶劣条件，在奉节、巫山、巫溪等地区，获得了科学而完整的调查资料，系统地记录了大量珍贵的古代遗存。更为难得的是，在调查中将古代栈道置于更大范围的线性文化遗产系统中研究定位，扩大对沿线文化遗存及相关人文景观的调查范围，对古代栈道周围环境和后期附加物进行详细记录标示；对与古代栈道相关的道路、津隘、乡村、城镇进行登录；深入访问沿途居民，对民间文化遗存、史料进行调查，形成翔实的原始资料。并在此基础上，出版了辅以绘图和照片的、较为详尽地记载古代栈道本体及其相关遗迹的调查报告，为世人留下了不可再得的资料。

我国全面启动长城资源调查工作后，国家资助的大运河基本状况调查课题也已经取得阶段性成果。在“海上丝绸之路”文化遗产资源调查方面，随着近年水下考

广东水闸遗址（2004 年 8 月 8 日）

古工作的开展，不断获得新的成果。例如考古工作者在广西合浦县古城头村发现了西汉时期的船步，这是迄今发现的我国最早的码头，为广西合浦作为古代“海上丝绸之路”始发港提供了最重要的实证，结束了这一航线始发港“有史载无考古物证”的历史。广州自先秦时代就是海上交通枢纽。在广州发现的秦代造船工场遗址，为研究我国对外贸易史、航海史提供了珍贵的实物资料，充分显示出我国古代造船技术的成就，这一优势无疑为广州对外交往奠定了坚实的物质技术基础，历两千余年而不衰。近期对“南海一号”的“整体打捞”则体现了对“海上丝绸之路”调查的最新成果，并期待经过后续的考古研究工作，复原和填补与古代“海上丝绸之路”密切相连的一段历史空白①。

① 注：2007 年 12 月 22 日上午，位于广东省阳江海域的“南海一号”宋代沉船整体打捞出水。“南海一号”长约 30 米，宽约 10 米，型深约 3 米。经初步探摸试掘，船上以瓷器为主的各类珍贵文物数以万计，是我国迄今为止考古发现的年代最久远、保存最完整，文物储存最多的宋代远洋货船实物。这一行动所采用的“整体打捞”方法在全世界尚属首例．开创了考古界与打捞界的先河，其方案特点是将沉船、文物及周围泥沙按照原状，整体固定在钢制沉箱内，以最大限度地保留历史信息。再由大型浮吊将沉箱整体吊起，再通过全潜驳将其转移到岸边的临时专用码头，以确保沉船和文物安全。最后通过岸上的专门通道，使用气垫移动的方式将整个船体移至专为“南海一号”建造的博物馆内。待“南海一号”处于稳定状态后，将对“南海一号”水下文物资源进行系统勘探和发掘。

2）编制保护规划，实施整体保护

线性文化遗产保护规划，在我国刚刚起步，甚至早已列入《世界遗产名录》的长城，此前尚未编制完成线性文化遗产意义上的完整规划。后来组织编制的长城、大运河、丝绸之路等保护总体规划，是我国首批线性文化遗产保护规划，同时也是首批针对超大时空尺度的文化遗产编制的保护规划，是我国文化遗产保护实践上的一次意义重大的创举。只有按照规划先行原则，编制线性文化遗产总体保护规划以及沿线地段控制性详细规划等不同层面的规划，明确规划范围、规划期限、保护原则、保护重点，才能为实施综合保护提供规划依据。同时，由于许多线性文化遗产尚缺乏基本的测量资料，因此要加强测绘和基础资料的准备，为编制保护规划提供条件。

为了全面保护线性文化遗产，需要在保护规划中对文化遗存、自然生态、非物质文化遗产等方面的整体保护进行卓有成效的探索，提出切实可行的措施。线性文化遗产的界定应遵循三个标准：空间标准、时间标准和文化标准。空间标准是指其在空间上的属性，包括线性文化遗产的空间形态、重要的地点场所、纪念物、影响范围等；时间标准是指其在历史时间上的属性，包括线性文化遗产形成时间、衰落时间、使用频率和强度及其变化等；文化标准则是指其在文化上的影响，包括线性文化遗产形成的目的、交流的种类和数量以及它对人类记忆和经验形成的影响等。同时，列入保护范围的不仅仅是一处处历史遗迹和文化遗存，还应考察和研究其整体构成的更为广泛的影响，其中包括所有与线性文化遗产相关的人类活动领域，例如政治、商业、科学、宗教和文化。

线性文化遗产保护规划的编制，是科学严谨的文化实践，是庞大的、影响广泛而又意义深远的系统工程。应根据线性文化遗产的自身特点，将其作为有机组成的文化遗产族群进行系统研究，在开展资源调查，摸清遗产状况，编制线性文化遗产总体规划的基础上，开展专项保护规划编制。针对各个文化遗产节点的保护要求，特别是线性文化遗产中的关键区、脆弱区以及重要节点，因地制宜编制专项保护规划，并将其作为整体多赢保护目标的组成部分，形成统一的规划原则，通过划定保护范围和建设控制地带，确保线性文化遗产整体保护战略的实施。同时，应当重视线性文化遗产保护管理的特殊性，其保护方式需要以科学研究的精神加以不懈的探索。由于线性文化遗产保护涉及的问题较多，相对复杂，必要时应设立保护管理方面的综合研究课题，对线性文化遗产的保护理论、保护技术、保护体制和管理方式等问题进行深入研究。

单体文化遗产的重要性往往取决于它与线性文化遗产的整体联系。例如泉州是宋元时代继广州而起的另一个重要港口，曾经享有“东方第一大港”的盛誉，是“海上丝绸之路”的主要起点之一。对外频繁的政治、经济、文化交往，使泉州成为多元文化，多种宗教聚集的港口城市，至今仍保留着众多珍贵的有较高历史、艺术、科学价值的文化遗存。近年来，泉州确定了“海上丝绸之路：泉州史迹”作为线性文化遗产保护的整体项目。即以历史事件为线索，以特定的时间为背景，把众多的与“海上丝绸之路”有关的史迹组合在一起加以研究，内容涵盖航海通商、多元文化、城市建设三大类文物古迹的16处地点，统一制定保护规划，经过数年不断探索、整合，取得大量研究成果。

3）制定专项法规，健全管理机制

当前，针对线性文化遗产的保护状况，加强基础工作，确定保护重点，制定保护措施，明确保护责任，广泛动员社会力量参与保护工作，均属当务之急。其中，建立、健全有关法律法规是线性文化遗产保护的基础，特别是对于长城、大运河、丝绸之路等超大时空尺度的线性文化遗产，均应制定专项保护法规，加大依法保护的力度。在我国文化遗产保护法律法规体系中，线性文化遗产保护的法规建设有待进一步加强。2006年12月1日，国务院颁布的《长城保护条例》正式实施，这是我国第一次就单项文化遗产颁布的专项法规，也是线性文化遗产保护立法的开端，使长城保护进入了新的阶段。今后，还应逐步制定《大运河保护条例》《丝绸之路（中国段）保护条例》等线性文化遗产保护的专项法规。对于跨国线性文化遗产的立法保护，还需要探讨实现国际立法合作的可能性。

实施监测是线性文化遗产保护管理的重要手段，是维护线性文化遗产安全既基本、又有效的保障措施。其主要目的是通过多种监测方式、技术手段、科学评估、对策研究等，切实保护和延续线性文化遗产所具有的突出的普遍价值，维护其真实性和完整性，不断提升保护管理的科学内涵和综合水平。线性文化遗产保护不可能实施突击性工程，需要通过日复一日的日常性监测，及时发现文化遗产保护管理中存在的威胁和隐患、面临的问题，及时查找病害，对症下药，排除险情，确保文化遗产安全。特别是线性文化遗产的监测目标相对复杂，包括文物本体、环境气候、安全防范、自然灾害、游客管理、建设项目、景观监控、社区活动以及文化遗产保障体系等方方面面。

对于分布地域广、遗存众多的大型线性文化遗产而言，需要建立健全跨地区、跨流域、跨部门的保护管理体制，并确保各个组成部分协调有序。同时，建立相应的专门管理机构，设立多样化的辅助机构，明确保护的相关责任，根据各自职能和特点发挥不同作用。例如大运河南北纵贯数千里，分布在北京、天津、河北、山东、江苏、浙江、河南、安徽等八个省市，地域跨度大，管理头绪多，涉及物质与非物质文化遗产的广泛内容。为此，经过协调，2008 年 3 月，大运河沿线 33 座城市的代表就大运河保护与申报世界文化遗产发表了《扬州共识》，成立了“大运河保护与申遗城市联盟”，通过了《大运河申报世界遗产工作方案》，并由大运河沿线城市组成“大运河保护与申报世界遗产办公室”，承担相关管理、协调职责，组织项目实施。

今天，在南水北调工程的背景下，就大运河整体保护而言，无论是从文化遗产角度看，还是从自然生态、人文生态角度看，都迫在眉睫。应正确认识正在实施的南水北调工程，对大运河保护可能带来的冲击和可能给予的贡献。南水北调工程给大运河保护带来挑战的同时，其大规模调水可以激活古代水系的功能，不仅能对断流和生态功能瘫痪区域进行系统的生态修复，而且能对大运河线性文化遗产实施系统保护，从而为整体保护大运河带来难得的机遇。驾驭机遇，趋利避害，关键在于系统全面的规划和管理，切勿单一目标导向。因此，大运河沿线文物部门积极应对南水北调东线工程对文化遗产保护带来的挑战，明智地加以规划研究，制定线性文化遗产保护措施，并纳入南水北调东线工程总体可行性研究报告，确保工程涉及的文化遗产得到有效保护，努力增加南水北调工程中的文化含量，延续大运河的历史文脉，使今日造福社会的国家重点基本建设工程，成为明天珍贵的世界文化遗产的重要组成部分。

4）确立阐释方法，突出整体展示

线性文化遗产是大尺度、多维度的文化遗产类别，但是阐释其丰富的文化内涵难度较大，需要突出整体连贯性，需要多学科的合作和保护实践的大量积累，通过利用先进的数字技术，建立完备的信息数据库等措施，实现线性文化遗产整体阐释和展示的问题。例如丝绸之路线性文化遗产保护项目，作为联合国教科文组织“文化发展十年计划”的一部分，旨在关注起源于东西方交往，并有助于形成亚欧民族的多元认同、不同文化的综合互动。该项目希望通过组织国际性科学考察活动、学术研讨会和国际会议等，采取跨学科手段，以促进丝绸之路线性文化遗产相关课题研究。同时，在项目进展的每一阶段，都建立研究人员与媒体的合作关系，及时公布研究活动和成果，从而在世界范围内重新激发人们对古老的丝绸之路的兴趣。

在整体考虑线性文化遗产所有重要组成部分以及相关因素的基础上，优先考虑一些重点遗址和遗迹的保护展示，积少成多逐渐构建完整的历史画卷，使人们增加对线性文化遗产的完整认识。应当以科学审慎的态度维护线性文化遗产的真实性和完整性，而非简单重建。修复应同现存的历史肌理以及周围建筑和景观环境相一致，所采用的设计、技术和材料，应尊重历史建筑、景观环境的特点和风貌。线性文化遗产的自然环境保护越来越受到重视。因为就总体而言，线性文化遗产的形成往往与自然环境状况密切相关，使其在某些方面兼具文化遗产和自然遗产的双重特征。在重视对线性文化遗产沿线的古城址、古遗址、古墓葬、石窟寺、古建筑、古驿站等进行妥善保护的同时，也应十分重视对沿线可移动文物的收集、保护、展示，使之成为线性文化遗产突出的普遍价值的实物佐证。

另一方面，线性文化遗产的非物质要素保护也应引起重视。例如尽管一些文化线路的保护状况并不理想，通常意义上的道路形式已不存在，但是其所拥有的非物质文化遗产要素却得以保留至今。同样，如果线性文化遗产的局部物质形态没有得到很好的保护，这也并不意味着就完全失去了真实性，因为线性文化遗产强调的是整体价值，在其物质形态上残缺的部分，其真实性存在和整体价值可以通过非物质形态层面追溯出来。包括沿线各个族群独具的相貌特征、体态基因、生活习惯、传

安徽黄山关麓村（2011 年 3 月 25 日）

统技术、生产技能、农耕方式、礼仪风俗、宗教信仰以及民族语言、传统服饰、音乐艺术、建筑风格、村镇结构等方面内容的存在，使线性文化遗产的存在价值得以凸显。线性文化遗产与其他文化遗产类别不同之处，还在于它更为强调线路带来的各文化社区间的交流和相互影响。这种影响通常是非直接的，不仅有物质的方面，更有非物质的方面，其中最常见的情况就是随着一些线性文化遗产所发生的思想文化观念的传播，这些传播参与了对各文化社区形成和发展的塑造，因而意义往往十分重大。

同时，应利用多种渠道开展宣传教育，普及线性文化遗产保护的知识，激发沿线社区和公众对文化遗产的兴趣，培养用科学的态度审视文化遗产，提高保护意识并参与保护活动，引导社会各界用可持续发展的理念对待线性文化遗产保护。例如大运河的保护连接着沿线众多城市的社会经济发展，维系着沿岸千百万民众的记忆与情感，因此保护好大运河本体的同时，还要加强对大运河沿岸的传统建筑、景观生态、自然风光的保护，使那些充满魅力的古镇、古村、古桥与运河交相辉映。只有实施大运河综合保护，使保护工作有利于提升沿岸城市的文化品位，维护沿岸城市的历史风貌，使大运河的每一方水域、每一寸岸线、每一块绿地、每一条道路，都作为公共资源，还河于民、造福于民，改善沿岸民众的生活环境和品质，让人们更好地亲近运河、感受运河、品味运河，实现公共资源利用效益的优化，使沿岸民众在保护工作中真正受益，这样才能使大运河的保护工作得到民众的衷心拥护和持续支持。

第六章
启动 20 世纪遗产的抢救性保护

"20 世纪遗产"，顾名思义是根据时间阶段进行划分的文化遗产集合，包括了 20 世纪历史进程中产生的不同类型的遗产。20 世纪是人类文明进程中变化最快的时代，对于我国来说，20 世纪具有更加特殊的意义，在 20 世纪的一百年时间，我国完成了从传统农业文明到现代工业文明的历史性跨越。没有哪个历史时期能够像 20 世纪这样，慷慨地为人类提供如此丰富、生动的文化遗产，而面对如此波澜壮阔的时代，也只有文化遗产才能将 20 世纪的百年历史进行最为理性、直观和广博的呈现。以 20 世纪这一时间维度所提供的观察世界的全新视角，反思和记录 20 世纪社会发展进步的文明轨迹，发掘和确定中华民族百年艰辛探索的历史坐标，对于今天和未来，都具有十分重要的意义。

1. 国际社会 20 世纪遗产的提出

国际社会最初关于文化遗产保护的立法，通常是为了保护史前时期的古老遗物；而后人们对于数千年来的文化遗址、遗物表现出了日益浓厚的兴趣。19 世纪中后期，人们开始将中世纪的历史建筑，尤其是教堂建筑纳入保护之列，并进一步包括了文艺复兴时期的文化遗产。进入 20 世纪，保护对象逐渐扩展至 20 世纪初、两次世界大战期间的文化遗存。近年来，1945 年以后的各类文化遗产也日益受到关注。国际社会不断出现新的文化遗产保护组织，其中“现代建筑运动”组织主张保护那些建造于 20 世纪 50—60 年代的代表性建筑。他们认为，或许这一时期的建筑称不上华美，但是它们对于我们的后代却具有重要的历史意义。上述文化遗产保护的趋势和进程表明，文化遗产的年代界定范围正在逐渐延伸，指定保护的文化遗产类别正在逐渐拓展，判断文化遗产的价值标准正在逐渐深化，成为国际文化遗产保护的趋势，而将更多的当代遗产纳入文化遗产保护范畴，必然是一个永久的趋势。

1981 年 10 月，第 5 届世界遗产委员会会议在澳大利亚悉尼召开，会议审议了悉尼歌剧院、悉尼港大桥及周边的悉尼港航道整体申报世界文化遗产的材料。根据同年 4 月国际古迹遗址理事会提供的评估报告，大会认为，作为一座竣工时间不足 10 年、建筑设计者尚且健在的建筑作品，悉尼歌剧院还无法证明其自身具有杰出价

澳大利亚悉尼歌剧院（2009 年 10 月 28 日）

值，并且与其同属“雕塑建筑”类型的作品，早在悉尼歌剧院之前在其他国家已有问世，根据世界文化遗产的评定标准，悉尼歌剧院不符合条件[①]。虽然当时悉尼歌剧院申报世界文化遗产未果，但却引发了人们对 20 世纪人类创造的审视和思考，即在充分重视古代遗产的同时，如何评判和对待那些未足百年的人类创造。尽管在当时，被关注的对象还仅限于建筑类作品。在此背景下，世界遗产委员会委托国际古迹遗址理事会起草题为“当代建筑评估指南”的工作文件。1985 年国际古迹遗址理事会召开专家会议研究起草，并于 1986 年向世界遗产委员会提交了“当代建筑申报世界遗产”的文件，内容包括近现代建筑遗产的定义和如何运用已有的世界遗产标准评述近现代建筑遗产。随后，一系列关于 20 世纪遗产的会议相继召开[②]。

1995 年 6 月在芬兰赫尔辛基，由国际古迹遗址理事会、联合国教科文组织世界遗产中心（WHC）和国际文化财产保护与修复研究中心合作举行了 20 世纪遗产会议，会聚了来自 13 个国家的 25 名专家。会议指出：“鉴于时下对文化遗产，包括直至现在的所有时期以及所有类型的遗产的理解，鉴于近现代时期文化项目的质量和数量以及这一遗产所面临的潜在或现实威胁，我们尤其需要关注 20 世纪遗产的守护和保管”。这次会议确立了三个特定目标：一是认识国际语境下的前沿状态；二是探索各种方式和方法，为在社会、政治、经济和文化语境下分析和评估各种形式的 20 世纪遗产的意义制定方法；三是总结出鉴定和甄别具有突出的普遍价值的项目是否有潜力被纳入《世界遗产名录》的方法。会议强调，将 20 世纪遗产的各种表现方式结合在一起。这些方式同时反映了 20 世纪的变化和革新以及传统的形式和表达方式。会议同时认为“只有在极其特殊的情况下，才提交将不足 25 年的项目列入《世界遗产名录》的议案，以给予历史视角和科学分析以充足的时间”。

1996 年 6 月在墨西哥城，由国际古迹遗址理事会和国立自治大学联合召开研讨会，邀请来自 14 个不同国家和学科的代表，重点关注建筑于 20 世纪的美洲地区（包括美国、加拿大、加勒比海地区和拉丁美洲）的特殊遗产保护问题，特别是被视

① 注：2007 年 6 月，在新西兰召开的世界遗产委员会第 31 届会议上，悉尼歌剧院成功列入了《世界遗产名录》。

② 注：例如欧洲委员会分别于 1989 年和 1990 年在维也纳和巴塞罗那举行 20 世纪遗产研讨会，并于 1991 年 9 月发布了保护 20 世纪建筑遗产倡议书；创立于 1988 年的国际现代建筑文献组织（DOCOMOMO）也分别于 1990 年，1992 年和 1994 年召开相关会议，讨论如何开展对 20 世纪遗产的鉴定和定性工作。

为社会生活物质基础的与非物质文化遗产有关的20世纪遗产。此次会议指出了美洲作为20世纪遗产参照空间的丰富性和多样性。比如，美洲壁画运动就是一种特殊的地区表达形式，将造型艺术与现代建筑相整合，表现出了20世纪文化在美洲的特殊创造性，而强调当务之急是提出与美洲大陆有关的20世纪遗产保护的具体主张。20世纪遗产作为专门的遗产类型，最初的主要推进者来自加拿大、美国、阿根廷、澳大利亚等国家[①]。澳大利亚历史文化遗产资源异常短缺，但是，第二次世界大战以后澳大利亚在快速发展进程中遗留下了清晰的发展轨迹，促使当地文化遗产保护人士较早地充分认识和推进20世纪遗产保护。2003—2004年，澳大利亚学者进行了《20世纪遗产研究——第一阶段：第二次世界大战后1946—1959年》的课题研究，颇有代表性。从战后新南威尔士各个领域的建设和发展着手，对见证这些发展的建筑物、城镇、街道等各类文化遗产开展研究，使20世纪遗产的研究充满活力。

2000年，世界遗产委员会在濒危遗产报告中，针对一些民居或城市建筑、工业中心、景观作品以及体育场、飞机场、供水系统和城市公园，处于被废弃或被改造的境地，表达出对20世纪各类遗产命运的忧虑。在国际社会的带动下，一些国家也纷纷做出积极反应，开始从战略角度强调20世纪遗产的保护问题。法国、加拿大、美国、挪威、墨西哥、德国等国家先后召开了以20世纪遗产保护为题的学术会议，并形成了一系列共识性文件，有效地增强了民众保护20世纪遗产的意识。20世纪遗产的概念也从房屋建筑拓展到其他领域的人类创造，一些存在仅数十年的园林、纪念碑、雕塑、港口码头、海上石油钻探平台以及粮仓、铁路、生产线等也同样得到了应有的尊重和保护。

2001年2月在芬兰赫尔辛基，由国际古迹遗址理事会等国际组织协办，召开了“危险的联系：保护城市中心的战后现代主义作品”会议。会议认为20世纪早期遗产的保护已经日渐完善。但是，最困难的问题却是保护和保留战后建筑环境的方法。20世纪60年代的建筑不但没有被视为文化遗产的一部分和保留的对象，反而被视为

① 注：其中澳大利亚学者S. 伯克（S. Burke）女士目前担任国际古迹遗址理事会20世纪遗产科学委员会主席。

对环境的破坏。因此有必要引发人们就这一棘手课题展开辩论。与会者认为，“如果能够推迟数十年，等待我们能够以更远的距离，不带这么多的感情色彩的时候，再来对这些作品加以评估，任务或许会轻松许多。但是，遗憾的是，我们必须现在就作出决定。因为一些建筑都正在面临被拆除的风险，或是正面临大面积翻新，如果执行不当，则很有可能令其毁于一旦”。

国际古迹遗址理事会将 20 世纪遗产保护作为一项全球战略加以推动。2001 年 9 月，在加拿大蒙特利尔召开有多国参加的工作会议，促使一项以保护 20 世纪遗产为核心的为期一年的“蒙特利尔行动计划”出台，并于同年 10 月在联合国教科文组织相关会议上获得通过并采用。针对 20 世纪遗产，通过国际古迹遗址理事会的国家委员会和国际科学委员会网络，开展全球性调查，广泛收集有关 20 世纪遗产的说明性案例，是“蒙特利尔行动计划”的主要任务之一。调查在 2002 年 4 月结束，随后作为科学文献发表，其结果有助于理解 20 世纪遗产的多样性。该计划还包括：通过将 2002 年 4 月 18 日的国际古迹遗址日设定为“20 世纪遗产日”，使世界各国文化遗产保护的目光更加关注 20 世纪遗产，在 2002 年的《濒危遗产报告》中，特别强调 20 世纪遗产；出版《20 世纪的遗产：认识、保护与现实挑战》，借以引发更加广泛的讨论，为共同保护提供理论和技术依据，推进 20 世纪遗产的保护与研究。

2006 年 4 月，俄罗斯政府与国际古迹遗址理事会、国际现代建筑文献组织和国际建筑师联盟，在莫斯科召开了主题为“濒危遗产：20 世纪建筑和世界遗产保护”的国际会议，会议形成了 20 世纪遗产保护的《莫斯科宣言》。会议关注在世界范围内为了当代人和子孙后代的利益，保护 20 世纪遗产的紧迫性以及当前 20 世纪遗产不断恶化的状态和面临的不同程度与类型的威胁。为此，“会议呼吁相关的国家和专业组织采取紧急措施，保护和防止 20 世纪值得列为遗产的建筑以及那些已经在地区和国家范围内注册的遗产和遗址遭到破坏”。会议认为“需采取的必要行动包括：进行系统的、历史性的调查，推出出版物，提高公众意识以及对提高 20 世纪遗产的意义开展建设性的工作”。同时，会议认识到俄罗斯的先锋派运动在世界建筑史上所作出的突出贡献，专门讨论了此类建筑的保护方法问题，认为其中部分建筑情势危急，抢救性保护工作刻不容缓[1]。

尽管国际社会关于20世纪遗产的定义以及甄别方法的探讨仍在继续，尚未形成明确的理论成果，但是对于20世纪遗产的保护实践早已迫不及待。在美国，通过立法规定凡是在历史上起过重要作用，且有50年以上历史，在建筑、考古、工程和文化等方面具有重要价值的地区、遗址、建筑物、构造物和其他实物，都列入需要登记造册的范围。目前，美国已经确认和登记，并列入保护名录的历史性建筑和文化遗址有100多万个，其中相当部分属于20世纪遗产。作为世界上最著名的街道之一，华尔街区于2007年3被收入美国国家史迹注册名单，通过国家史迹注册处认证的“华尔街区”包括以华尔街为中心的36个街区，成为一处历史建筑文化名胜。保护20世纪遗产，逐渐得到世界各国的积极响应。目前，在《世界遗产名录》中，共有20世纪遗产30余处，其中包括出色的建筑物（歌剧院、音乐厅、市政厅、医院、广播电台、住宅、城堡、别墅、公墓等），独具特色的城镇，布局合理的大学校园，著名艺术流派的诞生地以及工业厂房和景观等。

2. 我国20世纪遗产保护的认识与实践

在我国，针对20世纪遗产实施保护的观念形成较早，最初以保护“革命文物”[2]起步。1956年国务院所发布的《关于在农业生产建设中保护文物的通知》中就要求“必须在全国范围内对历史和革命文物遗迹进行普查调查工作”。随后，一批革命遗址和纪念地相继列入各级文物保护单位，一批反映我国近代革命进程的纪念馆得以兴建，大量革命文物得到妥善保护。1958年，在北京建设的中国革命博物馆和中国人民革命军事博物馆，在短时间内征集到几十万件文物。与此同时，各省、市也兴建了一批革命纪念馆和博物馆，例如中国共产党第一次全国代表大会会址纪

① 注：会议建议尽快将俄罗斯20世纪最出色的建筑，例如M. 金兹伯格（M. Ginzburg）设计的“纳康芬公寓楼”、K. 梅尔尼科夫（K. Melnikov）的作品“鲁萨科夫工人俱乐部”和“卡丘克和布里维特尼克工厂俱乐部”、建筑师I. 尼克诺耶夫（I. Nikolaev）设计的公社公寓楼等，列入俄罗斯国家遗产名录。

② 注：这里所说的“革命文物”是指在1840年鸦片战争后，中国人民反对外来侵略和封建压迫的斗争中，尤其是指中国共产党领导人民推翻帝国主义、封建主义、官僚资本主义三座大山的斗争中遗存下来的珍贵文献和实物。

念馆、井冈山革命纪念馆、延安革命纪念馆等。这些纪念馆不但收集和抢救了相当数量的珍贵文物，也成为社会教育的大课堂，在爱国主义教育中发挥了极其重要的作用。1961年国务院公布的第一批全国重点文物保护单位名单中，将“革命遗址及革命纪念建筑物”作为第一类别，共33处，其中绝大部分为20世纪遗产[①]，特别是建成仅4年的中苏友谊纪念碑（1957年）和建成仅3年的人民英雄纪念碑（1958年）也列入其中。

20世纪80年代以后，在继续重视保护革命文物的同时，逐渐开始关注20世纪遗产的更广泛内容，加强对20世纪遗产的全面保护、抢救、研究和合理利用。1982年颁布的《中华人民共和国文物保护法》总则中规定的受国家保护的文物即包括“与重大历史事件、革命运动和著名人物有关的，具有重要纪念意义、教育意义和史料价值的建筑物、遗址、纪念物”，为以20世纪遗产为主要内容的近现代遗产保护提供了法律依据。1996年国务院在公布第四批全国重点文物保护单位时，采用了“近现代重要史迹及代表性建筑”的类别名称。在这一背景下，更多的20世纪遗产列入了各级文物保护单位，涉及20世纪遗产题材的纪念馆、博物馆的建设也有了新的发展。例如中国人民抗日战争纪念馆、九一八事变纪念馆、抗美援朝纪念馆等。同时，反映我国20世纪经济、政治、文化、教育、科技、工业、国防等方面的行业博物馆也大量涌现。例如中国现代文学馆、中国铁道博物馆、中国海关博物馆、中国电影博物馆等以及上海银行博物馆、北京警察博物馆、武汉钢铁博物馆、沈阳金融博物馆等。许多高等院校、科研院所和工矿企业也开始兴建各具特色的专业博物馆，例如长春汽车博物馆、大庆油田陈列馆、青岛啤酒博物馆等，集中保护和抢救了大批反映经济建设和社会发展的20世纪实物资料。

进入新的世纪，20世纪遗产保护的基础工作得到加强。在可移动遗产保护方面，1993年至2000年，国家文物局组织了全国馆藏近现代一级文物的鉴定确认工作，以便摸清馆藏近现代文物的家底。2003年，国家文物局发布了《近现代文物征

① 注：包括江孜宗山抗英遗址（1904年）、武昌起义军政府旧址（1911年）、中山陵（1929年）、平型关战役遗址（1937年）、冉庄地道战遗址（1942年）等29处20世纪遗产.

集参考范围》和《近现代一级文物藏品定级标准》（试行）两个文件。在不可移动遗产保护方面，在第三次全国文物普查工作中，将近现代史上的重要遗址、代表性建筑和工业遗产等项目，列入重要的普查内容。在已经公布的全国重点文物保护单位中，代表20世纪文化、史实和文明内容的文化遗产，占近现代类型中的绝大多数。这些20世纪遗产大体可以分为三类，一是以推动社会进步的重大历史事件为基本内涵的物质载体；二是以塑造人类文明的杰出人物历史遗迹为背景的物质载体；三是以反映不同流派特点、艺术风格和时代精神为特征的建筑载体。

进入21世纪后，在全国各地，20世纪遗产的保护理念进一步明确，并积极通过地方立法推动工作实践。2002年7月，上海市人大常委会通过了《上海市历史文化风貌区和优秀历史建筑保护条例》，将立法保护的范围由单体建筑或建筑群扩展至历史文化风貌区；列入保护的优秀历史建筑时间标准，也由原规定的“1949年以前”，扩展至“建成使用30年以上”的建筑；并对保护管理的内容和方法做出了更加明确和细致的规定[①]。对尚未列为不可移动文物、反映一定时代特征、具有保护价值、承载真实和相对完整历史信息的其他近代建筑遗产，也认定为具有保护价值的建筑。上海市政府先后分三批公布了398处、1938幢市级优秀近代建筑，总建筑面积达383.3万平方米。其中位于城市中心区的优秀近代建筑约占72%，包括大量1949年以后竣工的现代建筑。同时，确定了中心城区的12个历史文化风貌区，总面积达27平方公里，约占上海市历史城区的1/3。

2005年3月，北京市人大常委会审议《北京历史文化名城保护条例》，在对条例草案进行审议时，去掉了“历史建筑”中的“历史”二字。这一举措在文化遗产保护的理念上，与以往相比出现了重大变化，即强调今后对文物建筑的保护，将主要考虑其本身的价值，而不仅仅凭它的建筑年代。2005年5月，南京市人大常委会审议通过的《南京市重要近现代建筑保护条例》规定：“有下列情形之一的，可以列入重要的近现代建筑保护名单：反映南京地域政治、经济、历史文化特点的；建筑

① 注：该条例所确定的保护对象为：（1）建筑样式、施工工艺和工程技术具有建筑艺术特色和科学研究价值；（2）反映上海地域建筑历史文化特点；（3）著名建筑师的代表作品；（4）在我国产业发展史上具有代表性的作坊、商铺、厂房和仓库；（5）其他具有历史文化意义的优秀历史建筑。

类型、工程技术和施工工艺等具有特色和研究价值的；著名建筑师的代表作品；著名人物的故居；其他具有近现代历史文化意义的”。“所称的重要近现代建筑是指本市行政区域内，1840年以后建成的，具有历史、文化、科学、艺术价值，存在50年以上的建筑物、构筑物”①。

2005年，100多处承载着成都历史文化的近现代建筑首次被纳入保护范围。成都市通过文化遗产调查，初步摸清了优秀近现代建筑的家底，以政府法规的形式出台了《成都市优秀近现代建筑保护规划》，目的不仅仅是列出保护项目名录，而是建立起优秀近现代建筑的评价保护体系。根据规划，成都市将保护近现代建筑的时间截止到1976年，即30年以上的优秀建筑都被纳入了保护范围。“每一座符合标准的近现代建筑都将获得一个‘身份卡’，标注具体地址、占地面积、整体风貌、目前保护状态等信息”②。这些近现代建筑将通过严密的鉴定分为四个保护级别，其中价值较高者，将列入相应级别的文物保护单位进行保护。2007年7月，西安首次公布中华人民共和国成立后代表性建筑为文物保护单位，8处具有代表性的现代建筑列入其中③。这些建筑的兴建时间为1952年至1963年之间．建筑设计造型古朴典雅、端庄大方，建筑风格具有鲜明的时代特点。

在民间，20世纪遗产的保护也逐渐形成共识。2004年8月，马国馨院士领导的中国建筑学会建筑师分会，向国际建协等学术机构提交了一份“20世纪中国建筑遗产的清单”，关注点是要对那些存在损毁危险或需要立即得到保护的建筑予以重视，它们包括：天津广东会馆（天津，1903年）；广智院（山东济南，1905年）；董府（宁夏吴忠，1905年）；德国总督官邸（山东青岛，1907年）；嘉德堂、合德堂、钟楼（四川成都，1920—1926年）；燕京大学（北京，1921—1926年）；上海外滩建筑群（1901—1936年）；延安杨家岭中央大礼堂（1942年）；重庆人民大礼堂（1954年）；北京儿童医院（1954年）；北京电报大楼（1958年），厦门集美学村（1934—1968年）等，共22处，这些20世纪建筑蕴含着大量珍贵的历史信息。

① 赵守成:《南京重点现代建筑都要保护》，载《中国文化报》，2006-05-30（4）。
② 梁小琴:《成都老房子佩戴“身份卡”》，载《人民日报》，2005-09-28（11）。
③ 注：8处具有代表性的现代建筑分别是：西安人民大厦、西安市邮政局钟楼支局办公楼、西安市报话大楼、西安市新华书店钟楼书店、西安交通大学主楼群、人民剧院、和平电影院和陕西省建筑工程总公司办公楼。

四川成都市新都区杨升庵祠与桂湖（2009 年 5 月 7 日）

20 世纪遗产见证了人类知识、文化、技术及艺术变革。为了激发广大公众对文化遗产的兴趣，加强公众对自己城市文化的了解，2007 年，天津市举办了“知家乡文化遗产，爱家乡历史传承”主题活动，组织广大市民参与“天津市十佳不可移动文物”[1]的推荐和评选。组织者首先遴选出分布于全市各区、县，包括古遗址、古墓葬、古建筑、石窟寺及石刻、近现代重要史迹及代表性建筑等在内的 104 处不可移动文物作为参考名录。之后，又对进入复选的 60 处不可移动文物进行专题拍摄，内容包括建筑本体、历史沿革、价值评估、人物走访、专家点评、公众参与等方方面面。由观众通过电话、短信、网上投票等方式进行投票，共收到有效选票 100 多万张，评选出的 10 处不可移动文物，作为向国家文物局推荐的申报全国重点文物保护

① 注：天津十佳不可移动文物包括：北洋水师大沽船坞遗址，大港油田的发现井一港 5 井，福聚兴机器厂旧址，津浦铁路线静海站、杨柳青站，蓟县旧石器遗址群．马可波罗广场意式花园住宅建筑群，塘沽火车站旧址，原四行储蓄会大楼，原天津印宇馆，造币总厂旧址。

单位的候选单位。在评选揭晓晚会上，积极参与此次活动的市民代表向十佳不可移动文物颁发了证书。通过评选结果人们发现，在评选产生的“十佳”中，近现代 9 处，旧石器时代 1 处。而 9 处近现代文化遗产中，6 处为 20 世纪遗产，表明 20 世纪遗产的保护意识已经走进千家万户。

3. 20 世纪遗产的基本特点

20 世纪遗产保护，是一个既具有重大意义，又充满挑战的主题。“从昔日大不列颠帝国无可挽救的没落，到环太平洋国家经济的戏剧性崛起；从以马车、蒸汽机、帆船为工具的交通运输的末日，到人类漫游太空的实现；从第一次世界大战中堑壕战的称雄一时，到热核战争时代的无法想象；从以电话和无线电为手段的远程通信的首次努力，到以卫星和光纤为手段的瞬时即达的全球网络生活方式的诞生”[①]。20 世纪遗产直观反映了人类社会变迁中这一最剧烈、最迅速的历史发展进程。归纳起来，20 世纪遗产具有以下显著特点。

3.1 种类繁多保存完整

刚刚过去的 20 世纪，是人类社会有史以来进步和发展最为迅速的一个时期，百年以来，经济、政治、科学、文化、社会等各个领域都发生了前所未有的变革。人口和城市的不断膨胀，材料和技术的推陈出新，经济规模的持续扩大、建设速度的大幅提升和生活质量的持续变化，使各具功能的新兴建筑物、构造物如雨后春笋般铺遍城市和乡村。在国际古迹遗址理事会致各国家委员会及科学委员会主席关于 20 世纪遗产的调查函中指出，“这些遗产包括：所有风格和功能的建筑（新建筑、乡土建筑、再利用建筑）；城市聚落（社群、新城镇）；城市公园、花园和景观；艺术作品；家具；室内设计或综合工业设计；工程作品（路桥、水利设施、港口、大型工业中心），考古或纪念场所等等”，可谓内容丰富、种类繁多。

---

① 洛兰·格伦农等:《20 世纪人类全纪录》，余吉孝等译，北京，中国友谊出版公司，1999。

虽然20世纪遗产是建立在国际层面的保护理念。但是在很多情况下，20世纪遗产的研究都会与所在城市、地区的文化和社会背景相契合。这一契合使20世纪遗产的内涵和外延更加丰富。在北京，从1953年开始，陆续兴建了西郊行政办公区、西北郊高等院校区、东郊棉织工业区和机械工业区、东北郊电子工业区以及和平里、百万庄、三里河等大型住宅区。从1950年，新中国第一所新建大学——人民大学建设后，中央民族学院等高等院校相继建立，1953年进入高潮，在西北郊集中建设了矿业、钢铁、石油、航空、地质、农机、政法、医学等“八大学院”。随后，外国语学院、体育学院、农业大学、师范大学等十几个院校以及中国科学院的科研基地相继建设。半个世纪的光阴流逝，使这些50年前的“整体创造”成为各具保护意义的地区。

2007年12月，北京市规划部门和文物部门共同发布了“北京优秀近现代建筑保护名录”，71处、188栋单体建筑收入首批名录，其中1949年以来的现代建筑入选多达51处、149栋单体建筑，内容包括北京天文馆、民族文化宫等文化设施；北京工人体育场、首都体育馆等体育设施；清华大学现代建筑群、北京钢铁学院等教育设施；友谊医院、儿童医院等医疗设施；地安门内大街住宅、齐家园外交公寓等居住设施；中央广播大厦、北京长途电话大楼等市政设施；和平宾馆、北京市百货大楼等商业设施；798工厂、北京焦化厂等工业设施；“四部一会”办公楼、北京市府大楼等办公设施。这些被列入保护名录的20世纪建筑，不仅现状遗存较为完整，而且能够集中反映北京近现代城市发展历史，具有较高历史、艺术和科学价值。其中“福绥境大楼”列入保护名录，格外引人注目。20世纪50年代末，北京市在各城区分别兴建了一栋带有示范性质的“公社大楼”。位于西城区福绥境的“社会主义大楼——共产主义大厦”建于1958年，地上8层，地下1层。建筑形式为筒子楼设计，中间走道、两边房间，在楼内取消了每户的独立厨房和单独卫生间，而在底层设计了能容纳500人就餐的大食堂，反映出在“大跃进”“跑步进入共产主义”的特殊年代里人们的社会生活状况。

人民公社是我国农村曾经存在的集体所有的经济组织，同时又是政社合一的农村基层政权。1958年第一个人民公社建立以后，数以千计的人民公社随即诞生，至1958年底，参加人民公社的农户已占全国总农户的99%。实践证明，人民公社制度不能发挥农民的积极性，也不适合农村生产力发展的要求。特别是一哄而起的组建，给国家和社会造成了严重损失。"20世纪50年代后期在我国出现的人民公社，如火如荼，迅速普及到全国农村，一共建立了两万五千多个，在我国政治生活和经济生活中占有举足轻重的地位，但到70年代末80年代初，实行改革开放政策后，转瞬间就从中国大地上消失了，我们的博物馆当时竟然没有收集到一块人民公社的牌匾"。"2006年5月，经国务院批准，又把最早出现的人民公社——河南省遂平县嵖岈山卫星人民公社列为全国重点文物保护单位，总算抢救了这一极其珍贵的文物遗迹"[①]。嵖岈山卫星人民公社是我国建立的第一个人民公社，成立于1958年4月，撤销于1983年12月。目前保留了人民公社办公楼、大礼堂和公社招待所等当年的建筑和设施，作为我国社会经济发展特定阶段的实物例证，具有全国意义的独特地位。

今天，与人民公社遗存相似的还有"五七干校"遗存[②]。"五七干校"是在"文化大革命"的背景下设立的，是夸大体力劳动的重要、轻视脑力劳动的集中表现，不仅浪费了大量人力物力，而且消耗了大批知识分子的宝贵时光。向阳湖"五七干校"位于湖北南部的咸宁地区。20世纪60年代末到70年代初，长达5年的时间里，这里汇集了我国文化艺术界的6000多位人士，包括冰心、萧乾、沈从文、郭小川、臧克家、周巍峙等众多文化名人以及王冶秋、傅振伦、朱家溍、单士元、王世襄、谢辰生、罗哲文等文物界的专家学者。2002年11月，向阳湖"五七干校"以"中国向阳湖文化名人旧址"的名称，被公布为湖北省文物保护单位。无论是研究20世纪我国社会发展史，还是考察20世纪我国知识分子的思想历程，向阳湖"五七干校"

① 阮家新：《新领域新特点新问题——关于近现代文物的初步认识和思考》。

② 注：1968年5月，黑龙江省在庆安县柳河开办一所农场，定名为"五七干校"，大批机关干部下放劳动。此后，全国各地纷纷响应，在农村地区办起"五七干校"，党政机关、高等院校、文化科技系统的大批干部．教师．专家，文艺工作者等知识分子，到"五七干校"参加农业劳动。据统计，仅中央、国务院所属各部委及一些省委、省政府就创办了"五七干校"106所，下放人员及家属达10余万人。直到1979年全国的"五七干校"才被停办。

都具有无法替代的文化遗产价值，“在这里永久地树立起保护标志和确定保护范围，就是要用史实形象、生动地告诉和教育后人，永远铭记这段历史，让历史的悲剧不再重演”[①]。

3.2 时代变迁文化多元

在20世纪，由于科学技术的迅猛发展，世界各国之间的地域屏障被逐渐打破，相互之间的经济交往和文化联系，无论是通过和平的途径还是借助战争的形式，都比以往任何时候更为密切和频繁，外来文化影响到了社会生活的各个层面。我国的20世纪遗产，植根于近现代中国的百年风云。鸦片战争以后，我国政治经济社会激烈动荡，特别是第一个不平等条约《中英南京条约》的签订，使近代城市随之产生急剧的变化，不断改变着近代中国的发展轨迹。英国侵略者强占香港，强行开放广州、厦门、福州、宁波、上海五地为通商口岸，并在上海与广州划定租界。从此，在我国出现了帝国主义侵占的殖民地式城市和半殖民地式商埠。而后，帝国主义列强又通过一系列不平等条约，夺取租界地，划分“势力范围”，疯狂展开瓜分中国的活动，一度控制了从沿海到内地的70余座被强迫开辟为商埠的重要城市。而在上海、天津、汉口等城市，更出现了数个帝国主义列强共同侵占的大片租界，集中建设了领事馆、海关、洋行、银行、商场、教堂、饭店、俱乐部和公寓等具有一定规模的近代建筑物群。

北京东交民巷使馆建筑群，形成于1901—1912年，是集使馆、教堂、银行、官邸、俱乐部为一体的20世纪建筑遗产。现存建筑有法国使馆、奥匈使馆、比利时使馆、日本使馆和公使馆、意大利使馆、英国使馆、正金银行、花旗银行、东方汇理银行、俄华银行和国际俱乐部及法国兵营等。现存建筑均原状保持着20世纪初欧美流行的折中主义风格，例如用清水砖砌出线脚和壁柱，砖拱券加外廊，铁皮坡顶等特征。同时，街巷两侧的围墙、步行道和梧桐树等，保持着当年的风貌，是北京仅

① 叶芷：《历史在这里沉思》，载《中国文物报》，2006-12-29（4）。

存的20世纪初欧式风格历史街区，也是帝国主义侵略中国的实物遗存。上海外滩建筑群，是上海近代大都市的最初轮廓线，荟萃着欧洲各国重要的建筑样式，建筑类型与建筑形式之多样、工程技术之先进、建筑材料之广泛、装修工艺之精致，均令人叹为观止。例如意大利文艺复兴风格的汇中饭店大楼（1906年）、英国古典主义风格的上海总会大楼（1911年）、欧洲古典折中主义的江海关大楼（1925年）、装饰艺术派风格的沙逊大厦（1928年）和中国传统建筑风格的中国银行大楼（1937年）等，这些历经数十年岁月磨砺的20世纪建筑，随着时间流逝，更显现出珍贵的历史价值与文化价值，成为上海城市历史的重要组成部分。

南京十朝遗迹，以民国时期遗存最为丰富，现存民国建筑千余处，多分布于中山大道两旁，从中山北路至中山东路，出中山门，绵延至紫金山麓，保护状况良好。这些民国建筑不仅是我国传统建筑向现代建筑转换、创造新的民族建筑形式的实物研究资料，也是我国城市率先向现代都市迈进的重要历史见证，在我国近代建筑史上有着独特的地位。作为国民政府的首都，南京民国建筑具有自己的风格，其中政治性建筑、公共性建筑相对集中，比较上海、天津、广州等城市的民国建筑，南京民国建筑体现出参酌古今、兼容中外、融会南北的特点，是西风东渐特定历史时期中外建筑艺术的缩影，在全国首屈一指，在世界范围内亦有典型意义①。至2006年底，南京市共有248处，320幢重要民国建筑纳入保护范围。其中既包括革命旧址、纪念碑亭、名人故居、名人墓葬等反映社会发展，与重大历史事件和人物有关的建筑物、构筑物和历史遗迹，也包括在我国城市建设史或建筑史上具有一定学术地位，在建筑类型、空间、形式、技术等方面具有一定特色，兼具较高建筑史料价值的建筑物、构筑物和历史遗迹。前者反映了社会历史发展，后者反映了建筑艺术发展。

另一方面，随着近代工商业的兴起，在天津、青岛、沈阳、广州、无锡以及唐山、焦作、大冶、玉门等城市中出现了工业集中的地区，遗存有大量工业遗产；在大连、烟台、扬州、蚌埠、郑州、徐州、宝鸡等沿江、沿海、沿铁路的大中城市，

① 注：根据专家分析，仅南京的民国建筑就可以分为四大类型。第一类是西方古典建筑类型。例如原中央大学建筑和部分银行、办公楼建筑采用此种形式，庄重的风格给人们留下深刻印象。第二类是中国传统宫殿建筑类型。例如中山陵、原中央研究院和行政院等建筑，均以中国传统屋顶作为表现形式。第三类是新民族形式建筑。建筑基本上以西方样式为主体，平屋顶，但是墙面采用中国传统花纹进行装饰。第四类是纯粹现代式建筑，形式简约，紧跟当时时代发展的步伐。引自何利建，万森，历史与文化是城市的永恒价值——访刘先觉，建筑与文化，2004（9）：12。

江苏南京大学历史建筑（2011 年 5 月 19 日）

遗存有大量码头、车站、仓库等交通运输枢纽设施；在上海、汉口、济南、昆明、太原、哈尔滨等城市出现了繁华的商业街区，遗存有大量商业服务性建筑。同时，在北京、南京、重庆、西安、成都、南昌、长沙、兰州等各级政权统治中心城市，遗存有大量行政办公及配套设施。特别是在中国实业家张謇的推动下，南通为了发展近代工业和航运，开辟了新工业区和港区，建立了多核心的城镇体系，在城市中辟商场、兴学校、建博物馆，进行了大量市政建设，被吴良镛教授誉为“中国近代第一城”。在建筑领域，人们不再满足于沿袭本土传统的设计和建造理念，开始积极吸收其他不同文化的影响，大胆引入新的建筑材料、制造工艺和艺术风格，创作出大量包含不同文化元素的作品。百年间不仅遗留了大量 20 世纪遗产单体遗存，而且形成了数以千计的近现代城市和历史街区。在一些城市还出现了高级住宅区，例如上海的衡山路、南京的颐和路、天津的重庆道、广州的东山等地，至今保留着大量近代独院型花园住宅。

天津的20世纪遗产表现形式更加多种多样，集聚着中、西文化及其相互关系的大量历史信息。近代天津开埠后，被辟为通商口岸，逐步发展成为北方繁华的商业城市、水旱码头和海防要塞。从洋务运动开始，这里开设了全国最早的邮政、电报、铁路，建立起具有相当规模的近代工业体系。帝国主义的租界给天津以较深的西方影响。经过几十年的发展，外国租界逐渐扩大，英、法、日租界更成为全市的商业中心，一度商场、旅馆、洋行、电影院、舞厅、浴池等鳞次栉比。据统计，1936年全市共有洋行982家，1943年仅法租界就有注册商店4000余家。其中“天津劝业场”“利顺德饭店”与“盐业银行大楼”，代表了商业服务业的三种类型，目前均已公布为全国重点文物保护单位。名人故居也是天津20世纪遗产的重要组成部分。清末民初，政体急剧变幻，从末代皇帝、前清遗老遗少、民国总统总理，到各部总长、各省督军，特别是著名学者、文化名人，云集天津居住，主要集中在租界区内，形成规模较大的故居群落，给城市留下了众多的文化痕迹，由于这些20世纪遗产布局相对集中，往往互为环境，便于整体保护。

在北京、上海、天津、南京、广州、大连和青岛等城市的近代建筑群列入全国重点文物保护单位之后，青岛八大关近代建筑群、北海近代建筑群、北戴河近代建筑群、鼓浪屿近代建筑群、烟台山近代建筑群、汉口近代建筑群、容县近代建筑群以及庐山别墅建筑群、莫干山别墅群等，也相继列入全国重点文物保护单位。这些近代建筑群规模庞大，类别丰富、形式多样。在类别方面包括行政办公、军事防御、经济贸易、市政公用、交通运输、文化娱乐、教育卫生以及宗教和居住等多种建筑功能；在形式方面，既包括古典主义、文艺复兴、浪漫主义、折中主义等世界各国不同时代的建筑风格，又融进了我国的传统建筑文化，中西合璧、各具特色。一处处风格各异的近代建筑群，汇集了不同国家的不同文化特色，成为万国建筑的汇集地，有着鲜明的时代特点，具有较高的历史、艺术和科学价值，它们既是帝国主义侵略我国的实物遗存，又是研究我国近代建筑史、中西文化交流史的珍贵实物资料。

3.3 功能延续贴近生活

20世纪遗产，是文化遗产大家庭中不可忽视的重要成员，它们直观地反映了人类进步与社会发展的重要过程。但是，由于受到战争侵害人口膨胀、资源萎缩、经济萧条等种种压力的困扰，20世纪人们的建造理念更多强调功能性和实用性，在空间的分割、整体的造型、体量的控制、材料的使用和装潢的布置等方面，力求经济、适用、高效。加之现代社会快节奏的生产生活需求，无论是居住设施、生产设施、公共设施，还是纪念设施，尽量回避华丽、繁缛、张扬的风格，普遍较为朴素、简洁、庄重。这些同宏大壮美、富丽堂皇的宫殿、教堂、城堡、庙宇等古代建筑，表现出明显的时代差异。因此，就20世纪遗产而言，不应简单地从艺术形式和审美角度鉴定其价值，而应注重考察它们为适应社会生活变化，而在功能、材料、技术手段以及工程建设等方面所作出的积极贡献，从中分析出20世纪遗产对于今天经济社会发展的有益借鉴。

悉尼歌剧院，以其奇特的造型闻名于世，既是悉尼乃至澳大利亚的标志，也是20世纪艺术与建筑方面的纪念碑，在建筑形式和结构设计方面具有创新性和创造力，显示出的水边建筑美景具有非同寻常的意义。其主体建筑由三片“贝壳”组成，包括两个主剧场和一家餐厅，至今仍然是上演世界经典剧目的艺术中心。墨西哥国立自治大学大学城，建于1949—1952年，被认为是20世纪建筑设计、土地规划和现代艺术的独特典范，体现出吸取了墨西哥传统文化精髓的现代性。由于校园具备突出的社会和文化价值，获得广泛赞许，并跻身于拉丁美洲最重要的标志性建筑之一。随着城市人口的增长，学校开始同墨西哥首都的2000万居民共同分享这片科学、艺术和体育的绿洲。“即使是那些从来没有上过大学的人，也很喜欢加拉加斯大学城的建筑，因为这里有着浓厚的墨西哥化风格。大学城和都市之间不仅没有冲突，反而通过丰富多彩的交流实现了水乳交融”。

20世纪遗产，在人类文明发展史上起着承前启后的作用，具有历史借鉴和理论创新方面的丰富内涵。由于20世纪遗产形成年代较晚，未经历过多的自然侵蚀，而且在使用过程中不断得到维护，因此许多20世纪建造的房屋、厂矿、商铺、道路、桥梁以及各类纪念物等，至今仍然保持着鲜活的生命力，继续服务于社会生产、生活。例如旅顺博物馆，是我国最早的博物馆之一，是研究我国博物馆发展史、近代建筑史的重要实物例证。该馆于1918年竣工。建筑面积5600平方米，为近代折中主义建筑风格。1919年日本侵略者将其定名为关东厅博物馆。1934年改名为旅顺博物馆，并沿用至今。中央体育场旧址，位于南京市玄武区，建于1930年，占地面积约100万平方米。该项工程由我国著名建筑师杨廷宝设计，是当年全国最大工程之一，建筑造型宏伟壮观，堪称我国近代建筑史上的精品之作。田径场是整个体育场的中心，是当时全国最大的田径运动场。现存田径场司令台、篮球场牌坊、国术场牌坊及平台等早期建筑，现在仍为南京体育学院教学使用。

与那些历经千百年沧桑，早已被剥离了实际应用，只作为历史遗迹接受研究与观赏的古代遗存不同，20世纪遗产往往是功能延续着的“活着的遗产”，其产生背景、建造过程、修缮状况等均有据可查，基础资料相对较为完备。酒泉卫星发射中心，是我国建立最早、规模最大的导弹卫星综合试验发射基地，组建40多年来，数十颗具有重要意义的导弹、卫星从这里成功发射升空。例如1960年9月10日成功发射第一枚苏制近地导弹；1999年11月20日，我国第一艘航天飞船“神舟”号在这里发射成功；2001年1月10日，“神舟”二号船，在载人航天发射场升空，这是我国载人航天工程的第二次飞行试验，标志着我国载人航天事业取得了新的进展。今天，酒泉卫星发射中心作为高科技航天试验、发射基地，继续承担着重要的科研任务，代表着我国航天技术的先进水平。同时，附近埋葬着400多位为新中国国防科技和航天事业捐躯烈士的陵园，成为爱国主义教育的生动课堂。

3.4 内涵丰富感召力强

保存至今的众多20世纪遗产，见证着国家和民族的复兴之路，体现着为争取民族独立、国家富强、社会进步而前仆后继、自强不息的精神，凝聚着各个时期爱国志士、革命先烈、领袖人物和英雄模范们的崇高理想、信念、品德和情操，形象而直观，具有强烈的感召力。例如1927年10月，在中国共产党领导下，在井冈山建立了第一个革命根据地，随后，至1930年，先后建立了大小15个革命根据地。“革命政府规定将一些地主的房屋祠堂以及庙宇等改为农会、苏维埃政府、学校、革命团体的办公用房”①。1931年在瑞金成立中央工农民主政府，“据1933年统计，中央苏区在江西、福建、广东等近三千个乡中，就利用旧屋修建了小学300余所，俱乐部1656个”②。1935年，红军经过长征转移到陕甘宁革命根据地。南泥湾成为著名的军垦区，1938年在359旅的垦殖下，短短几年将原来纵横120里面积的荒山，变成了工农商学兵综合性垦区，除了一望无际的农田、菜地、果园和林场外，还有包括机械、食品、造币等数十个工厂以及数百间房屋和千余窑洞。通过这一系列革命根据地的建设和波澜壮阔的历史，遗存下大量珍贵的20世纪遗产。

李庄是一个有着1500年建制史的古镇，然而，在20世纪40年代，却经历了一段不平凡的历史。当抗日战争进入最艰苦的时期，曾迁往西南大后方的中央研究院历史语言研究所、社会科学研究所、体质人类学研究所和中央博物馆筹备处、国立同济大学以及中国营造学社等相继进入李庄，傅斯年、李济、董作宾、梁思永、梁思成、林徽因、夏鼐等一批著名学者，也开始了在李庄的生活和工作，直到抗日战争胜利。相对于炮火纷飞的战场和遭受狂轰滥炸的城市而言，李庄的各方面条件虽然异常艰苦，但是却为学者们提供了必要的生存空间，创造了基本的工作条件。在李庄的六年时间内，历史语言研究所、中央博物馆筹备处、中国营造学社等机构联合完成了一系列重大的田野调查、考古发掘和文物调查工作，《中国考古学年表》《中国建筑史》等一批我国学术史上的重大成果，亦在简陋的物质生活和科研条件下

① 董鉴泓:《中国城市建设史》，2版，273页，北京，中国建筑工业出版社，1989。
② 中国建筑史编写组:《中国建筑史》，2版，286页，北京，中国建筑工业出版社，1986。

于李庄问世。“在国难当头之际，他们没有走投笔从戎的道路，没有亲身投入到抗日救亡运动的大潮之中。相反，他们处乱不惊地栖身于李庄，把守护和传播中华大地上的文化遗产视为是自己的使命和责任，不仅仅为中华民族，同时也是为全人类”①。今天反映这一不平凡时期、不平凡人物、不平凡业绩的遗迹，作为珍贵的文化遗产保护了下来，其中，中国营造学社旧址被公布为全国重点文物保护单位。

抗日战争烽火中诞生的国立西南联合大学，是一所特殊的大学。1937—1946 年，在纷飞的战火中，师生们背负振兴国家之志，和衷共济，同仇敌忾，共赴国难，历尽艰辛而办学不辍，开创了古今中外教育史上出色的联合办学之先河，成为我国教育史上爱国、进步、奉献精神的丰碑。就是在这不到九年的时间里，一部部影响深远的奠基性论著，例如华罗庚先生的《堆垒素数论》、吴大猷先生的《多原子分子的振动光谱及结构》、赵九章先生的《大气之涡旋运动》、闻一多先生的《楚辞校补》、冯友兰先生的《新理学》、陈寅恪先生的《唐代政治史述论稿》等在硝烟中问世。先后有约 8000 人在此研读，很多人日后成为中国政治、经济、教育、文化、科学、技术、国防等各个领域的中坚力量，在新中国成立后的两院院士中，国立西南联合大学师生共有 164 人，杨振宁和李政道先生还获得了“诺贝尔奖”。保留至今条件简陋的校舍建筑，无声地述说着当年难以想象的恶劣条件和创造奇迹的艰辛②。

各个国家和民族都有自己的历史文化名人，他们由于为本民族或为人类作出卓越的贡献而备受人们尊敬，他们逝世后，出生和成长的住宅成为缅怀和纪念的场所，这些场所的内涵不仅在于建筑本身，而在于它与主人的特殊关系。名人故居是 20 世纪遗产的重要组成部分，名人故居借助名人自身的影响力以及故居所特有的文化氛围，强化着城市的地位和作用。名人故居也是一所所特殊的学校，是人们学习历史文化，缅怀先贤业绩，弘扬前人美德的重要场所，具有很强的教化作用和陶冶情操的功能。可以通过复原这些历史文化名人生前的典型的生活场景，系统叙述他们的生平业绩，揭示该地点的文化意义。当青年学生们来到鲁迅、郭沫若、茅盾、老舍、

① 王齐：《李庄漫笔》，载《中国文物报》，2007. 01-11（4）。
② 丰捷：《西南联大：永存的精神力量》，载《光明日报》，2007-10-29（5）。

沈从文、齐白石、徐悲鸿、梁思成等文化巨人的故居时，过去在教科书中了解的知识，变成了立体、鲜活、看得见、摸得着的实体，必然产生更加强烈的学习效果。例如天津市已有26处名人故居被公布为市级文物保护单位，文物、规划和旅游等多个部门共同参与保护与合理利用工作，取得了较好的效果。上海市将一批目前作为办公用房的名人故居，定期向公众开放，市民踊跃参观，既增强了人们对城市文化的认识，又起到了教育、宣传、展示的作用，有利于形成良好的城市形象，这一经验值得借鉴。

4. 20世纪遗产保护存在的问题

与那些令人肃然起敬的古代文化遗存相比，20世纪遗产在文化遗产大家庭中最为年轻，正因为如此，人们往往忽略它们存在的重要意义，使20世纪遗产在世界各地不断遭到损毁和破坏；由于在保护理念、认定标准、法律保障和技术手段等方面，尚未形成成熟的理论和实践框架体系，使20世纪遗产保护充满了挑战；同时，20世纪遗产的生态系统相对脆弱，特别是，一些新结构、新材料、新技术的尝试应用，使20世纪遗产更加易于受损。因此，应针对20世纪遗产的上述特点，研究20世纪遗产保护存在的问题，及时实施抢救性的保护。

4.1 缺乏加强保护的正确认识

20世纪遗产是指诞生于1900至1999年间，具有突出和普遍价值的人类创造。与较早的古代遗产相比，并不存在本质上的区别，同样都是具有代表性的人类文明的产物，同样都具有历史、科学、文化、社会、精神等方面的重要意义。所不同的是，20世纪遗产往往未经历漫长岁月的洗礼，更为当代人所熟悉和了解，因而缺少了一份沧桑和几分神秘。但是，对于20世纪遗产的判定，也不能完全套用古代遗产的标准。一方面，20世纪遗产与其他历史时段的文化遗产相比，内容更为丰富，情况更为复杂，保护的紧迫性更为突出，需要采取更为积极的保护行动，予以审慎对待。另一方面，由于20世纪遗产的概念提出较晚，具有针对性的研究刚刚起步，相关理念尚未成熟，缺少可供参考的现成模式，因此，只能通过不断实践，积极开展相关研究，探索正确的保护途径。同时，对于相当部分的20世纪遗产来说，生命历程尚未终结，发展状况尚未成熟，突出价值尚未充分彰显，其文化内涵和象征意义往往仍在塑造过程当中，需要通过开展保护实践，并对已有案例进行分析，界定20世纪遗产的多重价值，探索和提炼科学的保护理论和方法。

实际上，拥有数十年、近百年寿命的20世纪遗产留存至今实属不易。长期以来，不少城市决策者和规划建筑师们，对已有的建筑往往存在不同程度的轻视，甚

西班牙巴塞罗那米拉公寓（2003年10月18日）

至抵制，他们通过自己的作为和作品，企图说明传统文化遗存和建筑形式无法为新时代服务，因此需要一场摧枯拉朽的改造。例如在建筑领域，早在1914年，意大利未来主义建筑家A.桑地里亚（A.Sant.Elia）就曾表示：建筑必须与传统决裂，要从头开始。我们必须建造崭新的城市。包豪斯的第二任校长H.迈耶（H.Meyer）在自己的著作《新世界》中认为，每个时代都要求自己的新形式，给予这个新世纪一种具有意义的新的形式，这是我们的责任和使命。而以往的建筑知识现在却成为我们的负担，现代建筑必须从头开始。他提倡要采用推倒重来的态度，来发展新的建筑。法国建筑师L.柯布西耶（L.Corbusier），曾经宣称我们面临的是一个新时代，随着新精神的出现，旧的建筑形式更加显得不真实，充满了谎言，我们的时代一天天地在建立自己新的形式，只有这些新的建筑才是真实的①。于是，新的建筑的诞生往往伴随着对过去时代建筑的否定和藐视。今天，一座高层建筑或一组建筑群的拆除与重建变得再普通不过，“统计数据显示，我国房屋建筑的平均使用年限不到30年”②。“短命建筑”在我国的出现，很重要的一条原因就是，人们不能以理性的态度对待20世纪的建筑遗产。

1992年月1日上午8时5分，济南老火车站③钟楼上精确的机械钟永远停止了转动，伴随着济南人走过80个春秋的老火车站就此尘封。然而在拆除之前，无法计数的市民扶老携幼涌到站前，与这座陪伴着他们走过难忘岁月的建筑合影留念，作最后的告别。“当时的很多人，正是认识了老火车站，才认识并记住了济南”。“不仅如此，它还成为当时北京清华大学、上海同济大学建筑学教科书上的范例”④。老火车站，是济南20世纪历史的真实记忆，是济南引以为傲的文化资本。“据说在老火车站拆除不久，著名电影表演艺术家于洋出差到济南。火车开进济南站后，同行的人请他下车，它向车窗外看了看说：‘慌什么，还没到济南呢，那车站很漂亮，有一个德国人建的钟楼。’当同行的人告诉他这就是济南站，老车站已拆掉时，他惊讶不已，坐在车上半天说不出话来”。1992年之前，老火车站设计者H.菲舍尔（H.

① 王受之：《新时代建筑杂志的功能》，载《建筑与文化》，2004（3），65页。
② 华哲：《“短命建筑”与“破窗理论”》，载《中国文化报》，2008-03-25（8）。
③ 注：济南老火车站始建于1908年，历时4年完成。设计者是德国著名建筑师H.菲舍尔（H.Fischer）.整座建筑由东西两楼和钟楼组成，拔地而起的钟楼嵌在东西两楼之间，地下一层，地上八层，高达32米，绿瓦穹顶。塔楼顶部东西南北四面安装有大钟，悠扬的钟声在夜深人静时传得很远。
④ 李萌萌：《济南老车站：尘封的思念》，载《人民政协报》，2007-12-21（4）。

Fischer）的儿子，每年都会带一批德国专家来免费为老火车站提供维修和保养，他还说这座车站再用200年也没有问题。当他听到老火车站被彻底毁掉的消息后，气得老泪纵横，并表示再也不会来济南，也永远不会原谅做出决定的官员。一时间，“中国十大野蛮工程之首”“这是没有文化的表现”等各种各样的愤怒与批判接踵而至。思念过后，历史是会说话的，而“多留遗产，少留遗憾”，是广大民众的热盼。

文化遗产并不都是带给人们美好记忆和艺术享受的场所。例如位于波兰的法西斯奥斯威辛集中营和日本的广岛原子弹爆炸地，已分别于1979年和1996年，被列入《世界遗产名录》。奥斯威辛是波兰南部的居民小镇，而1940—1944年，这里却成为希特勒匪徒的杀人中心，大约有400万人在这里惨遭杀害，其中绝大部分是犹太人。集中营壁垒森严，四周电网密布，内设绞刑架、毒气杀人浴室和焚尸炉等杀人装置。为了让后人记住这段历史，1947年7月，波兰政府将奥斯威辛集中营改为殉难者纪念馆，通过大量实物和图片的展出，揭露希特勒党卫军犯下的滔天罪行。广岛原子弹爆炸地，是为了纪念广岛遭到原子弹轰炸而建立的和平纪念公园。1945年8月6日上午8点15分，一颗原子弹在广岛上空580米处爆炸，在一道强烈的蓝光闪过之后，整座城市化为一座人间地狱。60多年后的今天广岛早已从战争的废墟中重建起来，但是人们永远不会忘记原子弹爆炸带来的灾难。那座被原子弹摧毁后的建筑骨架残骸，形象地描述了人类历史上首次使用核武器所造成的恐怖，表达了全人类对和平的共同向往。它跨越时代，不断呼吁在地球上取消核武器，昭示保持人类和平的重要性。世界遗产委员会对此处20世纪遗产评价为：“随着人类所创造的毁灭性力量的释放，广岛和平纪念公园成为人类半个多世纪以来为争取世界和平所取得成就的力量象征”。

美国曼哈顿区的“世贸双塔”，遭“9·11”恐怖袭击被摧毁后，在原基址仅存留一段直跑楼梯。该段楼梯原来连接着广场和地面上的大街，在“9·11”事件当天，数百人得以从这段楼梯逃离现场，幸运地生存下来。灾后这段楼梯成为这一重大历史事件的唯一物质见证，但是，除了上部花岗岩装饰尚保存完整以外，整个楼梯下段支离破碎、损毁严重，被美国国家历史保护基金认为是“美国最濒危的历史遗迹之一”。然而，更强烈的争议是有人认为该段楼梯阻碍了新办公塔楼的兴建。新的建筑项目由塞尔斯坦产业负责开发，建筑设计则由英国著名建筑师 N. 福斯特（N. Foster）担纲。“国家历史保护基金指出，开发商尚未做出承诺要将该历史遗迹保存下来，他们应该意识到它记录了对国家影响重大的一段灾难，必将对后代产生深远影响”①。虽然该基金并没有法律赋予的强制权力，却不断向社会呼吁对开发商施加压力。对那些幸存者来说，当跑下该段楼梯的最后一段踏步时，他们的记忆是刻骨铭心的，它也因此被称为“通往自由之路”。因此，建筑师 N. 福斯特认为该段楼梯是设计时必须面对和强调的“挑战”。

4.2 缺乏实施保护的法律保障

秘鲁前驻华大使陈露先生，在 2007 年 6 月召开的北京“城市文化国际研讨会”上发言时指出：“20 世纪城市中心急剧的扩张与现代化进程导致文物古迹大范围的拆除。根据测算，1900 年城市中存在的重要建筑到 2000 年已经有约 50010 遭到破坏或消失。目前，城市中尚存的历史建筑仅占全球所有历史建筑的 5%。”②今天，20 世纪遗产相对于更古老或更传统的文化遗产而言，较少得到人们的认同和保护。人们往往认为 20 世纪刚刚过去，而未将这一时期的文化遗存列入保护的范畴。因此，涉及 20 世纪遗产保护和管理的法规制定相对滞后，人力财力等方面的投入相对较少，学术研究和基础工作相对薄弱。另一方面，面对全国城市化的加速进程，面对一个接一个的城市建设目标，20 世纪遗产的保护形势日趋严重，抢救工作日趋紧迫。

20 世纪遗产的保护必须与集体记忆相结合，与社会现象相联系。2004 年 3 月下旬，由日本学者西野王留美子起草的《关于保存南京市慰安所的请愿书》被送达南京市政府，希望有关方面留下这块珍贵的历史遗迹。然而，就在当年 5 月中旬，利

① 杨震：《世贸中心的残余楼梯》，载《国外城市规划》，2006（4），118 页。
② 陈露：《中国城市文化与文化遗产保护》，载《城市文化国际研讨会·城市文化与文化遗产保护专题论文汇编》，2007，49 页。

济巷 2 号慰安所的部分辅助设施遭到拆毁。而按照《南京市房地产管理局拆迁公告》，当年 7 月 8 日则是完成此处拆迁的最后期限。南京市各大媒体、报刊报道这一拆迁事件后，民众反应尤其激烈。国家文物行政部门明确表态，要求保护好珍贵的文化遗产。由于各方舆论的压力，遗址的拆迁暂时停止进行[①]。“慰安所”该不该拆，该不该列入文物保护单位？“有不同意见的人认为：列入文物保护的应该有以下几个标准：①有纪念意义的，如党史、民国史的重要会议场所等；②名人故居；③建筑史上有一定参考价值的；④爱国主义教育基地。‘慰安所’作为爱国教育起的作用不明显，保护的价值不大”。然而，经盛鸿教授认为“现存的 6 所慰安所具有无法替代的史学价值与文物价值，它不仅属于南京，更属于中国以及亚洲，它们记录的是一段全人类的耻辱史”[②]。同样，南京大屠杀纪念地见证了南京城市历史上最残暴、最黑暗的一页。为铭记历史、慰藉死者、教育后人，南京市在全市 17 个掩埋地点树立了遇难同胞纪念碑，但是，目前保留的 10 余处大屠杀纪念地，却大多保护状况不佳，应予及时修复整治，并使其融入城市公共空间系统之中，发挥爱国主义教育作用。

由于缺少法律保护，越来越多的 20 世纪遗产在城市广场建设、城市道路拓宽和城市旧城改造中被拆毁。2005 年在沈阳，关于苏联阵亡将士纪念碑，是原址保留还是异地搬迁，引起市民的关注。这座建于 1945 年的纪念碑，矗立于沈阳站广场的中央，通高 24.27 米。因碑身嵌有青铜雕刻的坦克模型及当年战斗事迹，被市民形象地称为“坦克碑”。纪念碑记载着当年中、苏官兵并肩英勇作战打败日本侵略者的壮举，纪念碑基座下面的墓穴，安葬着 10 位苏联烈士的骨灰。纪念碑也承载着 60 余年的城市记忆，已经化作许多人对于沈阳的记忆。为此，纪念碑与沈阳站及站前两座历史建筑一起组成的建筑群，被公布为省级文物保护单位。但是，1997 年沈阳站进行整体改造，同时，沈阳站地铁的修建线路方案拟通过“坦克碑”。由此，有关部门将搬迁“坦克碑”提到了议事日程。尽管文物、民政部门认为，最好的保护方式

① 注：根据历史记载，南京沦陷的八年中，全市共有 40 多所慰安所，它们分布在南京的三大区域，即城南地区、下关地区及城中地区。然而，随着历史的变迁，这 40 多所慰安所，只剩下了 6 所。
② 惠子：《慰安妇何去何从》，载《建筑与文化》，2004（6），79 页。

是原地保留，而城建、铁路部门则认为，现存的纪念碑与沈阳站欧式建筑风格的总体改造理念相悖，如不搬迁，将影响整体改造的效果，因此搬迁利于改造、利于发展。

今天，在不少城市中，20 世纪遗产迟迟不能列入相应级别的文物保护单位，而导致缺乏保护依据和社会认同。改革开放以前，北京市 8 层以上的板状高层建筑总共只有 3 幢，即工会大楼、北京师范大学主楼和水产部大楼。这三幢建筑本应作为 20 世纪标志性建筑遗产加以保护，但是目前其中两座已被拆除，使 20 世纪遗产的历史链条不再完整。令人担忧的是，在当前建设大潮的冲击下，如果不采取紧急措施，一大批 20 世纪遗产将继续遭遇拆除的厄运。前述由中国建筑学会建筑师分会列入“20 世纪中国建筑遗产的清单”中的建筑，迄今仍有近半数尚未列入全国重点文物保护单位，法律保护的力度欠缺。其中“北京儿童医院”，多年来始终面临被拆除的危险。2005 年，当该组建筑正在被拆除的过程中，由于建筑界有识之士积极呼吁保护，它的生命才得以延续，但是有关方面并不认为它今后一定不会被拆除，只是先将它围挡起来，等待上级批示。“而北京儿童医院建筑的重要性及其文化遗产价值谁来认可已成为‘拆与不拆’的焦点”①。

我国一些城市的历史城区是最富有文化层次的地区，无论是在古代，还是在近代，饱受岁月的磨蚀、世代的更替和战争的摧残，然而，这些地区所承受的最猛烈的冲击，往往更多地来自 20 世纪的“旧城改造”。长期以来，一些城市对 20 世纪遗产缺少保护意识，致使大量具有珍贵价值的 20 世纪遗产不断地被拆除。目前，在受法律保护的文化遗产中，20 世纪遗产所占比例很小，在多数城市和地区，这一保护行动尚未开始。实际上，留存至今的 20 世纪遗产数量，与曾经拥有的和已经遭到破坏的 20 世纪遗产数量相比，实在是微不足道。如果没有清醒的认识和公众的支持，20 世纪遗产必然会面临比早期文化遗产更严峻、更危险的局面。进入 21 世纪，天津市的 20 世纪遗产遭到了前所未有的冲击。建于 1913 年，我国早期重要企业之一的

① 金磊：《城市近现代建筑呼吁立法保护》，载《中国建设报》，2006-06-19（7）。

启新洋灰公司，建于1922年，城市标志性建筑之一的音乐厅等，只能留存于人们的记忆之中。2006年8月，有关部门竟然开始拆毁劝业场地区的浙江兴业银行旧址及其附近的建筑。此举引起全国瞩目。来自清华大学、同济大学和天津大学的九位著名教授为此公开发表呼吁书，“强烈呼吁将原浙江兴业银行建筑列为天津市历史风貌建筑，作为‘劝业场历史风貌建筑保护区’内的重要文物原地进行保护”，互联网上也反映出民众的强烈呼声，致使这一野蛮行径被暂时制止，但却已经造成无法挽回的损失。事实证明，许多重要的20世纪遗产被毁于一旦，归根结底是缘于人们对其独特价值的忽视[①]。

4.3 缺乏实施保护的成熟经验

1919年，在德国魏玛建立的包豪斯学校，将现代建筑艺术与现代科学技术和现代社会需求密切结合起来，推动了现代建筑艺术与技术的传播，也为后世留下了大量文化遗产。但是，20世纪遗产保护存在着不能回避的技术难题。古代社会，农业、手工业和商业发展滞后，生产力水平低下，社会分工比较简单，留存下来的文化遗产门类较少：而20世纪以来，生产高度发达，分工越来越细，产业门类越来越多[②]。因此，20世纪遗产保护不仅面对大量专业性强、科技含量高的新型对象，而且各种行业类、专业类和专题类文化遗产的大量涌现，必然突破文化遗产保护原有的体系和格局，为保护工作带来前所未有的压力。20世纪遗产与早期文化遗产具有许多共性，它们都是人类各种活动的遗存，都具有见证历史、解读历史、再现历史的作用，都是研究人类历史的文献资料和实物资料。因此，保护20世纪遗产所采用的理论和方法，与保护年代更为久远的文化遗产所采用的理论和方法，并没有本质的不同。但是20世纪遗产又有自己的特点，较之传统建筑，在保护和维修方面往往面临更大挑战。

古代文化遗产相对来说构造简单、质地单一，例如常见的有石器、陶器、铜器、

① 岳宏：《近代中国的见证——天津的不可移动物质文化遗产及其保护与问题》，载《城市文化国际研讨会·城市文化与文化遗产保护专题论文汇编》，2007，369页。
② 注：根据我国当前经济、科技和社会发展情况，国家劳动和社会保障部编制的中华人民共和国职业分类大典（2005年修订版），把我国职业分为8大类、66个中类、413个小类和约1900个细类。

玉器、铁器、木器、骨器、漆器、金银器、纺织品类、纸类等，按质地分类，便于研究，也便于保护。而进入20世纪，材料应用发生了重大转变，塑料材料、纤维玻璃、合成橡胶、稀有金属等一系列新型建筑材料更替频繁，天然木料和石材由于受到资源的限制，开始逐渐退出历史舞台。各种新型建筑材料以低成本、高产出、牢固耐用、可塑性强等诸多优点，得到了使用者的青睐和建设者的推崇，引发新型材料层出不穷。近年来，文化遗产的材料质地构成变得更为复杂。例如微电子材料、光电子材料、磁性材料、半导体材料等，各种复杂的施工方法不断推出，也留给20世纪遗产保护方面以诸多难题。同时，现代主义思潮的演变导致城市景观和建筑形式的快速改变。20世纪建筑旨在表现新的时代精神和创新理念，往往建立在新的艺术风格和空间特点基础上，采用新结构、新技术和新材料加以体现。因此，20世纪遗产的保护、修复、研究和价值认定，需要多学科合作，需要全新的知识结构支撑。

美国芝加哥城市景观（2011年10月26日）

从20世纪开始，全球开始广泛采用新型材料和新的施工体系，当越来越多的建筑师们抛弃传统的建筑方法，开始兴致勃勃地采用新型材料，设计新型结构，甚至采取批量生产方式进行房屋建设时，对这些材料的性能和结构的长期稳定性并不完全了解，这就意味着在许多情况下，在这些建筑材料和施工方法被广泛使用之前，相关的技术标准并没有建立或尚不成熟。一些20世纪后期的建筑之所以不能体面地老化，主要是由于它们摈弃了传统建筑技术和材料，“闪闪发亮的新型材料和流线型的建筑形式”是现代建筑的显著特征，但是，目前的保护方法并没有能为长期保持这些特征提供可靠的技术支撑。起初人们认为采用这些新型材料维护成本较低，但是很快就发现，一些建筑在建成不久，材料或结构方面就出现了问题。

许多20世纪遗产由于经受不住时间的考验，导致永久性的毁坏或消失。例如无论是1976年建成的巴黎蓬皮杜中心还是1986年建成的英国劳埃德银行，都已作为文化遗产受到法定的保护，它们无疑是20世纪举世闻名的建筑。然而，它们却都在不久前经过大修，通过悉心的修缮，使这些建筑在特殊材料使用、细节处理和工艺方面的一系列错误得以纠正，同时也花费了巨额的修缮资金。事实证明，20世纪遗产相对老化的速度较快，材料性能寿命较短。由于20世纪遗产的特殊脆弱性，更多的日常维护工作需要列入计划。在英国，现代建筑一般初次维修在建成后的25—30年间，比传统建筑缩短了一半时间；大修在建成后的50—60年间，比很多传统建筑文献记载的100—120年也要缩短一半时间。同时，在维修时很少有人去寻找和保留相关的设计图纸和施工档案，不能依据20世纪遗产的原有结构和文化内涵来制定合理的实施方案。

4.4 缺乏合理利用的科学界定

除了建筑材料老化所带来的隐患，20世纪遗产还时刻面临着被改造的威胁。由于20世纪遗产往往是正在使用的“动态遗产”，产权人或使用者为满足当前需要而对其经常加以变动，处理不当就会影响20世纪遗产的整体风格和建筑质量，甚至伤害城市民众的集体记忆。马来西亚吉隆坡的歌梨城老戏院拥有85年历史，是马来西亚电影艺术的摇篮。不久前，城市政府欲征收歌梨城，对其施以改造。消息传出，在社会上引起强烈反响。歌梨城营业至今，扮演着民众娱乐场所的角色。在民众心目中，只要歌梨城有戏能够演唱下去，就是维护了民众的集体记忆。最终城市政府顺从民意，收回了成命①。在北京，京奉铁路正阳门东车站，俗称前门东站，位于天安门广场东南角，始建于1901—1906年间，是我国铁路的早期建筑，也是20世纪遗产中的“老大哥”。从清末至新中国成立，一直是北京最主要的车站，1958年新建北京站后，前门东站才完成了历史使命，退出铁路运输舞台，改为北京铁路职工俱乐部。但是，今天人们看到的百年老站早已失去了昔日风采，在建筑顶层“京奉铁路正阳门东车站”的大字下方，是5个更大的字：“老车站商城”，喧宾夺主，而车站里面则布满了商店、摊位。

“保护性破坏”是当前的一个突出问题。许多20世纪遗产处于人口稠密地区，其背景环境从未停止过变化，特别是随意改变20世纪遗产的周边环境，在一定程度上丧失了原有历史信息。文化遗产的价值在于它的真实性和完整性，20世纪遗产的保护同样要求其周边环境与本身的历史氛围相协调，形成和谐的整体，需要对文化遗产背景环境提出控制要求。只有如此，人们才能从20世纪遗产中领略和体验到真实的历史，才能从20世纪遗产及其环境中获取更多的历史信息和资料。近年来许多地方为了突出文化遗产本体的地位，对其周边原有环境进行彻底改造。最为典型的是贵州遵义会议会址和四川邓小平故居周边的环境变化。这两处20世纪遗产原来都处在与许多民居相邻的环境之中，朴素而协调，但是，为了修建纪念广场和纪念公园等，将文化遗产本体周围的原有居民全部搬迁，传统民居全部拆除，使20世纪遗产像纪念碑一样突显出来，再配以景观道路、集中绿地、水池灯光等，不仅破坏了历史环境，也破坏了整个历史故事的特定情节，使得这些珍贵的文化遗产失去了真

① 江迅：《城市文化的集体记忆》，载《解放日报》，2007-04-10（13）。

实性和完整性。今后，一代代来访的青少年们会不断产生“遵义会议是在城市广场上召开的吗？”“邓小平爷爷是在公园绿地里长大的吗？”这样的疑问，造成历史的误解。在上海，20世纪遗产也遇到了同样的问题，“外滩虽然保持了原貌，但天际线不断被新的开发项目所破坏；西区的花园住宅区的幽静典雅环境，总是受到拔地而起的高层建筑的干扰影响”①。

在当今大规模的城市改造过程中，如何保护好名人故居一直是文化遗产保护领域，乃至整个社会极为关注和倍感沉重的话题。由于缺乏保护意识，许多名人故居在城市建设中成为推土机下的牺牲品。2005年，北京市有关部门对名人故居进行了较系统的调查，核实在四个城区内共有308处名人故居。就空间分布分析，西城区和东城区数量较多，各有101处；宣武区有95处，崇文区有11处。就名人的类型分析，包括政治、军事、文化、艺术、经济、科技和医学等各个领域，其中数量较多的是政治、文化和艺术类名人，与北京的城市性质密切相关。目前，这些名人故居只有8处被辟为博物馆、纪念馆，仅占总数的2.6%，还有少数名人故居实施挂牌明示，而绝大多数名人故居淹没在杂乱无章的建筑之中，鲜为人知。由于缺乏管理、保护和修缮，大多数名人故居早已失去了当年的风采，许多院落房屋年久失修，院内地面坑洼，自建房丛生，原有建筑格局遭到破坏，供电、用火带来的火灾隐患非常严重，居民的居住条件亟须改善。

5. 保护20世纪遗产的时代意义

每一代人都有一个神圣的使命，就是把前人的创造留给后人。当然，由于古代遗存数量较少而更为宝贵，并得到珍视。但是20世纪遗产如果不及时加以保护，同样也会在当前的建设大潮中很快地消失。从古到今，文化的发展演变形成一条完整的链条，如果在当代发生断裂，将对不起后代子孙。虽然20世纪遗产与我们相距只有百年，与古遗址、古墓葬、古建筑等历史遗产无法相比，但是由于其艺术多元、

① 张松：《上海城市遗产的保护策略》，载《城市规划》，2006（2），49页。

技术先进、人文共融，使它们的价值更贴近时代，所以20世纪遗产也是文化记忆的摇篮，现代人类必须予以充分关注。

5.1　使人类发展记录更加完整

今日人类社会，鼓励多样化地理解文化遗产的概念和评价文化遗产的价值。正如英国20世纪学会前主席G.斯坦普（G.Stamp）所说："命运的车轮正在不断地加快转动，创新和复兴之间的距离正在消失。"我们保护文化遗产的目的之一，是通过保留这些物质佐证和非物质遗产，来研究和记录社会发展的历程，包括人类从刀耕火种到遨游太空的每一步足迹。在传统的农业社会中，人类活动空间相对有限，生产生活方式相对简单，固有的文化内涵相对单纯，因此，人们生活往往处于一种缓慢的、安静的、封闭的、稳定的、季节性的传统形态，文化遗产传递给后代的信息相对有限。然而，进入20世纪，人类随之进入工业化、信息化的社会，人们生活开始逐渐处于高速的、喧闹的、开放的、波动的、全方位的现代形态，伴随生产发展、科技进步和社会变革，人类活动空间、活动内容和活动方式空前广阔和丰富。20世纪人类在经济、政治、军事、文化等方面的活动，也远比古代更为多样、更为复杂。因此，20世纪遗产能从更加深刻、更加完整的意义上反映出人类社会发展、人类的创造力以及人与自然的关系。

人类历史本身就是动态过程的纪录。20世纪作为社会变迁最为剧烈的文明时期，各种重要的历史变革和科学发展成果，都以各种特有形式折射在20世纪遗产身上，它们整体形成了一部20世纪的全记录，见证了每一阶段、每个角落发生的不平凡的故事，这就是20世纪遗产的重要价值所在，它们详细书写着历史的每一篇章。假如我们一方面为填补古代某一时期考古空白而孜孜以求的同时，另一方面，却忽视身边这些同样会在未来绽放异彩的20世纪遗产，使它们因为疏于保护而遭到损毁，就会给后世留下与我们同样的遗憾。今天这一体现文明发展的序列不应在当代发生断裂。为此，应当及时对20世纪遗产加以梳理，及早进行保护，以使它们完好地延续下去，供后世研读。

世界文化遗产广岛和平纪念公园里的千羽鹤纪念碑，被当地人称为“原爆之子”像，1958年由日本学生及儿童捐献建成。目的是纪念那些死于原子弹爆炸的儿童。纪念碑顶端立着一个小女孩塑像，她双手高高托着一只大纸鹤。相传有一个12岁的小女孩受了原子辐射，10年后病源发作。她相信根据以往的传说，只要扎完一千只纸鹤便能恢复健康。然而在扎完一千只纸鹤之前她去世了。纪念碑下数以万计的五颜六色的纸鹤，是由全国各地的孩子们扎的，每串纸鹤都有一千只，是为了帮助完成小女孩的心愿，也表达儿童们的和平理想。广岛和平纪念公园的每一个角落都体现着和平的主题。“和平之火”焰台上的火从1964年便开始燃烧，它象征着广岛人民期望和平的心愿。“和平之火”后面是和平之池，和平之池尽头是原爆慰灵碑。马鞍形纪念碑中央安放的石箱里，保存着原子弹爆炸受害者的名字。石箱上篆刻着：“安息吧，过去的错误将不再重复。”

联合国教科文组织世界遗产中心和国际古迹遗址理事会，在1994年6月的专家会议上曾做出“从单纯的建筑角度的文化遗产观，向更加具有人类学精神的、多功能性和普遍性的观点转变”的全球性建议。应当注意，20世纪遗产应该不仅限于建筑形式，还应当考虑到作为整体构成部分的广泛的生态学、社会学、人类学、经济学和文化框架，应当强调记忆的重要性，而不止是考虑到建筑材料和艺术形式。在我国，唐山大地震遗址真实地记录了地震对人类造成的极大灾难。1976年7月28日3时42分，发生于我国河北唐山的地震，震级7.8级。这次地震因发生在工业城市，人口稠密，损失十分严重。唐山市区建筑物基本倒塌或严重破坏，24万人死亡，16万人受伤。为了准确记录下这一震惊中外的自然灾害现象，国务院将唐山大地震遗址列入全国重点文物保护单位，包括河北理工大学图书馆遗址、唐山机车车辆厂遗址和唐山十中遗址等3处地震灾害遗址，均位于震中附近，具有代表性。

5.2 使社会教育功能更加完善

20世纪遗产形成于过去，认识于现在，施惠于未来。保护20世纪遗产要具有前瞻性，目光放远。历史不仅是写在书本上的文字，还应由物质与非物质文化遗产所展示，由活生生的实物与记忆交织而成。文化遗产既是历史的，也是现实的；既是物质的，也是精神的；既有真实的感受，也有理性的思考。认真阅读优秀的20世纪遗产，思考它们与当时社会、经济、文化乃至工程技术之间的互动关系，从中吸取丰富的营养，成为当代和未来世代理性思考的智慧源泉。放眼百年，可歌可泣的我国近现代史，留下了多少令人触目生情的文化遗产，隐含着多少震撼中华的历史事件，记录下多少英勇不屈的民族英雄。即使一些20世纪遗存或它们昔日的主人，在历史上扮演过不光彩的角色，但是作为难得的反面教材，也不应妨碍其成为20世纪遗产的组成部分。文化遗产是有生命的，这个生命充满了故事，而20世纪遗产更是承载着鲜活的历史事件和人物故事，随着时间的流逝，故事成为历史，历史变为文化，长久地留存在人们的心中。

新文化运动是20世纪一次思想解放运动，促进了社会主义思潮在我国的兴起，推动了马克思主义在我国的传播。北大红楼是新文化运动的主阵地，是五四运动的策源地。近代中国波澜壮阔的思想解放运动，无不与融合中西文化特征的北大红楼息息相关。北大红楼的历史虽不足百年，但它所承载的丰富历史内涵，它所体现出的时代精神，却成为百年中国的一座丰碑，是我国传统文化与现代文明碰撞融合的标志。碰撞所发出的巨大火光，照亮了中国，唤醒了国民。所以这座简朴的建筑铭刻着人们永远的回味与缅怀，在车水马龙的喧嚣闹市之间，默默地矗立了90年，依然具有无穷的魅力和巨大的感召力。北大红楼不仅是承载新文化运动历史的标志性建筑，而且也是现代都市中一个永恒的地标。正因如此，1961年，北大红楼被国务院列为第一批全国重点文物保护单位；2002年，以北大红楼为依托的新文化运动纪念馆向社会开放，成为全国唯一集中研究、收集、展示五四新文化运动的博物馆，

北大红楼（2008 年 7 月 8 日）

并作为爱国主义教育基地、青少年学生校外活动基地等发挥着特殊的作用。

具有非凡意义的场所和事件对公众教育具有特殊价值，应纳入 20 世纪遗产保护标准之中，并对其保护策略加以重新思考。例如位于丹东市的鸭绿江大桥，1911 年 10 月建成通车后，曾是横跨鸭绿江的第一座铁路大桥，后改为公路桥。抗美援朝战争期间，被美国飞机拦腰炸断，现残存中国一侧共四联，全长 391.76 米，称为“鸭绿江断桥”。这座大桥在 1950 年 11 月被炸断前，一直是输送志愿军和支前物资过江的交通大动脉，对抗美援朝战争的胜利起到了重要作用。鸭绿江断桥既是近百年来中华民族饱经沧桑和屈辱的写照，又是新中国诞生后中国人民取得反侵略斗争胜利的历史见证，蕴含着重要的历史价值和深远的时代意义。而另一座桥梁也有着不平凡的故事。位于杭州市的钱塘江大桥，1937 年 9 月建成通车。大桥由我国著名桥梁专家茅以升主持设计施工，全长 1453 米，是我国自行设计和建造的第一座双层式公路、铁路两用特大桥梁。同年12月，为阻止日军南下将大桥炸毁。1953年，大桥完全修复。钱塘江大桥的修建，是中国铁路桥梁史上一个辉煌的里程碑，它的建成，不仅结束了我国无力建造特大桥梁的历史，而且为华东地区的交通运输作出巨大贡献。

20世纪遗产，展现着百年以来人类社会发展的难忘历程，对于今天经济建设和社会发展具有现实意义和独特贡献。1958年，经过对松辽平原进行地质普查，国家批准大庆第一口油井钻探。1959年月26日该井喜喷油流。从此，我国摘掉了石油工业落后的帽子，结束了贫油国的历史。从1960年开始，展开了一场气壮山河的大庆石油会战，建成了具有世界先进水平的大油田。大庆第一口油井，也作为石油会战的历史见证和大庆精神、铁人精神的重要象征，被公布为全国重点文物保护单位。我国第一个核武器研制基地，位于青海省海晏县金银滩草原上，总面积1100余平方公里。1964年、1967年，先后在此研制并试爆成功了我国第一颗原子弹和氢弹，在我国国防建设及维护世界和平的史册上书写了不朽的篇章。基地内现存王淦昌、朱光亚、邓稼先、周光召等著名科学家和张爱萍将军居住过的“将军楼”，工地第一批人员驻扎过的“三顶帐篷”遗址等以及分布在基地周围的7个分厂实验场及其他设施。1987年国家做出撤销基地的决定，标志着这座封闭了30多年的军事禁区完成了时代赋予的历史使命。随后被列入全国重点文物保护单位，作为重要的20世纪遗产加以保护。

5.3　使城市文化特色更加鲜明

在城市中，20世纪遗产是难得的文化资源。每一个历史发展时期，都有自己独特的文化背景，形成鲜明的时代特征。在我国，无论是清朝末年，还是民国时期；无论是中华人民共和国成立之初，还是改革开放以来，各个阶段的文化特色，相互不可替代，但是都可以通过不同时期的文化遗产清晰展现。20世纪遗产内涵深刻、外延丰富，不仅体现出前人的聪明才智，也构成今日独特的城市环境，展现出富有魅力的特色景观。城市是有记忆的，也是有灵性的，这些记忆与灵性，通过文化遗产的保护与传承，融入城市的血脉，构筑城市的性格。因此，只有妥善保护20世纪遗产，才能成为时代年轮清晰的城市，才能成为充满记忆与灵性的城市，才能成为保持属于自己特色的城市。20世纪遗产用自己独有的形象语言记载着一个城市、甚至一个民族的文明历史，作为人类物质文明与精神文明的成果，本身就体现着时代的进步。在20世纪遗产中，建筑遗产占有较大比例。建筑是城市的历史，是民族的语言。文化赋予了建筑更多的审美内涵，文化让建筑获得了灵魂。在满足基本功能的基础上，20世纪建筑遗产更表现出人类文明在哲学、文学、美学等艺术领域以及科技领域的成就，拥有经久不衰的生命力。

从“建筑是石头的史书”“建筑是凝固的音乐”等人们对建筑的比喻中，可以发现，建筑本身就是人类文化的一种表现形式，用建筑表现文明发展，一直是人类社会的共识。无论是埃及的金字塔、希腊的神殿、罗马的万神庙，还是我国的西安大雁塔、应县木塔、故宫古建筑群等都是以建筑的形态，表现出非凡的创造才能，向世人诉说着民族光辉的文化与强盛的生产力。同样，在20世纪遗产的传承中，经典建筑的积累不可或缺。这一时期，建筑流派纷呈，设计人才辈出，为杰出建筑的诞生提供了良好条件，创造出一批优秀的经典建筑。经典建筑是具有恒久生命力的建筑，它们超越了建筑的使用功能，因其艺术的多元性、技术的先进性和人文的共融性，使20世纪遗产的价值凸显。当人们回望20世纪遗留下来的经典建筑时，就会发现它们更加贴近时代、感动民众。通过对20世纪遗产的保护，既使传统文化得以传承，又使城市特色更加鲜明。“历史建筑所保留的是一种历史空间。由于这空间犹存，历史就变得不容置疑。徜徉其间，历史好像忽然被有血有肉地放大了。过往的生活形态仿佛随时都能被召唤回来。历史遗物并非历史的遗骸，而作为历史的生命而存在”[①]。

---

① 冯骥才：《小洋楼的未来价值》，载《建筑与文化》，2005（2），22页。

近年来，南京市通过宣传“隋唐文化看西安，明清文化看北京，民国文化看南京”，确立自己城市的独特地位和文化特色，使20世纪遗产成为城市重要的文化资源，有力地提高了城市文化竞争力。并通过制定“2006—2008年民国建筑保护和利用三年行动计划”，提升城市文化内涵。围绕“充满经济活力、富有文化特色、人居环境优良”的城市发展目标，以建设“文化南京”为立足点，从保护20世纪遗产的角度出发，以规划设计为指导，结合历史城区环境整治，形成城市特色地区，成组成片地集中保护和合理利用民国建筑，凸显其在南京城市特色、历史文化和旅游经济方面的价值。通过“公布保护名录，拆除违章搭建，建立标示系统，促进转换利用”等手段，重点完成了96处计216栋民国建筑的保护与利用工程，使南京一大批重要的民国建筑能够“找出来、保下来、亮出来、用起来、串起来”[①]。

事实上，在我们的城市中，特别是近代以来持续发展的城市，都保有一些作为城市标志的特色建筑，它们不应随着城市的改造和时间的流逝而消失。尤其是20世纪50年代以来，在各种社会文化思潮的影响下，建筑反映的文化观念更加宽泛，集中反映出大众的、时代的、科技的文化内容。例如北京展览馆，前身是由前苏联著名建筑师参与设计的苏联展览馆，1953年破土动工，第二年竣工，占地面积达13.2万平方米，是首都第一座大型综合性展览馆，建馆以来，成功地接待了数千个国内外大型展览。近年来，为了更好地适应时代的发展，北京展览馆在功能定位上作了相应的调整，完成了场所功能与设备升级，对部分损坏的建筑和雕塑进行了精心修复，保持了原有颇具异国情调的外部风貌。而正是这一建筑风貌的保持，又对展览馆的功能发挥产生了巨大的推动作用，许多国内外展览项目钟情于这里古典的建筑风格和氛围，竞相来此举办各类展览，使拥有50多年历史的北京展览馆焕发出青春。

① 注：找出来，即通过普查，将非文物民国建筑找出来，建立保护名录，并分批公布。保下来，即采用多元化的保护措施，有效保护民国建筑精华。亮出来，即整理民国建筑周边环境，建立标示系统，充分展示历史文化资源。用起来，即将民国建筑组织到现代生活中，发挥其文化艺术价值。串起来，即将分散的民国建筑串联起来，形成合力，放大历史资源优势。

江苏原国民政府旧址（2004 年 12 月 7 日）

江苏原国民政府旧址（2004 年 12 月 7 日）

6. 启动20世纪遗产的抢救性保护

在全球化迅猛发展的今天，认同本民族文化，传承并弘扬本民族的优秀文化，是世界各国都在积极努力的方向。然而，20世纪遗产保护在近年来才提上重要议程，相对于已有千百年历史的古代文化遗产来说，它的保护和研究工作只是刚刚起步。这一新领域的开拓，突破了传统文化遗产保护的概念，扩大了文化遗产保护的视野，丰富了文化遗产保护工作的内容，并且正在推动着相关学科的研究。同时，正因为20世纪遗产保护处于起步阶段，还有很多问题有待于人们去探索，去认识，去解决。

6.1 提高20世纪遗产的保护意识

“20世纪遗产”一经提出，就曾被人认为是自相矛盾的概念。“20世纪”意味着“现代”，而“遗产”则意味着“传统”。“现代”与“传统”组合在一起意味着什么？在城市化加速进程的语境下，这一矛盾不仅在概念上，同时也会在实际行动中产生后果。因此，为了实施20世纪遗产保护战略，需要更进一步对保护的理论基础加以推敲。我们已经离开了20世纪，世纪划分尽管是人为的，但是对于20世纪遗产保护来说，这一概念却至关重要，因为这一划分会使我们以对待历史悠久的文化遗产的同样心态，对待20世纪遗产的保护问题。尽管21世纪的到来，促使人们对20世纪的成功与失败进行重新评价，但是不得不承认，对于20世纪遗产的价值认知还处于较低水平，例如普遍认为古代建筑年代悠久、数量稀少，更需要保护；而20世纪建筑数量大，还难以纳入保护之列。这一认识上的不到位，导致不少优秀20世纪遗产遭到破坏，从城市的记忆中消失。例如建于20个世纪50年代的“国庆十大工程”[①]，充分体现了首都的性质，集中反映了中华人民共和国成立初期北京城市建设的成就，凝聚着一代知识分子的智慧，浸透着一代建设者的汗水，也倾注着一代国家领导人的心血，反映出举国之力的体制优势，也标志着我国的建筑技术和创作艺术进入了一个新的时期。为此，1959年9月25日的人民日报以《大跃进的产儿》

---

① 注：国庆十大工程包括：人民大会堂、中国历史与中国革命博物馆、迎宾馆、民族文化宫、民族饭店、华侨大厦、北京站、工人体育场、中国人民革命军事博物馆和全国农业展览馆。

为题发表社论，称赞这些建筑是“我国建筑史上的创举”。然而，“就是被誉为‘国庆十大工程’经典建筑的华侨大厦也因诸多原因早已被拆除。难道非要牺牲近现代建筑才能发展？”[①]这一拆除重建所造成的残缺，的确是一件非常令人遗憾的事情。

今天，我们面临的挑战是如何正确认识20世纪遗产的价值，而遇到的主要障碍就是仅强调年代悠久与否，而忽视其他方面的价值认定，只有跨越了这一障碍，才不会把20世纪遗产列入尚未受到威胁的范畴中去。事实上，这一障碍客观存在。2006年，讨论申报第六批全国重点文物保护单位时，在“国庆十大建筑”是否列入上报名单的问题上仍然存在争议，最终以“国庆十大建筑”建成不到50年，目前正在使用，尚未遇到被拆毁的危险等原因，未能将它们列入第六批全国重点文物保护单位。事实上，就在当年，讨论国家博物馆改扩建方案时就出现了不同观点的激烈交锋。在组织方案竞赛之初，有一种意见是把原有20世纪建筑全部拆除重建。但是，部分参与讨论的专家学者则持反对意见，“‘十大建筑’都可以这么拆，那全中国还有什么不能拆的？我们坚决反对”[②]，专家们认为，国家博物馆深厚的历史积淀和象征意义，使其具有较高的保护价值。天安门广场及其周边地区是国家博物馆存在的物质环境，所以国家博物馆的改扩建也应对这一环境给予高度尊重和保护。保护和发展这两个对立统一的要素，成为评价设计方案优劣高下的指针。因此，在做国家博物馆第二轮方案的时候，确定了“三面不动”的原则，即东面、南面、西面不动，只可以向东面适当伸展，以解决使用需要，才使这组珍贵的20世纪遗产避免了彻底消失的厄运。

保护和维修有利于延续建筑寿命，对于任何时代的文化遗产都至关重要。但是对于一些重要的20世纪遗产来说，如何在保持良好状态的同时，留住它们所拥有的文化意义更为关键。中国美术馆和北京饭店西楼，均是戴念慈先生的建筑设计作品，处于城市的重要街区，给人们以深刻的印象。但是，这两座建筑在20世纪90年代初，分别遭遇不能正确进行维修的尴尬局面。一是在中国美术馆的内部改造工程中，

① 金磊：《城市近现代建筑呼吁立法保护》，载《中国建设报》，2006-06-19（7）。
② 周干峙：《谈当前规划的两个问题》，见《在北京市城市规划设计研究院报告会上的发言》，2007。

使用者坚持将原建筑设计中用于自然采光的窗户封闭，改为室内灯光采光。戴念慈先生则认为，经过妥善处理，自然采光也能符合现代美术展览要求，而封闭窗户将造成人们对建筑形式与使用功能之间的误读，希望充分尊重原设计方案。但是这一要求未能得到采纳。二是在北京饭店西楼的室外装修工程中，同样在未征求设计者意见的情况下，将暗红色的建筑外墙色彩擅自改为浅粉色。对于设计者深入思考该建筑与相邻建筑之间，与附近长安街上的红墙之间保持良好色彩关系的良苦用心，也未能给予应有的理解和尊重。

在国际上，一些国家纷纷将本国的20世纪著名建筑师的作品列为文化遗产加以保护，这些建筑大师的优秀设计作品一经诞生就开始凝固，随着时间的流逝，成为未来文化创造的典范。例如[德]W.格罗皮乌斯（W.Gropius）、[美]F.L.赖特（F.L.Wright）、[德]密斯·范·德·罗（L.Mies van der Rohe）、[法]L.柯布西耶（L.Corbusier）、[意]P.L.奈尔维（PL.Nervi）、[日]丹下健三等设计大师的建筑作品，均已被列入20世纪遗产加以保护。在我国，也有一些曾活跃在20世纪建筑设计领域的著名建筑师。例如20世纪20—30年代，在南京就曾会聚了吕彦直、刘敦桢、赵深、童寯、杨廷宝、陈植等一批当时我国最优秀的建筑师，他们负笈海外，学贯中西，具有高深的专业造诣。他们在南京进行了类型广泛的建筑设计活动，形成了一批用现代建筑技术建造的中国传统宫殿式建筑，开展了创造新民族形式建筑的探索，从而打破了外国建筑师对建筑设计市场的垄断，同时，也使千百年来依靠经验的建造方法，逐渐走上了科学设计的道路，具有重要的历史、艺术和科学价值，应作为重要的20世纪遗产加以保护。

6.2 开展20世纪遗产的科学评估

面对数量庞大的20世纪遗产，正确加以选择，进行价值判别，确定保护对象，建立保护和修复体系，既是20世纪遗产保护的重要前提，也已成为当前刻不容缓的任务。一方面，不同于那些硕果仅存的古代各历史时期的文化遗存，20世纪遗址、遗迹、遗物，林林总总，遍布人们的视野，需要严格加以选择，从中辨识真正值得传承于后代的文化遗产；另一方面，应对20世纪遗产中的所有类型都给予恰当的关怀，尤其是范例极少的文化遗产类型。因此，在对20世纪遗产进行科学评估时，应当客观而宽容，应当为后人保留延续的空间。不能只保护已有研究成果或权威定论的历史事件和历史人物的遗址和遗存，而不注重保护尚待研究或存在争议的历史事件和历史人物的遗址和遗存；不能只保护具有正面经验的历史事件和历史人物的遗址和遗存，而不注重保护具有反面教训的历史事件和历史人物的遗址和遗存；不能只保护革命时期的遗址和遗存，而不注重保护建设时期的遗址和遗存；不能只保护与政治事件和人物有关的遗址和遗存，而不注重保护反映经济、文化、科技、教育等方面发展状况的遗址和遗存。总之，应从物质和精神两个层面对现存的20世纪遗产进行科学评估，以免因为判断失误而造成不应有的损毁或流失。

健全的科学评估原则是构成20世纪遗产保护的有效基础。虽然我们伴随着20世纪遗产一路走来，但是，对它们的认识往往基于以往的体验，很少能以科学的态度、长远的眼光，来讨论它们对于历史传承和文化发展的价值与作用。对于20世纪遗产的选择和判别，需要改进传统的调查方法和评估标准，建立科学的价值评估理论、筛选办法和甄选过程，在全面调查，摸清家底的基础上，为各类20世纪遗产登记造册，根据保存状况划分风险等级。近年来，南京市城市规划、文物保护部门和东南大学合作，对近现代文化遗产给予高度关注，进行了多次资源普查，编制了多轮保护规划。并于1988年出版了《中国近代建筑总览・南京篇》一书，共收集190处近代建筑，1998年编制了《南京近代优秀建筑保护规划》，共确定134处近代建筑为优秀建筑；2002年开展了《南京近代非文物优秀建筑评估与对策研究》，共确定42处保护建筑。近年来还组织编制了《南京颐和路民国时期公馆区历史风貌保护规划》《梅园新村地区保护与利用规划研究》等一批民国时期风貌区的保护规划，确定了保

江苏梅园新村（2004年3月18日）

护范围、保护内容。

全国范围内开展的第三次文物普查，已将20世纪遗产作为重要的普查对象。在20世纪遗产的普查中，不但要考虑它们的历史、艺术和科学价值，而且要考虑它们对于今天社区生活的意义，以避免片面地、狭窄地理解20世纪遗产的多重价值。例如由于历史原因，朱启钤故居始终未能公布为文物保护单位，破坏行为时有发生。朱启钤先生是著名爱国民主人士，民国初曾先后出任北洋政府交通总长和内务总长，代理国务总理。在他的主持下，开放紫禁城前三殿为“古物陈列所”，开放社稷坛、太庙、北海等皇家领地为人民公园。1919年初朱启钤先生退出政坛，致力于社会公益活动以及对古建筑、古器物潜心研究，并于1929年创办了我国第一个研究古代建筑的民间学术机构——中国营造学社，对中国古代建筑典籍及大批古代建筑进行研究，出版了大量学术著作，培养了一批古建筑专家。无疑，朱启钤先生是我国近现代文化发展史中的重要人物，他的故居应作为重要的20世纪遗产加以保护。2007年3月，中国文物研究所、北京市建筑设计研究院和北京市东四街道办事处经协商决定，联合发起对朱启钤故居的修复和研究活动。

改革开放以来，我国城市建设突飞猛进，无论是社会发展节奏、新老事物交替、产业产品更新，还是科学技术进步，都在不断加快。因此，对于改革开放中具有创新意义、典型意义的事物，也需要以抢救的精神加以捕捉。2004年，美联社发布一条消息，标题为“中国南方秘密训练基地又缔造神话”。报道说：“中国女排在最近的大奖赛及奥运会比赛中几乎横扫欧洲列强。这是借上帝之手创造奇迹，中国姑娘们几乎在排坛夺冠都与在中国南方的漳州基地有关。不过，中国人喜欢把这个基地叫做中国女排的‘娘家’。”1972年国家体委四处选择后，决定在漳州建立我国第一个排球训练基地。经过20多年的不断发展完善，漳州基地已成为全国主要的排球训练中心。[①]中国女排名将曹慧英、陈招娣、杨希、孙晋芳、张蓉芳、周晓兰等都是漳州体育训练基地首批集训的精兵，郎平、陈亚琼、梁艳、朱玲、郑美珠、侯玉珠等都是在这里穿上印有“中国”标志的运动服。1981年，中国女排以七战七胜的骄傲成绩获得了世界杯冠军，率先打破三大球冲冠的缺口，实现了中国体育界几代人冲出亚洲，走向世界的夙愿。从1981年至1986年，中国女排先后参加了5次世界大赛，连续5次荣获冠军，创造了赫赫战功和光辉业绩，她们每次大赛前都将漳州作为最后的强化训练营地，因此“中国女排腾飞馆”应作为20世纪遗产永久保留。

6.3 探索20世纪遗产的保护方法

当前，随着20世纪遗产在国家和地区保护名录中所占比例的不断上升，也引发了诸多亟待解决的问题，其中如何合理实施保护与修缮问题尤为关键。20世纪50年

① 注：漳州体育训练基地分为南北两个区：南区为旧区，占地33亩，建有排球训练馆3座，运动员宿舍2座，北区为新区，占地50亩。1992年兴建一座建筑总面积达7000平方米的大型体育馆。

代以来，建筑技术的进展日新月异，与各类科学技术的关系更加密切，新型结构理论的产生，新材料和新设备的应用，高层建筑和大跨度建筑的发展，均体现出科学技术的威力。建筑工业化体系的运用，加速了建筑的建设速度，计算机技术进入建筑领域，引起设计方法的变革，也深刻影响到建筑学的发展。城市化进程的加快、产业结构的变化，使环境和能源问题异常突出。这些无疑都对今天选择 20 世纪遗产的保护方法产生深刻影响。面对数量庞大的、列入保护范围的新型建筑物或建筑群，如何建立和运行保护与修复体系，对于 20 世纪遗产保护来说，是艰巨而不能回避的新课题。国际古迹遗址理事会 20 世纪遗产科学委员会，近年来就集中关注 20 世纪建筑遗产保护的三大主题：一是如何认定时间较晚的建筑遗产（主要为 20 世纪后半叶）；二是研究特殊构造技术和材料的运用；三是研究特殊设计问题。通过这些研究，试图解决 20 世纪建筑遗产保护面临的诸多难题。

今天在 20 世纪遗产保护的诸多领域，未能掌握实现保护目标的修复理念、方法与技术，已经成为越来越不容回避的严重问题。在保护实践中，如果保护理念方面出现偏差，必然造成实施方法和技术的千差万别，甚至导致“建设性破坏”或“保护性破坏”。因此，应鼓励在保护和修复工作中，就 20 世纪遗产保护理念以及与保护方法和技术有关的特定问题展开专题研究，同时也应根据 20 世纪遗产的不同保护状况，充分尊重其在科学和艺术等方面的特点，关注保护和修复工作对可持续利用方面的影响。例如对于 20 世纪建筑本体的保护，应根据该建筑的历史、艺术、科学价值和保存状况，采取多元化的保护措施。对历史价值较高，遗存状况较好的，应实施全面保护，对于建筑立面价值较高，内部已经改变的，应保护其特色外观，内部实施整饰；对于局部历史信息保存完整的，应实施局部重点保护，注重保护标志性建筑构件；对于历史艺术价值一般，建筑结构存在安全隐患的，应对建筑立面进行调整，维护所处环境的历史资源整体风貌。

对于 20 世纪遗产的保护和利用研究，过去大多停留在政策性和原则性方面，缺乏有效的、操作性强的实施指南，这一状况无论对于遗产管理者还是保护实施者来说都存在一定盲目性，以致造成大量20世纪遗产的人为闲置或加速老化，对文化遗产本体的保护和文化资源的利用造成不利影响。因此，寻求与文化遗产资源可持续利用相适应的20世纪遗产保护的技术和方法，就显得格外迫切而重要。厦门四面环海，岛屿众多，海天相映，山水相依，素有“海上花园”之称。著名的鼓浪屿更被誉为“万国建筑博物馆”。为规范鼓浪屿的建设和近代建筑的保护，厦门市制定了《鼓浪屿近代建筑群保护规划》①。保护规划范围涵盖鼓浪屿全岛，对岛内近代建筑遗产的分布特点和人文环境进行了详细论述，针对不同近代建筑的功能要求、保存状况以及合理利用方向提出指导性意见，明确规定文化遗产本体保护与修缮要求以及临近地段建设控制要求。这一规划的制定对鼓浪屿近代建筑群的保护、管理和利用工作提供了依据，对鼓浪屿未来的发展也将产生积极的影响。

由于绝大多数20世纪遗产仍然处于日常使用的状态，保护管理必将面临更多新的问题，使用过程中的修缮、维护、内部更新在所难免。因此，必须对它们作为文化遗产的真实性和完整性做出科学解释，并对维修可能采取的措施、更新可能允许的尺度提出明确要求，用于指导20世纪遗产的保护实践，实现真实性、完整性与延续性、传承性的和谐统一。在积极探索保护方式和技术手段的同时，还应系统建立适用于20世纪遗产的相关保护管理办法，从保护目标、保护原则、保护内容等方面，提出适应不同对象的分类标准、导则和要求，通过对每一处20世纪遗产的历史演变、特征要素、原有功能进行系统分析，形成具体的保护目标。进一步规范20世纪遗产保护的方法和程序，对修缮和利用做出明确规定，并使其有利于进一步的保护实施。针对20世纪遗产保护实践成果日益增多，而保护方法及技术体系尚存在诸多缺陷的现实状况，应该积极借鉴国际社会比较成熟的保护经验及相关技术方法。例如如何对20世纪遗产周边不断变化的城市空间提出规划要求；如何评定列入20世纪遗产的建筑物群的兼容性功能；如何对20世纪遗产中的大型现代建筑保护修缮

① 注：鼓浪屿近代建筑群坐落于厦门西南面的鼓浪屿岛上，主要由美国领事馆旧址，日本领事馆旧址、汇丰公馆旧址、天主堂，亦足山庄、寂庄花园等10处13座20世纪建筑组成。

福建鼓浪屿近代建筑（2010 年 9 月 16 日）

福建鼓浪屿林氏府（2010 年 9 月 16 日）

的经济可行性进行评估等，结合我国 20 世纪遗产保护实际加以研究吸纳。

在开展 20 世纪遗产保护行动时，还应考虑 20 世纪遗产保护与所在社区协调发展的互动关系，这一互动关系必须在可持续发展的框架下，在社区普遍期望的需求下，面向当前和未来的社会生活进行定位。还必须特别关注环境创造、经济发展和社会生活，对不同价值、规模和特点的 20 世纪遗产采取不同的保护和利用对策。例如对成片的 20 世纪遗产街区采取整体保护控制；对 20 世纪遗产群体采取相关环境整治维护；对单体 20 世纪遗产采取周边环境改善等措施。同时，一方面，应通过 20 世纪遗产保护的成果，说服社会各界认可 20 世纪遗产的价值，而要真正获得所期望的社会支持，教育和宣传非常必要，需要及时将 20 世纪遗产信息向社会公布，建立保护标识以便于公众认知，发挥网络化传播和跨部门协作优势，将 20 世纪遗产保护纳入相关的教育和培训计划。另一方面，有必要对 20 世纪遗产的所有信息及相关背景进行系统归档。注重运用现代技术手段，发挥新的记录方法所能提供的优势，改善有关 20 世纪遗产信息的收集、保存和处理方式，建立包括文字、图纸、图片、影像等资料在内的尽可能详细的档案。

6.4　实施 20 世纪遗产的合理利用

20 世纪遗产，与其他历史时期的文化遗产相同，都是一座城市文化生生不息的象征，也是代表不同历史发展进程的坐标，当代人们以此为参照，辨认日新月异的生存环境。保护文化遗产的最大动力是保存文化，而保存文化的根本目的是传承文化。因此保护 20 世纪遗产并不意味着将其束之高阁。恰恰相反，只要人们在合理利用，文化遗产就会被关心，就会得到及时维护。同样，对 20 世纪建筑的合理利用，也会避免因为闲置而加速损毁，让旧载体孵生新功能，既有利于节省能源，又有利于环境保护。由此看来，为 20 世纪遗产寻求合理利用途径是积极的保护方式。通过 20 世纪遗产与社区文化和市民生活重新建立联系，创造使闲置空间再次获得生存的契机，延续其生命历程，实现其新的价值。当然，使20世纪遗产益寿延年，必须遵守文化遗产保护的原则，采取科学的方法。因此，如何在文化价值与使用价值之间决定取舍，如何寻找保护历史记忆与挖掘使用功能的平衡点，是不能忽视的现实问题。

在众多历史文化名城中，有效地实施20世纪遗产的科学保护和合理利用，既有利于城市空间的合理布局，又有利于解决历史街区由于转型而带来的功能衰退。“近代中国看天津”是天津市提出的文化发展目标，其核心是“看”，而天津能够展现给国内外参观者的，不仅是异国风貌的近代建筑和拔地而起的高楼大厦，更重要的是与重大历史事件和著名人物有关的史迹、实物和代表性建筑。孙中山、李大钊、周恩来等革命先驱，李叔同、梁启超、曹禺、焦菊隐等文化名人，他们在天津曾居住和生活的旅馆、饭店、故居、旧居，大部分保留至今，它们是历史留给当代的宝贵财富，是其他城市复制不去的文化资源，具有重要纪念意义、教育意义和史料价值。在哈尔滨，中央大街历史街区的传统风貌和使用功能逐渐得到复兴。1450米长的百年老街内，具有各国建筑艺术风格的20世纪遗产汇集于此，成为历史文化名城的重要载体，也吸引来熙熙攘攘的人流。2005年，中央大街获得了“中国人居环境范例奖”。走进北京798艺术区，这个具有50多年历史的工厂区，已经成为北京最有魅力的文化创意产业基地。数以百计的创意设计工作室，数以千计的艺术家、设计师，数以万计的“智力产品”，由798工厂区的“制造”，到798艺术区的“创意”，使人们看到了20世纪遗产在促进文化创意产业方面的巨大潜力。至2007年底，798艺术区的经济规模是2004年的10倍，提供的就业岗位比2004年增长了9倍。

在城市中，20世纪遗产的保护，应与城市环境整治和地区功能提升相结合，与市民公共活动和培养健康情趣相结合、与城市文化建设和特色风貌保护相结合。通过选择20世纪遗产分布相对集中成片的地段，串联起相关的文化遗产资源，建设高品位的重点文化功能区，以提升20世纪遗产对城市文化的贡献度和社会发展的影响力。柏林是一座著名的博物馆城市，市内博物馆名目繁多，博物馆岛更因其独具的文化品位而列入《世界遗产名录》。这些博物馆试图全面展示文化发展的历史进程，包括科技史、思想史、社会史、设计史及艺术史等各个领域，并通过各种引人入胜的展示方式，给人们以身临其境的感觉。其中20世纪日常文化博物馆，由1973年成立的德国手工艺联合会的资料记录活动发展而成，研究大量生产物品的历史及其艺术以及20世纪的日常文化发展。在我国，南京市对现状民国建筑分布状况进行详细分析，选择合适的文化线路，采用不同的方式，将20世纪遗产串联起来，按照不同主题形成民国官邸文化、民国外交文化、民国科教文化、民国工业文化、民国革命文化等不同主题的旅游线路，扩大南京民国建筑文化在国内甚至国际的影响。

依托20世纪遗产建立的各类博物馆已经成为不少城市的宝贵文化资源。20世纪的一百年间，发生了一系列重大历史事件，涌现出众多叱咤风云的历史人物，推动和改变了历史的进程。许多历史事件的发生地和名人故居，都较好地保存着珍贵的遗址、遗迹，成为人们缅怀先贤功绩，追忆历史发展脉络的首选。20世纪历史题材博物馆，通过对历史事件和人物活动场所的复原、实物展示，再现当时的场景，勾勒出真实而生动的历史画卷，这种环境的真实是其他博物馆所不具备的。人们慕名而来，在这里抒发自己的情感，汲取历史的营养，从中获得启示。同时，20世纪历史题材博物馆因其特殊的形式，更容易融入社区人们的生活，曾经在本地区发生过的重大历史事件，曾经在本地区有过重要活动的历史名人，使人们印象深刻。将事件对社会产生的影响，人物对社会的贡献，展示给社区，使民众了解和认知本地区的光荣历史，从而产生自尊心与自豪感。目前，在我国的5100余座博物馆中，20世纪历史题材博物馆涉及面广，影响力大，已是我国博物馆系列中不可或缺的重要组成部分，应将其作为爱国主义教育基地，纳入学校课程教育，建立起20世纪历史题材博物馆与社会互动的基础。

"对老建筑最有意义的保护是找到它'再利用'的方式。"这是获得美国建筑师协会（AIA）荣誉奖的加拿大建筑师 P.M. 歌德史密斯（P.M.Goldsmith）广泛强调的观点。而这一观点正在实践中成为一种共识。青岛虽然是一座年轻的城市，但是丰富多彩的 20 世纪建筑构成了青岛城市形象的重要特征，传承城市文脉不可或缺的重要元素。与青岛栈桥隔海相望，始建于 1934 年的兰山路 1 号礼堂，如今已是享有盛誉的音乐厅；几街之隔，位于大学路 7 号的红十字会旧址，成为书画爱好者向往的美术馆；正在筹建的小提琴博物馆，选址意向已经锁定在 20 世纪建筑之中，而青岛建筑博物馆也希望在 20 世纪遗产里寻找发展空间。青岛人认为，发展新的文化项目不意味着一定要建设新的建筑，让老建筑有“新作为”是更理想的选择。这些 20 世纪遗产保持着高雅的艺术品质，延续着人们的难忘记忆，容纳进去崭新的文化功能，更加焕发出无与伦比的魅力，成为促进城市文化发展的积极力量。

20 世纪的中国，发生的是“五千年未有之巨变”。19 世纪以来旧中国积贫积弱、饱受西方列强欺辱的历史，使进入 20 世纪的中国人，在巨大的民族悲情压力下奋起抗争，百年风云变幻，百年救亡之路，百年历史抉择，中国共产党领导下的新中国重整河山。中国百年巨变所遗留的丰富遗产，是 20 世纪遗产保护理念提出的重要社会背景，也与国际社会 20 世纪遗产理念的科学思考与实践同步。目前，重要的是在现实基础上科学总结 20 世纪遗产的保护理念，明确界定保护范围及方法模式，并将 20 世纪遗产从实践探索的层面，上升到理论及法规政策层面，为国际社会方兴未艾的 20 世纪遗产保护运动提供中国模式、中国经验，更重要的是，保护与传承人类文明是我们的历史责任，从这个意义上说，保护好 20 世纪遗产，我们才能交给 21 世纪以及未来一份完整的答卷。